UNIVERSITÄTSSEMINAR DER WIRTSCHAFT

USW-Schriften für Führungskräfte

Band 18

Universitätsseminar der Wirtschaft

USW-Schriften für Führungskräfte

Band 18

Wettbewerbsstrategien im Pharmamarkt

von

Prof. Dr. Hermann Simon
Harvard Business School, Boston

Dr. Klaus Hilleke-Daniel
UNIC GmbH, Bonn

Dr. Eckhard Kucher
UNIC GmbH, Bonn

1989

SCHÄFFER VERLAG
FÜR WIRTSCHAFT UND STEUERN GMBH STUTTGART

ISBN 3-8202-0496-2

Vorwort

Die Pharmaindustrie steht weltweit in einer Phase des strategischen Umbruchs. In allen industrialisierten Ländern treten dabei bemerkenswert ähnliche Entwicklungen auf. Die Ähnlichkeiten beruhen auf den gleichen grundlegenden ökonomischen Faktoren. So stellen wir mit zunehmendem Einkommensniveau überall einen überproportionalen Anstieg der Gesundheitskosten fest. Dieser Anstieg führt wegen der überwiegend öffentlichen Finanzierung dieser Kosten fast zwangsläufig zu Finanzierungsproblemen und Kostendämpfungsmaßnahmen. Die Kostendämpfung beeinflußt dabei sowohl das Volumen des jeweiligen Marktes wie auch die Art des Wettbewerbs.

Die Umbruchphase ist des weiteren durch den Auslauf bedeutsamer Patente gekennzeichnet, ohne daß Folgeinnovationen mit entsprechendem Umsatzpotential zeitgerecht zur Verfügung stehen. Diese Innovationslücke gibt in Verbindung mit der Kostendämpfung Generika-Herstellern die Chance, mit aggressiven Preisen Marktanteile von den etablierten forschenden Unternehmen zu erobern. Die Spielregeln des Wettbewerbs ändern sich, der Preis gewinnt eine bisher nicht bekannte Bedeutung. Die traditionelle Rollenverteilung zwischen Industrie, Großhandel, Apotheke, Arzt, Patient und Krankenversicherung kommt durch Negativlisten, Festbeträge, die Auflockerung des aut simile-Verbotes etc. ins Wanken.

Ein weiterer säkularer Trend besteht in dem enormen Anstieg der Aufwendungen für die Entwicklung neuer Präparate, so daß eine Amortisation nur noch bei globaler Vermarktung erreichbar ist. Dies induziert einen Zwang zur verstärkten Internationalisierung bzw. Globalisierung wie auch zu beschleunigter Markteinführung.

Auf solche Umbrüche müssen die pharmazeutischen Unternehmen mit einer massiven strategischen Reorientierung antworten. Das Risiko, schwerwiegende, kaum reversible Fehler zu machen, ist dabei sehr groß, da Erfahrungen aus der Vergangenheit kaum übertragbar sind. Im Gegenteil, angesichts der völlig veränderten Umwelt- und Wettbewerbsbedingungen können Erfahrungen zur Belastung werden. Viele große forschende Unternehmen tun sich in diesem Anpassungsprozeß schwer, da sie zum einen an sehr langwierige Entscheidungsprozesse gewöhnt sind und zum anderen in der Vergangenheit sehr erfolgreich waren. Vergangener Erfolg ist aber fast immer ein großer Feind des Wandels.

Das vorliegende Buch versucht, in Anbetracht dieser Situation ein breites Spektrum wettbewerbsstrategisch relevanter Fragen anzusprechen und Hilfestellungen für die strategische Reorientierung zu bieten. Die inhaltlichen Schwerpunkte liegen einerseits auf den grundlegenden Strukturen und Instrumenten der Wettbewerbsstrategie, andererseits bei den internationalen Zusammenhängen und der Entwicklung des globalen Wettbewerbs. Der europäischen Integration sowie dem amerikanischen und dem japanischen Markt wird besonders breiter Raum gewidmet. Mit den veränderten Rollen von Großhandel und Apotheke befassen sich eigenständige Beiträge.

Wir waren bemüht, ein Spektrum von Autoren zu gewinnen, das der Breite der angesprochenen Probleme gerecht wird. Die Autoren kommen demgemäß aus forschenden Pharmaunternehmen wie aus dem Generika-Bereich, aus Universitäten wie aus Beratungsinstituten und dem Handel, aus dem In- und Ausland, aus Linien- und aus

Stabsfunktionen. Es ist erwünscht, daß auf diese Weise möglichst unterschiedliche Sichtweisen zur Geltung kommen, aber auch unvermeidlich, daß divergierende Einschätzungen sowie Redundanzen auftreten. Diese Konsequenzen haben wir bewußt in Kauf genommen, denn sie können dem Leser helfen, ein umfassenderes und tiefgehenderes Verständnis der Dynamik, aber auch der Unsicherheiten des Pharmawettbewerbs zu gewinnen. Wir danken allen Autoren herzlich für Ihre Bereitschaft zur Mitarbeit an diesem Buch.

Niemand weiß heute, wie sich der Pharmamarkt langfristig entwickeln wird. Jedoch wird es bei den eintretenden Veränderungen Gewinner und Verlierer geben. Diejenigen Führungskräfte und Unternehmen, die sich frühzeitig und unvoreingenommen mit den gravierenden Verschiebungen auseinandersetzen, haben eine höhere Chance, zu den Gewinnern zu gehören. Wenn das vorliegende Buch ein klein wenig zur Erhöhung dieser Chance beiträgt, so hat es seinen Zweck erfüllt.

Bonn und Boston

Hermann Simon
Eckhard Kucher
Klaus Hilleke-Daniel

Inhaltsübersicht

Teil II

Seite

Rahmenbedingungen und Wettbewerb in der Pharmaindustrie

Teil III

Wettbewerbsinstrumente in der Pharmaindustrie

Teil IV

Internationale Probleme der Pharmaindustrie

Teil I

Unternehmensstrategie und Wettbewerb im Pharmamarkt

Strategie als Herausforderung für Pharmaunternehmen

Hermann Simon

1. Das strategische Umfeld
2. Wettbewerbsstrategische Prinzipien
3. Zusammenfassung

1. Das strategische Umfeld

1.1 Rahmenbedingungen

Markt- und Wettbewerbsstrukturen entwickeln sich über die Zeit nicht gleichmäßig, sondern eher sprunghaft und in abrupten Schritten. Auf eine lange Periode relativen Gleichgewichts, in der sich Marktanteile über Jahrzehnte kaum verschieben, folgt eine Turbulenzphase, während der Markt- und Wettbewerbsstrukturen innerhalb weniger Jahre oder gar Monate auf den Kopf gestellt werden. Oft resultieren aus solchen strategischen Wendepunkten irreversible Weichenstellungen. So hat z.B. General Motors den Marktführer Ford innerhalb von wenigen Jahren aus einer dominanten Position verdrängt. Ford hat die entstandene Rollenverteilung seither nie mehr revidieren können, obwohl mittlerweile 60 Jahre vergangen sind. In Megatrends sagt Naisbitt (1984): „Diese Übergänge zwischen einzelnen Wirtschaftsphasen sind die Zeiten, in denen das unternehmerische Element zum Durchbruch kommt. Hier werden die Spielregeln neu definiert".

Seit einigen Jahren zeichnet sich im Pharmamarkt eine derartige strategische Umbruchphase ab. Diese Aussage betrifft alle industrialisierten Länder, da die zugrundeliegenden makroökonomischen Faktoren überall ähnlich wirken. Der zeitliche Ablauf bzw. das Hervortreten bestimmter kritischer Faktoren hängen allerdings von den jeweiligen gesetzlichen und institutionellen Bedingungen ab. In diesem Beitrag gilt unser Hauptaugenmerk dem deutschen Pharmamarkt.

Folgende Tendenzen, die zum Teil schon seit Jahren wirken, besitzen für die Wettbewerbsstrategie pharmazeutischer Unternehmen besondere Relevanz:

- Die Gesundheitskosten sind in den letzten 20 Jahren von 7,5% auf ca. 11% des Bruttosozialproduktes gestiegen. Da Gesundheit ein hohes Gut ist, dürfte dieser Anteil in Zukunft weiter anwachsen. Problematisch ist dabei nicht der Anstieg als solcher (die Ausgaben für Freizeit steigen z.B. stärker), sondern die Tatsache, daß ein Großteil der Gesundheitskosten öffentlich, d.h. per steuerartiger Umlage, finanziert wird. Hieraus entsteht ein permanenter Kostendruck.

- Die Folge sind Kostendämpfungsmaßnahmen, die sich allerdings nicht gleichmäßig auf alle Anbieter im Gesundheitsmarkt verteilen, sondern die Pharmaindustrie überproportional treffen, d.h. dort zu einer stärkeren Verschärfung des Wettbewerbs als in anderen Gesundheitssektoren führen.

- Einhergehend und durchaus in kausalem Zusammenhang damit stehend ist die Pharmaindustrie seit Jahren massiver Kritik seitens eines Teils der Presse und der Öffentlichkeit ausgesetzt. Das öffentliche Image der Pharmaindustrie ist nicht gut.

- Zwischen den Gesundheitssektoren entsteht zunehmend ein "Nullsummenspiel". Wenn das ingesamt zu verteilende Wertvolumen nicht mehr wächst, ist ein Zugewinn für eine Gruppe nur noch zu Lasten einer anderen Gruppe möglich. Jeder kann nur das gewinnen, was er einem anderen wegnimmt. Die Pharmaunternehmen sitzen in dieser Hinsicht gegenüber Ärzten und Krankenhäusern am kürzeren Hebel.

- In manchen Pharmateilmärkten (z.B. Krankenhaus) herrscht ein extrem intensiver Wettbewerb (z.B. über den Preis). Es besteht das Risiko, daß solche Wettbewerbsformen auf den Apothekenmarkt überschwappen. So ist z.B. vorstellbar, daß Krankenhäuser sich verstärkt in Distributionsaktivitäten, ambulanter Behandlung etc. engagieren. In den USA haben z.B. viele Krankenhäuser kleine, kundennahe Servicestellen für die ambulante Behandlung eingerichtet.

- Sowohl Groß- als auch Einzelhandel spielen bisher keine über ihre jeweilige Stufe hinausreichende wettbewerbliche Rolle. Das liegt vor allem daran, daß Aut-Simile -Verbot und Preisbindung die Händler wichtiger Wettbewerbsinstrumente berauben. Mit der Aufweichung bzw. einem eventuellen Wegfall derartiger Regelungen wird sich die wettbewerbliche Bedeutung des Handels fundamental verschieben.

- Schließlich haben neue Wettbewerber in den letzten Jahren den forschenden Unternehmen große Teile ihrer angestammten Märkte weggenommen. Wie Abbildung 1 zeigt, sind Nachahmerprodukte, als Gesamtheit betrachtet, heute auf großen Indikationsgebieten mengenmäßig Marktführer.

- Eine weitere Wettbewerbsverschärfung könnte aus einer verstärkten Internationalisierung erwachsen. Anders als z.B. bei elektronischen Produkten gibt es bei Pharmazeutika keinen wirklich globalen Markt. Ursächlich hierfür sind nicht nur die Zulassungspraktiken der nationalen Behörden, sondern auch die ungleichmäßige globale Präsenz bzw. Orientierung vieler Firmen.

- Eine relativ neue Kategorie von Wettbewerbern bilden große Markenartikelfirmen. Die im Pharmamarkt zu erzielenden Renditen liegen deutlich über den Werten, die diese Firmen aus ihren Food- oder Non Food-Aktivitäten kennen. Diese Firmen besitzen eine hohe Marketingprofessionalität, die im Pharmamarkt zunehmende Bedeutung gewinnt! Die Akquisitionen von Kodak (Sterling Drug), Procter & Gamble (Richardson-Vick) sind nur Vorboten. Firmen wie Nestlé, Unilever, General Foods, RJR Nabisco sondieren laufend Grenzbereiche der Pharmazie. Sieben der größten zehn amerikanischen Lebensmittel- und Getränkehersteller haben "Gesundheitsförderung" zu einem entscheidenden Merkmal ihrer Produktpolitik erhoben (vgl. Wirtschaftswoche, 29.7.1988, S. 46). Von dieser strategischen Orientierung zum aktiven Eintritt in den Pharmamarkt ist es nur ein kleiner Schritt.

Einzeln betrachtet mag keine der aufgezeigten Tendenzen für forschende Unternehmen existenzgefährdend sein. In ihrer Gesamtheit und Interaktion können sie jedoch zu schwer überschaubaren Auswirkungen führen. Hinzu kommt, daß viele dieser Entwicklungen sich allmählich und graduell vollziehen. Solche Prozesse sind gefährlicher als abrupte Veränderungen. Denn in jedem einzelnen Jahr bleibt der Effekt (z.B. der Marktanteilsverlust, der Gewinnrückgang) unterhalb der Schmerzgrenze, in der Kumulation über mehrere Jahre ergeben sich hingegen katastrophale Ausmaße. In einer solchen Situation erfolgt eine Reaktion meist zu spät. Bis Maßnahmen umgesetzt sind bzw. wirken, können mehrere Jahre verstreichen.

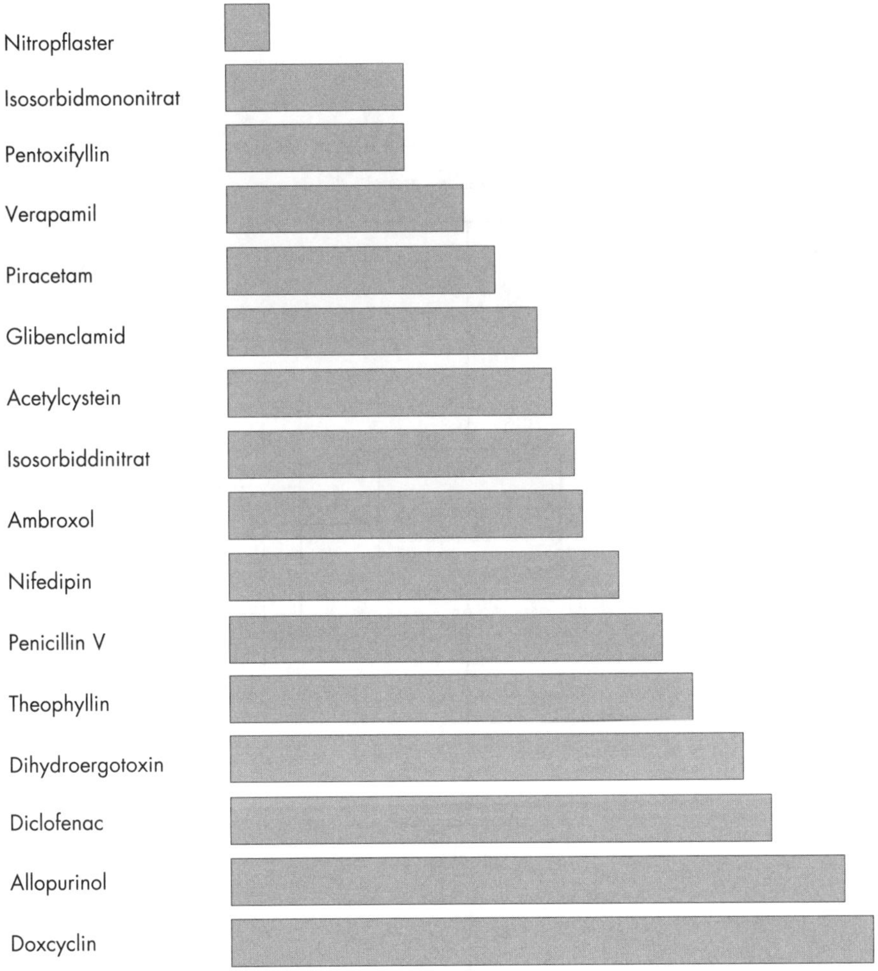

(Quelle: Medikament und Meinung, 15.12.1987, S.3)

Abb. 1: Marktanteile der Nachahmer bei den 16 umsatzstärksten Substanzen, Basis: Packungseinheiten

1.2 Erweiterte Wettbewerbsperspektive

Porter (1984) kommt das Verdienst zu, die Konkurrenzanalyse über die direkten Wettbewerber hinaus ausgedehnt zu haben. Übernimmt man seine Grundgedanken und betrachtet die oben beschriebenen Tendenzen synoptisch, so besteht eine wichtige strategische Maßnahme für Pharmaunternehmen darin, sich eine stark erweiterte Wettbewerbsperspektive zu eigen zu machen. Nicht nur traditionelle und nachahmende

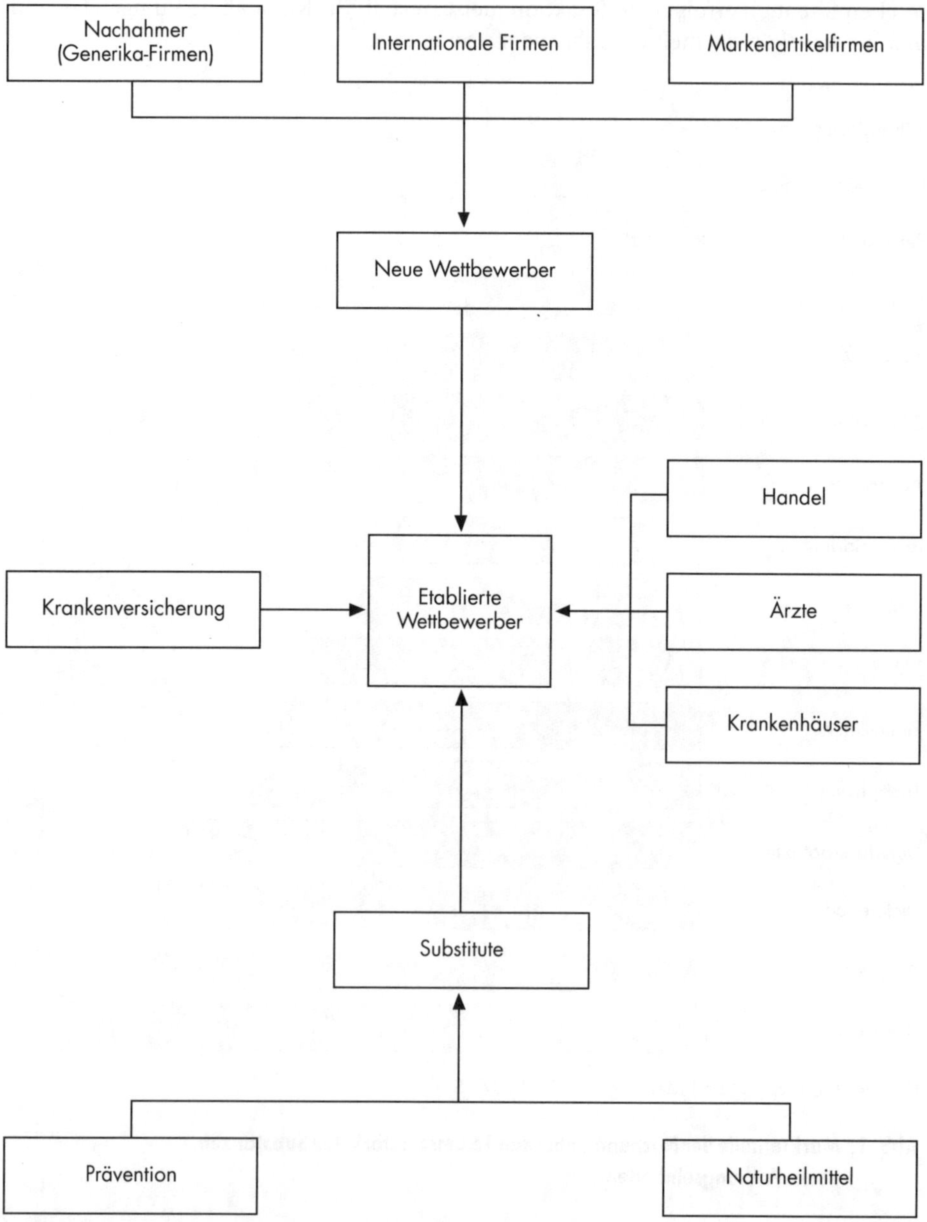

Abb. 2: Erweiterte Wettbewerbsperspektive des Pharmamarktes

Wettbewerber, sondern zahlreiche weitere aktuelle wie potentielle Mitspieler konkurrieren, wie in Abbildung 2 veranschaulicht, um den „Gesundheitskuchen".

Eine der wichtigsten strategischen Grundentscheidungen, die sogenannte "Geschäftsdefinition" (Abell 1980), besteht darin, die eigene Position in diesem System präzise festzulegen. Nur wenn eindeutig klar ist, wo man sein Geschäft sieht und konkurrieren will, lassen sich Wettbewerbschancen und -bedrohungen realistisch abschätzen. So beobachte ich bei forschenden ethischen Pharmaunternehmen oft ein Bedauern darüber, nicht am Wachstum der Generika, der Naturheilmittel oder bestimmter OTC-Präparate zu partizipieren. Dies sind unausweichliche Konsequenzen strategischer Festlegungen. Will man an derartigen Wachstumspotentialen teilhaben, so muß man sein Geschäft anders definieren, wozu jede Firma die Freiheit hat. Solche Entscheidungen dürfen jedoch nicht ad hoc und opportunistisch gefällt werden, sondern erfordern ein langfristiges Commitment. In vielen Pharmaunternehmen mangelt es diesbezüglich an strategischer Klarheit und Vision. Es sei betont, daß eine Prioritätensetzung auf der F&E-Seite, die in aller Regel vorhanden ist, nicht ausreicht. Die strategische Position und Stoßrichtung eines Unternehmens muß gleichermaßen die Marktseite, die Personalseite sowie alle kritischen Ressourcen einschließen.

1.3 Erfahrung und Strategie

Der einzelne Manager und das Unternehmen sind Zeitwesen. Ein Großteil des individuellen wie des korporativen Denkens und Handelns besteht darin, sich der Vergangenheit zu bedienen, um die Zukunft vorzubereiten. Ein erfahrener Manager diagnostiziert eine Situation treffender, schneller und ganzheitlicher. Er erkennt kritische Punkte und kann die Chancen unterschiedlicher Vorgehensweisen fundierter beurteilen. Erfahrung trägt deshalb im allgemeinen zur Verbesserung von Entscheidung und Umsetzung bei. Dies alles gilt jedoch nur, solange sich die Umweltbedingungen, unter denen die Erfahrungen gewonnen wurden, nicht allzu sehr ändern. Treten jedoch – wie im Pharmamarkt – gravierende Veränderungen ein, so beinhaltet die Extrapolation von Erfahrungen erhebliche Risiken. Erfahrung kann unter solchen Umständen zur Hypothek werden. Die Risiken wachsen mit dem bisherigen Erfolg eines Unternehmens. Vergangener Erfolg ist der größte Feind des Wandels.

Ohne Zweifel waren viele forschende pharmazeutische Unternehmen in der Vergangenheit sehr erfolgreich. Die Gefahr eines starken Widerstandes gegen Wandel ist ihnen somit in hohem Maße inhärent. Umgekehrt hielt der Wettbewerb sich in Grenzen bzw. konzentrierte sich auf wenige Instrumente, wie etwa Innovation und Außendienst. Zwischen den großen etablierten Wettbewerbern herrschten ausgesprochen gute Beziehungen. Es gibt viele halboffizielle Arbeitskreise, in denen sich z.B. Vertriebs- oder Marketingleiter zum Erfahrungsaustausch treffen. Solche Kontakte wären in anderen wettbewerbsintensiveren Branchen schwer vorstellbar.

Angesichts dieser objektiven Erfahrungshintergründe kann es nicht verwundern, daß die Sensoren für Gefahren in traditionsreichen Pharmaunternehmen unterentwickelt blieben und sich gegenüber den Angriffen der Generika-Anbieter eine weitgehende Hilflosigkeit und Passivität zeigte. Die Analogie zu einem Haustier, das bisher wohlbehütet im Schutzpark lebte, liegt nahe. Wird ein solches Tier der freien Wildbahn ausgesetzt, ist sein Überleben gefährdet.

Eine typische Reaktion auf ungewohnte Wettbewerbsbedrohungen besteht in der Einführung von Dogmen und Tabus. In vielen Pharmaunternehmen treten ausgeprägte Tendenzen dieser Art zutage. So werden häufig Fragen der Preispolitik, eines möglichen Eintrittes in den Generika-Markt etc. tabuisiert bzw. nur hinter vorgehaltener Hand und wenig rational diskutiert. Erstaunlich dabei ist, daß von den Proponenten der „Status quo-Strategie" oft eine Sicherheit an den Tag gelegt wird, die sich durch keinerlei objektive Fakten untermauern läßt. Auch dies ist eine Konsequenz vergangener Erfolgserfahrung. Foster (1986) spricht von der „hybris" (Selbstüberschätzung) des etablierten Anbieters, die erst dem Newcomer die Chance gibt, in einen Markt einzudringen. Typischerweise werden solche Haltungen erst aufgegeben, wenn die Krise manifest geworden ist. Oft läßt sich eine Änderung nur durch das Auswechseln der verantwortlichen Manager erreichen.

Es gibt keine Hinweise darauf, daß die Wettbewerbsintensität im Pharmamarkt wieder zurückgehen könnte. Eher deuten alle Anzeichen auf das Gegenteil hin. Die gelegentlich anzutreffenden Hoffnungen, daß die in der „Pipeline" befindlichen Innovationen in wenigen Jahren alle Probleme lössen und das verlorene Paradies zurückbringen werden, sind zumeist Luftschlösser. Selbst wenn die laufenden Projekte zum erfolgreichen Abschluß führen, werden sich die neuen Produkte gegen dann ebenfalls bessere Konkurrenten behaupten müssen.

Zwischen der Erfahrungsbasis der meisten Pharmaunternehmen und den strategischen Notwendigkeiten der neuen Wettbewerbssituation klafft eine große Lücke, die möglichst schnell geschlossen werden muß. Die nachfolgenden Überlegungen sollen hierzu einen Beitrag leisten.

2. Wettbewerbsstrategische Prinzipien

2.1 Denken im strategischen Dreieck

In der Zukunft wird ein kompromißlos konkurrenzbezogenes Denken zum Muß. Als Bezugsrahmen für eine derartige Denkweise eignet sich das sogenannte "strategische Dreieck" mit den drei Eckpunkten eigenes Unternehmen ("Wir"), Kunde und Konkurrenz (Abbildung 3).

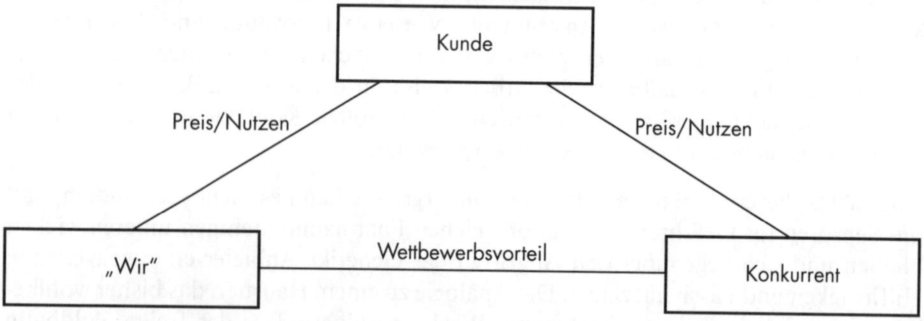

Abb. 3: Das Strategische Dreieck (nach Ohmae 1982)

Dieses einfache Konzept soll verdeutlichen, daß ein Unternehmen alle drei Eckpunkte sowie die Beziehungen zwischen ihnen gleich gut kennen und beachten muß, um erfolgreich zu sein. Das traditionelle Marketing konzentriert sich auf die Beziehung "Wir - Kunde" mit dem Ziel, die Kundenbedürfnisse möglichst gut zu befriedigen. Dieses Ziel behält seine Bedeutung.

In vielen Märkten ohne Patentschutz wird der Kunde heute jedoch von mehreren oder gar vielen Konkurrenten auf ausreichendem bzw. hohem Niveau zufriedengestellt. Selbst dort, wo noch Patentschutz besteht, gibt es oft Alternativen (z. B. H2-Antagonisten, Betablocker). Es genügt folglich nicht mehr, eine im absoluten Sinne gute Leistung zu erbringen, sondern es kommt darauf an, gezielt besser zu sein als die Konkurrenz, d.h. Wettbewerbsvorteile zu bieten. Neben die Frage: „Wie gut befriedigen wir den Kunden?" muß gleichberechtigt die Frage: „Was ist unser Wettbewerbsvorteil?" treten. Es ist stets aufs Neue überraschend, welche Verlegenheit man mit dieser scheinbar trivialen Frage auslösen kann. Meinen Erfahrungen zufolge ist konsequentes Denken im strategischen Dreieck in der Pharmaindustrie die Ausnahme.

Unter einem strategischen Wettbewerbsvorteil verstehen wir eine im Vergleich zum Wettbewerb überlegene Leistung,

1. die ein für den Kunden **wichtiges** Leistungsmerkmal betrifft,

2. die vom Kunden tatsächlich **wahrgenommen** wird,

3. die von der Konkurrenz nicht schnell einholbar, d.h. **dauerhaft** ist.

Die gleichzeitige Erfüllung der drei Kriterien „wichtig", „wahrgenommen" und „dauerhaft" bildet eine hohe Meßlatte.

So ist z.B. ein besseres Packungsdesign bei ethischen Präparaten dem Arzt nur selten wichtig. Wenn sich eine Firma selbst bei einem Parameter für überlegen hält, der Kunde dies aber nicht wahrnimmt, so greift ebenfalls das Ausschlußkriterium. Das gleiche gilt für eine interne Stärke, die nicht im Markt umgesetzt wird. Keine dauerhafte Überlegenheit wird z.B. durch einen massiven Außendiensteinsatz (etwa als Antwort auf eine Generika-Einführung) geschaffen, wenn das Einsatzniveau nicht über lange Zeit aufrechterhalten werden kann. Auch Preismaßnahmen garantieren selten Dauerhaftigkeit, da die Konkurrenz meist sofort nachzieht.

Neben dem Inhalt des Wettbewerbsvorteils ist die Marktsegmentierung ein zweites wichtiges Element der Wettbewerbsstrategie. Je stärker sich ein Markt differenziert, desto schwieriger wird es, der Gesamtheit der Kunden die beste Problemlösung zu bieten. Eine Überlegenheit läßt sich u.U. nur noch bei bestimmten Kundengruppen oder Segmenten realisieren, wobei man bei Konzentration auf diese hinnehmen muß, für andere Kundengruppen weniger attraktiv zu werden. Da der Marktsegmentierung im Rahmen des vorliegenden Buches ein gesonderter Beitrag gewidmet ist, gehen wir an dieser Stelle nicht näher auf dieses Problem ein.

Im folgenden diskutieren wir eine Reihe von Prinzipien, die für das Verständnis und die Durchsetzung von Wettbewerbsvorteilen relevant sind.

2.2 Das Überlebensprinzip

Um im Wettbewerb langfristig und profitabel zu überleben, muß ein Produkt/eine Firma zumindest einen strategischen Wettbewerbsvorteil besitzen. Kehrt man die Aussage um, so wird der Sinn dieses Prinzips noch deutlicher: Warum sollte der Kunde ein Produkt/eine Firma vorziehen, wenn nicht bei zumindest einem Merkmal eine bessere Leistung geboten wird?

In der Evolutionstheorie gibt es eine interessante Analogie zum Überlebensprinzip, das "Gesetz des gegenseitigen Ausschlusses" von Gause. Es besagt, daß eine Spezies nur überleben wird, wenn sie zumindest eine lebenswichtige Aktivität besser beherrscht als ihre Feinde. Wettbewerb ist wie Evolution Ausleseprozeß und Überlebenskampf, so daß diese Analogie passend erscheint.

Das Überlebensprinzip impliziert, daß jedes Unternehmen größten Wert darauf legen muß, zumindest einen klar ausgeprägten Wettbewerbsvorteil zu erlangen, der die oben angeführten Kriterien „wichtig", „wahrgenommen" und „dauerhaft" erfüllt.

Fragt man jedoch Manager aus forschenden Pharmaunternehmen nach derartigen Wettbewerbsvorteilen, dann macht sich oft Ratlosigkeit breit. In einer vom Verfasser durchgeführten empirischen Studie waren nur ca. 40% der befragten Pharmaführungskräfte der Meinung, daß ihr Unternehmen einen strategischen Wettbewerbsvorteil der beschriebenen Art besäße. In Workshops zeigt sich häufig, daß ad hoc-Vorstellungen, die auf eine zufriedenstellende Wettbewerbsposition hinauslaufen, einer kritischen Überprüfung nicht standhalten. Viele Firmen zehren von historischen Marktpositionen, ohne diese durch aktuelle Spitzenleistung abzusichern. Hilleke-Daniel geht in dem nachfolgenden Beitrag auf Detailaspekte ein.

Dem Überlebensprinzip kommt eine „Memento"-Funktion zu: Die Frage nach dem strategischen Wettbewerbsvorteil muß immer wieder und mit Hartnäckigkeit gestellt werden!

2.3 Das „Kenne Deinen Gegner"-Prinzip

Um strategische Wettbewerbsvorteile schaffen bzw. verteidigen zu können, muß man seine Gegner kennen. Nur wenn die Stärken und Schwächen der Konkurrenten genau bekannt sind, lassen sich Chancen und Risiken einer Wettbewerbsstrategie realistisch abschätzen. Im Denkrahmen des strategischen Dreiecks bedeutet dies, daß Konkurrenzaufklärung genauso wichtig wird wie Kundenforschung.

Im Vergleich zu anderen Branchen ist die Konkurrenzaufklärung in der Pharmaindustrie unterentwickelt. In der erwähnten Studie gaben nur 30,3% der befragten Unternehmen an, systematisch und permanent Konkurrenzaufklärung zu betreiben. Der Durchschnitt aller Branchen lag bei 46,4%, also rund um die Hälfte höher. Abbildung 4 zieht den Vergleich. Bei Konsumgebrauchsgütern (Elektro, Auto etc.) erforschen mehr als 60% der Unternehmen ihre Konkurrenten systematisch.

Dieser Befund ist ein weiterer Indikator für die unzureichende Konkurrrenzorientierung vieler Pharmaunternehmen. Es scheint dringend geboten, einen Teil der meist beträchtlichen Marktforschungsressourcen (personell, finanziell) in Richtung Konkurrenzanalyse umzuschichten.

Unseren Erfahrungen zufolge besteht das Hauptproblem der Konkurrenzanalyse weniger im Mangel an Informationen als vielmehr darin, daß diese nicht systematisch gesammelt und verdichtet werden. Bisher haben nur wenige Unternehmen diese Funk

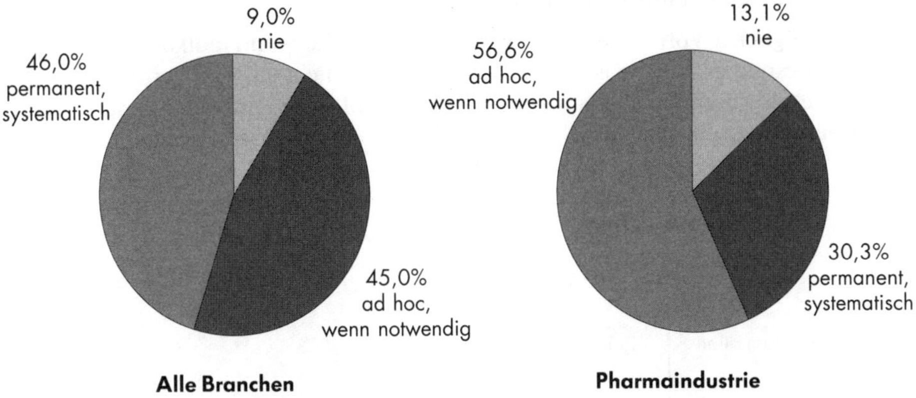

Abb. 4: Konkurrenzaufklärung: Pharmaindustrie und andere Branchen im Vergleich

tion in einer Weise organisiert, die eine optimale Ausschöpfung der Informationen gewährleistet. Im Beitrag von Hilleke-Daniel werden konkrete Vorschläge zu diesem Aspekt behandelt.

2.4 Das Chancenprinzip

Bei allen Überlegungen zur Wettbewerbsstrategie tritt die Frage auf, ob überhaupt und gegebenenfalls wo Chancen bestehen, einen Wettbewerbsvorteil zu schaffen. Oft bildet sich dabei ad hoc die Meinung, solche Chancen gäbe es kaum noch, der Markt sei ausgereizt, alle Wettbewerber böten etwa das Gleiche. Eine solche Auffassung resultiert aus einer zu engen Sichtweise des Spektrums der Wettbewerbsparameter.

Denn es gibt so viele Chancen, Wettbewerbsvorteile zu schaffen, wie es Wettbewerbsparameter gibt, d.h. jeder Parameter (und zusätzlich bestimmte Kombinationen) bietet die Gelegenheit, besser zu sein als die Konkurrenz. Die Liste potentieller Vorteile, ist folglich sehr lang, z.B.
- Stärke der Wirkung,
- Schnelligkeit der Wirkung,
- Verträglichkeit,
- Schweregrad von Nebenwirkungen,
- Häufigkeit von Nebenwirkungen,
- Dosierung,
- Galenik,
- Preis,
- therapiegerechte Packungsgrößen,
- Service,
- Klinische Forschung,
- Innovativität,
- Information,

– Außendienst,
– Weiterbildung des Arztes,
– Goodwill, Reputation des Herstellers,
– Kontakte zu/Kommunikation mit Patienten.

Die Liste möglicher Vorteile läßt sich natürlich nur produkt- und indikationsspezifisch festlegen. Besonders wichtig ist, diese „Chancenliste" nicht auf das Kernprodukt, die „Hardware", zu beschränken, sondern die vielen Software-Parameter explizit in die Wettbewerbsstrategie einzubeziehen. Abbildung 5 veranschaulicht den "Software-Kranz".

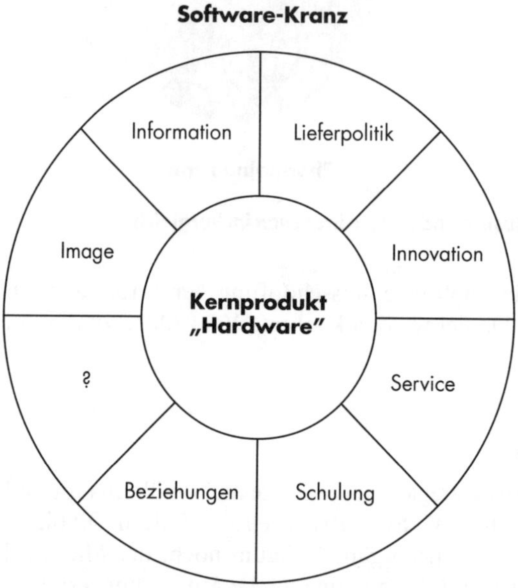

Abb. 5: Chancen zur Schaffung von Wettbewerbsvorteilen: Hardware und Software-Kranz

Der Kunde, egal ob Arzt oder Patient, ist selten nur am Kernprodukt, der Hardware, sondern an einer Gesamtproblemlösung, die Komponenten wie Information, Vertrauen usw. einschließt, interessiert. Zwischen Hard- und Software gibt es allerdings mehrere wichtige Unterschiede. Zum einen unterliegt nur die Hardware dem Patentschutz. Software in dem hier gemeinten Sinne läßt sich kaum patentrechtlich absichern. Andererseits ist die Hardware nach Ablauf eines solchen Schutzes leicht imitierbar, d.h. die auf ihr basierenden Vorteile sind oft nicht dauerhaft. Hingegen eignet sich Software sehr gut zum Aufbau dauerhafter Vorteile, z.B. Markenimage, Vertrauen, besser geschulter Außendienst, Beziehungen zu Meinungsführern.

Ein gravierendes Problem besteht darin, daß der Preis ausschließlich auf die Hardware bezogen ist, die Software also weitgehend kostenfrei geliefert wird. Dies ermöglicht es dem Kunden, sich der Software des teureren Anbieters zu bedienen und dennoch bei der Hardware ein Billigprodukt zu wählen. Aus diesem Dilemma gibt es nur zwei Auswege. Entweder der Kunde ist bereit, aufgrund der besseren Softwareleistung für die Hardware einen entsprechend höheren Preis zu entrichten, oder die Software muß gesondert bezahlt werden. Die letztere Variante wird in Zukunft (ähnlich wie in der Computerindustrie) eine wesentlich größere Rolle als bisher spielen. Gelingt es nicht, die Kosten der Softwarelieferung durch eine dieser beiden Methoden zurückzugewinnen, dann bleibt nur die Rücknahme der Leistungen, sie zahlen sich nicht aus. Diese Notwendigkeit wird mit verstärktem Kostendruck vermehrt auftreten, wie die folgende Passage aus einem Brief, den ein Pharmareferent an seinen Außendienstleiter schrieb, zum Ausdruck bringt: „Die Ärzteschaft ist nicht bereit - obwohl sie die Forschungskosten, bessere Galenik, unseren optimalen Service anerkennt - sich in die Gefahr eines Regresses zu begeben.“

Unter solchen Umständen ist jede Softwaremaßnahme einer rigorosen Kosten-Nutzen-Analyse zu unterziehen. Die geschaffenen Wettbewerbsvorteile sind offensichtlich nicht groß genug, dem aus der Regreßangst entstehenden Druck entgegenzuwirken.

Eine verstärkte Selbstbeteiligung der Patienten kann hier neue Chancen bringen. Wenn wir in praktisch allen Märkten feststellen, daß Verbraucher bereit sind, für die führenden Markenprodukte deutlich höhere Preise zu zahlen als für No Names und Generika, dann stellt sich die Frage, warum diese nahezu universale Verhaltensgesetzmäßigkeit im Pharmamarkt nicht gelten sollte. Unabdingbare Voraussetzung ist allerdings, daß es gelingt, bei nichtpreislichen Parameter wie Qualität, Markenimage, Information oder Service einen Wettbewerbsvorteil aufzubauen - und zwar auch beim Patienten. Eine stärkere Privatisierung der Finanzierung ethischer Pharmazeutika (Selbstbeteiligung) kann insofern durchaus im strategischen Interesse der führenden Pharmafirmen liegen.

Abschließend – und um jedem falschen Eindruck vorzubeugen – sei zum Chancenprinzip angemerkt, daß der ideale Wettbewerbsvorteil natürlich in der Hardware, d.h. einem innovativen, überlegenen Produkt liegt. Leider wird diese Situation jedoch mehr und mehr zur Ausnahme, so daß die verstärkte Beschäftigung mit Software-Vorteilen unausweichlich wird.

2.5 Das Konsistenzprinzip

Dieses Prinzip betrifft die Auswahl der Parameter, bei denen ein Wettbewerbsvorteil anzustreben ist. Es kommt darauf an, die Wichtigkeit eines Parameters aus Kundensicht und die relative Leistung aufeinander abzustimmen. Strategische Wettbewerbsvorteile sollten idealerweise bei Parametern geschaffen werden, die den Kunden (Arzt, Patient) besonders wichtig sind. Weniger gute Leistungen bei unwichtigen Parametern können dann in Kauf genommen werden. Hinter dieser Empfehlung steht der Gedanke, daß es im Regelfalle nicht gelingt, überall der Beste zu sein, und eine Abwägung insofern unvermeidbar ist.

Das Konsistenzprinzip überprüft man am besten mit Hilfe der von UNIC entwickelten Wettbewerbsvorteilsmatrix (UNIC 1988). Die UNIC-Matrix stellt Wichtigkeit aus Kundensicht (vertikale Achse) und relative Leistung (horizontale Achse) auf einen Blick dar und veranschaulicht die Position eines Produktes bei einzelnen Wettbewerbsparametern. Für die Messung der Wichtigkeiten stehen heute computergestützte Methoden wie Conjoint Measurement oder Analytic Hierarchy Process zur Verfügung. Sie werden in den Beiträgen zur Marktsegmentierung sowie zur Preispolitik näher beschrieben. Die relative Leistung ist für jeden Parameter wie folgt normiert

$$\text{Relative Leistung} = \frac{\text{eigene Leistung}}{\text{Leistung des jeweils stärksten Wettbewerbers}}$$

Die relative Leistung ist nur für den jeweiligen Leistungsführer größer als 1. Nur ihm, als dem Besten, wird ein strategischer Wettbewerbsvorteil attestiert.

Abbildung 6 veranschaulicht zwei empirische Beispiele.

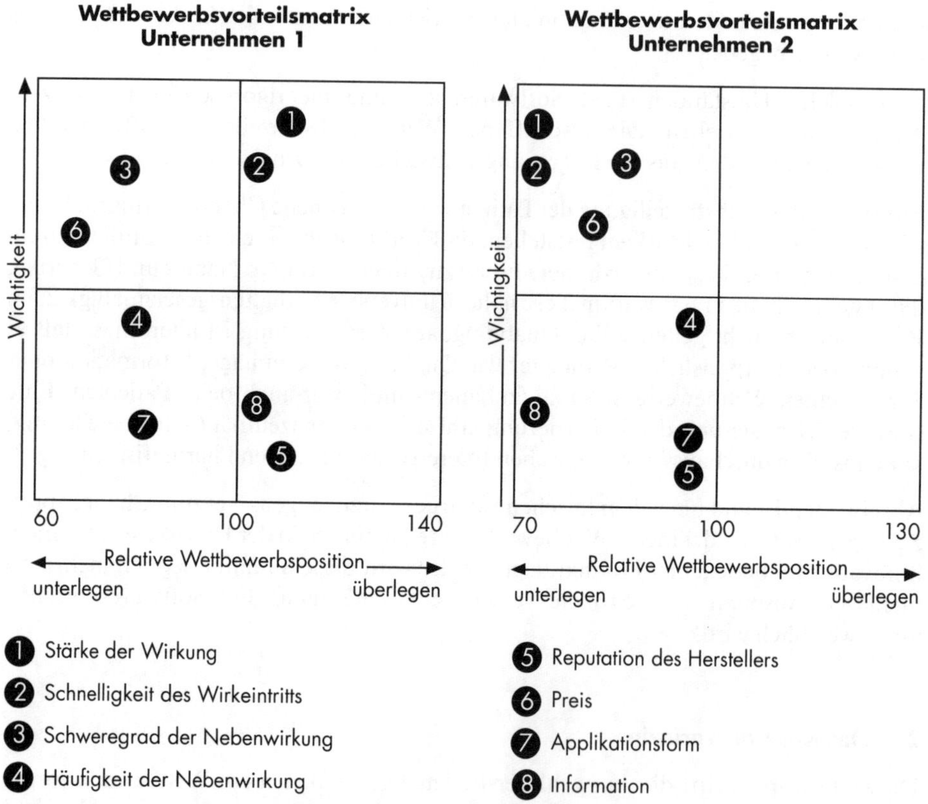

Abb. 6: Wettbewerbsvorteilsmatrizen für zwei Pharmaunternehmen

Unternehmen 1 ist deutlich sichtbar das leistungsstärkste Unternehmen bei den wichtigeren Leistungsmerkmalen. Strategische Wettbewerbsvorteile sind vor allem bei Stärke der Wirkung und Schnelligkeit des Wirkeintritts vorhanden. Die Schwäche im Preis ist angesichts der sonstigen Stärken akzeptabel. Das Konsistenzprinzip wird sogar übererfüllt, da auch bei den weniger wichtigen Merkmalen überlegene Leistungen zu verzeichnen sind. Das Unternehmen 2 verfügt dagegen über keinen strategischen Wettbewerbsvorteil. Der Abstand zum jeweils leistungsstärksten Konkurrenten ist sogar in fast allen Fällen gefährlich groß. Im Sinne des Konsistenzprinzips sollte es insbesondere versuchen, seine Position auf den Merkmalen 1, 2, 3 und 6 deutlich zu verbessern.

Im Zusammenhang mit dem Konsistenzprinzip sollte auf ein konzentriertes Vorgehen geachtet werden. Denn sowohl die interne als auch die externe Durchsetzung strategischer Wettbewerbsvorteile erfordern die Konzentration auf wenige Parameter. Die

Aufmerksamkeit der Mitarbeiter und die internen Ressourcen müssen auf die Parameter fokussiert werden, bei denen eine Spitzenstellung angestrebt wird. Nach außen läßt sich ein prägnantes Profil ebenfalls nur durchsetzen, wenn man sich auf wenige Kernbotschaften beschränkt. Umgekehrt besteht bei nichtkonzentriertem Vorgehen das Risiko, überall mittelmäßig abzuschneiden. Bonoma (1986) umschreibt dies als „global mediocrity ... the practice of spreading around staff talent, time, and money so everything is done well but nothing is done superior". Nur wer seine volle Kraft auf wenige Parameter konzentriert, wird dort wahrnehmbar und dauerhaft bessere Leistungen erreichen.

2.6 Verteidigungs- und Angriffsprinzipien

In Verteidigungs- und Angriffssituationen spielen Wettbewerbsvorteile unterschiedliche Rollen. Nachfolgend diskutieren wir in kurzer Form einige Aspekte, die zu beachten sind.

2.6.1 Verteidigungsprinzipien

Der etablierte Anbieter, der seine Marktposition verteidigen will, sollte sich bewußt sein, daß Wettbewerbsvorteile vergänglich und permanent gefährdet sind. Die größte Gefahr besteht in der Trägheit und Selbstüberschätzung des Verteidigers, im Nichternstnehmen des Angriffs (siehe z.B. Tagamet). Verteidigung ist normalerweise leichter als Angriff, der Etablierte hat gegenüber dem Angreifer zumindest den Vorteil, schon im Markt bekannt zu sein oder gar einen erheblichen Goodwillvorsprung zu besitzen. Selbst wenn der Angreifer mit einer Innovation auf den Markt kommt, kann der Verteidiger sich oft noch längere Zeit halten, da die Diffusion des neuen Produktes nur allmählich voranschreitet. Dies trifft um so stärker zu, je mehr die Patienten dem alten Produkt treu bleiben (weil sie z.B. auf dieses eingestellt sind). Manche Produkte sterben erst mit ihren treuen Verschreibern bzw. Patienten.

Generell gilt jedoch, daß sowohl die Kunden wie die Konkurrenten ständig hinzulernen. Deshalb gibt es langfristig nur zwei Arten der Verteidigung:

- man muß entweder schneller „lernen" als die Konkurrenz, um den bisherigen Wettbewerbsvorteil aufrecht zu erhalten, oder
- man muß den Parameter ändern, bei dem man einen Wettbewerbsvorteil haben will.

Die erste Option konzentriert sich auf den gegebenen Vorteilsparameter, indem man den Abstand zur Konkurrenz verteidigt. Das erfordert im Regelfalle ständige Leistungsverbesserungen, Innovation etc. Insbesondere in den frühen Phasen des Lebenszyklus, wenn die technologischen Potentiale einer Substanz noch nicht voll ausgereizt sind, ist diese Option zu empfehlen. Man muß sich jedoch darüber im klaren sein, daß irgendwann Sättigungsgrenzen erreicht werden und die Wahrung des Abstandes zu den Verfolgern immer größere Aufwendungen erfordert. Dann bleibt entweder nur das Umsteigen auf eine völlig neue Technologie (Durchbruchinnovation), so daß ein neues „Spiel" beginnt, oder der Wechsel des Vorteilsparameters, z.B. von Hard- auf Software.

Erfahrungsgemäß klammert man sich um so stärker an den traditionellen Vorteil, je ausgeprägter dieser war bzw. je länger man mit diesem erfolgreich am Markt operiert hat. Der VW-Käfer bietet hierfür genauso ein klassisches Beispiel wie die zahlreichen Originalpräparate, die ihre Marktführerschaft verloren haben.

Obwohl es offensichtlich nicht gelang, den traditionellen Qualitäts- und Imagevorsprung in der Wahrnehmung der Ärzte durch schnelleres „Lernen" zu verteidigen (Option 1), hielt man es nicht für nötig, den Wettbewerbsparameter zu wechseln (Option 2), was, als letzte Zuflucht, auch ein Einsteigen auf der Preisschiene hätte bedeuten können. Wie immer man die faktisch eingetretene Entwicklung interpretieren mag, so steht doch fest, daß die Generika ihre heutige Position nicht zuletzt deshalb erreichen konnten, weil die Verteidigung der forschenden Unternehmen dies zuließ. Ob die eingetretene Situation in einem Festbetragssystem revidiert werden kann, erscheint mehr als fraglich. Jedenfalls läßt sich das Rad der Geschichte nicht zurückdrehen. Es ist leichter Kunden zu halten, als Kunden zurückzugewinnen.

2.6.2 Angriffsprinzipien

Nie ist ein Wettbewerbsvorteil wichtiger als beim Angriff. Um ein etabliertes Produkt zu verdrängen, braucht man entweder eine deutlich überlegene Innovation oder muß wesentlich bessere Leistungen bei der Software bzw. beim Preis-Leistungsverhältnis erbringen.

Ein Angreifer sollte nie mit einer reinen Imitationsstrategie (me too), sondern nur mit einem klaren Leistungsvorteil bzw. falls ein solcher fehlt, mit einem Preisvorteil attakkieren. Ohne Vorteil besteht für den Kunden kein Anlaß, zum neuen Anbieter zu wechseln. Das Trägheitsmoment wirkt zugunsten des Verteidigers. Der Angreifer sollte versuchen, die Wettbewerbsvorteile der etablierten Konkurrenten wenigstens teilweise zu neutralisieren. Die führenden etablierten Anbieter haben traditionelle Stärken, sonst wären sie nicht in ihre jetzige Position gekommen. Normalerweise ist es für den Angreifer nicht ratsam, bei den gleichen Parametern Wettbewerbsvorteile anzustreben. Umgekehrt darf er sich bei diesen Parametern auch keine zu großen Schwächen erlauben, d.h. er muß versuchen, die Vorteile der Etablierten weitestmöglich zu neutralisieren. Bleibt sein Rückstand bei diesen Parametern zu groß, so wird er scheitern.

Der Erfolg der Generikafirmen, insbesondere von Ratiopharm, stützt diese These. Die Ratiopharm-Produkte sind nicht nur wegen des niedrigen Preises erfolgreich, sondern weil es gelungen ist, bei den Ärzten eine Wahrnehmung zufriedenstellender und gesicherter Qualität zu erreichen, d.h. den traditionellen Wettbewerbsvorteil der forschenden Unternehmen weitgehend zu neutralisieren. Diese Tatsache in Verbindung mit dem niedrigen Preis erklärt den Erfolg. Niemand verschreibt oder kauft ein Präparat nur weil es billig ist. Qualität und Preis werden immer gegeneinander abgewogen.

In Verteidigungs- wie Angriffssituationen gewinnt der Zeitfaktor an Bedeutung. Im Verteidigungsfalle ist festzustellen, daß die Reaktion in aller Regel zu spät erfolgt. Wenn der alte Wettbewerbsvorteil verloren gegangen ist, hat man den optimalen Zeitpunkt für den Aufbau eines neuen Vorteils verpaßt. Denn die Schaffung einer neuen Stärkeposition erfordert Zeit - normalerweise mehr Zeit als man von vorneherein vermutet. Genauso kann es beim Angriff von entscheidender Bedeutung sein, möglichst früh aktiv zu werden oder gar Pionier zu sein. In empirischen Untersuchungen (siehe den Beitrag von Hilleke-Daniel) zeigt sich z.B., daß der Zeitpunkt des Markteintrittes einen extrem großen Erklärungsbeitrag zum Marktanteil liefert. Angesichts kürzer werdender effektiver Patentlaufzeiten ist die Zeit eine extrem knappe Ressource, die optimal genutzt werden muß.

Es kommt hier zum einen darauf an, die Entwicklungszeiten durch weitreichende Parallelisierung von Aktivitäten zu komprimieren. Zum anderen müssen die Diffusionsprozesse in der Marktphase beschleunigt werden. Dies erfordert einen verstärkten Ressourceneinsatz, der z.B. in Form des Co-Marketing realisiert werden kann. Besonders erfolgreich mit derartigen Zeitkomprimierungsstrategien ist die Firma Glaxo bei der Substanz Ranitidin (Zantic, Sostril). Für eine tiefergehende Behandlung des Zeitproblems sei auf Simon (1989) verwiesen.

3. Zusammenfassung

Die Wettbewerbsbedingungen im Pharmamarkt haben sich in den letzten Jahren radikal geändert und werden sich in Zukunft weiter verschärfen. Aus einem friedlichen Wachstumswettbewerb ist ein kriegerischer Verdrängungswettbewerb geworden.

Auf diese Situation ist das Pharmamanagement erfahrungsmäßig und mental nicht ausreichend vorbereitet. Eine Reorientierung des Denkens und Handelns im Sinne des strategischen Dreiecks erscheint dringend angeraten. Es reicht nicht aus, die Kundenbedürfnisse auf hohem Niveau zu befriedigen, sondern die Schaffung und Verteidigung von Wettbewerbsvorteilen wird zur Überlebensfrage.

Die Lösung dieses Problems setzt eine tiefgehende und systematische Konkurrenzaufklärung voraus. Nur wer seine Gegner kennt, kann sich wirksam behaupten. Chancen zur Schaffung von Wettbewerbsvorteilen gibt es genug. Es kommt darauf an, die Vorteilsparameter nach dem Konsistenzprinzip so auszuwählen, daß man bei einigen besonders wichtigen Parametern Spitzenleistungen bietet. In der internen und externen Durchsetzung sollte man sich voll auf diese Leistungsmerkmale konzentrieren. Relativ schwächere Leistungen bei weniger bedeutsamen Parametern sind dann akzeptabel.

Bei der Verteidigung ist zu beachten, daß man entweder schneller als die Konkurrenz lernen oder den Vorteilsparameter im Zeitablauf wechseln muß. Ein Angriff hat nur mit einem klaren Wettbewerbsvorteil Aussicht auf Erfolg. Wichtig ist es dabei, vorhandene Wettbewerbsvorteile etablierter Anbieter möglichst weitgehend zu neutraliseren. Dem Faktor Zeit (Timing) kommt für Verteidigung und Angriff immer größere Bedeutung zu.

Pharmaunternehmen, die ihre Strategie nach diesen Prinzipien entwerfen und umsetzen, brauchen auch im verschärften Wettbewerb der Zukunft um ihr Überleben nicht zu fürchten.

Wettbewerbsdynamik und Konkurrenzanalyse im Pharmamarkt

Klaus Hilleke-Daniel

1. Einleitung

In den letzten Jahren war eine stetig zunehmende Intensivierung des Wettbewerbs im deutschen Pharmamarkt zu beobachten. Steigende Kosten im gesamten Gesundheitssystem führten zu immer neuen staatlichen Ansätzen der Kostendämpfung. Der Druck auf die Ärzte hat sich kontinuierlich gesteigert. Im Pharmamarkt resultierten diese Bemühungen insbesondere in eine verstärkte Verschreibung von Nachahmerpräparaten. Viele Markenpräparate wie Adalat oder Voltaren verloren innerhalb kürzester Zeit nach Patentablauf der Substanz bedeutende Marktanteile an die Nachahmerfirmen. Für eine Reihe von forschenden Unternehmen bedeutet dieser Umsatzausfall eine ernste Gefahr, da neue Präparate, die die Verluste ausgleichen könnten, oft nicht vorhanden sind. Die drohende Einführung von Festbeträgen für diese patentfreien Präparate bedeutet darüber hinaus weitere finanzielle Einbußen. Es ist zu vermuten, daß aufgrund dieser Entwicklungen der Wettbewerb in der Zukunft noch an Schärfe zunehmen wird.

Aber nicht nur die forschenden Unternehmen sind vom härter werdenden Wettbewerb betroffen. Auch die Generikafirmen müssen sich darauf einstellen, daß die Zeiten der unbegrenzten Wachstumsraten zu Ende gehen. Zum einen sind in den letzten zwei Jahren keine größeren Substanzen patentfrei geworden und zum anderen hat sich die Zahl der Firmen erhöht, die mittlerweile Generika anbieten. Als weiterer Faktor kommt hinzu, daß sich auch die jeweiligen Produktpaletten der Generikaanbieter verbreitert haben. Im Zuge der Festlegung von erstattungsfähigen Festbeträgen für substanzgleiche Präparate muß ebenfalls damit gerechnet werden, daß sich viele der Originalhersteller, die bisher eine preispolitische Passivität an den Tag gelegt haben, zu deutlichen Preissenkungen gezwungen sehen, um nicht den gesamten Absatz zu verlieren.

Für alle Unternehmen im Pharmamarkt kommt es in dieser Situation darauf an, die den Erfolg determinierenden Faktoren zu kennen und deren Umsetzung zu beherrschen. Wir wollen uns in diesem Beitrag primär mit den Ergebnissen einer empirischen Untersuchung beschäftigen, die die Faktoren der Wettbewerbsdynamik und des Unternehmenserfolges im deutschen Pharmamarkt mit dem Schwerpunkt auf dem Generikawettbewerb zum Gegenstand hatte (Hilleke-Daniel 1989). Mit der Konkurrenzanalyse als einem besonders wichtigen Aspekt der langfristigen Erfolgssicherung befassen wir uns dabei etwas ausführlicher.

2. Wettbewerbsdynamik im Pharmamarkt

2.1 Einflußfaktoren der Wettbewerbsdynamik

Prinzipiell sind eine Reihe von Faktoren denkbar, die einen Einfluß auf die Wettbewerbsdynamik besitzen. Die Abbildung 1 gibt eine Übersicht über ein von Hilleke-Daniel (1989) in Anlehnung an Porter (1980) entwickeltes Modell der Wettbewerbsdynamik. Bestimmungsfaktoren in diesem Modell sind:

1. Neue Wettbewerber: Preisaggressive Newcomer, expandierende internationale Wettbewerber und diversifizierende Unternehmen aus angrenzenden Branchen können starke Turbulenzen im Markt verursachen.

2. Konsumentenverhalten: Änderungen der Nachfragestrukturen durch demographische Verschiebungen und Kaufkraftverschiebungen, das Lernen der Konsumenten sowie ein auf vielen Ebenen spürbarer Wertewandel verändern das Nachfrageverhalten und beeinflussen damit die Wettbewerbsentwicklung.

3. Innovationsdynamik: Neben den Produkt- und Prozeßinnovationen können auch Management- und Marketinginnovationen die Wettbewerbsstruktur nachhaltig beeinflussen.

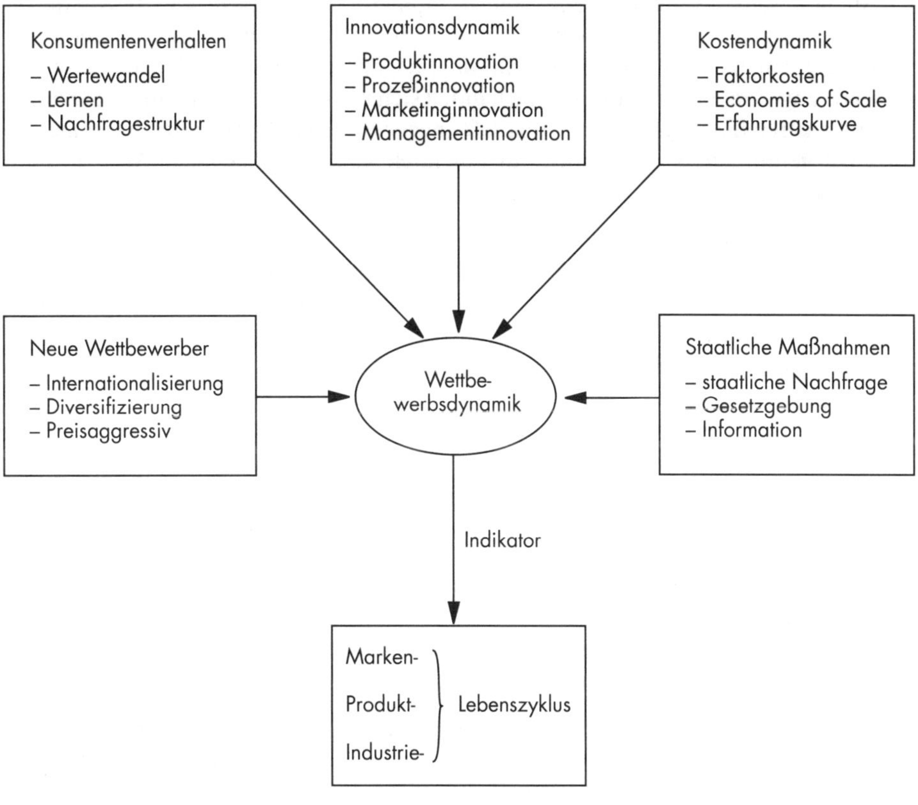

Abb. 1: Ein Modell der Wettbewerbsdynamik

4. Kostendynamik: Änderungen der Faktorkosten, die einzelne Anbieter unterschiedlich betreffen, Economies of Scale bzw. Größeneffekte und Erfahrungskurveneffekte, also Kostensenkung durch Lernen, können einen Einfluß auf die Wettbewerbsdynamik haben.

5. Staatliche Maßnahmen: Der Staat kann neben seiner Rolle als Nachfrager auf vielfältige Weise ins Marktgeschehen eingreifen. Man muß dabei unterscheiden, ob die Maßnahmen alle Teilnehmer gleichermaßen betreffen oder nur gezielt einzelne Wettbewerber berührt sind.

Die genannten Determinanten der Wettbewerbsdynamik decken den gesamten Bereich der Einflußfaktoren für alle Branchen ab. Für einzelne Industrien sind nicht immer alle Faktoren von Bedeutung oder gleich wichtig.

2.2 Faktoren der Wettbewerbsdynamik im Pharmamarkt

Der relative Einfluß einzelner Faktoren hängt im Pharmamarkt sehr stark davon ab, ob wir den Innovations- bzw. Wirkstoffwettbewerb oder den Imitationswettbewerb betrachten. Im Wirkstoffwettbewerb kommt sicherlich der Innovationsdynamik die größte Bedeutung zu. Die Wettbewerbsdynamik resultiert hier primär aus einer steten Folge von Produktinnovationen. Dazu gehören sowohl die echten „therapeutischen Durchbrüche", zum Beispiel die Entdeckung eines neuen Wirkprinzips wie das der H2-Antagonisten, als auch die Molekülvariationen und galenischen Verbesserungen. Eine weitere Innovationskomponente, die deutlich zur Belebung des Wettbewerbs beigetragen hat, ist die Marketinginnovation des Comarketings, also der gemeinsamen Vermarktung einer neuen Substanz. Es handelt sich hierbei zwar nicht um eine Innovation im engeren Sinne, aber die sprunghaft angestiegene Nutzung dieses Instrumentes hat dazu geführt, daß kaum noch ein potentiell umsatzstarker neuer Wirkstoff im Alleinvertrieb ausgeboten wird.

Die wichtigste Einzelkomponente im Rahmen des dynamischen Konsumentenverhaltens ist der Goodwill-Transfer. Beständig gute Erfahrungen mit dem Hersteller sowie ein stetiger Fluß innovativer Produkte sind die wichtigste Voraussetzung für den Aufbau von Goodwill. Dieser zahlt sich insbesondere bei der Produktneueinführung aus, da Ärzte bei hohem Goodwill eher bereit sind, ein neues Präparat zu testen und einen Preisaufschlag zu akzeptieren. Der Wertewandel spielt insofern eine Rolle, als in bestimmten Bereichen ein Trend zu pflanzlichen Präparaten zu beobachten ist. Im Gesamtmarkt ist die Bedeutung derartiger Präparate jedoch eher gering. Staatliche Maßnahmen spielen vor allem als Zulassungsregulative eine Rolle. Die erhöhten staatlichen Anforderungen vor Zulassung eines neuen Medikamentes haben eine deutliche Steigerung der Forschungskosten bewirkt und die effektive Patentnutzungszeit reduziert. Preisvergleichslisten und die neue Musterregelung haben darüber hinaus die Ausbietung neuer Produkte erschwert. Die Kostendynamik hat kaum Einfluß auf die Wettbewerbsdynamik, lediglich Größeneffekte spielen eine gewisse Rolle bei der Auslastung und Effizienz des Außendienstes.

Im Imitationswettbewerb wird die Entwicklung der Wettbewerbsdynamik primär durch das Auftreten neuer Wettbewerber bestimmt. Aggressive Newcomer drängen die ehemals durch Patente geschützten Originalanbieter in eine Verteidigerrolle. Der Erfolg der Generikaanbieter hängt natürlich auch von der geänderten Einstellung der Verbraucher ab. Die früher vorherrschende „Je-teurer desto-besser“-Mentalität ist durch eine verstärkte Sparneigung abgelöst. Ärzte und Verbraucher haben daneben in den vergangenen Jahren gelernt, daß die Qualität der meisten Generikapräparate eine Substitution der Originalpräparate durchaus rechtfertigen kann. Staatliche Maßnahmen, wie die Gesetzgebung zur bezugnehmenden Anmeldung oder das Gesundheits-Reform-Gesetz mit seinen geplanten Festbeträgen für wirkstoffgleiche Präparate stimulieren natürlich ebenfalls die Wettbewerbsdynamik. Letztlich sind es auch hier wieder eine Reihe von Faktoren, die gemeinsam zur Intensivierung des Wettbewerbs beitragen.

Aus Sicht der am Pharmamarkt beteiligten Unternehmen ist natürlich interessant, welche Faktoren den individuellen Erfolg eines Unternehmens in diesem dynamischen Markt beeinflussen.

2.3 Erfolgsfaktoren im Pharmawettbewerb

Zur Aufdeckung der Erfolgsfaktoren dienten zwei unterschiedliche Datenquellen. Zum einen war dies eine Befragung von Experten aus der Pharmaindustrie, wobei die Gesprächspartner sowohl aus forschenden als auch aus Generikafirmen kamen. Weiterhin standen für einige Teilmärkte Absatz-, Umsatz- und Werbedaten zur Verfügung.

Im Rahmen der Expertengespräche bezog sich eine der Fragen auf die aus Sicht der forschenden Unternehmen wesentlichen Wettbewerbsvorteile, die für ihren Erfolg in der Vergangenheit, heute und in der Zukunft verantwortlich sind. Tabelle 1 stellt die Ergebnisse dar.

vor 10 Jahren	Innovativität Produktqualität
heute	Produktqualität Außendienst Reputation Mitarbeiter Organisation Service
in 10 Jahren	Innovativität Kommunikation

Tabelle 1: Wettbewerbsvorteile forschender Pharmaunternehmen

Als Wettbewerbsvorteil gegenüber forschenden Unternehmen, also im klassischen Wirkstoffwettbewerb, wurde die Innovativität, die noch vor 10 Jahren der wichtigste Vorteil war, heute nur noch von sehr wenigen Experten genannt. Zum gegenwärtigen Zeitpunkt wurden überwiegend andere Faktoren wie Außendienst, Reputation oder Mitarbeiterpotential genannt. Als Ziel für die zukünftige Unternehmensstrategie spielt die Innovativität jedoch eine große Rolle. In 10 Jahren wollen fast alle wieder über Innovationen Vorteile am Markt erreichen. Hier spiegelt sich die Hoffnung wider, daß die verstärkten Investitionen in die Forschung Früchte tragen und in der Zukunft einen steten Strom innovativer Produkte garantieren. In die gleiche Richtung weist noch ein anderes Ergebnis der Expertengespräche. Befragt nach dem Umsatzanteil qualitativ überlegener Produkte, ergaben sich für die forschenden Unternehmen im Durchschnitt die folgenden Werte:

- vor 10 Jahren : 48%
- heute : 36%
- in 10 Jahren : 52%

Wesentlich wichtiger als die Absolutwerte ist die generelle Tendenz in allen Einzelangaben, die Zukunftsaussichten optimistischer zu beurteilen als die heutige Situation oder die Lage von vor 10 Jahren. Knapp 80 % der Unternehmen erwarten in der Zukunft einen höheren Umsatzanteil qualitativ überlegener Produkte als heute. Bei dieser Einschätzung können zwei unterschiedliche Gründe eine Rolle spielen. Zum einen kann sich dahinter die Erwartung verbergen, daß ein weiteres Vordringen der Generikafirmen es den forschenden Unternehmen immer schwieriger macht, bei patentfreien Produkten Umsätze zu erzielen. Bei insgesamt zurückgehenden Umsätzen kommt der größte Teil dann natürlich aus Teilmärkten, die nicht von Generikafirmen bedroht sind und in denen eine qualitative Überlegenheit möglich ist. Der Umsatzanteil derartiger Produkte steigt. Ein anderer Grund könnte jedoch die zu optimistische Einschätzung der eigenen zukünftigen Forschungsleistungen sein. Hier liegt eine große Gefahr verborgen. Die einseitige Strategieausrichtung auf Innovationen verhindert unter Umständen, daß alternative Strategien, zum Beispiel Steigerung der Marketingeffizienz oder Verbesserungen der Serviceleistungen, mit dem nötigen Nachdruck vorangetrieben werden. Bleiben die Forschungsergebnisse aus, so bedeutet das im günstigsten Fall lediglich einen Zeitverlust zum Nachholen der Versäumnisse im Marketingbereich. Im ungünstigen Fall haben andere Unternehmen die entstandenen Lücken ausgenutzt und das zu einseitig innovationsorientierte Unternehmen aus bestimmten Teilmärkten verdrängt. Der Bereich der Gentechnologie ist ein derartiger überschätzter Teilbereich der Pharmaforschung. Die vor fünf Jahren noch abgegebenen optimistischen Prognosen über die Zukunftschancen gentechnologischer Produkte sind in letzter Zeit deutlich nach unten korrigiert worden. Die Gruppe der Interferone sind dafür ein hervorragendes Beispiel.

Der zweite wichtige Wettbewerbsvorteil der Zukunft ist die Kommunikation. Hier liegen in der Tat auf zwei Ebenen noch erhebliche Potentiale. Zum einen müssen aufgrund der gesetzlichen Neuregelungen neue Zielgruppen angesprochen werden. Apotheker und Patienten werden in immer stärkerem Maße an der Präparateauswahl beteiligt. Die bisher einseitig auf die Ärzte ausgerichteten kommunikativen Maßnahmen müssen daher in Zukunft auch diese beiden Gruppen erfassen. Die Erweiterung der Gesamtzielgruppe zwingt auf Grund beschränkter Ressourcen zu einem selektiveren Einsatz der unterschiedlichen Kommunikationsmedien. Nicht mehr das Gießkannenprinzip, sondern eine sinnvolle Marktsegmentierung sind Grundlage der Kommunikationsplanung (siehe auch Beitrag von Simon, Kucher und Hilleke-Daniel in diesem Band). Die zweite oben angesprochene Ebene betrifft die qualitative Komponente der Kommunikation. Es reicht nicht aus, ein gutes Produkt zu haben, es muß auch entsprechend verkauft werden. Die fachliche Kompetenz und Motivation der Außendienstmitarbeiter ist dabei nur die eine Seite der Medaille – wenn auch eine sehr wichtige. Das Gesamtkonzept ist ebenso wichtig. Frühzeitiger Beginn der Marktvorbereitung, umfassende Dokumentation, Erarbeitung von Servicepaketen für den Arzt oder Unterstützungsmaßnahmen in der Patientenarbeit sind einige Beispiele für konkrete Maßnahmen. Die Befragungsergebnisse zeigen auch, daß auf dem Kommunikationssektor mit einem noch zunehmenden Wettbewerb zu rechnen ist, so daß letztlich nur mit innovativen Aktionen noch Wettbewerbsvorteile zu begründen sind.

Aus Sicht der Nachahmer kristallisierten sich im Laufe der Untersuchung vor allem drei Erfolgsfaktoren heraus. Zum einen ist dies natürlich der Preis. Der Preis wirkt jedoch in erster Linie im Vergleich zum forschenden Unternehmen. In der überwiegenden Zahl der Teilmärkte ist nur bei einer signifikanten Preisunterbietung ein Erfolg der Nachahmer möglich. Die relativen Marktanteile der einzelnen Generikafirmen werden jedoch nicht primär vom Preis bestimmt. Betrachtet man die Situation in den Teilmärkten, so zeigt sich bei den erfolgreichen Generikafirmen ein breites Preisspektrum, das von dem eher teuren Anbieter Puren bis zum Billiganbieter CT reicht. Einer der Gründe ist sicherlich, daß viele Ärzte keinen Überblick über die Preissituation besitzen. In der Regel werden zwischen den einzelnen Generikafirmen kaum Preisunterschiede wahrgenommen. Allenfalls gibt es generelle Einstufungen, die sich nicht auf einzelne Wirkstoffe beziehen, sondern eher ein auf früheren Erfahrungen aufbauendes Preisimage widerspiegeln. So zeigen unsere Marktuntersuchungen immer wieder, daß die Firma Ratiopharm, die sich in der Vergangenheit ein konsequentes Niedrigpreisimage aufgebaut hat, heute auch bei den Wirkstoffen als preisgünstig wahrgenommen wird, bei denen sie preislich eher am oberen Rand des Preisschemas liegt.

Der zweite Erfolgsfaktor der Nachahmer läßt sich zusammenfassend als Präsenz umschreiben. Darunter verstehen wir zum einen die kommunikative Präsenz in Form von Außendienstdruck und Werbung und zum anderen die mentale Präsenz beim Arzt über ein komplettes bzw. möglichst breites Produktsortiment. Nur wer sich bei den Ärzten nachhaltig in Erinnerung bringen kann, hat langfristig Erfolg. Viele Firmen, die ohne eigene Außendienstmannschaft gestartet waren, mußten diese Erfahrung machen, so daß es heute kaum noch einen Anbieter ohne Außendienst gibt. Der zweite Aspekte der Präsenz bezieht sich auf die Sortimentsbreite. Wer als Anbieter alle relevanten Wirkstoffe im Sortiment hat, erleichtert dem Arzt die Verschreibung. Gekoppelt mit einer systematischen Dachmarkenstrategie, die dem Arzt immer wieder den Firmennamen ins Gedächtnis ruft und damit die mentale Präsenz festigt, ist es für diese Firmen wesentlich einfacher, zum evoked set der Ärzte zu gehören. Positive Erfahrungen führen dann zu einem Goodwill-Transfer, von dem alle anderen Präparate profitieren können. Wird die im neuen Gesetz vorgesehene Ausweitung der aut-simile-Verordnungen erreicht, gewinnt dieser Aspekt auch aus Sicht der Apotheker an Bedeutung. Sie werden bestrebt sein, die Zahl der vorrätig gehaltenen Generika-Präparate zu minimieren, und im Endeffekt nur noch zwei oder drei Produktlinien zu führen. Deckt man als Anbieter das gesamte Spektrum ab, steigen die Chancen, zu diesen Firmen zu gehören.

Der dritte, und in der Vergangenheit dominierende Erfolgsfaktor, ist das Timing des Markteintritts. In einer Vielzahl von Teilmärkten hat sich gezeigt, daß ein Pioniervorteil existiert. Wer als erster nach Patentablauf mit einem preiswerten Generikum im Markt war, konnte eine führende Position in diesem Markt behaupten. Die Abbildung 2 zeigt die Marktanteile von Pionieren, frühen Folgern und Nachzüglern in drei ausgewählten Teilmärkten.

Daß ein früher Markteintritt sich nicht nur positiv auf den langfristig erreichbaren Marktanteil auswirkt, demonstriert Abbildung 3. Es hat sich in der Vergangenheit ebenfalls gezeigt, daß Pioniere und frühe Folger eine wesentlich günstigere Umsatz-

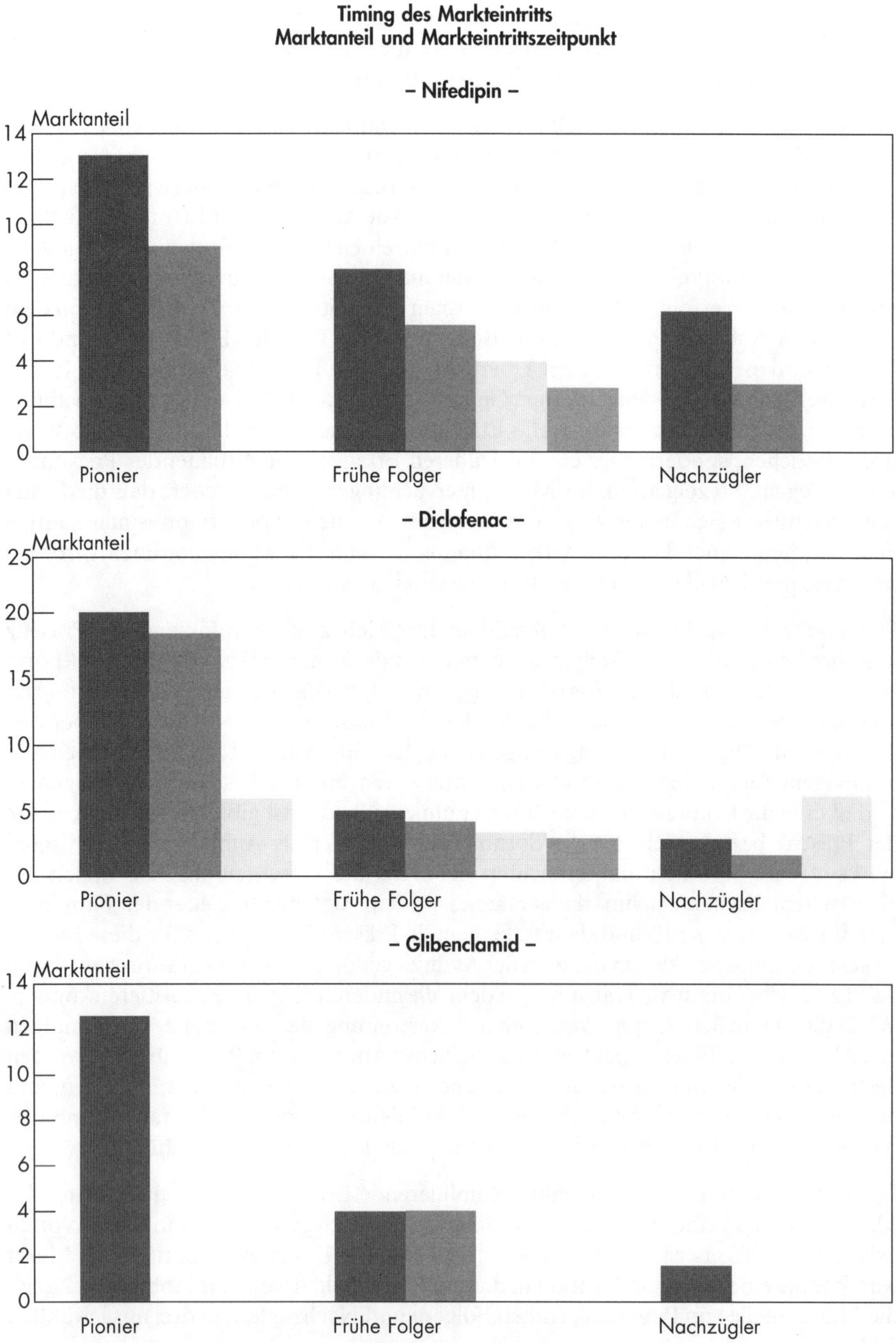

Abb. 2: Marktanteile in Abhängigkeit vom Markteintrittszeitpunkt

Werbe-Relation aufweisen. Je früher ein Unternehmen im Markt ist, desto billiger ist der Aufbau von Marktanteilen. Abbildung 3 illustriert dieses Ergebnis, indem für Firmen mit unterschiedlichen Markteintrittszeitpunkten die Relationen von Umsatz zu Werbeaufwendungen für die ersten zwei Jahre der Marktpräsenz dargestellt sind. Da es sich hier um einen sehr wettbewerbsintensiven Markt handelt, ist es den Nachzüglern in den ersten zwei Jahren noch nicht einmal gelungen, die Marketingaufwendungen über den Umsatz zu decken. Die absoluten Größenordnungen der Umsatz-Werbe-Relationen in anderen Märkten schwanken zwar in Abhängigkeit von der Wettbewerbsintensität der Teilmärkte, die Relationen zwischen den einzelnen Gruppen sind jedoch nahezu identisch.

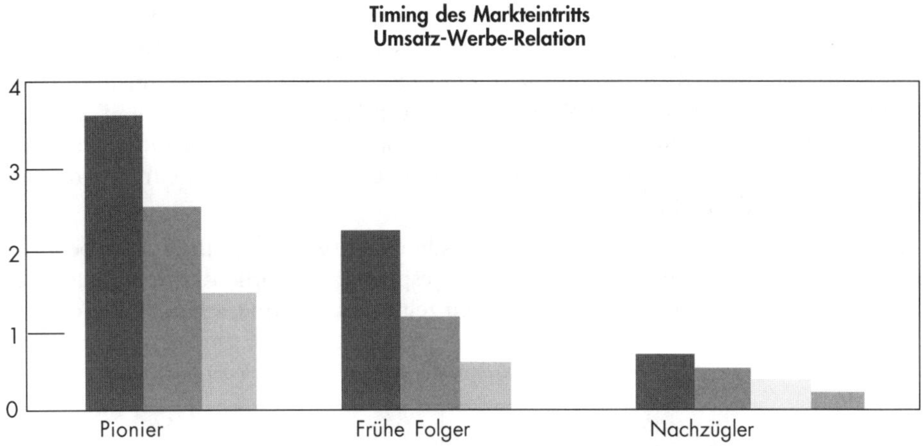

Abb. 3: Umsatz-Werbe-Relation in Abhängigkeit vom Markteintrittszeitpunkt

Die Abgrenzung der drei Gruppen kann dabei nicht starr nach einem festen Zeitschema erfolgen, sondern muß die spezifische Situation im jeweiligen Teilmarkt berücksichtigen. Unter Pionieren verstehen wir in der Regel Firmen, die innerhalb von vier Wochen nach Patentablauf im Markt waren, frühe Folger sind innerhalb der ersten drei Monate nach Patentablauf im Markt und Nachzügler entsprechend später. Die heutige Situation bei Patentablauf macht eine Änderung des Einteilungsschemas notwendig, da in der Regel direkt bei Patentablauf eine Reihe von Firmen mit zugelassenen Generikapräparaten zur Markteinführung bereitstehen. In einer solchen Situation entscheidet die Fähigkeit, die eigene Präsenz dem Arzt zu kommunizieren. Einen echten Pioniervorteil kann heute offensichtlich nur noch derjenige erreichen, der bereits deutlich vor Patentablauf im Markt ist. Dies impliziert enweder einen Verstoß gegen gültige Rechtsvorschriften oder eine Einigung mit dem Originalhersteller.

Eine solche Einigung zwischen einem forschenden Unternehmen und einer Generikafirma könnte beiden Unternehmen Vorteile bieten. Das forschende Unternehmen könnte mit dem Preis seines Originalpräparates oben bleiben, aber gleichwohl am Markt der preissensitiven Ärzte partizipieren, ohne selbst in diesem Markt aktiv zu werden. Argumentationsprobleme beim Arzt oder Imageprobleme im eigenen Außendienst entfallen. Nachteilig wirkt sich natürlich aus, daß bereits vor Patentablauf ein Nachfrageverlust für das Originalpräparat entsteht. Für die Generikafirma ergibt sich als Vorteil einer derartigen Vereinbarung der oben bereits angesprochene Pionierbonus in Form eines hohen erreichbaren Marktanteils und geringer Markteintrittskosten. Dem steht gegenüber, daß ein Teil der Erlöse an den Originalanbieter weitergeleitet werden müssen, und zwar auch über den Zeitpunkt des Patentablaufs hinaus.

3. Konkurrenzanalyse im Pharmamarkt

Die bisherigen Ausführungen haben deutlich gemacht, daß der Pharmamarkt in den letzten Jahren stetig wettbewerbsintensiver geworden ist, und als Folge des Gesundheits-Reform-Gesetzes mit einer weiteren Intensivierung zu rechnen ist. In einer solchen Situation wird es aus Sicht der einzelnen Firma immer wichtiger, nicht mehr allein auf die eigene Leistung zu schauen, sondern es ist notwendig, diese im Verhältnis zur Konkurrenzleistung zu sehen. Wichtigste Voraussetzung zum Überleben ist die Existenz von Wettbewerbsvorteilen (Simon 1988). Zur Einschätzung der eigenen relativen Position ist die genaue Kenntnis der Konkurrenz nowendig, eine permanente und systematische Analyse der Konkurrenten mithin unerläßlich. Daß es damit in der Pharmaindustrie nicht zum Besten steht, hat Simon in seinem einführenden Beitrag zu diesem Buch bereits verdeutlicht.

Um einen genaueren Einblick in Informationsdefizite zu erhalten, wurde der Aspekt der Konkurrenzanalyse im Rahmen der Expertengespräche ausführlich erörtert. Erstes Ziel war dabei die Feststellung der Wichtigkeit einzelner Informationsinhalte. Abbildung 4

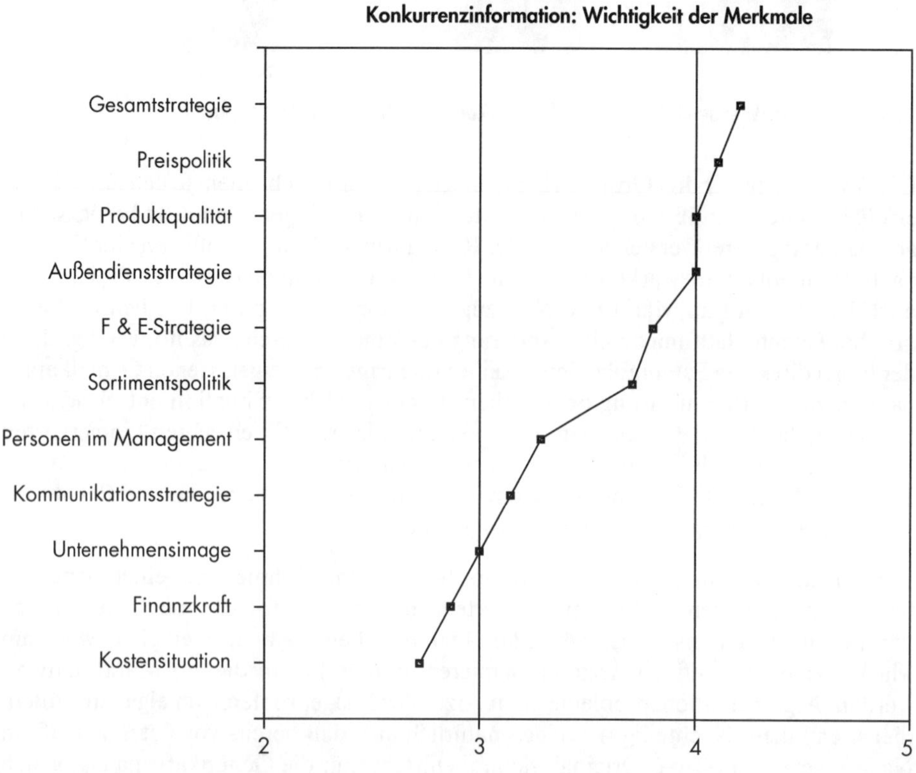

Abb. 4: Wichtigkeit spezifischer Konkurrenzinformationen

gibt die Wichtigkeit spezifischer Konkurrenzinformationen aus Sicht der forschenden Unternehmen wieder.

Die beiden wichtigsten Kriterien sind die Gesamtstrategie und die Preispolitik, denen die gleiche Bedeutung zugemessen wird. Dieses Ergebnis ist insofern erstaunlich, als der Preis in der Vergangenheit eigentlich nie ein beherrschendes Thema in der Pharmaindustrie war. Am Ende der Rangliste steht mit deutlichem Abstand die Kostensituation. Die Wichtigkeit eines Faktors ist der Gradmesser für den notwendigen Informationsstand. Theoretisch sollte man also bei den wichtigsten Faktoren auch am besten informiert sein. Daß dies in der Pharmaindustrie nicht der Fall ist, zeigt Abbildung 5.

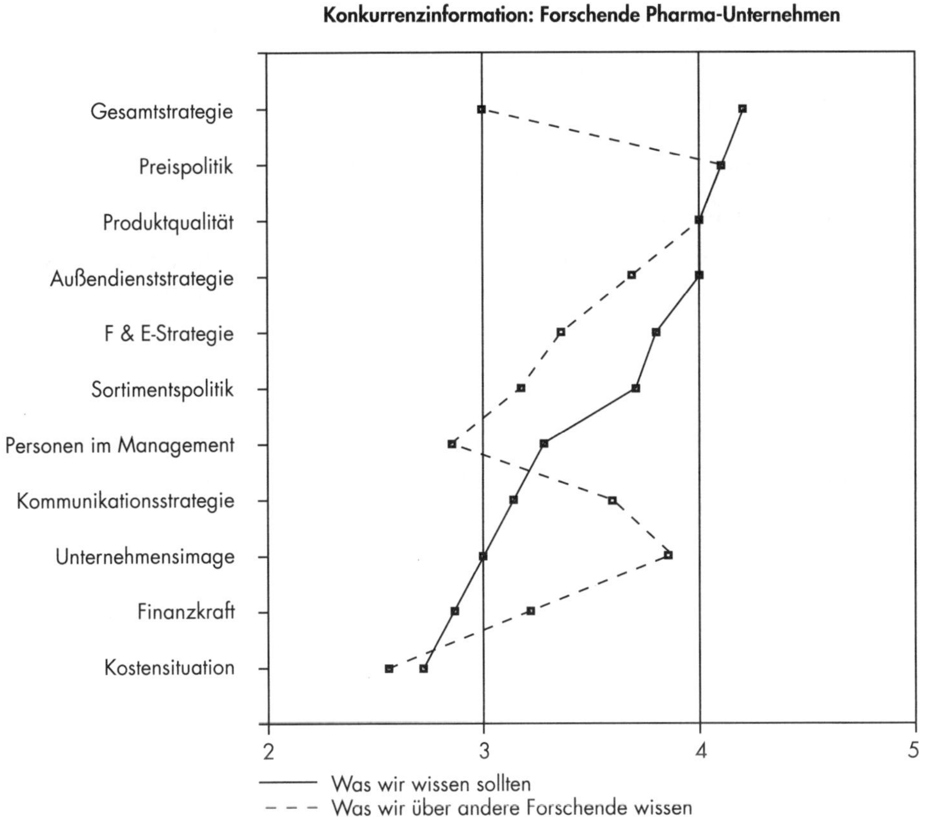

Abb. 5: Soll-Ist-Vergleich zur Konkurrenzanalyse

Das größte Informationsdefizit zeigt sich bei der Gesamtstrategie. Bei den beiden nächstwichtigen Faktoren ergibt sich eine gute Übereinstimmung von Soll- und Ist-Informationsstand. Bei den vier nächsten Faktoren gibt es wieder – allerdings deutlich geringere – Informationslücken. Beim Faktor Unternehmensimage sind die Firmen deutlich zu gut informiert. Das Informationsdefizit beim Kriterium Gesamtstrategie ist ein Nebeneffekt der ansonsten hervorragenden quantitativen Marktdatenversorgung. Es gibt kaum eine andere Branche, die ähnlich genau mit Absatz- und Werbedaten versorgt wird wie die Pharmabranche. Das Vertrauen auf die Marktzahlen als wichtigstes Informationsmittel hat die Sammlung und Analyse qualitativer konkurrenzbezogener Daten in den Hintergrund gedrängt.

Der wichtigste Ansatzpunkt zur Behebung dieses Defizits ist die Einrichtung einer permanenten und systematischen Konkurrenzanalyse (Sammon, Kurland und Spitalnic 1984, Fuld 1985). Im militärischen Bereich gehört die Kenntnis des Gegners seit jeher zu den wichtigsten Erfolgsgaranten: „Know the enemy and know yourself: in a hundred battles you will never be in peril. When you are ignorant of the enemy but know yourself, your chances of winning or losing are equal. If ignorant of both the enemy and of yourself, you are certain in every battle to be in peril" (Sun Tzu, 4. Jahrhundert v. Chr., nach Sammon et al. 1984, S. 19).

Eine systematische Konkurrenzanalyse beinhaltet vier Fragenkomplexe:

a) Welche Konkurrenten sind zu beobachten
b) Welche Informationen sind zu beschaffen
c) Welche Informationsquellen können genutzt werden
d) Wie sollte die Konkurrenzanalyse intern organisiert sein

a) Die relevanten Konkurrenten

Sicherlich kann man nicht alle Konkurrenten gleichermaßen systematisch im Auge behalten. Daher ist eine Konzentration auf die aktuell und potentiell wichtigsten Konkurrenten notwendig. Aus Teilmärkten, in denen ein Unternehmen mit eigenen Produkten vertreten ist, sollten auf jeden Fall die drei wichtigsten Konkurrenten in die Analyse einbezogen werden. Darüber hinaus sollten besonders stark wachsende Firmen mit einbezogen werden. Handelt es sich um einen attraktiven Teilmarkt mit hohen Wachstumsraten und hoher Rendite, ist ebenfalls an neue Konkurrenten zu denken. Diese können zum einen mit neu entwickelten Produkten in den Markt kommen oder als ausländische Konkurrenten versuchen, ein in anderen Märkten erfolgreiches Präparat auch in Deutschland einzuführen. Zur eigenen Absicherung sollten daher auch alle potentiellen Konkurrenten in – allerdings größeren – Abständen regelmäßig in die Untersuchung einbezogen werden.

Prinzipiell könnte man an ein zweistufiges Vorgehen denken. In einem ersten Schritt werden in größeren zeitlichen Abständen alle aktuellen und potentiellen Wettbewerber hinsichtlich ihres Gefährdungspotentials untersucht. Die Unternehmen mit dem größten Gefährdungspotential werden dann in kürzeren Zeitabständen einer Detailanalyse unterzogen. Sind gravierende Änderungen der Rahmenbedingungen zu erwarten, sollten die möglichen Auswirkungen in bezug auf alle relevanten Konkurrenten analysiert werden.

b) Die relevanten Informationen

Eine systematische Konkurrenzanalyse sollte den Entscheidungsträgern im Unternehmen detaillierte Informationen hinsichtlich der in Abbildung 4 genannten Problemfelder liefern. Zusammengefaßt lassen sich daraus drei Kernbereiche ableiten:

1. Strategische Grundausrichtung der Konkurrenten: Hierzu gehören insbesondere die zukünftigen Ziele sowie regionale und technologische Schwerpunkte. Mögliche Ziele können dabei die Erringung der Marktführerschaft, der Aufbau einer weltweiten Präsenz oder auch nur das Halten der derzeitigen Position sein.

2. **Leistungsprofil** der Konkurrenten: Dieser Punkt beinhaltet eine detaillierte Analyse der Stärken und Schwächen der Konkurrenten auf allen Ebenen, also sowohl im Marketingbereich als auch im F&E-Bereich. Hierbei ist neben der technologisch-objektiven auch die subjektiv – aus Sicht der Ärzte/Patienten – wahrgenommene Leistungsfähigkeit zu berücksichtigen. Wichtiger als die absolute Leistung ist die relative Leistung im Vergleich zum eigenen Unternehmen. Bei Generikakonkurrenten ist auch die Kostensituation eine wichtige Größe, da deren Kenntnis die Abschätzung des relevanten Preisrahmens ermöglicht.

3. **Reaktionsprofile** der Konkurrenten: Wie sensitiv reagieren die Konkurrenten auf eigene Aktivitäten bzw. auf Änderungen der allgemeinen Rahmenbedingungen. Hierbei spielen insbesondere die Persönlichkeiten der führenden Mitarbeiter eine große Rolle. Die Kenntnis der Personen im Managment sowie ihres persönlichen und beruflichen Werdeganges erlaubt oft sehr präzise Einschätzungen von Reaktionen.

c) Die Informationsquellen

Vielfach wird der Zugang zu den Informationsquellen als ein Hauptproblem angesehen. In der Realität ist jedoch zum überwiegenden Teil die Information entweder schon im Unternehmen vorhanden oder sie ist frei zugänglich. Es ist immer wieder erstaunlich, wieviel Konkurrenzwissen im eigenen Unternehmen bereits vorhanden, aber nicht oder nicht effizient genug genutzt wird, weil keine systematische Erfassung und Auswertung betrieben wird. Insbesondere die eigenen Mitarbeiter verfügen oft über erstaunliche Informationen. Neue Mitarbeiter, die früher bei Konkurrenzfirmen gearbeitet haben, können eine Reihe von Detailinformationen über Unternehmensstrategie, Unternehmenskultur oder Produktinformationen liefern. Die Außendienstmitarbeiter erfahren bei Gesprächen mit Kunden oft Einzelheiten über die Kommunikationsstrategie, über Stärken und Schwächen der Konkurrenzprodukte. Mitarbeiter aus der F&E-Abteilung haben häufig offiziell oder inoffiziell Kontakte zu Mitarbeitern der Konkurrenten und können Informationen über Forschungsstrategien beisteuern. Auf Kongressen oder Seminaren lassen sich ebenfalls wichtige Informationen gewinnen.

Auch extern sind viele Informationsquellen frei zugänglich. Veröffentlichungen des entsprechenden Unternehmens wie Geschäftsberichte, Produktinformationsblätter oder wissenschaftliche Veröffentlichungen im Forschungsbereich können dem kundigen Leser eine Reihe von Hinweisen geben. Selbst Stellenanzeigen verraten eine Menge über die zukünftigen Ziele und Strategien der Konkurrenten. Veröffentlichungen von neutraler Seite umfassen Berichte in Zeitungen oder Zeitschriften sowie Branchenberichte, die durch Verbände, Banken oder Wirtschaftsforschungsinstitute erstellt werden.

d) Die interne Organisation der Konkurrenzanalyse

Grundsätzlich sollten alle Mitarbeiter an der Beschaffung konkurrenzbezogener Informationen beteiligt sein. Der Engpaß liegt jedoch eher bei der systematischen Sichtung, Verdichtung und Weiterleitung der Informationen. Mögliche Organisationsformen zur Beseitigung dieses Engpasses sind (vgl. Simon, Sebastian und Hilleke-Daniel 1988):

- **Stabsstelle „Konkurrenzaufklärung“:** Zentrale Steuerung und Koordination der Aktivitäten durch eine mit Kompetenzen ausgestattete Stabsstelle.
- **Spiegelorganisation:** In jeder funktionalen Abteilung gibt es einen oder mehrere

Mitarbeiter, die neben ihrer Hauptaufgabe die funktionsspezifische „Betreuung" eines oder mehrerer Konkurrenten übernehmen.

– **Schatten:** Für jeden relevanten Konkurrenten gibt es einen Hauptverantwortlichen, der funktionsübergreifend alle wichtigen Informationen sammelt und auswertet.

All diese Organisationsformen leben natürlich davon, daß das gesamte System transparent ist und ein Mitarbeiter, der eine konkurrenzbezogene Information weiterleiten möchte, auch weiß, an wen er sich zu wenden hat.

Das Hauptproblem jedweder Organisationsform ist jedoch weniger die Informationssammlung, sondern die Auswertung, Verdichtung und Weiterleitung der wirklich entscheidungsrelevanten Daten. Die Fülle von Informationen ist so aufzubereiten, daß sie dem Management in kürzestmöglicher Zeit ein vollständiges Bild des Konkurrenten liefert. Endlose Zahlenkolonnen sind in dem Fall tödlich. Visuelle Aufbereitungen der Daten helfen beim intuitiven Verständnis des Marktes.

4. Schlußbemerkungen

Die Wettbewerbsintensität im deutschen Pharmamarkt wird weiter zunehmen. Gemeinsam mit den ständig weiterreichenden staatlichen Eingriffen wird dies zu einer Veränderung des Pharmamarktes in den nächsten Jahren führen. Unternehmen mit einem steten Fluß innovativer Präparate und der Fähigkeit, die neuen Produkte weltweit erfolgreich zu vermarkten, werden die negativen Konsequenzen dieser Entwicklung kaum spüren. Für sie geht es vor allem darum, die Marktentwicklung sorgsam zu verfolgen und die relevanten Konkurrenten genau im Auge zu behalten, um bei möglichen Veränderungen frühzeitig und schnell reagieren zu können.

Negativ betroffen werden in erster Linie die kleinen und mittleren Firmen, die überwiegend vom deutschen Markt abhängig sind und über kein ausgeprägtes Innovationspotential verfügen. Diese Firmen werden nur überleben können, wenn sie entweder eine Nischenstrategie verfolgen oder den Generikabereich mit abdecken. Aber auch eine Reihe von Generikafirmen, die ja vielfach als die Gewinner der Reformen angesehen werden, wird Existenzsorgen bekommen. Die Festbetragsregelungen werden dazu führen, daß die forschenden Unternehmen flexibler reagieren, da die in der Vergangenheit geübte preispolitische Passivität angesichts der dann notwendigen teilweise hohen Zuzahlungsbeträge für die Patienten verheerende Folgen hätte. Eine komplette Marktabdeckung mit qualitativ hochwertigen Präparaten sowie die mentale Präsenz bei allen Kundengruppen (Arzt, Apotheker und Patient) sind dann die Faktoren zur Überlebenssicherung für die Generikafirmen.

Zukünftige Wettbewerbsstrukturen in der Pharmaindustrie

Fritz Straub

1. Pharmamarkt im Brennpunkt

Der Pharmaindustrie wird gegenwärtig von vielen Seiten sehr viel Aufmerksamkeit gewidmet. Insbesondere Regierungen interessieren sich verstärkt für die Entwicklung der Pharmamärkte mit dem Ziel, die Verursacher von Gesundheitskosten strenger zu kontrollieren. Ein aktuelles Beispiel ist Deutschland, mit dem Gesundheitsreformgesetz. Die Finanzwelt zeigt ebenfalls Interesse an der Pharmaindustrie, da seit einiger Zeit besonders viele Akquisitionen, Kooperationen und Übernahmen in der Branche stattfinden. Dieser Trend begann zunächst in den USA, hat sich dann auch nach Japan und Europa übertragen. Die Presse beschäftigt sich aufgrund des zunehmenden Publikumsinteresses für Gesundheitsprobleme im allgemeinen immer mehr mit der Pharmaindustrie.

Im wissenschaftlichen Bereich ist die Pharmaindustrie dabei, durch die Gentechnologie eine völlig neue Dimension der Forschung zu eröffnen. Dadurch wurde eine intensive Diskussion über grundsätzliche Möglichkeiten und Ziele pharmazeutischer Forschung ausgelöst. Als Ergebnis sind zahlreiche Untersuchungen, Reporte und Bücher veröffentlicht worden. In öffentlichen Diskussionen und Seminaren findet eine intensive Auseinandersetzung mit diesem Thema statt.

Jeder spricht über Pharma. Es wird allgemein geglaubt, daß das Pharmageschäft sehr durchsichtig und transparent sei und über viele Aspekte im Pharmageschäft wird pauschal und global geurteilt. Man spricht über **den** Pharmamarkt, **das** Pharma-Wachstum und **die** Pharma-Zukunftsaussichten.

In einer Zeit, in der derartig vielfältige Entwicklungen im Gange sind, die Einfluß auf die Pharma-Aktivitäten ausüben, muß bezweifelt werden, daß solche Pauschalbetrachtungen angebracht sind.

2. Pharmamarkt im Wandel

2.1 Vom Wachstums- zum Verdrängungswettbewerb

In der Vergangenheit war eine derartige Betrachtung vielleicht zulässig. Im Pharmamarkt übertraf die Nachfrage viele Jahre das Angebot. Dies war hauptsächlich durch die Einführung und Ausbreitung der medikamentösen Therapie sowie durch die

Entwicklung und den Ausbau von Gesundheitssystemen in den meisten Ländern der Welt bedingt.

In einem solchen Markt, der jedem Anbieter ein gutes Maß an Wachstum garantierte, mußte über Strategien nicht lange nachgedacht werden. Dies war eine „friedliche Welt", in der hohe Wachstumsraten und Renditen erzielt werden konnten.

Inzwischen hat sich dieser Markt jedoch grundlegend verändert:

- Die Entdeckung von innovativen Therapieansätzen wird immer schwieriger und seltener. Der Aufwand für Forschung und Entwicklung erhöht sich ständig.
- Entwicklungszeiten verlängern sich aufgrund verschärfter Auflagen von Behörden.
- Durch die erhöhten Ansprüche der Patienten, die bessere soziale Absicherung und die Verlängerung der Lebenserwartung sind die Gesundheitskosten sehr stark angestiegen. Als Konsequenz üben die Behörden auf diese Kosten einen massiven Druck aus.
- Es kommen regelmäßig neue Anbieter in den Markt, die patentfrei gewordene Produkte schnell und billig anbieten können, da ihnen keine Forschungskosten entstehen. Damit tritt der Preis als neue Dimension in das Pharmageschäft.
- Das Umfeld der Pharmaindustrie wird sensibler und kritischer: der Patient – zumindest in der industrialisierten Welt – betrachtet die Heilung als eine Selbstverständlichkeit. Er stellt immer mehr zusätzliche Ansprüche, z. B. hinsichtlich Compliance und Sicherheit.

Aus der ursprünglichen Phase des „bequemen" Wachstums hat sich der Pharmamarkt zu einem sehr viel komplexeren und wettbewerbsintensiveren Markt hinbewegt. Diese Entwicklung erinnert an zahlreiche andere Industrien, die einen ähnlichen Prozeß bereits durchlaufen haben. Daraus lassen sich zu einem gewissen Grad Lehren ziehen, denn auch diese Industrien gerieten nach Jahren stetigen Wachstums und guter Renditen in Phasen mit weniger Innovationen und entsprechend langsamerem Wachstum.

Traditionelle, etablierte Unternehmen haben trotzdem häufig ihre ungünstige Kostenstruktur beibehalten. Neue, dynamische Unternehmen operieren hingegen mit an die Situation angepaßten Kostenstrukturen und verurteilen damit einige der schwerfälligen Großunternehmen zum Niedergang. Solche Entwicklungen sind sichere Signale dafür, daß eine Industrie in ihre Reifephase eingetreten ist.

Läßt sich diese Tendenz auf die heutige Situation der Pharmaindustrie übertragen? Ist diese Industrie ähnlich wie die Automobil- und Lebensmittelindustrie oder andere Branchen in ihrer Reifephase angelangt, in der im wesentlichen Verdrängungswettbewerb herrscht?

2.2 Differenzierte Betrachtung von Wettbewerbsstrukturen

Wird diese Frage nur aus der Sicht der Wachstumsmöglichkeiten betrachtet, muß sie verneint werden. Im Unterschied zur Situation in anderen Industrien besteht für Pharmaunternehmen noch ein sehr großes Marktpotential an nicht befriedigten Bedürfnissen, d.h. das Wachstumspotential ist bei weitem nicht ausgeschöpft.

Bisher kann nur etwa ein Drittel aller Krankheiten kausal behandelt werden, ganz abgesehen von denjenigen Krankheiten, für die nicht einmal eine befriedigende symptomatische Therapie existiert. Deshalb werden auch überdurchschnittliche, manchmal sogar phänomenale Wachstumssprünge erzielt, wenn es einem Pharmaunternehmen gelingt, innovative Therapieansätze zu entwickeln.

Andererseits sind deutliche Anzeichen für einen höheren Reifegrad erkennbar, wenn man die Verschärfung des Wettbewerbs, das langsamere globale Wachstum, die weite Verbreitung des Know-hows und den Druck auf die Kosten betrachtet. Diese divergierenden Entwicklungsrichtungen zeigen, daß der Pharmamarkt sich spaltet und folglich differenziert analysiert werden muß.

Erfahrungen aus anderen Industrien mit hohem Reifegrad zeigen, daß sich Unternehmen in einer solchen Entwicklungsphase nicht mehr auf dem gesamten Markt behaupten können, sondern sich auf Teilmärkte konzentrieren müssen. Nur durch eine optimale Ausrichtung der Strategie auf einzelne Teilmärkte wird eine Erhöhung der Schlagkraft in den gewählten Segmenten erreicht. Die Unternehmen müssen jedoch bereit sein, sich aus den anderen Segmenten zurückzuziehen.

Die Komplexität dieser Zusammenhänge verdeutlicht, daß Pauschalbetrachtungen keine Erklärung für die vielen Bewegungen im heutigen Pharmamarkt bieten können. Der Markt muß differenziert betrachtet werden. Für jedes Segment sind angepaßte Analysen und Strategien notwendig. Im folgenden schlagen wir eine Aufteilung des Marktes vor, die dieser Forderung gerecht wird. Die verschiedenen Pharmasegmente, die Erfolgsfaktoren jedes Segments und ihre mögliche zukünftige Entwicklung werden beschrieben. Im Anschluß daran werden alternative strategische Schlußfolgerungen für den Fall eines forschenden Großunternehmens und eines mittelständischen Unternehmens dargestellt. Abschließend erörtern wir einige Gedanken zur möglichen zukünftigen Entwicklung des gesamten Pharmamarktes, wie es aus dem Zusammenspiel der verschiedenen Segmente resultieren könnte.

3. Zukünftige Wettbewerbsstrukturen

3.1 Strategische Segmente

Wie oben dargestellt existieren zwischen der Entwicklung von reifen Industriezweigen und der Entwicklung der Pharmaindustrie deutliche Parallelen. Dennoch kann der Pharmamarkt nicht insgesamt als „reif" eingestuft werden.

Um die Situation des Pharmamarktes analysieren zu können, sollen zunächst die Kriterien festgelegt werden, anhand derer der Reifegrad einer Industrie gemessen werden kann. Folgende Merkmale deuten auf einen hohen Reifegrad einer Industrie hin:

- Es wird schwieriger, neue Produkte und Ausbietungen zu entwickeln und am Markt durchzusetzen.
- Know-how ist unter den Marktteilnehmern breit gestreut.

- Es wird zunehmend schwieriger, die Kosten den verschärften Wettbewerbsbedingungen anzupassen.

Hieraus ergeben sich für die Unternehmen folgende Konsequenzen:

- Das Ergebnis stagniert oder geht sogar zurück.
- Es entsteht verschärfter Wettbewerb (Verdrängungswettbewerb) in den jeweiligen Marktsegmenten.
- Der Wettbewerb wird globaler, da Unternehmen dazu tendieren, ihre Aktivitäten auf internationale Märkte auszuweiten. Insbesondere forschende Unternehmen verfolgen diese Strategie, um ihre stark ansteigenden Forschungskosten besser abdecken zu können.

Pauschal betrachtet treffen diese Merkmale auf die Pharmaindustrie insgesamt zu. Betrachtet man jedoch einzelne strategische Segmente, so sind diese Merkmale sehr unterschiedlich ausgeprägt. Anhand der folgenden vier Segmente soll dies genauer untersucht werden:

1. **Echt innovatives Segment:** Dieses Segment ist durch einen Durchbruch in der Behandlung von Krankheiten gekennzeichnet.
2. **Semi-innovatives Segment:** Die Produkte in diesem Segment besitzen meßbare Vorteile gegenüber alten Präparaten.
3. **Multisource-Segment:** In diesem Segment befinden sich Produkte, deren Patente abgelaufen sind und die ohne Schwierigkeiten von anderen Herstellern nachgeahmt werden können.
4. **Generika-Segment:** In diesem Segment konkurrieren Produkte, deren Wettbewerbsvorteile ausschließlich auf der Preisgestaltung beruhen.

3.2 Das echt innovative Segment

Dieser Markt entsteht durch einen Durchbruch in der Behandlung von Krankheiten, indem neue Substanzklassen bzw. neue therapeutische Prinzipien entwickelt werden. Da der Erfolg dieser Neuentwicklungen zunächst ungewiß ist, wird dieser Markt durch hohe Chancen, aber auch hohe Risiken gekennzeichnet.

Wegen dieses extremen Chancen-Risiko-Profils kann sich ein Unternehmen langfristig nicht allein auf dieses Segment beschränken. Um einen halbwegs gleichmäßigen Cash Flow zu sichern, muß das Risiko durch Aktivitäten in anderen Segmenten abgefedert werden.

In Zukunft wird sich das echt innovative Segment weiterhin sehr positiv entwickeln. Da nach wie vor viele Krankheiten kausal nicht behandelt werden können, besteht auf absehbare Zeit ein starker Bedarf an innovativen Produkten. Bahnbrechende Innovationen werden zwar selten bleiben, aber nicht an Bedeutung verlieren. Wegen der Möglichkeit außerordentlicher Erlöse, wird sich die Attraktivität „pro Innovation" weiterhin erhöhen.

Im echtinnovativen Segment gelten ziemlich klare Erfolgsbedingungen. Grundvoraussetzung ist, daß ein solches Unternehmen Forschungskapazitäten besitzt, die groß und auf dem jeweiligen Gebiet führend sind. Dies wiederum setzt eine hohe Finanzkraft und eine internationale Ausrichtung voraus. Nicht unterschätzt werden dürfen die Marketingfähigkeiten. Nur wenn das Unternehmen in der Lage ist, die im Labor entwickelten Produkte schnell und global in Markterfolge umzusetzen, werden die hohen F & E-Investitionen zurückfließen und zufriedenstellende Renditen resultieren. Um im echt innovativen Segment dauerhaft erfolgreich zu sein, muß das Unternehmen eine ausgeprägte Spezialitäten-Mentalität und Innovationsorientierung besitzen. Hierzu ist eine Konzentration auf Schwerpunktgebiete notwendig, die mit erheblichem Tiefgang bearbeitet werden. Auf diesen Schwerpunktgebieten müssen Erfahrungssubstanz sowie eine große Zahl hochqualifizierter Experten vorhanden sein bzw. aufgebaut werden. Wichtig sind auch weltweite Kontakte zu führenden Forschern, Instituten und Konkurrenten, um ständig über die neuesten Entwicklungen informiert zu sein. An die Führung echt innovativer Unternehmen werden wegen der Notwendigkeit, die große Zahl qualifizierter F & E-Kräfte auf hohem Niveau zu motivieren, besondere Anforderungen gestellt.

3.3 Das semi-innovative Segment

Dieses Segment besteht aus denjenigen neuen Produkten, die meßbare Vorteile gegenüber eingeführten Präparaten haben ohne jedoch einen therapeutischen Durchbruch zu bringen. Demnach wird dieses Segment durch die „Innovationen der kleinen Schritte" bestimmt. Viele der jährlich neu auf den Pharmamarkt kommenden Produkte gehören in diese Kategorie. Oft sind die Unterschiede zu den etablierten Produkten nur minimal, so daß der Wettbewerbskampf in diesem Segment sehr viel stärker als im echt innovativen Bereich ist. Ein weiterer Unterschied liegt darin, daß die Lebenszyklen der semi-innovativen Produkte deutlich kürzer sind als die der echten Innovationen.

Die zukünftige Entwicklung dieses Marktsegments wird dadurch geprägt, daß die Einstellung der Kunden, der Öffentlichkeit und der Behörden hinsichtlich des nur geringfügigen Innovationsgrades zunehmend kritischer wird. Viele dieser Produkte lassen sich nicht mehr als Innovationen verkaufen, es sei denn, die Vorteile sind überzeugend nachweisbar und kommunizierbar. Es ist abzusehen, daß das Ergebnispotential in diesem Segment zurückgehen wird.

Der entscheidende Erfolgsfaktor in diesem Segment ist die Schnelligkeit. Nur der erste oder zweite Anbieter am Markt kann wirtschaftlichen Erfolg erzielen. Wer mit semi-innovativen Produkten verspätet in den Markt eintritt, erreicht in der Regel nur noch bescheidene Marktanteile und folglich unbefriedigende Ergebnisse.

Schnelligkeit in der Ausbietung kann wiederum nur durch gezielte Konzentration auf wenige Arbeitsgebiete erreicht werden, weil nur auf diese Weise die Ausschöpfung des Produktpotentials ermöglicht wird. Organisation und Unternehmenskultur müssen auf Schnelligkeit ausgerichtet sein. Die Opportunitätskosten der Zeit sind in diesem Segment sehr hoch, da die jeweiligen Vorsprünge meist nur über kurze Phasen gehalten werden können. Deshalb ist ein striktes „Zeitcontrolling" unerläßlich.

Eine weitere Voraussetzung ist die scharfe Beobachtung der Konkurrenten. In semi-innovativen Segmenten stehen in der Regel zahlreiche Anbieter in mehr oder minder engem Wettbewerb. Neben dem Zeitaspekt müssen Positionierung, Kommunikation und andere Instrumente unter Berücksichtigung der Konkurrenzaktivitäten geplant werden. Dies ist nur bei systematischer und permanenter Konkurrenzanalyse gewährleistet.

Semi-innovative Produkte sind ebenfalls mit hohen Forschungskosten belastet, die nur durch eine internationale Vermarktung zurückverdient werden können. Deshalb müssen Firmen in diesem Segment über eine schlagkräftige internationale Organisation verfügen oder, alternativ, die internationale Vermarktung über strategische Partnerschaften sicherstellen. All dies erfordert auch in diesem Segment eine Spezialitäten-Mentalität.

3.4 Das Multisource-Segment

Das Multisource-Segment wird von Produkten abgedeckt, deren Patente abgelaufen sind und die ohne Schwierigkeiten von Konkurrenten nachgeahmt werden können. Es besteht demnach aus einem ehemals innovativen oder semi-innovativen Marktsegment, in das zusätzlich zu den Erstanbietern neue Unternehmen eingetreten sind.

Die Differenzierung zum Erstanbieter erfolgt über das Warenzeichen sowie über den Preis, der in aller Regel unter dem des Erstanbieters liegt. Vielfach versucht der Erstanbieter, seinen Marktanteil durch Line Extensions zu verteidigen. Deshalb existiert in Multisource-Märkten eine große Vielfalt von Produktfamilien und -formen.

Je erfolgreicher und bedeutender ein Produkt im innovativen Bereich ist, desto schneller wird es nach Patentablauf nachgeahmt. Dies ist ein regelmäßig zu beobachtender Vorgang, der sich auch in Zukunft wiederholen wird. Es ist allerdings zu erwarten, daß aus dem Generika-Marktsegment verstärkt Konkurrenz für diesen Bereich entstehen wird.

Es zeichnet sich ab, daß in diesem Markt der Preis immer stärker als Marketing-Instrument eingesetzt wird. Die hier tätigen Pharmaunternehmen werden in ihrer Preispolitik zunehmend flexibel. Dennoch behalten diejenigen Firmen, die auch im innovativen Bereich aktiv sind, weiterhin einen Vorsprung gegenüber Wettbewerbern im Multisource-Bereich. Ursachen hierfür sind das tiefere, spezialisierte Know-how und das bessere Image. Wie im semi-innovativen Bereich bilden auch im Multisource-Segment Schnelligkeit sowie die Konzentration auf wenige Arbeitsgebiete wichtige Erfolgsfaktoren. Die Ausrichtung auf das Konkurrenz- sowie das Konsumverhalten allerdings ist im Multisource-Bereich wichtiger als in den innovativen Märkten.

Da der Erfolg in diesem Segment von dem Gelingen der Differenzierung gegenüber dem Erstanbieter abhängt, sind Werbung, Preis und Produktlinienerweiterung weitere kritische Erfolgsfaktoren.

3.5 Das Generika-Segment

Der Generikamarkt wird durch Produkte abgedeckt, deren Wettbewerbsvorteile ausschließlich auf der Preisgestaltung beruhen. Da sich die Preise von Generika am unteren Ende des Preisspektrums des Pharmamarktes bewegen, sind die Gewinnmargen gering. Dadurch entsteht die Notwendigkeit, über eine hohe Absatzmenge diesen Nachteil wettzumachen bzw. die Kosten niedrig zu halten.

Obwohl die Wachstumsmöglichkeiten dieses Marktsegments insgesamt begrenzt sind, läßt sich zur Zeit ein deutlicher Aufwärtstrend diagnostizieren. Dieser Trend ist hauptsächlich auf den verstärkten Druck seitens der Politiker, Behörden und Kassen in Richtung billigerer Arzneimittel zurückzuführen.

Wegen des starken Wachstums traten in den letzten Jahren viele neue Anbieter in dieses Segment ein. Allerdings sind einige bereits wieder ausgeschieden. Auch in naher Zukunft wird sich dieser Prozeß fortsetzen, wobei auch mit dem Eintritt großer Pharmaunternehmen gerechnet werden kann.

Der Preiswettbewerb auf dem Generika-Markt wird voraussichtlich noch härter als bisher werden. Die Intensität dieses Wettbewerbs dürfte zu einer Suche nach Wettbewerbsvorteilen führen, die über die rein preisliche Dimension hinausgehen. Dem Generika-Markt wird zudem eine bedeutende Rolle in der Machtverteilung zwischen Kassen, Ärzten und Behörden zufallen.

Langfristig werden nur diejenigen Unternehmen auf diesem Markt erfolgreich sein, die flexibel und kostenbewußt operieren und außerdem von einer „Commodity-Mentalität" durchdrungen sind.

4. Anwendung

Wie können diese Segmentierungskonzepte auf den konkreten Fall eines Unternehmens angewendet werden?

Anhand eines Großunternehmens und eines mittelständischen Unternehmens soll im folgenden dargestellt werden, welche Auswirkungen die gegebene Marktsegmentierung für die Entwicklung von Strategien hat.

4.1 Fall eines Großunternehmens

Ein großes, forschendes Pharma-Unternehmen ist in der Regel prädestiniert, im echt innovativen Segment aktiv zu sein, da es die notwendige kritische Größe und finanzielle Kraft besitzt und außerdem weltweit präsent ist.

Voraussetzung für eine erfolgreiche Tätigkeit ist, daß dieses Unternehmen nicht versucht, auf einer zu breiten Forschungsfront aktiv zu sein. Trotz der Größe muß es sich auf bestimmte Schwerpunkte konzentrieren. Zudem muß der Wettbewerb sehr aufmerksam beobachtet werden, damit man möglichst als erster mit einer Innovation auf den Markt kommt.

Obwohl das echt innovative Segment Priorität besitzt, wird ein Großteil der Aktivitäten dieses Unternehmens notwendigerweise im semi-innovativen Segment stattfinden. Dies liegt daran, daß Innovationen nicht planbar sind. Es können lediglich die Voraussetzungen geschaffen werden, die das Auffinden von Innovationen begünstigen.

Eine Präsenz im Multisource-Segment läßt sich für ein Großunternehmen immer weniger vermeiden, da das Potential der vorhandenen Produkte auch nach Patentablauf genutzt werden muß. Das große forschende Unternehmen sollte jedoch davon absehen, Produkte ausschließlich für das Multisource-Segment herzustellen.

Das Generika-Segment sollte von einem Großunternehmen gemieden werden. Die Größe eines derartigen Unternehmens wird in diesem Segment zum Nachteil. Die schwerfällige Kostenstruktur macht einen Erfolg unwahrscheinlich, es sei denn, die Vermarktung von Generika wird als separate Aktivität betrachtet. Dies könnte jedoch wegen der Umlenkung von Ressourcen zu Nachteilen bei anderen Aktivitäten führen.

4.2 Fall eines mittelgroßen Unternehmens

Das betrachtete mittelgroße Unternehmen sei durch eine starke Präsenz im nationalen Markt und weniger in den Auslandsmärkten gekennzeichnet. Für ein derartiges Unternehmen existieren drei verschiedene Strategieoptionen:

1. Extreme Konzentration auf ein spezielles Forschungsgebiet, mit dem Ziel, Innovationen zu entwickeln, die weltweit lizensiert werden. Voraussetzung ist, daß das Forschungsgebiet extrem eng definiert wird.
2. Profilierung als Spezialist für ein bestimmtes Therapiefeld auf dem nationalen Markt. Andere, auch große Unternehmen sind meist nicht imstande, mit dem gleichen Marketingeinsatz zu konkurrieren. Später kann eine Internationalisierung des gewählten Gebietes angestrebt werden.
3. Einstellung der Forschung und Versuch, über den Preis zu konkurrieren.

Für jede dieser drei Möglichkeiten - und dies gilt stärker als für ein großes Unternehmen - ist es notwendig, einen sehr engen Aktivitätenbereich zu definieren, um seine Kräfte und Ressourcen zu konzentrieren.

Wird diese Konzentration nicht erreicht, so kann dies unter den heutigen scharfen Wettbewerbsverhältnissen sehr schnell zu Existenzproblemen führen. Fehlende Konzentration ist oft der Grund für die Übernahme mittelständischer Pharmaunternehmen durch größere Konkurrenten. Häufig gelingt es mittelständischen Unternehmen nicht, sich radikal genug für einen Strategieansatz zu entscheiden, stattdessen versuchen sie auf Dauer, an zu vielen Fronten zu kämpfen.

5. Zukunftsperspektiven

Die Zukunft des einzelnen Pharmaunternehmens egal ob groß oder klein, wird in starkem Maße von der Weiterentwicklung der Wettbewerbsstrukturen abhängen. Da Regierungen und Behörden zunehmend Einfluß auf den Pharmamarkt ausüben, muß erwartet werden, daß sich die institutionellen Rahmenbedingungen dieses Marktes stark verändern. Die Richtungen dieser Veränderungen lassen sich noch nicht absehen. Es kommt sowohl ein Positiv- als auch ein Negativ-Szenario für die zukünftige Entwicklung in Frage.

5.1 Positiv-Szenario

Der Markt bleibt im wesentlichen in der heutigen Form bestehen, d. h. viele Firmen, große und mittelständische, können überleben, wenn es ihnen gelingt, weiterhin erfolgreich Forschung zu betreiben und echte Innovationen auf den Markt zu bringen.

Während der Patentlaufzeit können die innovativen Firmen ihre hohen Forschungskosten ausgleichen. Dann geraten die Produkte in den Multisource-Bereich, der Preis beginnt zu fallen. Neue Hersteller bieten das Produkt an. Diese Firmen haben niedrigere Kosten und auch kleinere Margen. Das Volumen vergrößert sich möglicherweise durch breiteren Einsatz der Therapie. Der Preis gewinnt an Einfluß, und Generika-Hersteller treten zunehmend in den Markt ein. Dieser Prozeß wiederholt sich immer wieder, indem dem Markt ständig neue Produkte zugeführt werden, die über die Zeit die jeweiligen Segmente durchlaufen. Der Wettbewerb bleibt scharf in jedem Segment, aber insgesamt kann der Markt weiter wachsen.

5.2 Negativ-Szenario

Wenn der Druck von den Behörden zu hoch werden sollte, d.h. wenn die Patentlaufzeiten zu kurz werden und von Anfang an für Innovationen zu niedrige Preise erstattet werden, ergeben sich negative Konsequenzen. Der Anreiz, Innovationen zu entwickeln, nimmt ab. Forschende Unternehmen werden ihre Aktivitäten zunehmend einstellen oder ins Ausland verlagern, um ihre Kostenstruktur anpassen zu können und ihre Wettbewerbsfähigkeit zu erhalten. Immer weniger Innovationen werden auf den Markt kommen. Selbst große Pharmaunternehmen werden zunehmend auf dem Generikamarkt aktiv.

Der Schlüssel zum Erfolg verlagert sich dann auf Volumen und Effizienz in der Produktion. Kleinere Generikahersteller werden schließlich von Großunternehmen aus dem Markt gedrängt oder übernommen.

Die Sozialkosten dieses Prozesses sind hoch. Der Fortschritt im Pharmabereich kommt zum Stillstand. Für die medizinische Behandlung bedeutet dies, daß keine Medikamente als Ersatztherapie für Krankenhausbehandlung mehr entwickelt werden und bahnbrechende Innovationen ausbleiben bzw. selten werden.

Dieses Szenario verdeutlicht, daß langfristig betrachtet die Zukunft der gesamten Branche von den Aktivitäten der forschenden Unternehmen abhängig ist. Nur sie schaffen echtes Wachstum. Alle anderen Aktivitäten bedeuten nur eine Verlagerung ihrer Errungenschaften.

5.3 Schlußfolgerungen

Es tritt deutlich zu Tage, daß die Pharmaindustrie einen höheren Reifegrad erreicht hat. Sie ist aber nicht homogen, sondern in verschiedene Segmente untergliedert. Der Markt besteht aus einem hoch innovativen Teil und aus einem Segment, in dem Prozesse im Gange sind, die einem höheren Reifegrad entsprechen. Für die verschiedenen Segmente existieren unterschiedliche Handlungsalternativen. Insgesamt bewegt sich die Pharmaindustrie auf einer Kurve steigender Komplexität. Es spielen immer mehr Teilnehmer, Einflüsse, unterschiedliche Verhaltensweisen eine Rolle, und es findet ein immer härterer Wettbewerbskampf statt. Dennoch werden weiterhin Firmen in jedem Segment Erfolg haben können, wenn es ihnen gelingt, sich auf ihre Spezialgebiete und Stärken zu konzentrieren. Diese Entwicklung könnte jedoch in Gefahr geraten, wenn der öffentliche Druck so hoch und staatliche Eingriffe so zahlreich und tiefgehend werden, daß die Dynamik dieses Marktprozesses zum Erliegen kommt.

Wettbewerb durch Generika

Edgar Dammroff

1. Konsequenzen des Gesundheitsreformgesetzes

GRG-Gesundheitsreformgesetz: Gesetze und Gesetzesänderungen bekommen immer administrative Benennungen, die abstrakt, kompliziert und trocken sind. Ich schlage vor, die jetzigen Bemühungen zur Veränderung des Gesundheitswesens als Reform à la Morgenstern zu taufen. Dies aus doppeltem Grund:

(1) Und so schließt man messerscharf, daß nicht sein kann, was nicht sein darf.

(2) Wer die Position der anderen Partner in der Gesundheitspolitik nicht einfach anerkennt, dem wird die Argumentation à la Morgenstern verpaßt (verbal und ökonomisch).

Eine Reform, die den Namen verdient hat, muß unser Gesundheitswesen mit seinen Verschwendungen und Fehlsteuerungen in seinen Strukturen so verändern, daß nicht mehr Staat, sondern weniger Staat im Ergebnis herauskommt; nicht weniger Marktwirtschaft, sondern mehr Marktwirtschaft; nicht weniger Entscheidungsfreiheit, sondern mehr Entscheidungsfreiheit; nicht mehr Kostendämpfung, sondern mehr Kostenverantwortung.

Was wir brauchen, ist eine schrittweise Beseitigung der unendlich vielen Fehlsteuerungen und Fehlanreize, die in erster Linie ökonomischer Natur sind. Die Ökonomie setzt die Rahmendaten. Das heißt, wenn sich heute der einzelne Akteur zu Lasten der Solidargemeinschaft austobt und aus dem Versicherungssystem herausholt, was für ihn an Leistungen herauszuholen ist, so kann dies sehr wohl für ihn selbst individuell rational und vernünftig sein, kollektiv ist dies Ressourcenverschwendung und irrational, ja läßt die Kosten explodieren.

Da kaum ökonomisch fundiert ausgebildete Bürokraten und Politiker in der Gesundheitsreformdiskussion zu sichten sind, erscheint mir an vielen Stellen des „Reformgesetzes" erneut der fatale Hang zur Kostendämpfungspolitik und zum staatlichen und parastaatlichen Dirigismus eingebaut. Was tatsächlich not täte, ist die durchgängige Überprüfung, ob es nicht gerade die marktwirtschaftlichen Steuerungselemente sind, die individuelle Rationalität der Einzelentscheidung mit dem volkswirtschaftlich optimalen Ergebnis in Einklang bringen.

Für mich ist es nach wie vor nicht einsehbar, warum wir Allokation und Distribution auf den Gesundheitsmärkten noch mehr staatlichen und parastaatlichen Funktionärsgremien überantworten sollten, obwohl in wichtigen Bereichen der Markt die besseren Ergebnisse liefert.

Deshalb ist für mich die Reform Blüms keine wirkliche Strukturverbesserung, sondern der Versuch, in allzu vielen Fällen die fehlgesteuerte Struktur in ihrer Essenz zu erhalten oder gar zu verschlimmbessern. De facto sieht es deshalb eher nach einem Kostendämpfungs- oder Kostenumverteilungsgesetz aus. Weil man aber an die eigentlichen Rahmenbedingungen, die für diese Entwicklung verantwortlich sind, nicht herangeht, wird über kurz oder lang auch dieses Gesetz in wichtigen Bereichen zum Scheitern verurteilt sein und zwar aus folgenden Gründen:

– Die Arztzahl wird weiter zunehmen.

Wir hatten 1970 etwa 46 000 Kassenärzte. Ende 1986 waren es rund 68 700 niedergelassene Mediziner. Ein Arzt verursacht nach Berechnung der Kassen Leistungsausgaben von 1,5 Mio. DM im Schnitt jährlich. Wenn also bis 1990 noch 15 000 niedergelassene Ärzte hinzukommen, so würden diese Ärzte demnach allein 22,5 Milliarden DM an zusätzlichen Leistungsausgaben verursachen – statistisch betrachtet.

Machen wir die gleiche Rechnung für Arzneimittel:

Die Krankenkassen haben 1986 rund 17,6 Milliarden DM für Arzneimittel bezahlt; wir hatten 68 700 Ärzte. Das macht also pro Arzt 256 000 DM. Wenn wir 15 000 Ärzte mehr haben, ergeben sich 3,84 Milliarden DM mehr. Das sind nur formale statische Rechnungen unter der Annahme ceteris paribus. Aber die „ceteris" bleiben nicht „paribus". Es ist vorherzusehen, daß der einzelne Arzt weniger umsetzen und weniger verdienen wird. Da er aber mit einer gewissen Einkommenserwartung ausgebildet wurde bzw. eine bestimmte Summe in sein Wissen und in seine Praxis investiert hat, will er eine angemessene Verzinsung für beide Investitionsarten erzielen.

Der Arzt ist nicht nur Mediziner, sondern auch Unternehmer. In unserem System ist er gleichzeitig Anbieter und Nachfrager von medizinischen Leistungen. Ich sage voraus, daß in dieser Situation der einzelne Arzt sich gegen den Wettbewerbsdruck durch seine Standeskollegen wehren wird, und zwar mit marktwirtschaftlich vernünftigem Verhalten bis hin zu Pressionsversuchen.

– Die Arzteinkommen sind mit dem Wachstum der Grundlohnsumme verknüpft.

Obwohl die Arztzahl weiter steigen wird, werden es die am Markt operierenden „etablierten" Ärzte im Verteilungskampf nicht zulassen, daß der Zuwachs in der Gesamtvergütung ausschließlich zur Finanzierung der „neuen" Ärzte verwandt wird. Deswegen werden auch die individuellen Arzteinkommen, wenn auch bescheiden, steigen.

– Die einzelne Leistung des Arztes ist über den einheitlichen Bewertungsmaßstab (EBM) klar definiert.

Solange die Punktwerte unverändert bleiben, was auf kürzere Sicht immer der Fall sein muß, werden wir Ausweichstrategien über die Menge feststellen: Das heißt, wenn auf diese Art und Weise die Preise definiert sind, ist es individuell rational, über die Menge Umsatz zu machen. Dabei bleibt bei dem gegebenen Finanzierungssystem als Konsequenz, daß die Gesamtkostensumme permanent weiter wächst.

– Die Bevölkerungspyramide in der Bundesrepublik verändert sich ungünstig.

Dabei nimmt die Morbidität und die Multimorbidität zu. Ältere Menschen sind nun einmal häufiger krank. Ein Sozial- und Wohlfahrtsstaat wie der unsrige wird es sich nicht erlauben können, die Versorgung in ihrem qualitativen und quantitativen Niveau nur deshalb zu reduzieren, weil die Zahl der alten Menschen steigt.

- Der medizinisch-technische Fortschritt ist ein autodynamischer Prozeß.
- Die Fortschrittsergebnisse produzieren zum Teil ihre Nachfrage selbst.
- In weiten Bereichen unseres jetzigen Sicherungssystems stellen wir fehlende Anreize zu wirtschaftlichem Verhalten fest, beklagen den Mangel an Transparenz und die Tendenz zu massiven Überversorgungen, beispielsweise im stationären Sektor.

Solange Finanzierungsverantwortung und Konsumentensouveränität auseinanderfallen, wie dies heute der Fall ist, solange werden im System auch Verschwendungen eingebaut sein. Ich sehe im „Gesundheitsreformgesetz" keinen Hebel, der diese Kluft beseitigen könnte.

Das gesamte System ist überbestimmt. Kostendämpfung wird in bestimmten Bereichen und zwar kurz- und mittelfristig stattfinden, aber keine langfristige Umsteuerung durch Setzen neuer Anreize. Vielmehr wird per Dekret, per Liste, per Kommission versucht, die Verantwortung für die überbordenden Kostenentwicklungen abzuschieben oder aufzuteilen.

Es wird immer wieder vom mündigen Bürger gesprochen, gleichzeitig verhindern unsere Staats-, Parastaats- und Verbandsfunktionäre, daß er allzu mündig wird. Denn Verantwortung für den einzelnen heißt nun mal weniger Entscheidungsspielraum für den Staat.

Eine Lösung des Problems ist der Mut zu mehr Wettbewerb auf allen Ebenen: Bei den Ärzten, bei den Apothekern, bei den Kassen und bei der Pharmaindustrie. Das hieße mehr Transparenz, mehr Information und mehr tatsächliche Entscheidungsspielräume im Wettbewerb. Dies würde weh tun – wahrscheinlich sehr weh tun und einen mühseligen Prozeß des neuen Denkens und Zurechtfindens im Wettbewerb darstellen. Nur dieses Phänomen findet man auf allen Nicht-Märkten, die zu mehr Markt hin liberalisiert werden sollen. Erstaunlicherweise zeigt es sich aber immer wieder, wie ungeheuer schnell das Individuum lernen kann, wenn Marktmechanismen schnellste Anpassung verlangen.

Gleichzeitig wären diese wehtuenden Anpassungsprozesse nun den drohenden zusätzlichen staatlichen und halbstaatlichen Eingriffen eben derjenigen Funktionäre, die für die Konsequenzen ihrer Entscheidungen prinzipiell nicht einzustehen haben, vorzuziehen. Der Zeithorizont der Politiker und der Standesfunktionäre ist die Amtsperiode. Ein guter Politiker ist derjenige, der in der nächsten Wahl bestätigt wird. Die Perspektive ist nicht die lange Frist und selten das Ganze. Diejenigen, die weiter einschränken wollen, glauben nicht an Konsumentensouveränität im Gesundheitswesen. Daß diese nicht graduell und Schritt für Schritt weiter ausgebaut werden könnte, ist nicht einzusehen.

Der Bürger ist in der Lage zu entscheiden, wieviel Geld er für eine Hypothek ausgeben will. Der Konsument darf selbst festlegen, wieviel Prozent seines Einkommens er für Sport, Erholung und Reise einsetzt – sicherlich ein Mehrfaches der Ausgaben für das Gesundheitswesen. Väter und Mütter sind befugt und fähig, selbst zu entscheiden, wieviel sie aufwenden wollen für Erziehung und Ausbildung ihrer Kinder – gewiß ebenfalls eine höhere Summe als für die Gesundheit oder Krankheit.

Im Gesundheitswesen aber sollen die Bürger generell überfordert sein zu erkennen, was ihnen frommt. Da braucht das Individuum die Sozialpolitiker und Standesfunktionäre, um ordentlich versorgt zu sein. Ökonomisch spricht es Bände, was wohlmeinende Politiker vollbracht haben bei Kohle, Stahl, in der Landwirtschaft. Diese „Kompetenz" droht nun immer mehr auch das Gesundheitswesen zu ersticken – vestigia terrent. Überall dort, wo der Staat selbst oder Verbandsfunktionäre Strukturanpassungen verhindern, hinken wir im internationalen Wettbewerb hinterher und geben gleichzeitig dem Markt keine Chance, bedarfsgerechte Güter und Dienstleistungen zu produzieren. Überall dort, wo wir den marktlichen Entfaltungskräften volle Chancen einräumen (Computer, andere High-Tech-Branchen), produzieren wir Ergebnisse, die allokationspolitisch höchst befriedigend sind. Wir brauchen nicht mehr Staat, mehr Kommissionen, sondern wir brauchen mehr Kompetenz und mehr Wettbewerb.

2. Generika und Wettbewerb

2.1 Die Rolle der Generikahersteller

Ein System und erst recht das vorhandene Gesundheitssystem muß aber auch von seiner Finanzierungsseite her über die Runden gebracht werden. Im Arzneimittelsektor sind Generika der sinnvollste und marktwirtschaft-konforme Beitrag zur Lösung der Finanzierungprobleme schlechthin.

Das Arzneimittelgesetz schafft die wichtigen rechtlichen und ökonomischen Rahmenbedingungen für die Akteure auf dem Pharmamarkt. Der Gesetzgeber bestimmt die Patentlaufzeit. Der Gesetzgeber bestimmt auch die Verwertungssperre für Unterlagen zur Zulassung. Wer nach Patentablauf ein Präparat nach den BGA-Vorschriften anmeldet, nimmt – volkswirtschaftlich höchst erwünscht – Marktmöglichkeit wahr. Es gibt Krankheitsbilder, die mit einer gewissen Therapie anzugehen sind. Der Patient will Linderung und mehr Lebensqualität – wenn er dies zu geringeren Kosten haben kann, müßte er eigentlich vernünftig handeln. Nur: In unseren reinen Sachleistungssystemen ist er zum größten Teil über die mit einer Therapie verbundenen Kosten nicht orientiert und abgesehen von Marginalien auch praktisch nicht direkt beteiligt.

Die Unterteilung in Originalpräparate und Generika ist eine ideologische Behelfskonstruktion von bedrängten Erbhofbesitzern. Geben wir dem Markt mehr Chancen, wird er zusammen mit institutionellem Druck damit aufräumen. Manche der bedrängten Erbhofbesitzer argumentieren ideologisch und versuchen mit semantischen Diffamierungen den Blick auf die Realitäten zu verstellen. Es ist schon seltsam, wenn eine angeblich so forschungsstarke Industrie permanent neue „Schutzräume" im Wettbewerb benötigt. Die Bedrängten sprechen permanent von billigen „Nachahmer-Produkten". Dieser Begriff, das sollten sie eigentlich wissen, stammt aus der Warenzeichen-Piraterie. Will man diese Assoziationen herstellen, so hat man jede seriöse und ernstzunehmende Argumentationsebene längst verlassen. Denn: Wer eine dem Patentschutz nicht mehr unterstellte Zubereitung verwendet, nutzt den freien Stand der Technik, im Rahmen der Gesetze des Landes. Dies gilt auf der ganzen Welt für alle Industriezweige.

Die Branche weiß längst, daß die Chemiker, Apotheker, Ärzte, Ökonomen in den Generikafirmen ebenso gut ausgebildet und verantwortungsbewußt sind wie der

Durchschnitt bei den forschenden Firmen. Was ist ein Generikahersteller in Deutschland? Generikahersteller ist ein Produzent von Medikamenten mit patentfrei gewordenen Substanzen, der sich exakt zu dieser Geschäftsaktivität bekennt.

Die führenden deutschen Generikahersteller haben sich zur Interessengemeinschaft Generika (IGG) zusammengeschlossen. Der Bundesverband der pharmazeutischen Industrie denkt inzwischen in dieser Hinsicht politisch und ökonomisch, er hat Generikahersteller als legitime Marktteilnehmer erkannt und anerkannt. Sie sind integrierter Bestandteil der pharmazeutischen Industrie, ja, Generika dienen in der Argumentation nun sogar als Beweis, wie umfangreich der Kostendämpfungsbeitrag der gesamten pharmazeutischen Industrie schon in der Vergangenheit war.

2.2 Die Rolle der großen Firmen

Marktliche Anpassungsprozesse sind anstrengend. Einige große deutsche Pharmahäuser führen momentan mustergültig vor, daß geistige Flexibilität und argumentative Anpassung an veränderte Rahmenbedingungen die allergrößten Anstrengungen erfordert. Nicht alle sind diesen Anforderungen gewachsen. Manche Pharmafirmen sind sehr hoch auf die Palme geklettert mit der Verketzerung der Generika. Es war und ist schwer, von dieser hohen Palme wieder herunterzukommen.

Die Festbeträge für wirkstoffidentische Arzneimittel werden kommen, obwohl wir allesamt dagegen sind und die Generikahersteller keinesfalls davon profitieren werden. Ich sage ebenso vorher, daß die Mehrzahl der Großfirmen bei den wichtigen Präparaten sich an diesen Festbeträgen orientieren wird. Es wird eine Anpassung des Preisniveaus nach unten geben, nicht wegen der Generika allein, sondern durch die Entscheide der großen Firmen. Also ist es kurzsichtig, die Billigmedizin als Menetekel und Schreckgespenst an die Wand zu malen, wenn man in Kürze sehen wird, wie die großen Firmen ihre Preise senken. Dies ist nicht nur geschäftspolitisch kurzsichtig, es ist auch unglaubwürdig – jetzt schon und erst recht, wenn man die Entwicklung in und nach 1989 einbezieht. Die „etablierten" Pharmafirmen beeinträchtigen mit dieser Kampagne das Ansehen der ganzen Industrie. Die Verdrängung der Fakten wird zu einem bösen Erwachen führen.

Ein Faktum, das man nicht wahrhaben will: Die großen Unternehmen leben in anderen Sparten schon lange gut mit Generika, so zum Beispiel bei den Farbstoffen, bei den Fasern, ja auch bei Pharmazeutika. Einige Firmen haben schon Generika-Töchter oder sie liefern direkt Substanzen an die Generikahersteller. Einige bemühen sich auch um den Eintritt in das Generika-Geschäft. Da sind Marktchancen, die wahrgenommen werden können. Dies ist in Ordnung. Warum aber das Gezeter um „Nachahmer" und „Billigmedizin"? Vieles in dieser Diskussion erscheint mir typisch deutsch. Nirgendwo auf der Welt redet man anderen Skrupel ein, wenn sie patentfreies Wissen auch tatsächlich anwenden. Im Gegenteil, in den USA ist derjenige dumm, der den Stand der Technik nicht nutzt.

Ein weiteres Faktum: Die Effizienz der Forschung der deutschen pharmazeutischen Industrie ist zurückgegangen. Dazu gibt es Daten für die MPS-Firmen (s. Tabelle 1). Da die Entwicklung eines Medikaments bis zur Marktreife acht bis zwölf Jahre braucht, kann diese Innovationsschwäche ursächlich nicht vom heutigen Erfolg der Generika herrühren. Generikahersteller bestimmen nicht den Umfang der Forschung in anderen

Häusern. Sie haben keinen Einfluß auf die Art und Weise, wie in den letzten Jahren geforscht wurde. Tatsache ist die Innovationsschwäche. Es ist zu sehen, daß es zu einem Abbau von insuffizienter Forschungs-Hardware und -Software in den Großfirmen kommen wird. Blüm und die Generikahersteller werden als Sündenböcke herangezogen werden. Dies läßt sich schon jetzt absehen, aber es hat nichts mit den mageren Resultaten der deutschen Forschungstätigen zu tun.

Generika behindern nicht die Forschung, sie stimulieren sie. Wettbewerb hilft auf die Sprünge: was ineffizient ist, wird verschwinden, was hypertroph ist (die Koordination der Koordinationskommissionen) wird abgebaut. Es gibt dead wood in der Forschung und in der pharmazeutischen Entwicklung, das schon lange ausgeschnitten gehörte. Jetzt wird es kommen: Blüm und die Generikahersteller werden als Verursacher herhalten müssen. So wird es sein, aber so ist nicht die Kausalkette, wie alle pharmazeutischen Insider wissen. So verspielt man nur seinen letzten Rest an Glaubwürdigkeit.

Firma	Gesamtumsatz 1987	Einführungen 1987			Einführungen 1986			Produkte älter als 10 J.			Produkt älter als 20 J.		
		Anzahl	Wert TDM	Anteil am Gesamtumsatz	Anzahl	Wert TDM	Anteil am Gesamtumsatz	Anzahl	Wert TDM	Anteil am Gesamtumsatz	Anzahl	Wert TDM	Anteil am Gesamtumsatz
Bayer	344 258	1	7 203	2,1 %	0			47	283 128	82,2 %	33	53 853	15,7 %
Boehringer Ingelheim	174 279	3	157	0,1 %	0			26	99 842	57,3 %	17	57 772	33,2 %
Boehringer Mannheim	257 692	0			0			20	118 418	46,0 %	10	16 526	6,4 %
Hoechst	337 663	2	515	0,2 %	2	2363	0,7 %	35	176 210	52,2 %	26	138 858	41,1 %
Knoll	144 912	1	207	0,1 %	0			17	88 542	61,1 %	14	81 571	56,3 %
Merck	172 503	4	1 635	1,0 %	1	2794	1,6 %	51	132 555	76,8 %	40	90 877	52,7 %
Schering	196 029	1	11 557	5,9 %	0			22	74 398	38,0 %	22	16 440	8,4 %
MPS	1 627 336	12	21 284	1,3 %	3	5157	0,3 %	218	956 653	58,8 %	162	455 907	28,0 %

(Quelle: DPM 12/87)

Tabelle 1: Umsatzanteil der Innovationen bei MPS-Firmen

2.3 Bedarf nach klaren Rahmenbedingungen

Für Generika brauchen wir klare Richtlinien von den Behörden, nicht von Privaten oder Möchtegern-Ratgebern. Diese Kriterien sind verbindlich zu machen, sie sind scharf einzuhalten und scharf zu überwachen.

Mit dem wissenschaftlichen Fortschritt kommen neue Erkenntnisse. Dafür sind Adaptionszeiten festzulegen, bis zu welchem Termin diese als sinnvoll erkannten neuen Parameter von allen zu erfüllen sind. Es ist aber unlauter, Präparate und Hersteller anzuprangern, die eine formale und substantielle saubere Zulassung zu den jeweilig geltenden Bedingungen von den zuständigen Behörden erhalten haben. Keine Firma auf der Welt kann sich prospektiv auf alle veränderten Rahmenbedingungen der Zukunft einstellen.

Für die auf dem Pharmamarkt zunehmend wichtigere Diskussion um Bioverfügbarkeit und -äquivalenz gilt dies ebenfalls. Der sich rasch verbreitende Wissensstand um die Bedeutung der Bioverfügbarkeit ist im wesentlichen durch Generikafirmen selbst initiiert worden. So selbstverständlich wie es alte Originalpräparate ohne Bioverfügbarkeitsstudien gibt, so selbstverständlich ist es heute, daß bei einer bezugnehmenden Zweitzulassung von Arzneimitteln mit Problemstoffen der statistisch gesicherte Nachweis einer Bioäquivalenz zu dem Bezugspräparat von den Generikafirmen geliefert wird. Die Diskussion wird sich erkennbar beruhigen, wenn sich alle darauf einigen, daß verbindliche Rahmenbedingungen ausschließlich durch das Bundesgesundheitsamt gesetzt werden; und nicht ein US-Institut oder ein bundesdeutsches Labor neue Möglichkeiten der Messung entwickelt und mit therapeutisch irrelevanten Marginalien die gesamte Szene bei Ärzten und Pharmaindustrie verunsichert.

3. Schlußbemerkungen

Zum Schluß wagen wir noch eine Prognose: Das GRG wird nicht nur dead wood in Entwicklung und Forschung herausschneiden, sondern auch viel Überflüssiges im grafischen Gewerbe verschwinden lassen. Werbung ist für jede Industrie lebensnotwendig und gehört zum marktwirtschaftlichen System. Nur: Auch hier gibt es Wildwuchs in der Masse und manchen Unfug in der Klasse.

Vor Jahren ist ein Kinoeffekt in der Pharmaindustrie eingetreten: Einer ist aufgestanden, um den Film besser auf der Leinwand zu sehen. Danach sind auch noch andere Firmen aufgestanden, um den Film besser im Blick zu haben. Mittlerweile stehen alle Kinobesucher, um den Film zu sehen. Es wird geworben und informiert in einer Form und Intensität, die uns und den Ärzten wenig nützt. Entschließen wir uns zu einem neuen Kinoeffekt: Setzen wir uns hin – alle. Wir sehen dann den Film wieder genauso gut wie einstmals vor Jahren. Wenn wir uns nicht freiwillig hinsetzen in nächster Zeit, dann kommt Herr Blüm und wird uns hinsetzen.

Marktsegmentierung und Positionierung als Elemente der Wettbewerbsstrategie pharmazeutischer Unternehmen

Hermann Simon
Eckhard Kucher
Klaus Hilleke-Daniel

1. Marktsegmentierung und Positionierung als strategische Konzepte

1.1 Strategische Einordnung

Vor einigen Jahren führte das amerikanische Conference Board eine Studie bei hochrangigen Marketingmanagern durch, in der nach den größten unausgeschöpften Gewinnsteigerungspotentialen gefragt wurde. An der Spitze lagen die bessere Selektion und die gezieltere Ansprache von Kunden bzw. Kundengruppen, d. h. Segmentierung und Positionierung.

Die Differenzierung der Kundenwünsche nimmt in den meisten Märkten zu. Treibende Kräfte hierbei sind sowohl das vielfältigere Angebot als auch die Verlagerung der Kundenanforderungen auf höhere Ebenen der Bedürfnispyramide. Die Befriedigung des jeweiligen Grundbedürfnisses reicht für Erfolg im Wettbewerb nicht mehr aus. Ein gutes Anschauungsbeispiel liefert der Automobilmarkt. Der VW-Käfer erreichte die höchste Verkaufszahl eines Modells, obwohl der Automobilmarkt in den sechziger Jahren nur gut ein Zehntel des heutigen Volumens ausmachte. Der scheinbare Widerspruch erklärt sich daraus, daß ein Auto heute nicht nur – wie der VW-Käfer es tat – das grundlegende Transportbedürfnis, sondern darüber hinaus viele spezifische und unterschiedliche Wünsche (Image, Bequemlichkeit, Handling etc.) erfüllen muß. Ein solch differenziertes Bedürfnisspektrum kann von einem Einheitsprodukt kaum abgedeckt werden.

Die Tendenz zu Vielfalt und Differenzierung gilt auch für viele Indikationsgebiete im Pharmamarkt. Segmentierung und Positionierung sind die logische und zwangsläufige Antwort auf eine solche Entwicklung. Die Frage der Segmentierung bildet neben dem Inhalt des Wettbewerbsvorteils die zweite Säule der Wettbewerbsstrategie. Zum einen muß entschieden werden, ob der Wettbewerbsvorteil auf der Leistungs-/Nutzen- oder auf der Kosten-/Preisseite liegen soll. Daneben ist zu befinden, ob man den Gesamtmarkt oder nur Teilmärkte/Segmente bedienen will. Kombiniert man beide Dimensionen, so ergibt sich die Matrix in Abbildung 1 (in Anlehnung an Porter 1985).

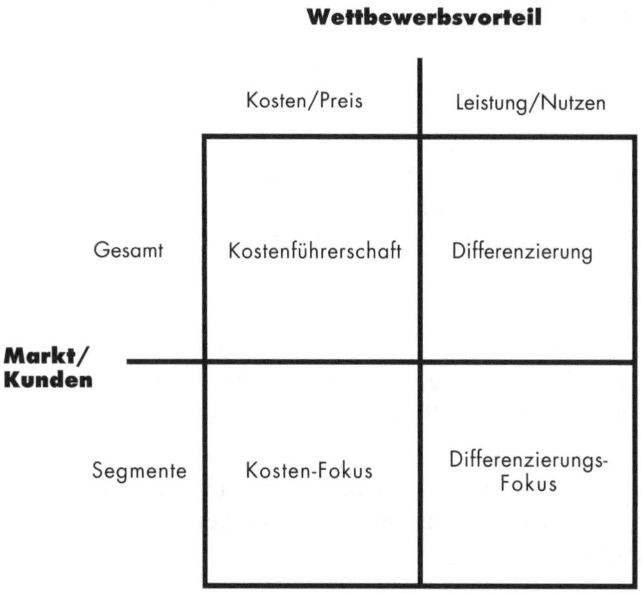

Abb. 1: Strategiematrix auf der Basis von Wettbewerbsvorteil und Segmentierung

Ein Unternehmen muß seine Position in dieser Matrix vorab bestimmen, um eine konsistente Strategie fahren zu können. Da es immer schwieriger wird, Vorteilspositionen für den Gesamtmarkt zu erreichen (am ehesten ist dies bei Innovationen während der Patentlaufzeit möglich), erfordert die Segmentierungsoption verstärkte Beachtung.

Die Segmentierung fördert wettbewerbsstrategisch wichtige Sicht- und Verhaltensweisen:

– sie zwingt, falls richtig (nämlich kundenorientiert) durchgeführt, zum Denken in kundenrelevanten Dimensionen,

– sie gestattet eine verfeinerte Wettbewerbsanalyse, da aufgedeckt wird, mit wem man in engem bzw. in weiterem Wettbewerb steht. Dadurch lassen sich die Gefährlichkeit von Konkurrenzmaßnahmen sowie die Wahrscheinlichkeit bestimmter Konkurrenzreaktionen besser abschätzen.

– sie ermöglicht ein bewußtes Ausweichen vor dem Wettbewerb. Oft ist es vorteilhafter, den Wettbewerb zu vermeiden, als sich mit den Konkurrenten anzulegen.

Dennoch wird Segmentierung unserer Erfahrung nach im Pharmamarkt selten konsequent praktiziert. Hierfür scheinen uns zwei Ursachen verantwortlich. Zum einen ist es gerade im Pharmamarkt schwierig, Segmente in sinnvoller Form zu identifizieren und zu bearbeiten. Zum anderen erfordert Segmentierung Verzicht. Denn die gezielte Ausrichtung der Strategie auf die Bedürfnisse eines bestimmten Segmentes impliziert notwendigerweise, daß man für andere Segmente weniger attraktiv wird bzw. mit diesen weniger intensiv kommuniziert.

1.2 Kundenorientierte Segmentierung

1.2.1 Aufgabenstellung und Vorgehensweise

Die wichtigste Basis für die Segmentierung ist der Kunde. Wenn wir bei ethischen Produkten vom Kunden sprechen, so kann sowohl der Arzt als auch der Patient gemeint sein. Im Regelfalle wird die Segmentierung allerdings auf bestimmte Patienten (z. B. Alte, solche mit besonderer Empfindlichkeit, Zuzahlungswillige etc.) abzielen. Mit zunehmender Beteiligung des Patienten bei der Finanzierung der Präparate gewinnt dieser für die Segmentierung an Gewicht.

Wir definieren Segmentierung als die Aufspaltung des Gesamtmarktes in Teilmärkte/ Segmente/Kundengruppen (die Ausdrücke sind austauschbar) derart, daß die Kunden innerhalb eines Segmentes möglichst homogen, die Segmente untereinander hingegen möglichst heterogen sind.

Positionierung ist die Ausrichtung des gesamten Marketing-Mix an den Bedürfnissen der ausgewählten Zielgruppe, so daß diese möglichst gut und besser als durch die Wettbewerber befriedigt werden.

Abbildung 2 illustriert die Vorgehensweise – Segmentierung und Positionierung

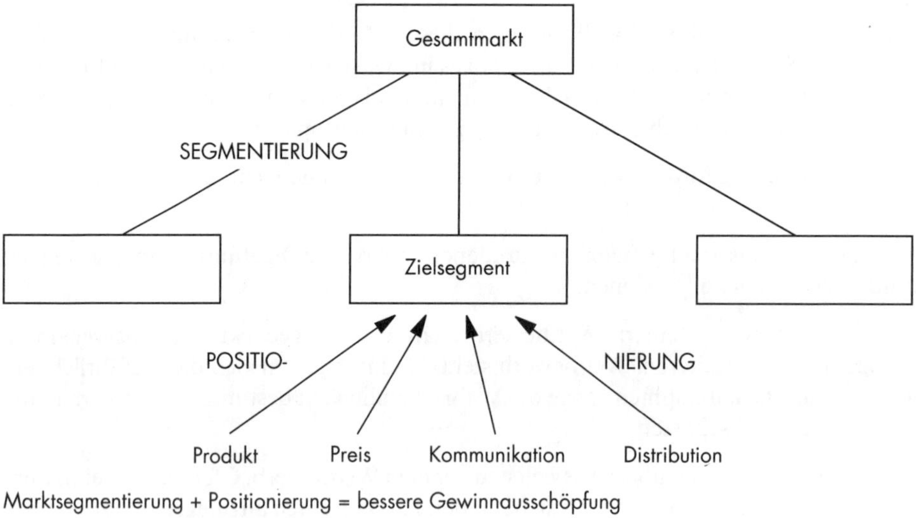

Abb. 2: Marktsegmentierung und Positionierung

Den Ausgangspunkt bildet idealerweise eine Analyse des Gesamtmarktes. Nur wenn der Markt insgesamt einbezogen wird, besteht eine ausreichende Sicherheit, keine wesentlichen Segmente zu vernachlässigen. Allerdings ist es in der Praxis aus Kostengründen oft notwendig, sich auf die Analyse bestimmter Teilmärkte zu beschränken. Manchmal besteht auch von vornherein Klarheit darüber, daß nur eine bestimmte Zielgruppe in Frage kommt. In einem solchen Fall liegt allerdings kein echtes Segmentierungsproblem vor.

1.2.2 Segmentierungskriterien

Eine entscheidende Rolle fällt den Segmentierungskriterien zu, da sie bestimmen, welchem Segment ein Kunde zugeordnet wird.

Segmentierungskriterien sollten folgende Anforderungen erfüllen:

- Verhaltensrelevanz,
- Beobachtbarkeit,
- zeitliche Stabilität,
- Ansprechbarkeit.

Am wichtigsten ist die Verhaltensrelevanz, da es letztlich darum geht, die Kunden gemäß ihrer Reaktion auf bestimmte Leistungsmerkmale oder Maßnahmen einzuteilen. Das letztendliche Ziel kann nicht sein, Ärzte nach Praxisgröße, Alter oder Stadt–Land zu kategorisieren, sondern Gruppen zu bilden, die z. B. auf Werbung oder Innovation oder Preis oder Sicherheit in besonderer Weise reagieren.

Das Hauptproblem verhaltensrelevanter Kriterien liegt darin, daß sie in aller Regel schlecht beobachtbar sind. Sie müssen deshalb mit besser sichtbaren Merkmalen wie Praxisgröße, Alter, Studienort, Stadt–Land etc. verbunden werden, um operationale und ansprechbare Segmente zu erhalten. Es nützt z. B. wenig zu wissen, daß 20% der Ärzte innovationsfreundlich sind, wenn sich diese Ärzte nicht anhand beobachtbarer Kriterien identifizieren lassen.

Um dieses Dilemma in den Griff zu bekommen, geht man in drei Schritten vor:

1. Segmente werden auf der Basis verhaltensrelevanter Kriterien, bei denen in der Stichprobe signifikante Unterschiede auftreten, identifiziert.

2. Es wird untersucht, ob die Verhaltenskriterien mit besser beobachtbaren Merkmalen wie Praxisgröße, Alter etc. korrelieren (ebenfalls anhand der Stichprobendaten).

3. Falls man Korrelationen dieser Art feststellt, werden die Segmente operational anhand der beobachtbaren Kriterien definiert. Man sollte sich dabei aber bewußt sein und den betroffenen Mitarbeitern dies auch klar machen, daß es nicht um die beobachtbaren, sondern auch um die dahinterstehenden Verhaltensunterschiede geht.

Die Aufgabenstellung ist in Abbildung 3 anhand potentieller Segmentierungskriterien veranschaulicht.
Bei diesem Prozeß treten zwei Probleme auf. Zum einen kann es sein, daß man im ersten Schritt keine Verhaltenskriterien findet, bei denen sich die Kunden wesentlich unterschieden. Dann ist eine Segmentierung nicht notwendig, sondern eine Einheitsstrategie angebracht. Der negative Befund kann allerdings auch daher rühren, daß man eventuell wichtige Verhaltenskriterien erst gar nicht einbezogen hat.

Häufiger trifft man auf das Problem, daß es nicht gelingt, eine Beziehung zwischen verhaltensrelevanten und beobachtbaren Merkmalen zu finden. In diesem Falle muß man – trotz vorhandener Verhaltensunterschiede – ebenfalls auf eine Segmentierung verzichten bzw. kann diese allenfalls auf subjektiver Basis vornehmen. So gelang es in einer unserer Studien zwar, für die Stichprobe Unterschiede in der Innovationsbereitschaft herauszufinden, jedoch konnten wir keine systematische Korrelation zwischen

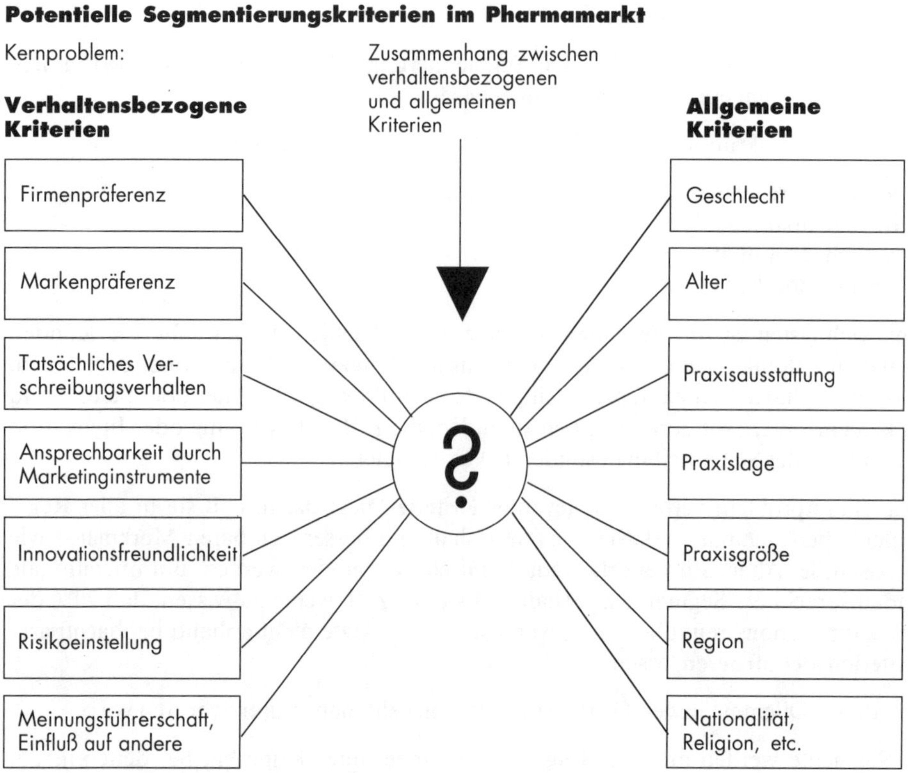

Abb. 3: Aufgabenstellung der Marktsegmentierung: Verbindung von verhaltensrelevanten und beobachtbaren Kriterien

der Innovationsbereitschaft (auf diesem speziellen Indikationsgebiet) und beobachtbaren Kriterien feststellen. Die Segmentierung ließ sich folglich nicht von der Stichprobe auf den Markt übertragen, so daß nicht segmentiert werden konnte.

1.2.3 Methoden für Segmentierung und Positionierung

Wir möchten betonen, daß Segmentierung und Positionierung keine Methoden, sondern Aufgabenstellungen – und zwar solche von hoher Komplexität – sind. In der Literatur entsteht diesbezüglich oft ein falscher Eindruck.

Die Aufgabenstellungen können in einer Vielzahl von Methoden angegangen werden, wobei man zwischen intuitiven und wissenschaftlichen Verfahren unterscheidet.

Intuitive Methoden sind am weitesten verbreitet. Wenn ein Außendienstler seine Chancen bei einem bestimmten Arzt einschätzt und sein Vorgehen (z. B. Besuch – Nichtbesuch, Argumentation etc.) entsprechend dieser Einschätzung plant, so ist dies intuitiv Marktsegmentierung. Sie ermöglicht ein Eingehen auf die Bedürfnisse des einzelnen Kunden, beinhaltet allerdings die Gefahr, daß die Kundenselektion eher von den subjektiven Präferenzen des Außendienstlers als von der höchsten Verkaufswirksamkeit bestimmt wird. Je weiter man in der Hierarchie nach oben geht, desto riskanter und inadäquater wird die rein intuitive Segmentierung. Auf der Ebene der Marketing-

oder Unternehmensleitung sollte man sich auf keinen Fall mit diesem Vorgehen begnügen. Objektive Methoden können allerdings auch dort durch subjektive Einschätzungen ergänzt werden.

Für den Einsatz wissenschaftlicher Marktsegmentierungsmethoden benötigt man in der Regel folgende Daten:
- Anforderungen der Kunden bezüglich einzelner Leistungsmerkmale (sogenannte Wichtigkeiten)
- Kundenwahrnehmungen zu den Leistungen des eigenen Präparates/Unternehmens bei diesen Merkmalen
- die entsprechenden Wahrnehmungen zu Konkurrenzpräparaten/-unternehmen.
- Präferenzen und sozio-demographische (beobachtbare) Merkmale der Kunden.

Idealerweise stammen diese Daten von den Kunden selbst. Ersatzweise (z. B. bei neuen Produkten) können sie vom Management bzw. Experten geschätzt werden.
In den letzten beiden Jahrzehnten sind zahlreiche Methoden zur Unterstützung der Marktsegmentierung entwickelt worden. Diese Methoden sind z. T. recht komplex und werden deshalb hier nicht im Detail beschrieben. Wir begnügen uns mit einer kurzen Darstellung und demonstrieren die Anwendung im Anschluß an konkreten Beispielen. Für ein vertiefendes Studium sei auf Spezialliteratur verwiesen (z. B. Green und Tull 1982, Schuchard-Ficher et al. 1980).

Conjoint Measurement (CM): Diese Methode mißt die Wichtigkeit einzelner Leistungsmerkmale (z. B.Wirkung, Sicherheit, Preis) sowie den Beitrag bestimmter Ausprägungen dieser Merkmale zur Präferenz der Kunden. Die Wichtigkeiten können kundenindividuell ermittelt werden, so daß eine sehr detaillierte Segmentierung möglich ist. In der Regel bleibt man allerdings nicht beim einzelnen Kunden stehen, sondern faßt Kunden mit ähnlichen Wichtigkeitsprofilen zu Segmenten zusammen. In der Befragung gibt der Kunde nur seine globalen Präferenzen für bestimmte Produktprofile (inkl. Preis) an. Die obigen Informationen werden mit Hilfe eines Computermodells aus diesen Angaben zurückgerechnet.

Analytic Hierarchy Process (AHP): Ähnlich wie Conjoint Measurement ermittelt AHP die Wichtigkeiten, die der Kunde einzelnen Leistungsmerkmalen zumißt. Diese werden in Prozent ausgedrückt und addieren sich zu 100%. Die Messung erfolgt, indem der Kunde auf einer Skala jeweils zwei Merkmale (z. B. Wirkungsstärke vs. Nebenwirkungen) gegeneinander abwägt. Wegen des sehr unterschiedlichen Meßverfahrens eignet sich AHP auch zur Kreuzvalidierung von Conjoint Measurement-Ergebnissen.

Multidimensionale Skalierung (MDS): Mit Hilfe der multidimensionalen Skalierung können Ähnlichkeitsdaten und Präferenzen in (normalerweise zweidimensionale) räumliche Konfigurationen, sogenannte „kognitive Landkarten", transformiert werden. Die Visualisierung von Markt- und Wettbewerbs- sowie segmentspezifischen Präferenzstrukturen ist für das gesamthafte Verständnis eines Marktes extrem wichtig. Unseren Erfahrungen zufolge stellt die Visualisierung eine unabdingbare Voraussetzung für eine sinnvolle Behandlung des Segmentierungs- und Positionierungsproblems dar. Das menschliche Gehirn kommt ohne eine Veranschaulichung von Strukturen nicht aus, mehrdimensionale Strukturen werden auf rein zahlenmäßiger Basis einfach nicht verstanden.

Clusteranalyse: Die Clusteranalyse faßt Kunden mit ähnlichen Merkmalsausprägungen zu Clustern (Klumpen), d. h. Segmenten, zusammen. Obwohl das Ziel dieser Methode dem Ziel der Segmentierung entspricht (und die Clusteranalyse folglich in vielen Lehrbüchern als „die" Segmentierungsmethode dargestellt wird), raten wir zur Vorsicht. Die Clusteranalyse geht schematisch vor, sie preßt sehr unterschiedliche Merkmale (z. B. Praxisgröße, Innovationsbereitschaft und Studienort) in eine Dimensionalität, um die Zuordnung zu Clustern vornehmen zu können. Sie eignet sich deshalb nur, falls die Merkmale gut vergleichbar sind. Besondere Skepsis ist angezeigt, wenn jemand mit wenig Erfahrung dieses Verfahren anwendet. Denn einwandfreie statistische Kriterien schließen keineswegs aus, daß ein ökonomisch unsinniges Ergebnis zustandekommt.

Weitere Methoden: Es gibt eine Reihe weiterer Methoden, die allerdings für die Segmentierung geringere Bedeutung haben. Hierzu zählen Regression, Diskriminanzanalyse und Automatic Interaction Detection. Wir gehen hier nicht näher auf diese Verfahren ein.

1.3 Alternative Segmentierungsbasen

Wir haben uns bisher mit kundenorientierter Segmentierung befaßt. Als alternative Basen für die Segmentierung kommen das Produkt und die Gebrauchssituation in Frage.

Bei der produktorientierten Vorgehensweise faßt man ähnliche Produkte (z. B. gleicher chemischer Substanz, ähnlicher Wirkungsstärke, Galenik, orale vs. parenterale vs. transdermale Formen) zu „Segmenten" zusammen. In diese Kategorie fällt z. B. auch die Einteilung nach innovativen bzw. Me-too-Präparaten. Eine solche Unterscheidung kann weitgehende Konsequenzen haben. So wird z. B. verstärkt überlegt, ob man nicht getrennte Organisationsformen für innovative bzw. „alte" Präparate einrichten sollte, da neue Produkte an den Außendienst, das Marketing etc. völlig andere Anforderungen stellen als seit langem im Markt befindliche Präparate.

Die Segmentierung nach Gebrauchssituationen ist relativ neu. Sie geht davon aus, daß sich je nach Einsatz des Produkts unterschiedliche Anforderungen ergeben. So hat man z. B. im Konsumgüterbereich spezielle Produkte für die Verwendung auf Reisen (etwa Mini-Haartrockner mit umschaltbarer Voltzahl) eingeführt.

Im Pharmamarkt gibt es ebenfalls gewisse Segmentierungschancen dieser Art, so kann man an Präparate denken, die speziell für den Einsatz bei Reisen, in Notfallsituationen, am Arbeitsplatz etc. geeignet sind.

Es sei angemerkt, daß die produkt- und gebrauchssituationsbezogene Segmentierung nicht zu einem anderen Ergebnis als die kundenorientierte Vorgehensweise führen muß. Letztendlich kommt es darauf an, daß der Segmentierung Unterschiede in den Anforderungen der Kunden zugrundeliegen, da solche Unterschiede einen Ansatzpunkt bieten, dem jeweils ausgewählten Zielsegment eine bessere Problemlösung zu bieten, als es ein „Durchschnittsprodukt" kann.

2. Anwendungen

Im folgenden werden wir die bisher theoretisch diskutiertenVorgehensweisen anhand einiger Beispiele konkretisieren und dabei auch auf Umsetzungsaspekte eingehen.

Um eine erfolgreiche Marktsegmentierung durchführen zu können, müssen – wie bereits erwähnt – drei Informationsblöcke zur Verfügung stehen. Das sind:

- Wichtigkeit von Leistungsmerkmalen
- Wahrnehmung der Leistung des eigenen und der konkurrierenden Präparate durch die Ärzte
- Präferenz der Ärzte

2.1 Wichtigkeit von Leistungsmerkmalen

Hier geht es um die Frage, wie wichtig den Ärzten bestimmte Leistungsmerkmale wie z. B. Stärke der Wirkung oder Häufigkeit der Nebenwirkung sind. Ideale Instrumente zur Messung der Wichtigkeiten sind AHP und Conjoint Measurement. Abbildung 4 zeigt die Wichtigkeit verschiedener Merkmale für das Verschreibungsverhalten in einem therapeutischen Teilmarkt. Das mit Abstand führende Merkmal ist mit einem Anteil von 31 % die Wirkung, wobei Wirkung in die beiden Untermerkmale Schnelligkeit des Wirkeintritts und Stärke der Wirkung zerfällt. Dem Preis kommt mit 13 % nur eine untergeordnete Bedeutung zu. Eine derartige Gesamtbetrachtung kann zu falschen Schlüssen führen, wenn der Gesamtmarkt nicht homogen ist, sondern in zwei oder mehr getrennte Segmente zerfällt. Welche Auswirkungen das in dem hier betrachteten Beispiel haben kann, werden wir später noch sehen.

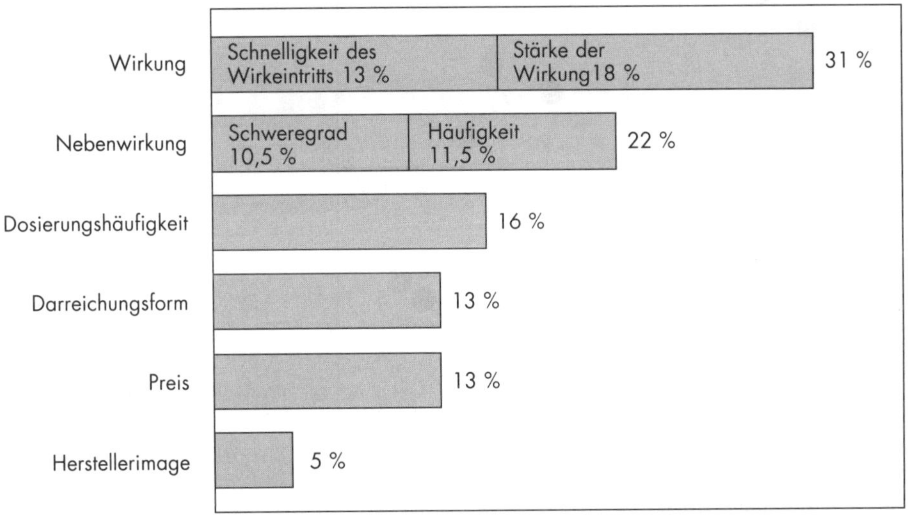

Abb. 4: Wichtigkeit von Leistungsmerkmalen

2.2 Wahrnehmung der Leistung konkurrierender Präparate durch die Ärzte

Um eine erfolgreiche segmentspezifische Positionierung oder Repositionierung durchführen zu können, muß die aktuelle Wahrnehmung der Leistung aller relevanten Produkte bekannt sein. Die Beurteilung der einzelnen Präparate durch die Ärzte ermöglicht zunächst die Erstellung von individuellen Leistungsprofilen. Die auf diese Weise erhaltene Information ist jedoch noch wenig aussagekräftig, da kaum verdichtet. Um zu einem gesamthaften Verständnis des Marktes zu kommen, ist eine integrierte Betrachtung aller Produkte notwendig. Die beste Interpretationshilfe ist dabei die aus der MDS resultierende kognitive Landkarte, die die Marktstrukturen visualisiert. Abbildung 5 stellt eine solche kognitive Landkarte für den bereits angesprochenen Teilmarkt dar. Es ist klar zu erkennen, daß die existierenden Produkte drei Gruppen zuzuordnen sind. Im linken oberen Quadranten sind die Präparate A bis D positioniert. Inhaltlich bedeutet diese Lage, daß die vier Präparate als hoch wirksam, aber gleichzeitig als teuer und mit hohen Nebenwirkungen behaftet wahrgenommen werden. Die Präparate E bis G werden als weniger wirksam, aber dafür als sicherer und deutlich preisgünstiger eingestuft. H, I und J werden als preisgünstig und relativ nebenwirkungsfrei, allerdings auch als weniger wirksam eingeschätzt. Das Präparat K belegt eine eigenständige Position, da es als weniger wirksames Präparat ohne Nebenwirkungen, allerdings bei einem hohen Preis wahrgenommen wird; derartige Positionierungen erleben wir häufig bei Phytopharmaka.

Kognitive Landkarte

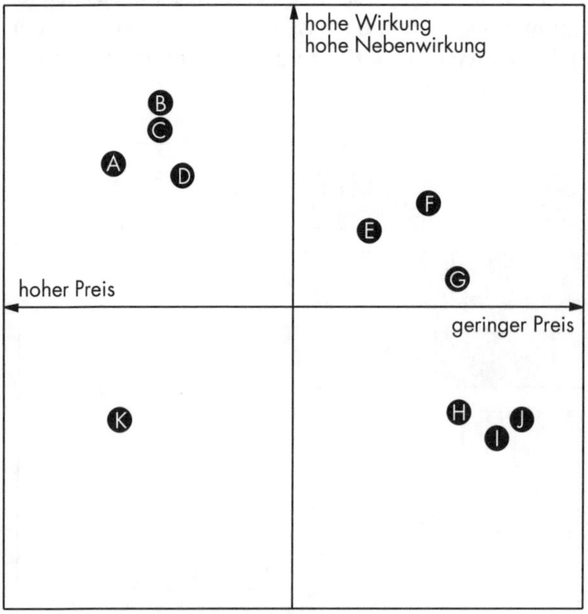

Abb. 5: Die kognitive Landkarte

Die hier aufgezeigte Marktstruktur ist bisher noch wenig ergiebig für die Formulierung einer Positionierungsstrategie. Zwei Aspekte können jedoch bereits festgehalten werden. Bei neu zu positionierenden Produkten sollte ein gewisser positiver Abstand zu den anderen Produkten erreicht werden. Eine zu große Ähnlichkeit führt zu einer erhöhten Substitutionsgefahr. Ziel der Positionierungsstrategie sollte ein eigenständiges Profil sein. Der zweite Punkt betrifft die realistischen Möglichkeiten einer Repositionierung. Bei Produkten, die bereits lange im Markt sind, haben sich die Vorstellungen der Ärzte verfestigt. Eine Änderung dieser Wahrnehmungen kann nur schrittweise erfolgen und sollte sich auf die wichtigsten Wettbewerbsparameter beschränken.

Eine Hilfe zur Beantwortung der Fragen nach Ansatzpunkten für eine Repositionierung bietet die Wettbewerbsvorteilsmatrix. Hierbei werden die Wichtigkeit von Leistungsmerkmalen und die relative Leistung des betrachteten Präparates miteinander verknüpft. Abbildung 6 stellt die Wettbewerbsvorteilsmatrix beispielhaft für das Präparat E aus dem von uns betrachteten Teilmarkt dar.

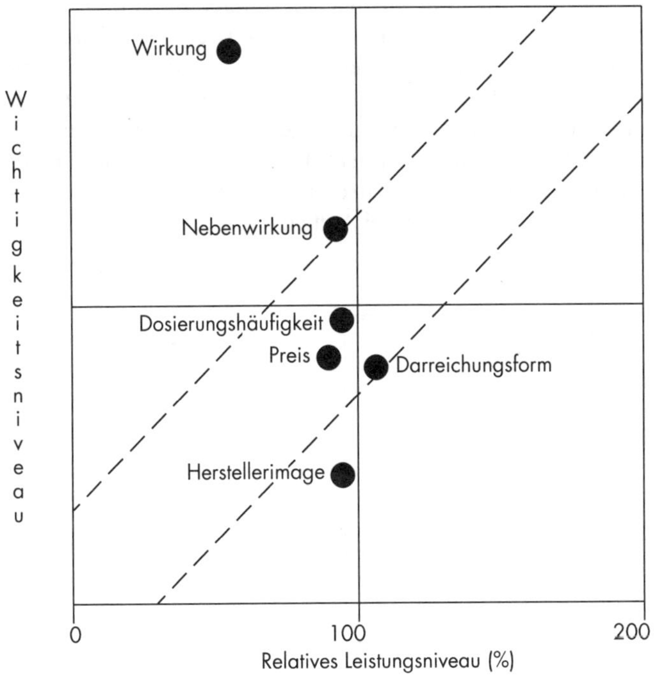

Abb. 6: Die Wettbewerbsvorteilsmatrix für Präparat E

Unter der auf der x-Achse abgetragenen relativen Leistung verstehen wir dabei die eigene Leistung im Vergleich zur Leistung des jeweils stärksten Wettbewerbers auf den einzelnen Leistungsdimensionen. Dabei bedeutet eine relative Leistung größer 100, daß das betrachtete Produkt selbst die beste Leistung erbringt, 100 besagt, daß das Produkt gemeinsam mit einem oder mehreren anderen Produkten gleichauf an der Spitze liegt. Bei einer schlechteren Leistung als die Konkurrenz ergibt sich analog ein Wert kleiner 100. Auf der y-Achse ist die relative Wichtigkeit der einzelnen Merkmale abgetragen. Prinzipiell erstrebenswert ist eine Positionierung in dem gestrichelt eingezeichneten Bereich entlang der Hauptdiagonale. Bei den wichtigeren Merkmalen sollte man eine führende oder zumindest in der Nähe von 100 liegende relative Leistung erreichen. Eine solche Position wird auch als strategischer Wettbewerbsvorteil bezeichnet (Simon

1988). Bei den weniger wichtigen Merkmalen kann man dagegen auch ein relativ schlechteres Abschneiden in Kauf nehmen. In unserem Beispiel zeigt E auf allen Merkmalen relativ gute Leistungen, ist jedoch gerade bei dem wichtigsten Merkmal, Wirkung, relativ weit von dem idealen Bereich entfernt. E verfügt damit nicht über einen strategischen Wettbewerbsvorteil. Die führende Position beim Merkmal Darreichungsform ist aufgrund der geringen relativen Wichtigkeit dieses Kriteriums eher unbedeutend. Ziel von E muß es sein, die Leistung bei der Wirkung zu erhöhen.

2.3 Die Präferenz der Ärzte

Letztlich relevant aus Unternehmenssicht ist die Präferenz der Ärzte. Präferenz wird dabei interpretiert als Kaufwahrscheinlichkeit. Je höher also die Präferenz, desto höher die Kaufwahrscheinlichkeit. Bei der Messung achten wir immer darauf, daß alle relevanten Kriterien berücksichtigt werden, also zum Beispiel auch der Preis mit in diese generelle Beurteilung einfließt. Für eine Studie mit dem Ziel der Marktsegmentierung ist es unerläßlich, zunächst die individuellen Präferenzen aller befragten Ärzte zu überprüfen. Nur so können segmentspezifische Besonderheiten erkannt werden. Für jeden Befragten wird daher zunächst mit Hilfe besonderer Programme der Multidimensionalen Skalierung sein persönlicher Präferenzpfeil in den Wahrnehmungsraum eingepaßt. Die Abbildung 7 stellt dies beispielhaft für zwei Ärzte dar.

Kognitive Landkarte

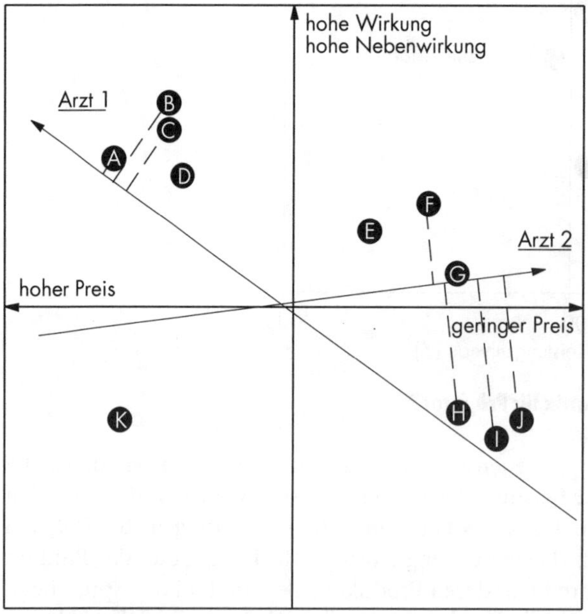

Abb. 7: Der Präferenzpfeil im Wahrnehmungsraum

Ein Präparat wird dabei um so mehr präferiert, je näher das vom Produkt aus auf den Pfeil gefällte Lot in der Nähe der Pfeilspitze liegt. Das vom Arzt 1 am meisten präferierte Produkt ist A, für den Arzt 2 liegt J an der Spitze. Die Richtung der Präferenzpfeile kann auch inhaltlich interpretiert werden. Der Arzt 1 ist sehr stark wirkungsorientiert und weniger preissensitiv, während der Arzt 2 neben der Wirkung sehr stark auf den Preis achtet.

Würde man für alle Ärzte entsprechend der Abbildung 7 die Präferenzpfeile in den Wahrnehmungsraum legen, ergäbe sich bei größeren Stichproben eine unübersichtliche Situation. Um alle Befragten berücksichtigen und gleichzeitig aber auch Strukturen erkennen zu können, gehen wir so vor, daß wir die Länge der individuellen Pfeile auf 1 normieren. Anschließend werden alle Pfeile, die in einen bestimmten Winkelbereich fallen, so zusammengefaßt, daß die Länge des neuen Präferenzpfeiles der Zahl der in diesem Bereich liegenden individuellen Pfeile entspricht. Die Endpunkte der Pfeile werden nun verbunden und die Pfeile selber weggelassen. Die zwei Beispiele in den Abbildungen 8 und 10 verdeutlichen die dabei entstehenden Präferenzflächen.

Kognitive Landkarte

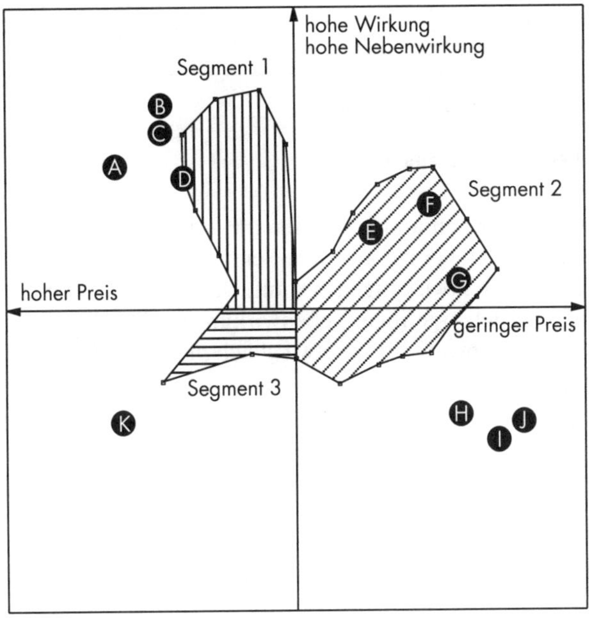

Abb. 8: Präferenzstruktur im Markt A

Abbildung 8 zeigt die Präferenzstruktur für den Markt, den wir schon zuvor betrachtet haben. Hier lassen sich drei Teilsegmente erkennen, wobei das Segment 3 relativ klein ist und im folgenden nicht weiter betrachtet werden soll. Die Segmente 1 und 2 unterscheiden sich vor allem hinsichtlich ihrer Preissensitivität. Während im Segment 1 eindeutig die Wirkung im Vordergrund steht und der Preis keine Rolle spielt, achten die Ärzte aus dem Segment 2 wesentlich stärker auf den Preis, der hier das gleiche Gewicht erhält wie die Wirkung. Die mit diesen segmentspezifischen Präferenzen verbundenen unterschiedlichen Wichtigkeiten der einzelnen Kriterien verdeutlicht auch eine erneute segmentspezifische Betrachtung der Wichtigkeiten, wie sie in Abbildung 9 für den bereits bekannten Markt A dargestellt ist.

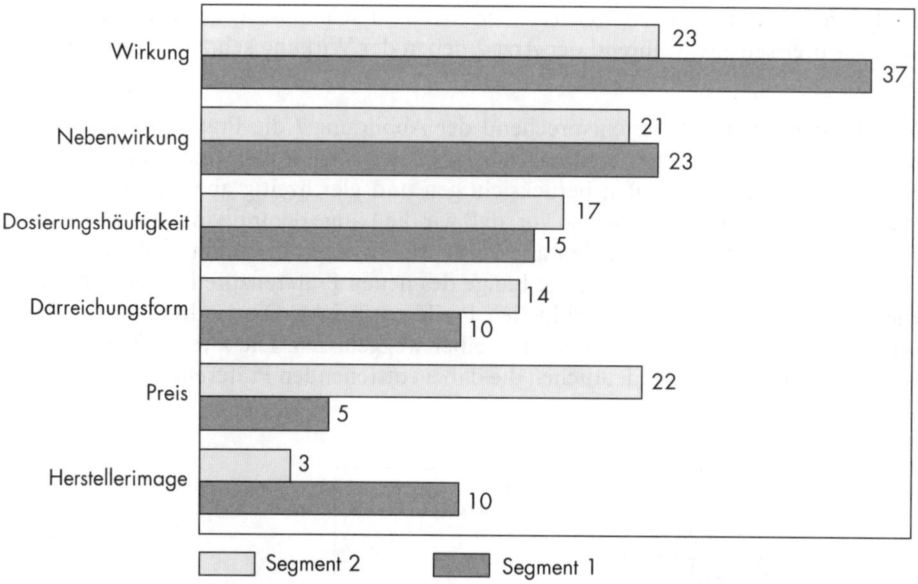

Abb. 9: Segmentspezifische Wichtigkeiten von Merkmalen

Die Abbildung 10 gibt ein Beispiel für einen anderen Teilmarkt wieder, der in zwei deutlich abgegrenzte Segmente zerfällt. Die Ärzte aus dem Segment 1 sind eindeutig wirkungsorientiert und nehmen dabei Nebenwirkungen in Kauf. Die Ärzte des Segmentes 2 achten dagegen primär auf möglichst geringe Nebenwirkungen. Die Wirkung spielt hier keine so große Rolle. Beide Segmente sind in etwa gleich preissensitiv.

Kognitive Landkarte

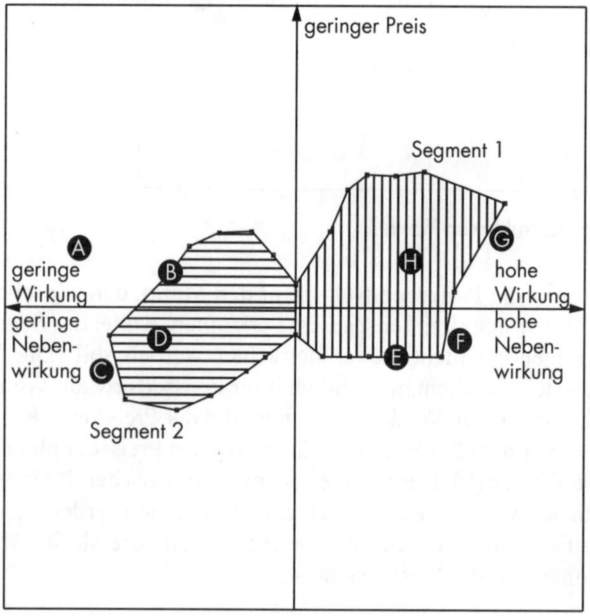

Abb. 10: Präferenzstruktur im Markt B

2.4 Implikationen für die Positionierungsstrategie

Die Existenz deutlich differenzierbarer Teilsegmente impliziert noch keineswegs eine differenzierte Marketingstrategie. Zunächst einmal ist die Größe der einzelnen Teilsegmente zu untersuchen. Dahinter steht die Frage, ob sich eine eigenständige Bearbeitung der Teilsegmente auch unter finanziellen Aspekten lohnt. Wird diese Frage bejaht, ist im nächsten Schritt zu untersuchen, ob es beobachtbare Kriterien gibt, die eine eindeutige Zuordnung aller Ärzte zu einem Segment ermöglichen. Ist primär der Preis das Differenzierungskriterium wie im Markt A, dann ist häufig eine nähere Identifikation der einzelnen Ärzte nicht notwendig. Kucher (1987) demonstriert, wie in einem solchen Fall vorzugehen ist. Mit Hilfe der Conjoint Measurement-Methode werden segmentspezifische Preis-Absatzfunktionen ermittelt. Anschließend werden die optimalen Preise sowohl für die Teilsegmente als auch für den Gesamtmarkt berechnet. Die Gewinnauswirkungen bei Einheitspreisstrategie und segmentspezifischer Preisstrategie werden miteinander verglichen, wobei als zusätzliche Option auch die Vernachlässigung einzelner Segmente berücksichtigt werden sollte. Die Abbildung 11 zeigt die Gewinnfunktionen für die Segmente und für den Gesamtmarkt. Zeigt sich die Überlegenheit einer differenzierten Preissetzung, dann kann über Einführung einer Zweitmarke der heterogenen Struktur des Gesamtmarktes Rechnung getragen werden. Dabei sind allerdings die mit einer Neueinführung verbundenen Chancen und Risiken sorgfältig gegeneinander abzuwägen. Über ihr Verschreibungsverhalten ordnen sich die Ärzte dann selbst einem Segment zu.

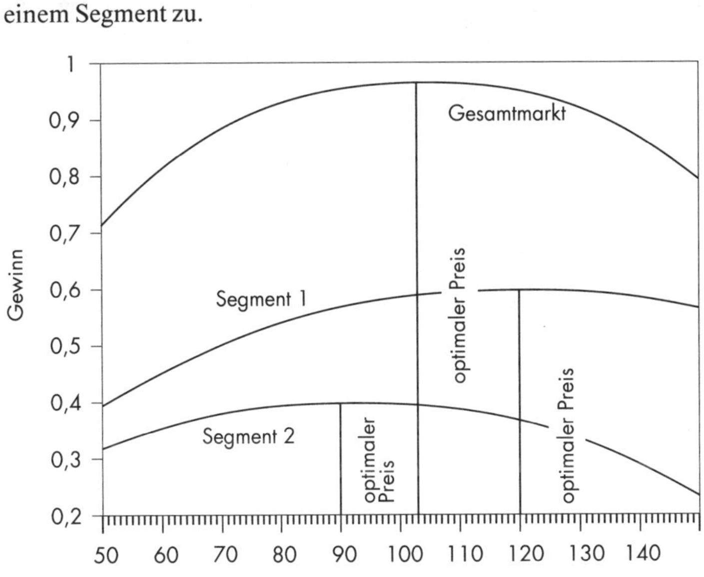

Abb. 11: Gewinnfunktionen für Segment 1 und 2 sowie für den Gesamtmarkt

Mit der Einführung einer Zweitmarke sind neben den finanziellen Risiken eine Reihe von weiteren Fragen verbunden. Ein über den engeren Rahmen des Segmentierungsaspektes hinausgehendes Problem ist die Wahl des Markennamens und die organisatorische Zuordnung. Simon (1984) schlägt drei prinzipielle Alternativen vor:

1. **Integration:** Das neue Präparat wird mit einem eigenständigen Markennamen, aber

unter eindeutiger Zuordnung zur Mutterfirma ausgeboten. Der Firmenname fungiert hier als Dachmarke.

2. Assoziation: Es wird eine eigenständige Generika-Linie aufgebaut, wobei jedoch in allen Präparatenamen der Firmenname der Generika-Tochter auftaucht und so als Dachmarke fungiert. Ratiopharm steht als Beispiel für eine derartige Strategie.

3. Isolation: Aufbau einer eigenständigen Generika-Linie, wobei die Präparate mit eigenständigen Markennamen ohne Bezug zu einer Dachmarke verkauft werden.

Die alternativen Strategien unterscheiden sich insbesondere hinsichtlich der Möglichkeiten des Good- und Badwill-Transfers. Bezüglich der Integrationsstrategie sind beim Aufbau einer Generika-Linie zwei Imageaspekte zu beachten, die gegenläufige Auswirkungen haben. Aus Sicht der Generika-Linie ist eine möglichst enge Verbindung mit der Mutterfirma sicherlich wünschenswert, da dies dem Qualitätsimage förderlich ist. Aus Sicht der Muttergesellschaft ist dagegen eine zu enge Verknüpfung nicht unbedingt erwünscht, da zum einen der eigene Absatz zu stark kannibalisiert werden könnte und zum anderen in vielen forschenden Pharmaunternehmen immer noch Vorbehalte gegen Generika existieren, die für eine Auslagerung sprechen. Davon unberührt bleibt jedoch die Vorteilhaftigkeit einer Dachmarkenstrategie für das Generikasortiment bestehen. Angesichts der Vielzahl generischer Substanzen und der großen Zahl von Generikafirmen werden die Ärzte mental immer stärker überfordert. Die einzelne Firma kann daher unserer Überzeugung nach auf Dauer nur dann überleben, wenn Sie dem Arzt ein komplettes Programm anbieten und ihm die Präparatewahl über eine standardisierte Namensgebung erleichtern kann. Die Firma Ratiopharm führt dies beispielhaft vor, indem sie an die generische Bezeichnung der Substanz jeweils nur den Firmennamen anhängt. Die Isolationsstrategie schützt zwar bei negativen Vorkommnissen vor einem Badwill-Transfer, gleichzeitig muß jedoch auch jedes neue Präparat mit wesentlich mehr Kommunikationsaufwand im Markt bekannt gemacht werden. Unseres Erachtens ist eine solche Strategie für den Generikamarkt nicht sinnvoll. Für eine umfassendere Diskussion dieses Problemkreises sei auf Simon (1984) verwiesen.

Falls das Differenzierungskriterium nicht der Preis ist, steht man vor dem Problem, die auf verhaltensrelevanten Kriterien beruhenden Segmente durch beobachtbare Kriterien zu beschreiben. Ein wichtiges Merkmal, das häufig einen Rückschluß auf das Verhalten erlaubt, ist unserer Erfahrung nach die Zugehörigkeit zu bestimmten Facharztgruppen. Bei dem in Abbildung 10 beschriebenen Teilmarkt B zeigt sich, daß eine sehr starke Korrelation bestand zwischen der Segment- und der Arztgruppenzugehörigkeit. Allgemeinmediziner und Praktiker gehörten überwiegend zum Segment 2, während die Ärzte aus zwei Facharztrichtungen dem Segment 1 zuzuordnen waren. Aufbauend auf diesen Erkenntnissen wurde von der betroffenen Firma eine neue Produktvariante mit einem wesentlich höheren Wirkstoffgehalt in den Markt eingeführt und speziell bei Fachärzten beworben. Bei Allgemeinmedizinern und Praktikern wurde die Kommunikationsstrategie für das Standardpräparat geändert. Der neue Schwerpunkt liegt nun auf dem Aspekt der geringen Nebenwirkungen.

Reicht die Facharztzugehörigkeit als Differenzierungskriterium nicht aus, so muß nach anderen Merkmalen gesucht werden. Alter des Arztes, Lage und Größe der Praxis sowie generelle Einstellungen, die allerdings nur von dem Außendienstmitarbeiter im direkten Gespräch mit dem Arzt zu erfahren sind, kommen hierbei in Frage. In dieser Situation kommt dem Pharmareferenten eine große Bedeutung zu. Da eine klare a-priori Differenzierung häufig nicht möglich ist, muß die Einordnung des Arztes in ein Segment durch den Pharmareferenten vorgenommen werden. Anhand von einer Liste mit Kriterien, die einen Bezug zur Segmentzugehörigkeit besitzen, sowie auf der Basis von persönlichen Einschätzungen aufgrund teilweise langjähriger Zusammenarbeit, ist eine solche Einordnung durchaus möglich. Für die Marketingstrategie bedeutet eine solche Segmentierung in der Regel, daß mit unterschiedlichen Kommunikationsstrategien gearbeitet wird. Es werden bei den alternativen Segmenten jeweils unterschiedliche Argumente in den Vordergrund gestellt. Die Details hängen dabei von den einstellungsrelevanten Differenzierungskriterien ab. In selteneren Fällen kann auch die Einführung eines neuen Produktes bei gleichzeitiger Repositionierung des alten Produktes sinnvoll sein. Hier kann es keine Einheitsempfehlung geben, da die letztlich optimale Strategie von einer Vielzahl unterschiedlicher Faktoren abhängt, die nur im Einzelfall geklärt werden können.

Abschließend muß jedoch auch erwähnt werden, daß in vielen Situationen auf eine Segmentierung verzichtet werden muß. Die fehlende Umsetzbarkeit von verhaltensrelevanten Kriterien in beobachtbare Segmentierungskriterien ist dabei der Hauptgrund. In einem solchen Fall ist eine Einheitsstrategie vorzuziehen. Es kann jedoch auch sein, daß der Gesamtmarkt so homogen ist, daß auch auf der Verhaltensebene keine Trennung in Segmente möglich ist. Dies ist jedoch eher die Ausnahme.

3. Zusammenfassung

Segmentierung und Positionierung sind eine logische und zwangsläufige Antwort auf die differenzierter werdenden Anforderungen im Pharmamarkt. Sie beinhalten eine gezielte Ausrichtung des eigenen Leistungsprofils auf das Anforderungsprofil einer spezifischen Zielgruppe. Sie dienen damit sowohl der Durchsetzung von Wettbewerbsvorteilen in Teilmärkten als auch dem Ausweichen vor wettbewerblichen Angriffen.

Segmentierung kann den Verzicht auf Umsatzmaximierung erfordern. Allerdings müssen die Gewinnpotentiale in den avisierten Segmenten besser ausgeschöpft werden. Wichtigste Basis für die Segmentierung sind die Kundenanforderungen. Produkt- und situationsorientierte Segmentierung stellen eher Ersatzlösungen dar. Segmentierung und Positionierung sind keine Methoden, sondern komplexe Aufgabenstellungen, die mit Hilfe vielfältiger Methoden angegangen werden können. Wir haben Anwendungen des Conjoint Measurement, des Analytic Hierarchy Process und der Multidimensionalen Skalierung demonstriert.

Angesichts der Komplexität der Problemstellung kommt man ohne den Einsatz solcher Methoden kaum zu optimalen Ergebnissen. Ergänzend sollten allerdings subjektive Aspekte in die Segmentierung einfließen.

Unsere Erfahrungen zeigen, daß es nicht immer gelingt, Segmente zu operationalisieren. Dies kann daran liegen, daß in der Tat keine signifikanten Unterschiede zwischen den Kunden existieren, diese also relativ homogen sind, oder daran, daß man die vorhandenen Unterschiede nicht aufdecken bzw. operationalisieren konnte. In solchen Fällen wird man auf eine Segmentierung verzichten.

In der typischen Situation entdeckt man hingegen Unterschiede, die Ansatzpunkte für ein gezieltes und differenziertes Vorgehen bieten. Werden Segmentierung und Positionierung in solchen Fällen konsequent umgesetzt, dann gelingt es, dauerhafte Wettbewerbsvorteile aufzubauen und damit Gewinnpotentiale besser auszuschöpfen.

Teil II

Rahmenbedingungen und Wettbewerb in der Pharmaindustrie

Mehr Wettbewerb auf dem Pharmamarkt

Peter Oberender

1. Einführung und Problemstellung

Auf dem Pharmamarkt in der Bundesrepublik Deutschland bestehen vielfältige Regulierungen und Reglementierungen, die den Wettbewerb zum Nachteil aller wesentlich beschränken. Aufgrund der steigenden Ausgaben der Gesetzlichen Krankenversicherung innerhalb des letzten Dezenniums wird vielerorts die Auffassung vertreten, daß vor allem die Arzneimittel zu dieser Ausgabenentwicklung beigetragen haben. Hierbei wird weiter gefolgert, dies sei Ausdruck eines Marktversagens und erfordere somit weitere umfangreiche staatliche Interventionen.

In diesem Zusammenhang besteht nicht nur die Gefahr, daß eine Politik der Kostendämpfung **bei** anstatt **durch** Arzneimittel betrieben wird, sondern daß darüber hinaus der Handlungsspielraum sowie die Anreize für forschende Arzneimittelhersteller beträchtlich reduziert werden.

In Wirklichkeit liegt auf dem Arzneimittelmarkt jedoch **kein** Marktversagen, sondern vielmehr – wie noch gezeigt werden wird – ein Staatsversagen vor. Dies soll im folgenden zunächst im Rahmen einer kurzen Diagnose begründet werden, um dann darzulegen, warum und auf welche Weise eine Entstaatlichung dieses Bereichs dringend geboten ist.

Es werden in diesem Beitrag die folgenden Fragen beantwortet:

- Worin bestehen die Wettbewerbsbeschränkungen und welche Folgen ergeben sich hieraus auf dem Arzneimittelmarkt? (Diagnose)
- Warum bedarf es eines vermehrten Wettbewerbs und wie läßt sich dieser erreichen? (Therapie)

Eingangs muß bereits darauf hingewiesen werden, daß der Pharmamarkt nur ein Segment des gesamten Gesundheitsbereichs darstellt. So entfielen 1987 lediglich 14,7 % der gesamten Ausgaben der GKV auf Arzneimittel. Es wäre deshalb falsch, davon auszugehen, daß die konsequente Realisierung von mehr Wettbewerb im Arzneimittelbereich die bestehenden Probleme im Gesundheitswesen lösen könnte. Vielmehr stellt eine solche Deregulierung nur einen Schritt dar, der zugleich auch eine grundlegende Entstaatlichung der anderen Bereiche bedarf (Wissenschaftliche Arbeitsgruppe Krankenversicherung 1987).

Nahezu die gesamte Bevölkerung in der Bundesrepublik Deutschland ist gegen das Krankheitsrisiko versichert. Hierbei gehören über 92 % einer Gesetzlichen Krankenversicherung (GKV) an. Dadurch entfällt der größte Teil der Arzneimittelnachfrage auf Versicherte der GKV. Dies hat zur Folge, daß das Verhalten der im Arzneimittelbereich Beteiligten entscheidend von den institutionellen Rahmenbedingungen dieses Segments geprägt wird. Es wird deshalb im folgenden vor allem auf den Bereich der GKV abgestellt.

2. Diagnose: Bestehende Regulierungen und ihre Folgen

2.1 Nachfrage

Für die GKV sind das **Solidarprinzip**, d. h. jeder Versicherte hat unabhängig von der Höhe seines geleisteten Beitrags den gleichen Versicherungsanspruch, und das **Sachleistungsprinzip**, d. h. die Leistung erfolgt über Krankenscheine, konstitutiv. Somit besteht zwischen Patienten und Leistungserbringern **keine** direkte monetäre Abrechnung. In aller Regel erhält der Patient gegen ein **Rezept** vom Apotheker das ärztlich verordnete Medikament. Ca. 80 % der gesamten Arzneimittelnachfrage in der Bundesrepublik entstehen auf diese Weise. Der Versicherte muß – abgesehen von Ausnahmefällen – gegenwärtig – unabhängig von der Höhe des Preises – eine fixe Verordnungsgebühr von DM 2,– je verordnetem Präparat selbst bezahlen. Somit wird die Arzneimittelnachfrage aus gesundheits- und sozialpolitischen Gründen bewußt nicht durch das Preisausschlußverfahren begrenzt. Dies hat zur Konsequenz, daß nicht nur die Arzneimittelnachfrage weitgehend **preisunelastisch** ist, sondern darüber hinaus besteht für viele Versicherte ein Anreiz, möglichst viel für die bezahlten Beiträge „herauszuholen".

Aufgrund der fixen Selbstbeteiligung von DM 2,– je Arzneimittel haben viele Patienten ein großes Interesse, möglichst große Arzneimittelpackungen verordnet zu bekommen. Der einzelne Patient verhält sich hierbei völlig rational, wenn er versucht, für seinen Krankenkassenbeitrag möglichst viel zu bekommen. Hierbei entsteht eine **Rationalitätenfalle**, weil dieses Anspruchsdenken aufgrund falscher Anreize zu einem individuellen Fehlverhalten (Nulltarifmentalität) und damit zu einer Verschwendung knapper Mittel führt. Dies verursachte entsprechende Ausgabenerhöhungen bei den Krankenkassen und diese wiederum Beitragserhöhungen. Es kam zu umfangreichen Finanzierungsdefiziten der GKV, weil die Einnahmen die gestiegenen Ausgaben nicht mehr deckten. Dieses Problem versuchte man lange Zeit durch eine Ausdehnung des Versichertenkreises, eine Erhöhung des Beitragssatzes sowie der Beitragsbemessungsgrenze zu lösen. Dies führte jedoch, da es sich nur um eine Symptombehandlung handelte, zu einer Zunahme des Anspruchsdenkens und zu einer weiteren Erhöhung der Rationalitätenfallen (Oberender 1986). In diesem Zusammenhang kann man von einem Teufelskreis im Gesundheitswesen sprechen.

Dies ist eine Folge davon, daß im Gesundheitswesen im allgemeinen und im Arzneimittelbereich im besonderen sowohl für den Versicherten als auch für den Arzt wirksame Anreize fehlen, mit den Gesundheitsleistungen sparsam umzugehen.

2.2 Angebot

Auf der Angebotsseite des Arzneimittelmarktes bestehen vielfältige Vorschriften. So gelten seit 1976 aufgrund des Arzneimittelgesetzes verschärfte Bedingungen für die **Zulassung**, die **Herstellung** und den **Vertrieb** von Arzneimitteln. Es wurden inzwischen insbesondere die Anforderungen hinsichtlich des Nachweises der **Wirksamkeit** und **Sicherheit** neuer Arzneimittel wesentlich erhöht. So muß der Hersteller z. B. die Unbedenklichkeit und die Wirksamkeit sowie die Qualität eines Arzneimittels nachweisen. Einen hohen Stellenwert besitzt dabei die präventive Sicherheitskontrolle, d. h. die Kontrolle der Sicherheit **vor** der Zulassung eines neuen Arzneimittels durch das Bundesgesundheitsamt. Somit existieren beträchtliche **Markteintrittsschranken** für neue Arzneimittel und für neue Unternehmen.

Darüber hinaus gelten für Arzneimittel weitere vielfältige Regelungen. Nach dem Arzneimittelgesetz besteht für eine Vielzahl von Arzneimitteln aus gesundheitspolitischen Gründen eine **Verschreibungspflicht**, d. h. diese Medikamente dürfen nur gegen Vorlage einer ärztlichen Verordung vom Apotheker an den Verbraucher abgegeben werden. Auch nicht verschreibungspflichtige Arzneimittel können – wenn dies erforderlich ist – vom Arzt verordnet werden. Bei rezeptfreien Medikamenten handelt es sich gem. § 376 Abs. 2 RVO (Reichsversicherungsordnung) um Handverkaufsmittel (OTC-Markt), die vor allem im Rahmen der Selbstmedikation von Bedeutung sind. Ferner gliedern sich Arzneimittel in **erstattungsfähige** und **nicht erstattungsfähige**, d. h. in solche Arzneimittel, für die die Kosten von der Krankenkasse übernommen werden und in solche, die vom Patienten selbst zu bezahlen sind. Hierbei ist es durchaus möglich, daß Arzneimittel rezeptpflichtig, aber nicht erstattungsfähig sind (z. B. Kontrazeptiva). Abbildung 1 zeigt die Arzneimittelklassifikation. Außerdem werden die Arzneimittelumsätze auf der Endverkaufsstufe im Jahre 1986 genannt. Hierbei ergibt sich, daß 22,9 Mrd. DM des Arzneimittelumsatzes in der Bundesrepublik über Apotheken und nur 1,4 Mrd. DM über Drogerien und Reformhäuser getätigt werden. Für rezeptpflichtige Arzneimittel besteht außerdem ein **Verbot der Publikumswerbung**, d. h. es darf nicht beim Verbraucher (= Publikum) geworben werden. Es ist lediglich die Werbung in Fachkreisen, d. h. bei Ärzten und Apothekern, gestattet.

Für die meisten Arzneimittel (ca. 80%) existiert außerdem eine Vertriebsbindung in Form der **Apothekenpflicht**. Für diese Arzneimittel gilt die **Arzneimittelpreisverordnung** (Arzneitaxe); der Gesetzgeber schreibt hierbei **Höchstzuschläge** auf der Großhandelsstufe und **Festzuschläge** auf der Apothekenstufe auf den Herstellerabgabepreis vor. Somit besteht eine **Preisbindung der zweiten Hand**, die den Apothekern keinen eigenen Entscheidungsspielraum hinsichtlich des Einsatzes des Wettbewerbsparameters Preis läßt.

Auf der Apothekenstufe wird der Handlungsspielraum des Apothekers weiter durch das **aut-simile-Verbot** beschränkt. Es ist dem Apothker untersagt, an Patienten ein anderes als das vom Arzt verordnete Arzneimittel abzugeben. Ferner ist es dem Apotheker nicht erlaubt, aus preisgünstigen Großpackungen Teilmengen abzupacken, d. h. es gilt ein **Auseinzelungsverbot**. Darüber hinaus existiert eine Sortimentsbeschränkung auf **apothekenübliche Waren** sowie ein **generelles Selbstbedienungsverbot** in Apotheken (vgl. Abbildung 1).

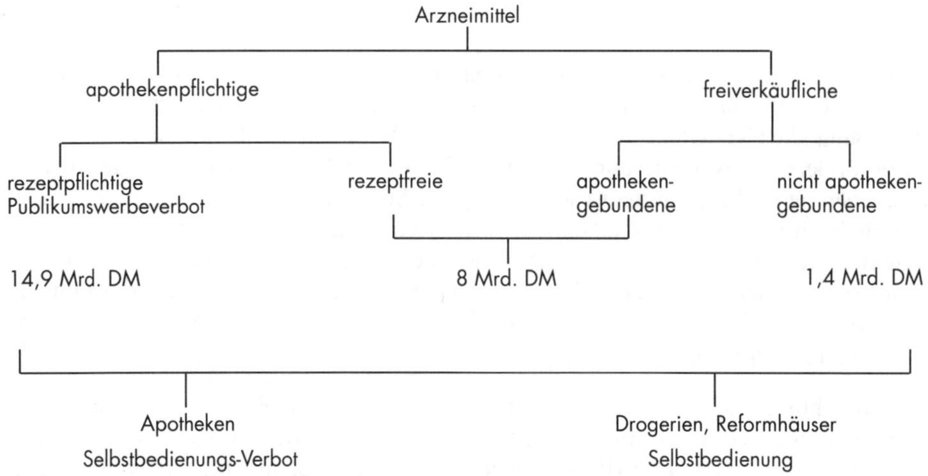

Abb. 1: Arten der Arzneimittel und Umsätze 1986 (Endverkaufspreise)

Durch das standesrechtliche **Mehr- und Fremdbesitzverbot** wird festgelegt, daß ein Apotheker Eigentümer oder Miteigentümer nur **einer** Apotheke sein darf, Nichtapothekern wird es gänzlich untersagt, eine Apotheke zu betreiben.

2.3 Wettbewerbssituation

Aufgrund der Rahmenbedingungen (Sachleistungsprinzip; Verzicht auf das Preisausschlußprinzip; Festzuschlagsregelung) wird der Spielraum für den aktiven Einsatz des Parameters Preis stark eingeschränkt. Im Grunde genommen fehlen wegen der weitgehenden Preisunempfindlichkeit der Nachfrage jegliche Anreize für einen Preiswettbewerb. Da die Unternehmen dennoch im Wettbewerb zueinander stehen, weichen sie auf Nichtpreisparameter wie beispielsweise Produkt, Werbung und Information sowie Forschung und Entwicklung aus (Oberender 1984).

Zunächst wurde hierbei der Parameter **Produkt** sehr intensiv eingesetzt. Dies hatte eine große Produkt- und Markenvielfalt bei Arzneimitteln zur Folge. In diesem Zusammenhang kann man von einer Typeninflation sprechen. Die Hersteller erkannten jedoch im Laufe des marktlichen Erfahrungsprozesses sehr schnell, daß durch das rasche Nachziehen der Konkurrenten (Reaktion), die durch den Vorstoß (Aktion) beabsichtigten **individuellen Vorteile** nicht realisiert werden konnten. Dadurch wuchs das Interesse der beteiligten Unternehmer, diesen übertriebenen Einsatz des Parameters Produkt auf ein „vernünftiges Maß" zu reduzieren. Diese Tendenz wurde durch die Verschärfung der Zulassungs- und Herstellungsvorschriften sowie die wachsenden pharmakologischen Schwierigkeiten entscheidend gefördert.

Aufgrund der **zirkularen Interdependenz** (Heuss 1965, S. 218) der Aktionsparameter wurden durch die Reduktion des Einsatzes des Parameters Produkt simultan Werbung und Information verstärkt eingesetzt. Dadurch erhöhten sich jedoch die Werbe- und Informationskosten beträchtlich. Durch das rasche Nachziehen der Konkurrenten wurden auch hier die erwarteten individuellen Vorteile kompensiert. Dies blieb den beteiligten Unternehmern nicht verborgen. Es ist deshalb sehr konsequent, wenn sie

sich über eine **Selbstbeschränkung** des wettbewerblichen Einsatzes des Parameters Werbung und Information verständigten.
Begünstigt wurde diese Entwicklung vor allem durch den starken politischen Druck auf die Arzneimittelhersteller, die Werbung zu beschränken. Dies hatte zwar den Vorteil, daß die Verschwendung knapper Ressourcen eingeschränkt wurde, aber **wettbewerbspolitisch** handelt es sich um eine Beschränkung mit allen negativen Folgen für evolutorische Marktprozesse.

Insgesamt ist der Arzneimittelmarkt sehr verkrustet. Es bestehen umfangreiche und mannigfaltige staatliche Regulierungen und empfindliche Beschränkungen des Wettbewerbs. Die Arzneimittelhersteller werden oft gezwungen, den Wettbewerb auf Nebenschauplätzen auszutragen. Dies bringt ihnen dann meist zwar die massive Kritik der Medien und Politiker ein, letztlich versuchen sie aber lediglich, dem staatlich begrenzten Handlungsspielraum beim Einsatz bestimmter Parameter auszuweichen.

Oft werden die Arzneimittelhersteller auch für die Probleme im Gesundheitswesen schlechthin verantwortlich gemacht. Hierbei wird meist übersehen, daß es durchaus legitim ist und auch nicht verboten werden kann, wenn Unternehmer im Laufe der Marktentwicklung einen Erfahrungsprozeß machen, der allerdings wesentlich durch die staatlichen Regulierungen begünstigt wird, und sie die Aktions-Reaktions-Verbundenheit beim Einsatz der einzelnen unternehmerischen Aktionsparameter nicht nur erkennen, sondern daraus auch die entsprechenden Konsequenzen ziehen, indem sie sich hinsichtlich des Einsatzes der betreffenden Parameter untereinander verständigen.

Während der Zeit der sozialliberalen Koalition versuchte man, die finanziellen Probleme durch umfangreiche staatliche Interventionen im Rahmen des Krankenversicherungs-Kostendämpfungsgesetzes (KVKG) sowie des Krankenversicherungs-Kostendämpfungs-Ergänzungsgesetzes (KVEG) in den Griff zu bekommen. Die Absicht lag darin, durch eine einseitige Bevorzugung des Imitationswettbewerbs den Preiswettbewerb zu Lasten der Innovationspräparate zu fördern. Aber wie es in solchen Situationen regelmäßig der Fall ist, bewirken solche staatlichen Eingriffe, die lediglich an Symptomen herumkurieren und zu Diskriminierungen führen, anstatt die Ursachen zu behandeln, eine Stärkung der Verwaltungsinstanzen und der Bürokratie im Gesundheitswesen und ziehen immer neue staatliche Eingriffe nach sich, die letztlich in einer Interventionsspirale münden. Durch eine solche Politik wird insbesondere auch die Innovationskraft und die Innovationsbereitschaft der forschenden Arzneimittelhersteller negativ beeinflußt. Dies geschieht zum Nachteil aller, weil wichtige pharmazeutische Entwicklungen entweder völlig unterbleiben oder zeitlich verzögert werden (Oberender und Rüter 1988).

3. Therapie: Mehr wettbewerbliche Steuerungselemente

Angesichts dieser Situation stellt sich die Frage, wie sich die bestehenden Probleme adäquat lösen lassen. Grundsätzlich kann eine dauerhafte Lösung nur erwartet werden, wenn an den Ursachen angesetzt wird. Hierzu ist es unerläßlich, wieder stärker **Eigenverantwortung, Eigeninitiative** sowie **Eigenvorsorge** in den Mittelpunkt zu rücken. Dies kann nur dadurch erreicht werden, daß konsequent eine **marktwirtschaftliche Ordnung** im Arzneimittelbereich verwirklicht wird bei gleichzeitig angemessenem Schutz wirtschaftlich Schwacher und chronisch Kranker.

Eine solche marktwirtschaftlich orientierte Ordnung ist nicht nur erforderlich, um die **Wirtschaftlichkeit** zu erhöhen und zu gewährleisten, sondern vor allem auch deshalb, um die **Wahl- und Handlungsfreiheit** des einzelnen auf **unterster** Ebene zu erhöhen und zu garantieren. Nur dadurch kann sichergestellt werden, daß die Arzneimittelversorgung **bedarfsadäquat** erfolgt.

In diesem Zusammenhang muß eine Antwort auf die folgenden Fragen gefunden werden: Kann einem mündigen Bürger nicht wesentlich mehr **finanzielle Eigenleistung** beim Medikamentenverbrauch zugemutet werden? Warum sollte hierbei nicht gezielt, allerdings innerhalb gewisser Grenzen, verstärkt eine **Steuerung über den Preis** erfolgen? Ist es erforderlich, bei Arzneimitteln generell eine **Verschreibungspflicht** im gegenwärtigen Ausmaß beizubehalten? Sind die bestehenden **Wettbewerbsbeschränkungen** auf dem Arzneimittelmarkt heute in diesem Umfang noch sinnvoll? Läßt sich die **Arzneimittelsicherheit** nur über eine präventive Sicherheitskontrolle gewährleisten? Ist für die **Zulassung** eines Medikamentes ein solch aufwendiges Verfahren notwendig? Sind die bestehenden **Vertriebs- und Preisbindungen** in diesem Ausmaße erforderlich? Müssen **aut-simile-Verbot** und **Auseinzelungsverbot** in dieser Form beibehalten werden? Wäre es nicht zweckmäßiger, auch den **Apotheker** stärker als bisher an der Arzneimittelversorgung der Patienten zu beteiligen, indem sein Handlungsspielraum erweitert wird? Ist das **Mehr- und Fremdbesitzverbot** in einer Sozialen Marktwirtschaft notwendig?

3.1 Preisbewußtes Verhalten durch eine generelle Selbstbeteiligung und durch Wahltarife

Durch die Einführung eines generellen **Selbstbehalts** muß beim Patienten ein Anreiz für ein **preis-** und somit **kostenbewußtes Verhalten** geschaffen werden. Diese Selbstbeteiligung muß für **alle** Bereiche des Gesundheitswesens gleichermaßen gelten, um eine Diskriminierung einzelner Segmente zu vermeiden. Allerdings muß dieser Selbstbehalt aus sozial- und gesundheitspolitischen Gründen begrenzt werden, um zu verhindern, daß jemand im Krankheitsfalle durch die damit verbundenen Kosten finanziell überfordert wird. So müssen alle Gesundheitsausgaben eines Patienten, die durch die Gesetzliche Krankenversicherung erstattungsfähig sind, soweit sie einen bestimmten Betrag (z. B. 10% des steuerpflichtigen Familieneinkommens) übersteigen wie bisher von der Gesetzlichen Krankenversicherung übernommen werden.

Außerdem muß dem einzelnen Versicherten auch eine **Wahlfreiheit** bei einer generellen Versicherungspflicht hinsichtlich der Krankenkasse und des Tarifs eingeräumt werden. Dies setzt jedoch u. a. voraus, daß für alle Gesetzlichen Krankenversicherungen **gleiche Rahmenbedingungen** gelten. Es muß für sie ein **Kontrahierungszwang** hinsichtlich des Versicherten, **nicht** jedoch hinsichtlich der Leistungserbringer bestehen. Außerdem muß sichergestellt werden, daß durch Wahltarife das Solidarprinzip nicht ausgehöhlt wird (Wissenschaftliche Arbeitsgruppe Krankenversicherung 1987).

3.2 Modifikation der Arzneimittelzulassung

Aus gesundheitspolitischen Gründen müssen in bezug auf Zulassung, Herstellung, Vertrieb und Verkauf von Arzneimitteln gesetzliche Regelungen bestehen, weil sowohl die Patienten vor unangemessenen Risiken und unerwünschten Nebenwirkungen als auch die Gesellschaft vor den ökonomischen Folgen dieses Risikos und der Nebenwirkungen zu schützen sind. Da es **keine absolute Sicherheit** gibt, muß ein Zulassungsverfahren gewählt werden, das einen gewissen Schutz für den einzelnen und für die Gesellschaft gewährt, ohne dabei die Einführung neuer, wirksamer Arzneimittel völlig zu verhindern, d. h. es muß ein **optimaler Grad relativer Sicherheit** gewährleistet werden (Heilmann 1987). Hierbei müssen Risiken und Nutzen gegeneinander abgewogen werden. Zur Lösung dieser schwierigen Aufgabe sollte eine begleitende Sicherheitskontrolle nach Einführung eines Arzneimittels gewählt werden.

Darüber hinaus muß über die **Wirksamkeit**, da es sich weitgehend um eine sehr **subjektive** Größe handelt – etwa 40% aller medikamentösen Therapieerfolge beruhen auf einem Placeboeffekt – der Patient mitentscheiden können. Es stellt eine wichtige Aufgabe des Marktes als Such- und Entdeckungsverfahren dar, aufzudecken, ob ein neues Produkt wirksam ist oder nicht. Es müssen deshalb die diesbezüglich bestehenden staatlichen und standesrechtlichen Wettbewerbsbeschränkungen – soweit dies gesundheits- und sozialpolitisch vertretbar ist – abgebaut werden, um über die Wirksamkeit eines Medikaments möglichst auf der untersten Ebene, d. h. den Patienten, entscheiden zu lassen.

Die Verschärfung der Sicherheits- und Wirksamkeitsprüfungen in den vergangenen Jahren wirkte sich nicht nur hemmend auf **Arzneimittelinnovationen** aus, sondern bewirkte darüber hinaus erhebliche **Kostensteigerungen** bei den Arzneimittelherstellern (Oberender und Rüter 1988). Insbesondere für kleine und mittlere Hersteller entstanden dadurch beträchtliche **Markteintrittsschranken**. Oft führte bzw. führt dies zu Fusionen. Auf diese Weise wird ein **Konzentrationsprozeß** mit seinen negativen Wirkungen auf den Wettbewerb ausgelöst. Aus ordnungspolitischen Gründen muß deshalb die Sicherheits- und Wirksamkeitsprüfung soweit wie möglich dezentral organisiert werden.

3.3 Modifikation des Patentschutzes

Durch die Verschärfung der Zulassungsvoraussetzungen erhöhte sich in den vergangenen Jahren die Zeitspanne zwischen Patenterteilung und Zulassung eines Arzneimittels sukzessive. Bei vielen Arzneimitteln kann deshalb von dem 20jährigen Patentschutz nur noch 7 bis 8 Jahre effektiv genutzt werden. Zur Erhaltung und Förderung der **Innovationskraft** und der **Innovationsbereitschaft** forschender Arzneimittelhersteller muß deshalb der Patentschutz modifiziert werden. So sollte die Laufzeit des Patentschutzes erst mit dem Zeitpunkt der Zulassung beginnen. Um der Gefahr vorzubeugen, daß einzelne Hersteller nach der Patenterteilung das Zulassungsverfahren bewußt verzögern, könnte man, gleichgültig ob das patentierte Arzneimittel bereits zugelassen ist oder nicht, die Patentlaufzeit generell 10 Jahre nach Patenterteilung beginnen lassen. Eine solche Modifikation der Patentlaufzeit hätte den Vorteil, daß der ökonomisch nutzbare Patentschutz von 20 Jahren unangetastet bliebe.

3.4 Lockerung der Verschreibungspflicht und der Vertriebsbindung

Ca. 60% aller Arzneimittel unterliegen einer Verschreibungspflicht. Die Verordnung eines Arzneimittels stellt für Ärzte nicht nur eine **honorierfähige Leistung** dar, sondern darüber hinaus bestimmen sie dadurch die Arzneimittelnachfrage entscheidend. Damit entsteht eine **Markteintrittsschranke** für Patienten, weil sie erst zum Arzt gehen müssen. Zugleich werden dadurch auch **Kosten** verursacht. Es besteht zudem die Gefahr, daß der Arzt den durch die Notwendigkeit der Verordnung entstehenden ersten Kontakt zum Patienten nutzt, um weitere Leistungen, die sein Honorar und damit die Ausgaben für die Krankenkassen erhöhen, abzurechnen. Für neue Anbieter stellt diese Verschreibungspflicht deshalb eine Markteintrittsschranke dar, weil das betreffende Unternehmen sehr hohe Aufwendungen tätigen muß, um bei dem Arzt bei der Verschreibung berücksichtigt zu werden. Außerdem wird die Stellung des Arztes dadurch gestärkt.

Die Verschreibungspflicht muß deshalb auf **wirklich** gefährliche Arzneimittel beschränkt werden. Hierbei muß sehr restriktiv mit dem Adjektiv „wirklich" umgegangen werden. Letztlich sind viele Gegenstände des täglichen Lebens gefährlich, ohne daß sie einer Verschreibungspflicht unterliegen.

Durch die **Reduktion der Verschreibungspflicht** würde die **Selbstmedikation** an Bedeutung gewinnen. Dies könnte dazu führen, daß die Arzneimittelhersteller und Apotheker verstärkt die Patienten informieren und beraten. Das Interesse der Patienten an einer solchen Dienstleistung könnte durch den Selbstbehalt zunehmen. Auf diese Weise könnte es zu einer **Belebung des Wettbewerbs** auf dem Arzneimittelmarkt kommen.

Darüber hinaus besteht für viele Arzneimittel eine **Apothekenpflicht**. Diese Vertriebsbindung stellt eine Wettbewerbsbeschränkung dar. Sie wird meist mit der **Qualitätssicherung** und der **Verhinderung von Arzneimittelmißbrauch** begründet. Es ist hier jedoch analog den Vorschriften des Lebensmittelgesetzes ausreichend, wenn entsprechende allgemeine Richtlinien erlassen werden, die den Vertrieb von Arzneimitteln regeln. Jeder, der den geforderten Nachweis erbringt, daß er diese Voraussetzungen für einen sachgemäßen Vertrieb von Arzneimitteln erfüllt, sollte zugelassen werden. Auf diese Weise werden die Voraussetzungen für einen **Wettbewerb verschiedener Vertriebswege** geschaffen.

Es existieren jedoch auch Arzneimittel, die bei Mißbrauch zu weitreichenden gesundheitlichen Schäden und damit zu Nachteilen für den einzelnen sowie für die Gesellschaft führen können. Aus gesundheitspolitischen Gründen muß deshalb für diese Arzneimittel weiterhin eine Apothekenpflicht bestehen. Gegebenenfalls müssen sie sogar der Verschreibungspflicht unterstellt werden. Es spricht vieles dafür, generell die Apothekenpflicht auf verschreibungspflichtige Arzneimittel zu beschränken.

3.5 Aufhebung der Arzneitaxe

Für Arzneimittel besteht aufgrund der **Preisspannenregelung** (Arzneitaxe) eine **Preisbindung der zweiten Hand**. Damit wird dem Apotheker der freie Einsatz des Aktionsparameters Preis untersagt. Für ein bestimmtes Arzneimittel besteht somit in der Bundesrepublik **Preiseinheitlichkeit**. Diese Preisspannenverordnung muß aufgehoben werden, um die Voraussetzungen für einen Preiswettbewerb auf der Apothekenstufe zu schaffen. Es muß jedem Apotheker erlaubt sein, den Preis nach **eigenem** Ermessen im Wettbewerb einzusetzen.

Dadurch wäre es auch möglich, eine **Übersättigung der Apothekenstufe**, wie sie sich im Rahmen der Apothekerschwemme gegenwärtig abzuzeichnen beginnt, vorzubeugen.

Es wird dann nämlich keine bestimmte Handelsspanne mehr garantiert. Dies führt auch dazu, daß Apotheker nicht verstärkt angelockt werden, eine eigene Apotheke zu eröffnen.

3.6 Einschränkung des aut-simile-Verbots

Nach der Apothekenvertriebsordnung muß das vom Apotheker gegen Rezept ausgehändigte Arzneimittel der Verordnung entsprechen. Da die Ärzte in aller Regel ein ganz bestimmtes Präparat verschreiben, existiert somit faktisch eine beträchtliche Markteintrittsschranke für Substitutionspräparate und neue Unternehmen. Diese Wettbewerbsbeschränkung sollte deshalb nur noch dann gelten, wenn dies der Arzt ausdrücklich wünscht, d. h. der Arzt muß letztlich darüber entscheiden, ob eine Substitution untersagt werden soll, denn er trägt die medizinische Verantwortung gegenüber dem Patienten.

Durch die Zulassung der Arzneimittelsubstitution auf der Apothekenstufe kann eine sinnvolle **Arbeitsteilung zwischen Arzt und Apotheker** stattfinden: Der Arzt konzentriert sich auf den medizinischen, der Apotheker auf den pharmazeutisch-ökonomischen Aspekt der Therapie. Der Apotheker ist dann nicht mehr nur bloßer Verkäufer von Fertigarzneimitteln, sondern er hat die Möglichkeit in weit größerem Maße als bisher die Funktionen eines **Gesundheitsberaters** zu übernehmen.

Durch die Reduktion des aut-simile-Verbots werden die Markteintrittsschranken für Generika und Nachahmerprodukte und deren Hersteller erheblich gesenkt. Dies kann sich positiv auf den Wettbewerb im Arzneimittelbereich auswirken. Eine Voraussetzung dafür ist allerdings, daß von der aut-simile-Möglichkeit auch Gebrauch gemacht wird. Dies kann nur dann erwartet werden, wenn sich aufgrund der Selbstbeteiligung der einzelne Patient preisbewußter bei seiner Arzneimittelnachfrage verhält.

3.7 Abschaffung des Auseinzelungsverbots

Gegenwärtig können öffentliche Apotheken keine Teilmengen aus preisgünstigen Großpackungen herausnehmen und verkaufen. Dieses Auseinzelungsverbot muß deshalb aufgehoben werden, um die Voraussetzungen dafür zu schaffen, daß der einzelne Patient die für seine Behandlung erforderliche Menge eines Arzneimittels erhält und nicht wie bisher, wegen der Normierung der Packungsgröße gezwungen ist, nur zwischen drei verschiedenen Packungsgrößen wählen zu können. Solche Normpackungen stellen nicht nur eine **Normierung der individuellen Bedürfnisse** dar, sondern darüber hinaus wird dadurch der wettbewerbliche Einsatz des Aktionsparameters Packungsgröße nachhaltig eingeschränkt.

Aufgrund der Aufhebung des Auseinzelungsverbots könnte es für Arzneimittelhersteller attraktiv werden, neue Verpackungsformen zu entwickeln, die ein hygienisches und risikoloses Auseinzeln ermöglichen sowie die Herstellung behandlungsgerechter Pakkungsgrößen erlauben, d. h. vorhandene und neu entstehende Innovationspotentiale zu nutzen.

3.8 Aufhebung des Fremd- und Mehrbesitzverbots

Aufgrund des **Mehrbesitzverbots** ist es gegenwärtig Apothekern untersagt, Eigentümer von mehr als einer Apotheke zu sein. Damit können leistungsfähige Apotheker ihre ökonomische Überlegenheit nicht durch die Eröffnung von Filialen zu ihrem eigenen Vorteil sowie zu dem ihrer Kunden und Lieferanten nutzen. Auf diese Weise wird die **Selektionsfunktion** und damit die **Funktionsfähigkeit des Wettbewerbs** empfindlich gestört. Es existieren keine objektiven Gründe, um ein solches Verbot aufrechtzuerhalten, so daß das Mehrbesitzverbot abgeschafft werden muß.

Außerdem existiert aufgrund einer standesrechtlichen Regelung ein **Fremdbesitzverbot**, das es jedem Nichtapotheker untersagt, Eigentümer einer Apotheke zu sein. Auch dieses Verbot muß aufgehoben werden, indem es auch Nichtapothekern gestattet ist, als selbständige Unternehmer eine öffentliche Apotheke zu betreiben, wenn sie den für den Vertrieb von Arzneimitteln geforderten generellen Vorschriften genügen.

4. Ergebnis

Die bestehenden Probleme auf dem Arzneimittelmarkt stellen **kein Marktversagen** dar, sondern sie sind vielmehr das Ergebnis eines **Staatsversagens**, weil der Gesetzgeber es bisher versäumte, die Rahmenbedingungen für wettbewerbliche Marktprozesse zu schaffen. Es bedarf deshalb einer **ordnungspolitischen Neuorientierung**, indem das Gesundheitswesen im allgemeinen und der Pharmamarkt im besonderen von den bestehenden Regulierungen und Reglementierungen, soweit dies gesundheits- und sozialpolitisch vertretbar ist, befreit werden muß. So muß eine generelle allerdings begrenzte **Selbstbeteiligung** eingeführt werden. Außerdem muß einer **begleitenden Sicherheitskontrolle** nach Einführung eines Arzneimittels gegenüber einer präventiven Kontrolle bei der Zulassung der Vorzug gegeben werden. Darüber hinaus müssen die **Verschreibungspflicht** und die **Apothekenpflicht** reduziert, die **Festzuschlagsregelungen**, das **aut-simile-** und **Auseinzelungsverbot** bei Arzneimitteln sowie das **Mehr- und Fremdbesitzverbot** bei Apotheken aufgehoben werden.

Insgesamt müssen für alle Beteiligten – Patienten, Krankenkassen und Leistungserbringer – fühlbare **individuelle** Anreize geschaffen werden, mit den knappen Mitteln sparsam umzugehen (vgl. Wissenschaftliche Arbeitsgruppe Krankenversicherung 1987).

Ökonomische Bedeutung des Preises im Pharmamarkt

Klaus von Grebmer
Theodor Sproll

1. Grundlegende Überlegungen

Die medikamentöse Therapie muß als Faktor betrachtet werden, der die Gesundheit sichert. In der Vergangenheit hat die Dominanz entweder der Industrie oder der Sozialpolitik einen ganzheitlichen gesundheitspolitischen Ansatz mit optimaler Preisgestaltung der Arzneimittel verhindert.

Bei der Preisfindung für Arzneimittel stellen sich im Kontext von gesundheitspolitischen Überlegungen drei grundlegende Probleme (Feldstein 1979)

1. **Die Allokation der Ressourcen** (Welche Ressourcen sollten für Produkte und Dienstleistungen des Gesundheitssektors verwandt werden und wie sollten sich diese Dienstleistungen zusammensetzen?)
2. **Die optimale Produktion** (Wie kann das Gut Gesundheit technologisch und wirtschaftlich effizient produziert werden?)
3. **Die optimale Distribution** (Wie sollten Dienstleistungen des Gesundheitssektors dem Verbraucher nahe gebracht werden?)

Diese drei grundlegenden Fragen können nur innerhalb eines gegebenen politischen Rahmens beantwortet werden und sind somit durch das politische System determiniert. Systeme mit Begünstigung von Privatinitiative und preisgesteuerten Allokationsmechanismen kommen zu anderen Antworten als verstaatlichte Systeme. Daher muß der ökonomische Aspekt der Preisgestaltung von Arzneimitteln unter den Bedingungen der politischen Zielsetzungs-und Zielerreichungsprozesse betrachtet werden.

„Economics does not tell which competing goals should be adopted. But economic analysis can help to determine if a particular measure contributed to stated goals and at what cost“ (Lipsey-Steiner 1978, S. 15)

Die Frage nach der effizientesten Organisationsform für den Pharmamarkt kann nicht allgemein beantwortet werden. Trotzdem ist eine korrekte Analyse von zunehmender Bedeutung. Jüngere Forschungsberichte haben gezeigt, daß im Vergleich aller Teilbereiche des Gesundheitswesens (z. B. Krankenhauspflege, ärztliche Dienstleistungen, medizinische Therapien), die höchsten Produktivitätssteigerungen durch technologische Fortschritte in der medikamentösen Therapie erzielt werden (Stahl 1979). Daher könnte eine Preispolitik, die ein innovatives Klima und einen funktionsfähigen Wettbewerb auf dem Pharmamarkt schafft, eine effiziente gesundheits- und industriepolitische Option sein.

2. Besonderheiten des Pharmamarktes

Die Preispolitik der Pharmaindustrie kann nicht mit der Preispolitik in klassischen Produktmärkten verglichen werden. Daher ist eine Analyse der preispolitischen Aktivitäten dieser Branche mit dem klassischen wettbewerbspolitischen Instrumentarium nur beschränkt möglich. Weder die älteren ökonomischen Konzepte des „nicht-beschränkten", „monopolistischen" oder „beschränkten" Wettbewerbs, noch das neue Konzept des „funktionsfähigen" Wettbewerbs werden der Komplexität des Pharmamarktes gerecht (Clark 1940).

Die klassische Theorie des Anbieterverhaltens konzentriert sich lediglich auf Preiswettbewerb und vernachlässigt die Aspekte des Forschungs-, Qualitäts- und Informationswettbewerbes, die für den Pharmamarkt von außerordentlicher Bedeutung sind.

Augenblicklich existiert keine allgemein anerkannte Oligopoltheorie. Eine grundlegende Wettbewerbspolitik – nur als Ansatz existent – würde sicherstellen, daß die in therapeutischen Submärkten vorherrschenden Oligopole miteinbezogen werden.

Essentielle Besonderheiten des Pharmamarktes resultieren aus:

a) Der charakteristischen **dreistufigen Nachfrage**:
   - der Arzt wählt aus,
   - der Patient konsumiert,
   - die Krankenversicherung zahlt.

   Die angebliche Ineffizienz des Pharmamarktes hat zu häufigen Interventionen des Staates geführt. Auf der einen Seite tragen die Konsumenten (Ärzte und Patienten) nur einen geringen oder keinen Teil der Kosten und haben daher kein besonderes Interesse an der wirtschaftlichsten Therapie. Auf der anderen Seite besitzt die Krankenversicherung kein Auswahlrecht und hat lediglich die Kosten zu decken. Daraus folgt, daß die Nachfrage nach Arzneimitteln eine geringe Preiselastizität haben kann und nicht mit Marktpreisprinzipien konform geht.

b) Den **hohen Kosten für Forschung und Entwicklung,** die sich heute auf 100–300 Millionen DM für jedes neu auf den Markt gebrachte Medikament belaufen (Langle et al. 1983).

c) Der **Internationalität der forschenden Anbieter,** gekoppelt mit dem Problem der länderspezifischen Allokation der Ausgaben für F&E.

d) Der **fehlenden Transparenz des Angebotes** aufgrund der Vielzahl pharmazeutischer Produkte.

e) **Der oligopolistischen Struktur des Angebotes** in therapeutischen Submärkten.

f) **Dem bewußt beschränkten Wettbewerb** durch ein Verbot vergleichender Werbung, Interventionen bei der Preisfestlegung und Preisanpassung neuer Produkte, legalen Restriktionen der Arzneimittelsubstitution durch den Apotheker, Kontrollen der Krankenhausgestaltung und -infrastruktur, etc.

Aufgrund der obigen Besonderheiten greifen in den meisten Ländern staatliche Institutionen in die preispolitischen Aktivitäten der Pharmaindustrie ein.

2.1 Probleme bei der Allokation der Forschungskosten

Die Probleme bei der Preissetzung für pharmazeutische Präparate wären erheblich geringer, wenn die Gesellschaft mit den verfügbaren medikamentösen Therapien zufrieden wäre. Die Probleme entstehen aus der Intensität der Forschung und der internationalen Arbeitsteilung.

Forschung führt zu einer **intertemporalen Kostenallokation:** Man muß heute die Forschungsaufwendungen für den medikamentösen Fortschritt von morgen finanzieren. Solange die Gesellschaft bereit ist, höhere Preise für neue und bessere medikamentöse Therapien zu zahlen, kann dieser intertemporale Allokationsprozeß privat organisiert bleiben. Wenn diese Bereitschaft jedoch nachläßt, muß Forschung entweder öffentlich organisiert werden, oder sie wird eingestellt.

Ein weiteres Problem, auf das hier nur kurz eingegangen werden kann, ist die **internationale Allokation der Forschungskosten.** Forschung findet nur in wenigen Ländern statt. Trotzdem werden die Ergebnisse weltweit genutzt. Wenn die Empfängerländer dafür nicht gemäß dem therapeutischen Nutzen bezahlen, den sie von den anbietenden Ländern erhalten, werden die Forschungsbudgets schrumpfen.

2.2 Preis- und Kostenstruktur

Vor der Diskussion von Preisgestaltungsmethoden der Pharmaunternehmen muß zunächst der Preisbegriff geklärt werden. Tabelle 1 zeigt die Dimensionen, die den Preis pharmazeutischer Präparate determinieren.

Qualität =	— Wirksamkeit — Sicherheit — klinische Gutachten — Erfahrung — Informationstransfer von Ärzten und Fachleuten — Reputation des Herstellers, basierend auf dem Erfolg seiner bisherigen Produkte
nomineller Preis =	— Herstellerabgabepreis (Preis für den Großhändler) — Preisnachlässe für den Großhändler — Preinachlässe und Rabatte für Krankenhäuser und andere Vertriebsfelder
tatsächlicher Preis =	— nomineller Preis in Relation zur Qualität

Tabelle 1: Determinanten des tatsächlichen Preises

„*Preiswettbewerb findet auf all diesen Dimensionen statt, da auch z. B. Veränderungen in der Qualität den relevanten Preis verändern*“ (Weston 1979)

Für forschende Pharmaunternehmen besteht keine Möglichkeit einer rein kostenorientierten Preissetzung. Trotzdem ist die Kenntnis der spezifischen Kostenstruktur forschender Unternehmen der Schlüssel für das Verständnis ihres Marktverhaltens. Die Kostenstruktur kann ebenfalls helfen, den Wettbewerbsprozess zwischen forschenden und nicht-forschenden Unternehmen zu erklären.

Die Leistungen forschender Pharmaunternehmen umfassen, neben anderen industriellen Funktionen, die folgenden Hauptbereiche:

- Produktion von neuem Wissen (durch F&E),
- Die Verbreitung neuen Wissens (durch medizinische Informationen),
- Die Herstellung physischer Güter.

Abbildung 1 zeigt die typische Kostenstruktur von forschenden und nicht-forschenden Unternehmen im Vergleich (vgl. auch Slatter 1977). Die forschenden Unternehmen können nur einen geringen Teil ihrer Kosten direkt dem einzelnen Produkt zurechnen. Es ist zu beachten, daß die in der Abbildung angegebenen Produktionskosten in Höhe von 30% ein **konsolidierter Durchschnitt** sind: Einzelne Medikamente können durchaus Produktionskosten von 10% oder weniger haben. Empirische Daten zeigen, daß in einem forschenden Unternehmen im Durchschnitt nicht mehr als 30% der Kosten direkt auf individuelle Produkte verteilt werden können. Die verbleibenden Kosten und die Gewinnmarge müssen durch den Deckungsbeitrag des gesamten Produktsortiments gedeckt werden.

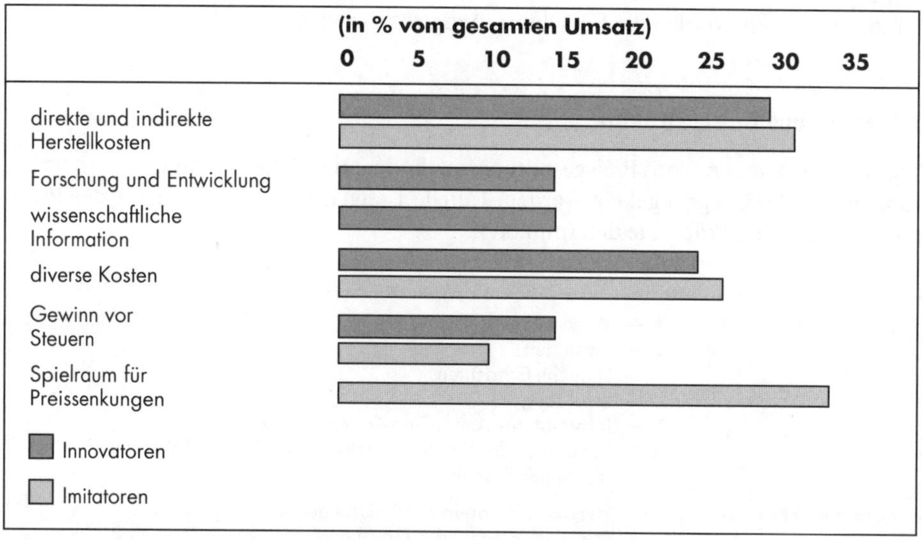

Abb. 1: Vergleich der Kostenstruktur von Innovatoren und Imitatoren (% vom Umsatz)

3. Preisstrategien

3.1 Allgemeine Strategien

Als Konsequenz aus der oben aufgezeigten Kostenstruktur kann der Hersteller für die Preisfestlegung einzelner Produkte keinen **Kosten-Plus-Ansatz** benutzen:

Preis = direkte Kosten + Fixkosten + Gewinnmarge

Die Preisbestimmung eines forschenden Unternehmens muß daher marktorientiert sein. Der Hersteller vergleicht den Nutzen seines Produktes (bessere Wirksamkeit, weniger Nebenwirkungen, bessere Compliance etc.) mit dem Nutzen etablierter Präparate. Je größer der Vorteil seines Produktes ist, desto höher ist der mögliche Preis.

Prinzipiell gibt es zwei alternative Preis-Strategien: **„Skimming“ oder „Penetration“** (Simon 1982):

Die Skimming-Strategie funktioniert am besten, wenn für einen befristeten Zeitraum monopolähnliche Marktbedingungen existieren, also z. B. das Produkt durch ein Patent geschützt ist. Dieser Vorteil muß gegenüber dem zusätzlichen Anreiz abgewogen werden, den ein hoher Skimming-Preis auf den Eintrittszeitpunkt der Wettbewerber haben könnte (Rosenberg 1977). (Tabelle 2 gibt einen Überblick über die Skimming-Strategie.)

Präparate, bei denen die Konsumenten unempfindlich auf Preisveränderungen reagieren (= geringe Preiselastizität)
Realisierung hoher kurzfristiger Gewinne
schnelle Amortisation des F&E — Aufwandes
Gewinnrealisierung in frühen Lebenszyklusphasen (= Reduktion des Obsoleszenzrisikos)
Vermeidung der Notwendigkeit von Preiserhöhungen
Schaffung eines Spielraums für Preissenkungen
Hohe Preise signalisieren eine hohe Qualität
begrenzte Produktionskapazitäten

(Quelle: Simon 1982)

Tabelle 2: Skimming-Preisstrategie

Die Penetration-Strategie erfordert einen Preis, der niedrig genug ist, um den Markt zu durchdringen, Markentreue aufzubauen und immer zwei Schritte vor den Wettbewerbern zu bleiben. Die Penetration-Strategie kann zum Zeitpunkt der Produkteinführung oder nach einer Skimming-Periode eingesetzt werden, siehe hierzu Tabelle 3.

Präparate, bei denen die Konsumenten sehr empfindlich auf Preisveränderungen reagieren (= hohe Preiselastizität)
Realisierung eines schnellen mengenmäßigen Absatzwachstums
Erreichen eines hohen Marktanteils und dadurch Aufbau einer starken Marktposition zum Zeitpunkt des Konkurrenzeintritts
Ausnutzung der Erfahrungskurven („Lernkurven") und Größenvorteile in der Produktion („economies of scale")
geringe Einführungspreise reduzieren das Fehlschlagsrisiko
potentielle Konkurrenten können vom Markteintritt abgehalten werden

(Quelle: Simon 1982)

Tabelle 3: Penetration-Preisstrategie

Es ist ebenfalls möglich, daß die Preisgestaltung pharmazeutischer Präparate sich am Wettbewerb orientiert. Dieser Ansatz wurde bisher noch nicht in vollem Umfang empirisch untersucht.

„*Eine der einfachsten Methoden der Preisfestsetzung ist es, den eigenen Preis am Preisniveau des Wettbewerbs auszurichten. Das führt nicht zwangsläufig zu einem Einheitspreis, da man abhängig vom relativen Wettbewerbsvorteil des eigenen Produktes den Wettbewerberpreis unter- oder überschreiten kann. Das entscheidende Charakteristikum dieses Pricing-Ansatzes ist die fehlende direkte Beziehung zwischen Preis und Kosten. Das Unternehmen paßt sich dem Konkurrenzpreisniveau unabhängig von der eigenen relativen Kostensituation an. Die Basisannahme ist dabei, daß das durchschnittliche Preisniveau einen vernünftigen Preis repräsentiert*“ (Rosenberg 1977, S. 361).

Sollte dies die in der Industrie vorherrschende Preisstrategie sein, dann könnten Regierungsinterventionen bei einzelnen Preisen regelrechte Preiskriege auslösen, die langfristig alle Wettbewerber schädigen würden.

3.2 Preise und F&E

Die Kosten für Forschung und Entwicklung werden in der Pharmaindustrie durch die Deckungsbeiträge aller Produkte finanziert. Jedes Produkt leistet den **gleichen prozentualen Beitrag** zur Abdeckung der F&E-Kosten, die erfolgreichen Produkte aber mit **höheren absoluten Beträgen.**

Diese Form der Finanzierung ist in der Pharmaindustrie allgemein verbreitet und funktioniert, solange forschende Unternehmen nicht durch Interventionen dazu gezwungen werden, ihre Preise bei patentfreien Produkten auf das Preisniveau der Nachahmer zu senken. Tritt dieser Fall ein, so müssen die forschenden Unternehmen ihre gesamten F&E – Kosten durch Deckungsbeiträge ihrer patentgeschützten Präparate decken. Das würde zu erheblichen Preisanstiegen bei diesen Produkten führen. Die Krankenkassen würden sich dann unter Umständen weigern, die Kosten zu erstatten, da vergleichbare Präparate wesentlich günstiger angeboten werden. Da medikamentöse Fortschritte in der Regel in kleinen Schritten erfolgen, spiegelt die Preisdifferenz zwischen patentfreien und patentgeschützten Präparaten nicht unbedingt den Nutzengewinn aus Konsumentensicht wider. Da die Preisaufschläge nicht akzepiert werden, kommt es langfristig zu einer Einschränkung der F&E-Budgets. Ist diese Reduktion von staatlicher Seite nicht gewünscht, dann muß der Staat die Finanzierung der Forschung übernehmen. Abbildung 2 verdeutlicht die möglichen Konsequenzen von Änderungen der Rahmenbedingungen.

Umsatzstruktur gemäß Patentschutz

70 %
Umsatz durch patentfreie Produkte

30 %
Umsatz durch patentgeschützte Produkte

Kostenstruktur

70 %
der Verkaufserlöse werden für sonstige Kosten und Gewinn verwendet

30 %
der Verkaufserlöse werden für F&E und wissenschaftliche Informationen verwendet

Wenn die Informations- und F&E-Kosten nicht mehr länger von dem gesamten Sortiment gedeckt werden, gibt es drei mögliche Konsequenzen

1. Kompensation (Aufrechnung)
Eine 30%ige Preissenkung bei patentfreien Produkten muß durch eine 70%ige Preiserhöhung bei patentgeschützten Präparate kompensiert werden.

Anmerkung: Es ist fragwürdig,ob der Markt diese Preisdifferenzen akzeptiert

2. Reduktion (Kürzungen)
Wenn eine Kompensation nicht möglich ist, führt dies zu Gewinneinbußen und Kürzungen der Kosten für F&E und medizinische Information.

Anmerkung: Kurzfristigen Einsparungen im Gesundheitsbudget stehen jedoch negative Effekte bei der Innovations- und Informationsbereitschaft des Marktes gegenüber

3. Substitution (Ersatz)
Der Staat finanziert die F&E-Ausgaben der Unternehmen.

Anmerkung: Langfristig führt dies zur Übernahme der gesamten Forschungsfinanzierung durch den Staat

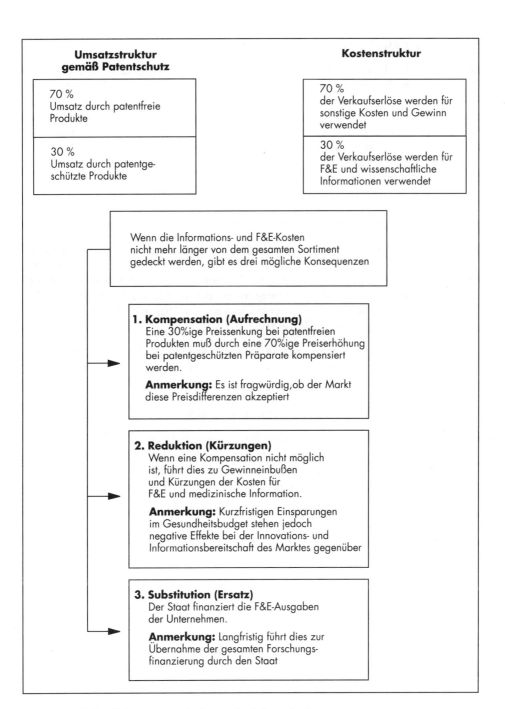

Abb. 2: Mögliche Effekte einer Veränderung der Rahmenbedingungen

3.3 Preisstrategien bei heterogenem Wettbewerb

Die forschenden Unternehmen haben einen gewissen Freiheitsgrad bei der Wahl des Preises für neue Produkte. Die Preisstrategie hängt von der Wettbewerbssituation, der erwarteten Lebensdauer des Produktes und der geschätzten Zeitverzögerung ab, mit der neue Wettbewerber auf den Markt kommen. Die Tatsache, daß selbst bei neuen und patentierten Produkten immer andere medikamentöse Therapien als Substitute zur Verfügung stehen (**tatsächlicher heterogener Wettbewerb**), schützt den Konsumenten vor Ausbeutung. Der Markt ist transparent genug, um bei nur geringen therapeutischen Fortschritten hohe Preisdifferenzen (Reekie 1977 und 1978) zu verhindern.

3.4 Preisstrategien im homogenen Wettbewerb

Mit Ablauf des Patentschutzes treten die Imitatoren (= nicht-forschende Unternehmen) in den Markt ein, wenn das in Frage kommende Produkt unter Gewinnaspekten noch interessant ist. Die nicht-forschenden Unternehmen initiieren den homogenen Wettbewerb und reduzieren den „Pioniergewinn" der innovativen Unternehmen. Der Innovator wird gezwungen, permanent neue und bessere Therapien zu entwickeln, will er seine Wettbewerbsposition nicht verlieren.

Das forschende Unternehmen kann seine Marktposition nach Patentablauf durch Preisreduktionen verteidigen. Eine derartige Strategie birgt jedoch die Gefahr in sich, daß in zunehmendem Maße Human- und Kapitalressourcen auf diesem „imitativen" Markt gebunden werden. Die Wettbewerbsfähigkeit auf dem „innovativen Markt", auf dem noch heterogener Wettbewerb stattfindet, wird dadurch entscheidend geschwächt.

Trotz allem gibt es empirische Beispiele für forschende Unternehmen, die sich dem niedrigeren Preis des Imitators angepaßt haben. Upjohns Preis für Neomycin sank von $ 0,60 pro Tablette im Jahre 1952 auf weniger als $ 0,20 im Jahre 1963 (Federal Trade Commission 1978). Die Zahl der Anbieter auf dem Markt stieg dennoch auf 18.

Wesentlich häufiger trifft man jedoch auf Unternehmen, die sich nach Ablauf des Patentes aus dem Markt herauspreisen („pricing out"). In dieser Phase kommt es zu großen Preisunterschieden zwischen Innovator und Imitatoren. Auch ohne staatliche Intervention führen diese Preisunterschiede zu kontinuierlich sinkenden Verkaufszahlen der Innovatoren, wie zahlreiche empirische Beispiele belegen. Es ist unklar, ob der Innovator überhaupt in der Lage ist, sich dem Preis des Imitators anzupassen. Es gibt eine Reihe struktureller Unterschiede zwischen beiden Unternehmenstypen, die eine einfache wirtschaftliche Bewertung nicht zulassen. Abbildung 3 verdeutlicht diese strukturellen Unterschiede.

Der wichtigste Punkt ist, daß das forschende Unternehmen seine Serviceleistungen sowie die Forschung und Entwicklung finanzieren muß. Daher ist eine angemessene Risiko-Prämie in Form eines Preisaufschlags gerechtfertigt. Der Nachahmer hat dagegen nur seine Herstellungs- und Vertriebskosten zu decken.

Empirische Beispiele aus dem deutschen Pharmamarkt zeigen, daß der Imitator leicht den Preis des Innovators um mehr als 35 % unterbieten und dabei noch einen höheren Gewinn erwirtschaften kann (vgl. Abbildung 1).

Eine gesunde Kombination von homogenem und heterogenem Wettbewerb erhöht den

Nutzen für die Gesellschaft. Der Konsument bekommt neue und verbesserte Therapien, er hat die Wahl zwischen verschiedenen Präparaten, und der Marktmechanismus wird nicht durch staatliche Interventionen gestört.

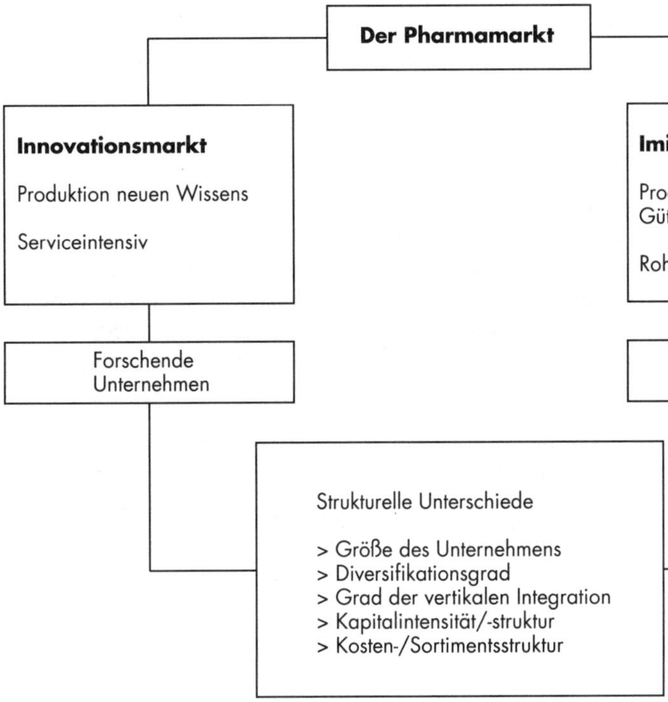

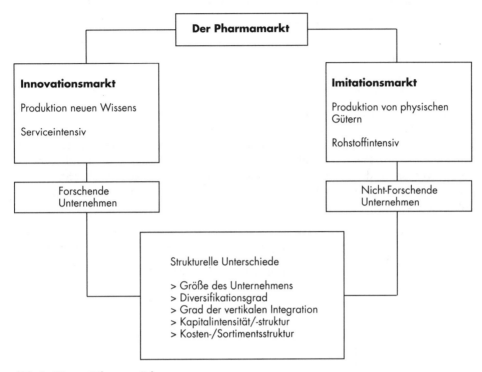

Abb. 3: Die zwei Pharmamärkte

Wenn jedoch Veränderungen der Rahmenbedingungen oder direkte staatliche Interventionen den Imitatoren einen unangemessenen Vorteil verschaffen, so kann sich dies langfristig negativ auf den medikamentösen Fortschritt und die Produktivitätssteigerung im Gesundheitswesen auswirken.

Es gibt eine Reihe von Anzeichen dafür, daß in vielen Ländern Eingriffe in einen bis dahin ausbalancierten Wettbewerb sozial unerwünschte Ergebnisse produzierten. Es kann durchaus sein, daß existierende „second best"-Lösungen Veränderungen überlegen sind, die sich aus dem Versuch der Aktivierung neuer Wettbewerbsparameter ergeben.

3.5 Der Endverbraucherpreis

Der länderübergreifende Vergleich von Preisen pharmazeutischer Produkte führt immer wieder zu heftigen Kontroversen über die Preispolitik international operierender Pharmaunternehmen. In einer Vielzahl von Studien sind die Hintergründe internationaler Preisdifferenzen für pharmazeutische Produkte untersucht worden.

Die Endverbraucherpreise für Pharmazeutika hängen in erster Linie von der Marktform (marktwirtschaftlich oder dirigistisch), vom Ausmaß staatlicher Interventionen sowie vom jeweiligen Sozialversicherungssystem ab. Unter idealen Bedingungen werden die Medikamentenpreise durch den Wettbewerbsprozeß sowie durch den marktwirtschaftlichen Mechanismus von Angebot und Nachfrage festgelegt. Das andere Extrem liegt vor, wenn der Staat die Preise diktiert. Stark vereinfacht ausgedrückt kann man die Märkte in drei Kategorien einteilen:

- freie Marktwirtschaften (Kriterium: Preiswettbewerb, Angebots- und Nachfragemechanismus)
- gemischte Marktwirtschaften (Kriterium: indirekte Marktkontrollen)
- regulierte Märkte (Kriterium: staatliche Kontrollen, Kostendämpfung)

Diese drei Kategorien sind natürlich rein theoretisch. In der Realität werden die Unterschiede eher fließend sein. Obwohl die Endverbraucherpreise von einer Vielzahl unterschiedlicher politischer, administrativer und wirtschaftlicher Determinanten abhängen, existiert ein gemeinsamer Faktor, der wesentlich für Preisunterschiede verantwortlich ist: das Distributionssystem. Den Einfluß unterschiedlicher Strukturen und variierender staatlicher Vorschriften auf die Endverbraucherpreise demonstriert Abbildung 4.

Endverbraucherpreise	B	DK	BRD	GBR	F	I	NL	P	E
	15,71	18,43	18,67	16,86	15,54	14,94	16,19	13,75	16,17

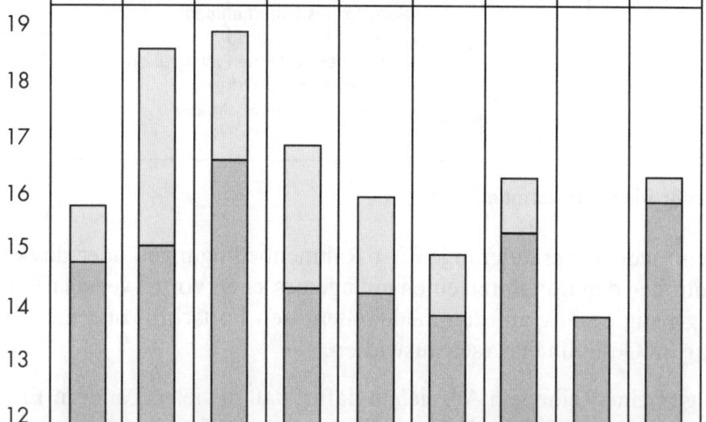

Aufschlagsätze (in %)	B	DK	BRD	GBR	F	I	NL	P	E
– Großhandel	13,1	7,7	11–17	10,0	9,9	10,7	17,4	10,0	12,3
– Apotheke	31,0	40,0	23–40	33,3	32,4	25,0	31,3	25,0	42,7
– MWSt.	6,0	22,0	14,0	15,0	7,0	8,0	5,0	0,0	0,9

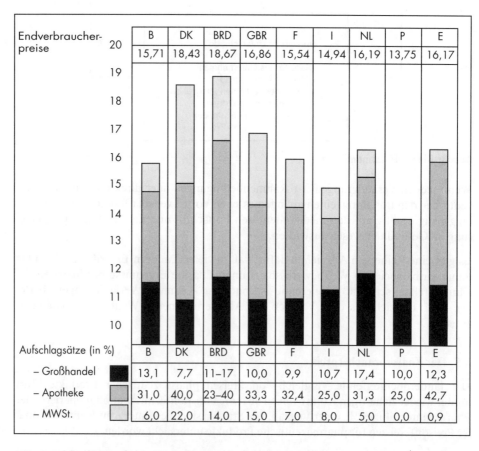

Abb. 4: Vergleich internationaler Endverbraucherpreise bei einem Herstellerabgabepreis von 10,– DM

4. Indirekte und direkte Markteingriffe

Die tatsächlichen und unterstellten Besonderheiten des Pharmamarktes (third party payment, geringe Preiselastizität, Transparenz, oligopolistische Strukturen, Verhalten der Ärzte etc.) und die Tatsache, daß die Gesundheit als ein spezielles Gut angesehen wird, haben zu vermehrten staatlichen Eingriffen in das Gesundheitswesen und speziell in den Pharmamarkt geführt. Steigende Gesamtausgaben und ein zunehmender Anteil der Gesundheitskosten am Bruttosozialprodukt haben jedoch teilweise politische Maßnahmen hervorgebracht, die nicht unbedingt auf rationalen preispolitischen Überlegungen basieren.

Es gibt unterschiedliche Hypothesen zur optimalen Steuerung des Gesundheitswesens. Ein Ansatz besteht darin, den vermeintlichen Monopolen der Pharmaunternehmen eine ausgleichende Macht entgegenzustellen, d. h. staatliche bzw. staatsähnliche Nachfrage-Monopole aufzubauen. Agiert der Staat als Monopolist jedoch zu restriktiv, unterbleiben weitere Investitionen in dieser Industrie. Das Ergebnis der Preisverhandlungen in diesem System „ist ungewiß und hängt von der relativen Macht der beteiligten Parteien ab" (Maynard 1975). Die Situation in Großbritannien entspricht ungefähr diesem System.

Prinzipiell gibt es drei unterschiedliche Ansatzpunkte für staatliche Interventionen, die einzeln oder kombiniert angewendet werden können:

- Steuerung der Gesamtausgaben
- direkte bzw. indirekte Mengenbeschränkungen
- direkte bzw. indirekte Preisinterventionen.

Die **Gesamtausgaben** werden zum Beispiel in der Bundesrepublik Deutschland dadurch gesteuert, daß am Jahresanfang eine Einigung über den geplanten Anstieg der Arzneimittelausgaben erzielt wird. Sollte der Betrag am Jahresende über der vereinbarten Höchstgrenze liegen, werden die Ärzte einzeln benachrichtigt, wenn sie bezogen auf die Menge oder den durchschnittlichen Verordnungswert ihrer Verschreibungen oberhalb eines Grenzwertes liegen. Die Absätze und Preise von Medikamenten werden mit diesem Budgetansatz indirekt kontrolliert. Das System veranlaßt die Ärzte, billigere Generika-Präparate zu verschreiben. Solange die Ärzte allerdings frei entscheiden können, welche Medikamente sie verschreiben, kann man nicht von einem direkten Eingriff in den Wettbewerbsprozeß sprechen.

Indirekte **Mengenkontrollen** existieren in Ländern, in denen der Staat entweder in Form von Positivlisten Medikamente definiert, deren Kosten ganz oder teilweise vom Sozialversicherungsträger erstattet werden, oder in Form von **Negativlisten** Medikamente angibt, die von der Kostenerstattung ausgeschlossen sind. Positiv- und Negativlisten sind „Markteintrittslisten". Sie haben ebenfalls keinen direkten Einfluß auf den engeren Wettbewerbsprozeß. Ihr Effekt auf die Preisfestsetzung und Gesundheitspolitik ist noch unklar. Die Ärzte werden nur solche Produkte verschreiben, deren Kosten erstattet werden. Wenn es sich bei den ausgeschlossenen Produkten um weniger wirksame Medikamente handelt (z. B. Naturpräparate), wird eine adäquate milde Therapie häufig durch eine unnötigerweise intensive Therapie ersetzt, die in der Regel zudem teurer ist. Diese Listen führen daher häufig zu sowohl medizinisch ungeeigneten Therapien als auch zu höheren Kosten. Der beabsichtigte Kostensenkungseffekt wird damit ins Gegenteil verkehrt. Die Abbildung 5 gibt einen Überblick über gebräuchliche Listen.

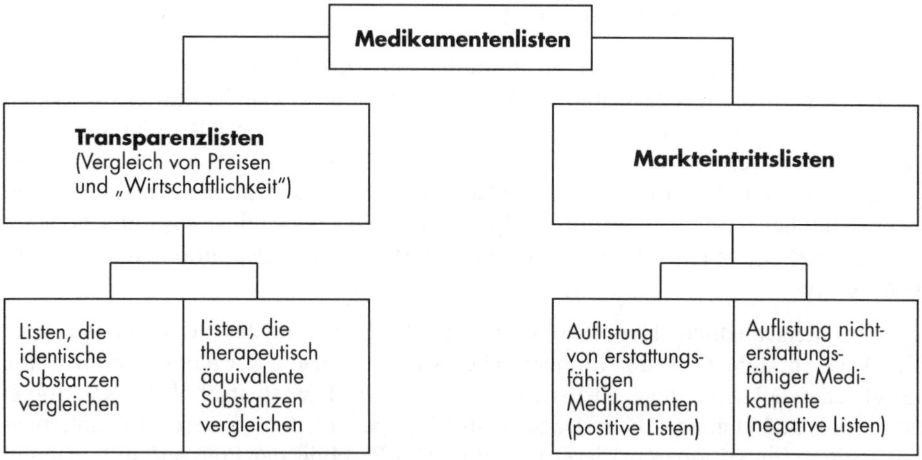

Abb. 5: International gebräuchliche Medikamentenlisten

Eine andere Möglichkeit zur Beeinflussung des Medikamentenkonsums besteht in der Einführung von Rezeptgebühren. Dieser Mechanismus funktioniert jedoch nur für eine kurze Zeit. Entweder gewöhnen sich die Konsumenten daran, oder die Inflation reduziert mit der Zeit die reale Höhe der Gebühren. Ein möglicher Ansatzpunkt für eine verbesserte staatliche Steuerung in der Zukunft könnte die Einführung eines „Gesundheitsdiskontsatzes" sein. Die Regierung erhöht die Kostenbeteiligung für die Konsumenten, wenn die Ausgaben für das Gesundheitswesen zu stark ansteigen und senkt diesen Satz, wenn die Ausgaben unterhalb einer geplanten Grenze liegen. Dieses Instrument würde die relativen Preise von Gesundheitsleistungen nicht verzerren (weil der private Anteil der Ausgaben für alle Arten von Gesundheitsleistungen bezahlt werden müßte) und könnte flexibel angepaßt werden – analog zum Diskontsatz im monetaristischen System.

Die Markteintrittslisten besitzen zusätzlich zu ihrem beabsichtigten Mengeneffekt auch einen direkten **Preiseffekt.** Wenn ein Präparat eines forschenden Unternehmens nur in die Liste aufgenommen wird, wenn sein Preis mit dem Preis eines Imitators übereinstimmt, verringert dies die Wettbewerbsfreiheit. Die individuellen Entscheidungsprozesse der Ärzte werden durch ein Kommitee von Experten ersetzt, die über die Zulassung befinden. Ein solches Urteil kann logischerweise nur die „Hardware" eines Medikamentes und nicht die „Software" berücksichtigen. Ein höherer Preis kann deshalb selbst dann nicht durchgesetzt werden, wenn der Markt bereit wäre, diesen Preis zu zahlen. (Diese Art der Preiskontrollen besteht in Frankreich und den Niederlanden).

Ein anderer Ansatz zur Beseitigung der unterstellten Ineffizienz des Pharmamarktes ist der Einsatz von **Transparenzlisten.** Hierbei werden entweder nur wirkstoffgleiche oder therapeutisch äquivalente Produkte (d.h. unterschiedliche Substanzen für die gleiche Indikation) verglichen. Bei beiden Listen kann es zu Problemen kommen. Selbst wirkstoffgleiche Präparate weisen Unterschiede bei der Qualität und in ihrer therapeutischen Wirkung auf den menschlichen Körper auf. Aber selbst die Annahme physikalischer und chemischer Gleichheit bedeutet nicht notwendigerweise, daß eine wirtschaftliche Identität existiert. Vertrauen in ein Produkt erspart individuelle Informationskosten für den Arzt und rechtfertigt einen höheren Preis. Deshalb ist selbst bei identischer „Hardware“ (= homogene Substanzen) die „Software“ (= heterogene Dienstleistungen) unterschiedlich und somit eine Differenz im Preis gerechtfertigt. Expertenkomitees tendieren mit der ceteris-paribus-Regel zu einem reinen „Hardware“-Vergleich und wählen die billigste Alternative aus, um sie als die wirtschaftlichste Therapie anzupreisen (Hoppmann 1974).

Vom ökonomischen Standpunkt aus gesehen noch fragwürdiger sind Preisvergleiche therapeutisch äquivalenter Medikamente. Hier werden Äpfel mit Birnen verglichen. Wenn nicht alle relevanten physischen und servicebedingten Kriterien eines Produktes berücksichtigt werden, kommt es zu unsinnigen Ergebnissen. Es ist unmittelbar einsichtig, daß die Gewichtungen der einzelnen Konsumenten unterschiedlich sind.

Solange sie freiwillig verwendet werden, helfen diese Listen, die therapeutische und wirtschaftliche Transparenz für den Arzt zu erhöhen. Sie schränken den Wettbewerb jedoch ein, wenn sie zur bindenden Grundlage der Auswahl werden.

5. Ausblick und Schlußfolgerungen

Die Ausgaben für das Gesundheitswesen sind in der Vergangenheit gegenüber dem Bruttosozialprodukt überproportional angewachsen. Schätzungen für die Zukunft lassen keine Umkehr dieser Entwicklung erwarten. Für 1992 wird vorausgesagt, daß der Anteil der öffentlich finanzierten Ausgaben für das Gesundheitswesen am Bruttosozialprodukt in den USA auf 12,5 %, in Frankreich auf 9,5 %, in Japan auf 9,0 % und in der Bundesrepublik Deutschland auf 8,9 % ansteigen wird. Analog dazu wird für die nationalen Volkswirtschaften in den Jahren 1982 – 1992 lediglich ein Wachstum von 2,1 % erwartet (vgl. Abbildung 6).

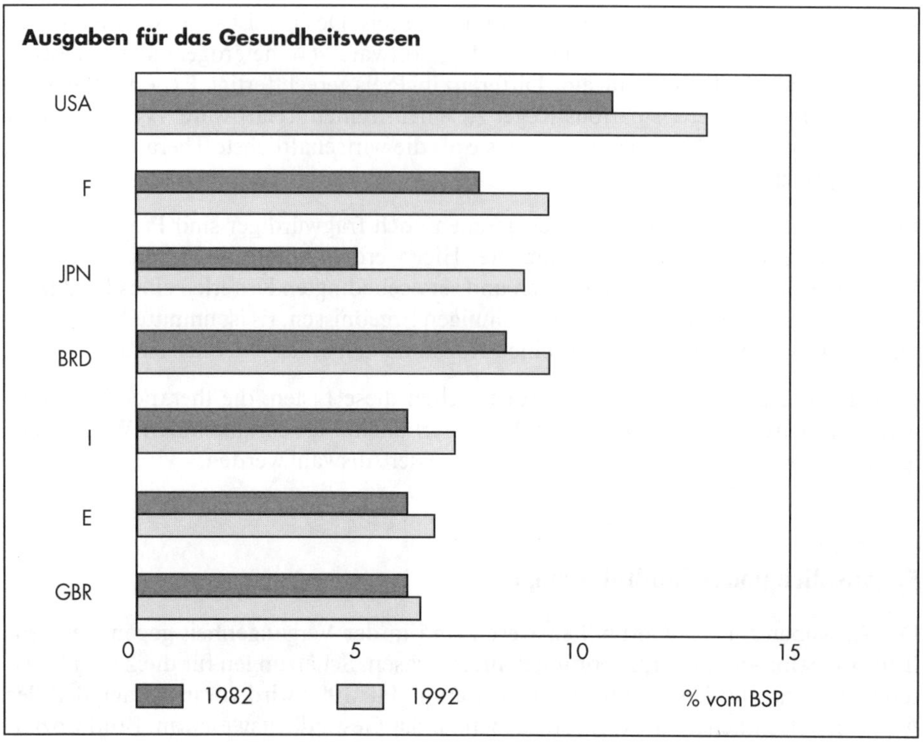

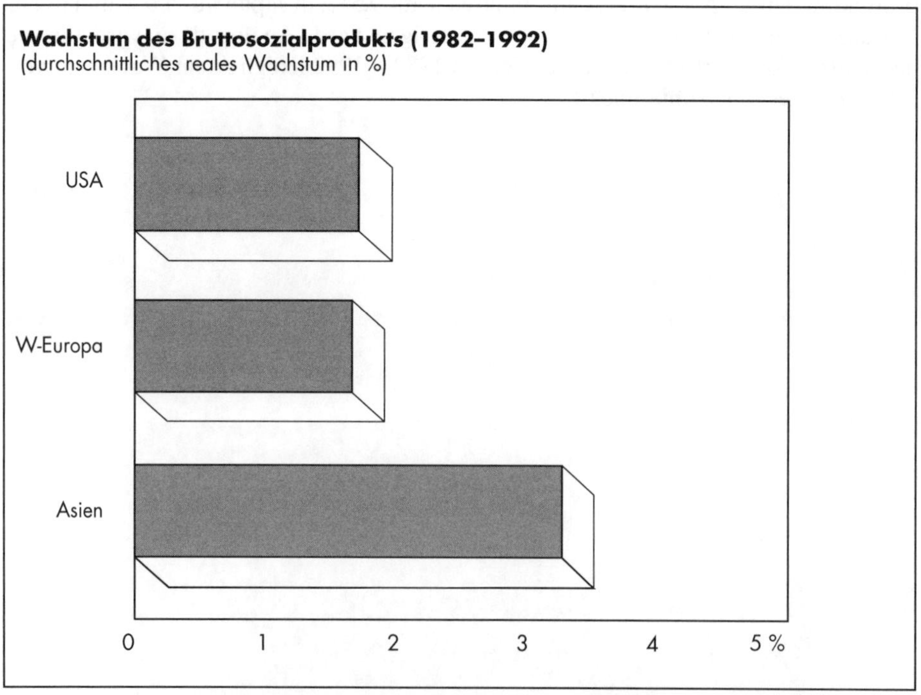

Abb. 6: Entwicklung von Gesundheitskosten und Bruttosozialprodukt

Offensichtlich erlangt die Frage der optimalen Ressourcenallokation und der Preissetzung für pharmazeutische Präparate immer größere Bedeutung.

Nachdem wir darüber diskutiert haben, daß bestimmte Eigenheiten des Pharmamarktes zu systemimmanenten Ineffizienzen führen, können für die Zukunft verstärkte Eingriffe in den Markt erwartet werden. Dies betrifft insbesondere die Preise für Medikamente. Die derzeit in Europa praktizierten Formen der Preiskontrollen für pharmazeutische Produkte werden vereinfacht in Abbildung 7 dargestellt.

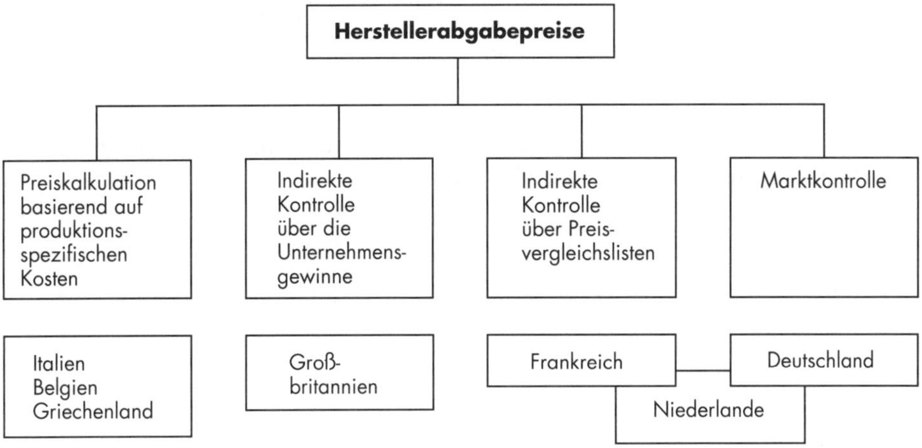

Abb. 7: Modelle der Preissteuerung in der Europäischen Gemeinschaft

Der Wettbewerbsprozeß zwischen forschenden und nicht-forschenden Unternehmen bleibt im Gleichgewicht, solange die forschenden Unternehmen kontinuierlich neue Produkte entwickeln. Der temporäre Wettbewerbsvorteil durch das Erzielen höherer Preise und Gewinne wird permanent gefährdet durch andere forschende und nicht-forschende Unternehmen. Diese beiden Wettbewerbsprozesse sorgen automatisch für eine Kontrolle von Preisen und Gewinnen.

Die öffentlichen Eingriffe zur Steuerung der Gesundheitsausgaben begannen zu einem Zeitpunkt, als die forschende Pharmaindustrie ein sehr komplexes Stadium erreicht hatte. Die bisher praktizierten Formen staatlicher Interventionen korrigieren nicht die Ineffizienzen, sondern verstärken sie teilweise noch.

Die bisherigen Erfahrungen lassen sich folgendermaßen zusammenfassen:

1) Politische Rahmenbedingungen und Marktstrukturen der einzelnen Länder unterscheiden sich stark. Es ist für eine Land daher gefährlich, den regulatorischen Ansatz eines anderen Landes einfach zu „kopieren“, ohne alle relevanten Komponenten in Betracht zu ziehen.

2) Veränderungen im Gesundheitswesen wurden stets in kleinen Schritten vorgenommen. Zu umfassenden Neustrukturierungen kam es bisher nicht. Kein Land mit einem etablierten Sozialversicherungssystem erreichte bis heute mehr als eine leichte Abschwächung der Kostenexplosion.

3) Die meisten Länder haben die Arzneimittelpreise als bevorzugtes Ziel für staatliche Eingriffe ausgewählt, obwohl der Arzneimittelsektor bei weitem nicht der Hauptverantwortliche für die Kostensteigerungen ist.

4) Nahezu alle Eingriffe in das Gesundheitswesen basieren auf Zwangsmaßnahmen. Die Etablierung von Anreizsystemen ist demgegenüber bisher vernachlässigt worden. Dazu zählen z. B. Health Maintenance Organizations, wettbewerbsorientierte Versicherungssysteme, neue Formen der Kostenbeteiligung, etc.

5) Kostendämpfungsmaßnahmen zur Sicherung der Finanzierbarkeit des Gesundheitswesens sind legitim und notwendig. Es sollten jedoch alle im Gesundheitswesen engagierten Parteien zum Erreichen dieses Ziels beitragen (d. h. Ärzte, Patienten und Pharmaindustrie).

6) Ein System, das ein innovatives Klima als Wettbewerbsumfeld sichert, liegt deshalb im besten Interesse aller beteiligten Parteien.

© Deutsche Übersetzung des englischen Originalmanuskriptes „Pricing Medicines" durch Klaus Hilleke-Daniel, Carsten Wiese und Christian Dustmann.

Teil III

Wettbewerbsinstrumente in der Pharmaindustrie

Marketingorientiertes Innovationsmanagement im Pharmamarkt

Kurt Troll

1. Problemstellung

Die folgenden Ausführungen beschäftigen sich mit der Problematik des organisatorischen Aufbaus und der Abgrenzung einzelner Unternehmensbereiche im Zusammenhang mit der Entwicklung und Vermarktung neuer Produkte. Dabei steht im Vordergrund des Interesses der Unternehmensbereich, der sich im Rahmen der Absatzbemühungen einer multinationalen forschenden Firma mit den mehr strategischen Aufgaben der Produktvermarktung beschäftigt. Gemeint ist hiermit der Bereich des Zentralen Marketings, wie er bei vielen großen multinationalen Pharmafirmen unter dieser oder ähnlicher Bezeichnung zu finden ist.

Grundsätzlich scheint es ja verwunderlich, daß im Rahmen der Entwicklung und Vermarktung eines neuen Medikaments neben der Forschungs- und Entwicklungsabteilung sowie den kaufmännischen Vertriebsabteilungen der Niederlassungen und des Stammhauses in Form des „Zentralen Marketings" eine weitere organisatorische Einheit zwischengeschaltet ist, deren Zielsetzungen und Aufgabenstellungen im folgenden näher erörtert werden sollen.

Zu diesem Zweck werden zuerst die Besonderheiten der Planung und Entwicklung von Innovationen in der pharmazeutischen Industrie dargestellt. Nach einer Untersuchung der verschiedenen Aufgaben und Ziele der einzelnen am Innovationsprozeß beteiligten Unternehmensbereiche (Forschung und Entwicklung, Vertrieb) wird sich dann zeigen, welche typischen Aufgaben einer strategischen Planungseinheit im Rahmen dieses Prozesses zukommen.

2. Innovationen in der Pharmaindustrie

2.1 Prozeß der Planung und Entwicklung einer Produktinnovation

Betrachtet man den normalen Prozeß einer Produktentwicklung, z. B. in der Konsumgüterindustrie, läßt sich dort häufig für die Planung und Entwicklung von Innovationen folgender idealtypischer Ablauf beobachten:

Am Beginn einer Produktinnovation steht in aller Regel eine **Informationsphase**, in der die für die Entwicklung neuer Produkte Verantwortlichen Analysen über den bestehenden Bedarf innerhalb eines bestimmten Marktes anfertigen lassen. In der Regel geht man hierbei von ungelösten Problemen innerhalb eines Marktes aus, von denen man glaubt, daß ihr Problempotential so hoch ist, daß konsumtive oder investive Verwender bereit sind, für die Lösung dieser Probleme Kaufkraft, d. h. Geldmittel, aufzuwenden.

Hat man nun solche „Probleme im Markt" eruiert, wird mittels **Konkurrenzanalyse** festgestellt, inwieweit im Markt annäherungsweise Problemlösungen bereits vorhanden sind. Zeigt sich darüber hinaus, daß zu erwarten ist, daß die z. Z. auf einem bestimmten Markt gestellten Ansprüche auch die Zeit der Planung überdauern werden und ein Vermarktungspotential in der Zukunft zeigen (Ergebnis einer **Trendanalyse**), so wird im Rahmen einer **Limitierungs- oder Restriktionsanalyse** festgestellt, ob die entwickelte Produktidee den bestehenden rechtlichen, ökonomischen und technischen Restriktionen nicht widerspricht. Ist eine solche Restriktionsfreiheit gegeben, so kann in einem nächsten Schritt geprüft werden, ob die zu verwirklichende Produktidee mit den eigenen Ressourcen technisch und ökonomisch durchführbar ist und ob sie mit den Unternehmenszielsetzungen konform geht. Wenn dies der Fall ist, steht einer Realisation nichts mehr im Wege.

An die hier in knapper Form geschriebene Anspruchsanalyse schließt sich in einem zweiten Schritt die Produktgestaltungsanalyse an.

Das Ziel der **Produktgestaltungsanalyse** besteht darin, mit Hilfe der für jedes Produkt konstitutiven Instrumentalvariablen (Stoff, Form, Farbe, Zeichen im Sinne von Marke, Funktionsprinzipien usw.) die physische Gestalt des Produkts in der Weise festzulegen, daß es in optimaler Form die Leistungen erbringt, die zur Erfüllung der Ansprüche am besten geeignet sind. Hierbei ist es notwendig, daß nicht nur die Ansprüche der Letztverwender, sondern auch die Ansprüche der Instanzen innerhalb eines Marktmodells beachtet werden, die am Produktions- und Verteilungsprozeß des Produkts beteiligt sind (Distributeure usw.). Insofern sind verwendungs-, herstellungs- und transpositionsbezogene Leistungen des Produkts in anspruchsadäquater Weise zu optimieren.

Die dritte Phase bei der Planung einer Innovation kann als **Bereitstellungs- oder Vermarktungsphase** bezeichnet werden. Hierbei geht es darum, die absatzpolitischen Instrumentalvariablen wie Distribution (Art und Kanal), Preis, Kommunikation und Service in ihrer Ausgestaltung zu bestimmen, um auch auf diese Weise die Ansprüche der Kaufentscheidungsträger in bestmöglicher Weise zu befriedigen.

Schließlich bleibt dann als letzte Phase noch die Aufgabe, das Produkt in den Markt zu bringen und über die vorhandenen Distributionskanäle planungsgemäß zu vermarkten.

Die hier geschilderten einzelnen Stufen der Anspruchs-, Gestaltungs- und Vermarktungsanalyse sind für jedes einzelne Produkt zur Erreichung eines optimalen Marketingprozesses notwendig und komplizieren sich dann, wenn man davon ausgeht, daß in der Regel das Unternehmen nicht nur ein Produkt, sondern mehrere Produkte vermarktet bzw. Modifikationen der vorhandenen Produkte vornimmt oder vornehmen muß.

Unter diesen dynamischen Aspekten ergibt sich dann noch die Aufgabe, neben der Produktneugestaltung auch Produkteliminationen im Rahmen der Sortimentsgestaltung vorzunehmen. Besonders dann, wenn gesetzliche Maßnahmen (Patentablauf) erfolgreiche Produkte dem generischen Wettbewerb aussetzen, ist es notwendig, den Marktaustritt bzw. die Produktfolgeplanung einer ähnlich genauen Analyse zu unterziehen, wie es bei der Produktneuplanung der Fall ist. (Auf die besondere Problematik im Rahmen der pharmazeutischen Produktplanung soll später noch gesondert eingegangen werden.)

2.2 Besonderheiten der Planung und Entwicklung pharmazeutischer Innovationen

Innovationen in der pharmazeutischen Industrie sind aus mehreren Gründen bezüglich des Ablaufs ihrer Planung und Markteinführung im Gegensatz zu den Produkten im Konsumgüter- oder Investitionsgütermarkt einer besonderen Problematik ausgesetzt:

– Eine völlig anspruchsgerechte Produktplanung ist nur begrenzt möglich. Die Gründe hierfür sind einleuchtend. Grundsätzlich muß nämlich davon ausgegangen werden, daß Medikamente oder besser Wirkstoffe bzw. deren Klasse bezüglich ihrer Neuentwicklung oder Erfindung in der Regel einem schwierigen und nicht steuerbaren Prozeß unterliegen. Obwohl es natürlich möglich ist, bestehende Moleküle, die bestimmte therapeutische Wirkungen zeigen, abzuwandeln und auf diese Weise zu neuen oder verbesserten Leistungen zu gelangen, gilt diese Möglichkeit der zielorientierten Forschung für die Basisforschung sicher nicht.

Hier ist man oft darauf angewiesen, im Rahmen eines Trial-and-error-Prozesses den Versuch zu unternehmen, neue Substanzen zu finden, die große therapeutische Innovationen darstellen. Insofern steht man in der pharmazeutischen Industrie einem riesigen Potential von ungelösten Problemen, d. h. einer Vielzahl von Ansprüchen, gegenüber, die bis heute noch nicht befriedigt werden können. Es existiert auch keine Möglichkeit, in einem gezielten Produktgestaltungsprozeß diese Probleme zu lösen bzw. die daraus resultierenden Ansprüche zu erfüllen. Hier zeigt sich deutlich, daß das Innovationspotential einer forschenden pharmazeutischen Firma in bezug auf die Neuentwicklung von Basisinnovationen in starkem Maße vom Geschick und von der Qualität seiner Forschungs- und Entwicklungsabteilung abhängt.

– Der Zeitbedarf für Forschung und Entwicklung eines Neuprodukts ist in der pharmazeutischen Industrie in der Regel weitaus größer als in vergleichbaren Branchen der Investitions- oder Konsumgüterindustrie. Der hinreichend bekannte Grund hierfür liegt darin, daß der Zeitraum von der Entdeckung einer neuen Substanz bis zu ihrer Marktreife (Ausbietung) häufig bis zu 10 Jahren beträgt, da sowohl die unternehmensinternen Prüfungen als auch die für die behördliche Zulassung notwendigen Prüfungsnachweise sehr zeitaufwendig sind. Da andererseits die Geltungsdauer der Patente konstant geblieben ist, bedeutet dies, daß die durch das Patent geschützte Marktphase in den letzten Jahren immer kürzer geworden ist.

– Steigende Sicherheitsanforderungen, die sich in der Regel in den Prüfungsanforderungen der Zulassungsbehörden niederschlagen, sowie eine in vielen Fällen nicht adäquate Bearbeitungskapazität führen häufig dazu, daß die Zeit von der Einreichung der Unterlagen bis zur Zulassung ebenfalls eine steigende Tendenz aufweist. (Diesem Umstand wurde in einigen Ländern dadurch Rechnung getragen, daß die Schutzrechte auf eine bestimmte Zeit zwischen der Zulassung und der Möglichkeit der Zweitanmeldung durch Nachahmer festgesetzt wurden.)

Fazit: Wenn die zur Erzielung des „Return on investment" geplante Zeit abnimmt, in der man ein Produkt zu adäquaten Preisen vermarkten kann, dann werden Fehler, die beim Markteintritt gemacht werden, in zunehmendem Maße den Gesamterfolg des Produkts über seinen Marktzyklus (Ausbietung bis Patentablauf) in negativer Weise beeinflussen. Aus diesem Grunde und wegen der langen Planungsvorlaufzeit ist es notwendig, daß zur optimalen Einführung eines neuen Produkts maximale Anstrengungen vor Markteintritt unternommen werden, um sicherzustellen, daß die Ausnutzung der Marktphase in bestmöglicher Weise verläuft.

Den Gesamtzusammenhang verdeutlicht Abb. 1.

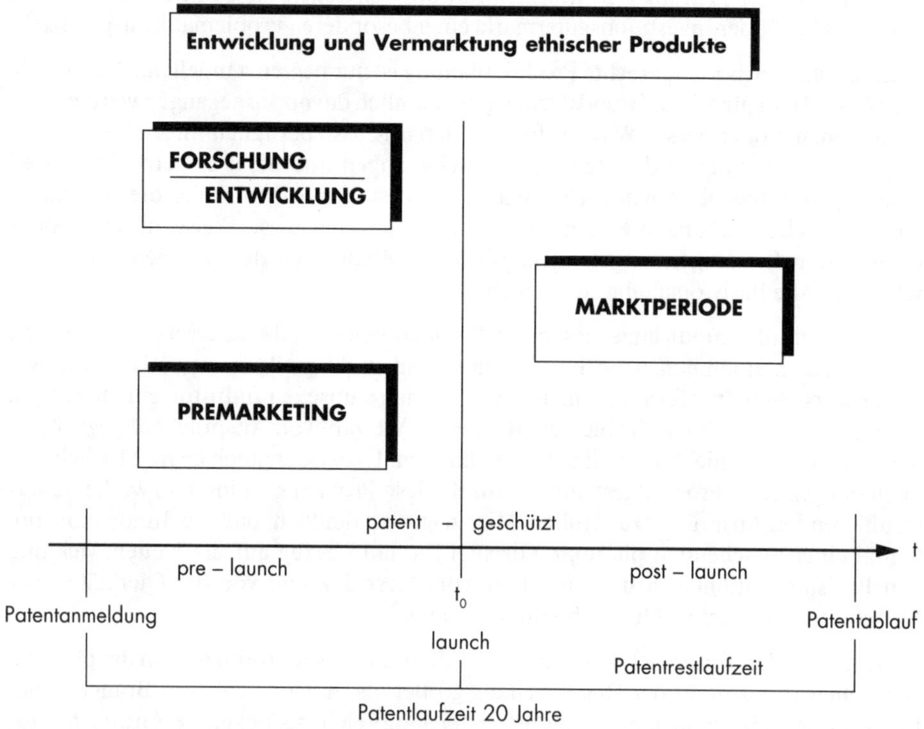

Abb. 1: Entwicklung und Vermarktung ethischer Produkte

2.3 Der Diffusionsprozeß einer Innovation

Pharmazeutische Produkte unterliegen, wie alle erklärungsbedürftigen Produkte, die nicht schon in ihrer Existenz selbsterklärend sind, einem Diffusionsprozeß am Beginn ihrer Markteinführung. Dies bedeutet, daß am Beginn der Markteinführung nur relativ wenige Kaufentscheider sich zum Kauf oder zur Verschreibung eines neuen Produkts entscheiden werden und daß erst im Verlauf der Bewährung des Produkts die Anzahl der Verschreiber und damit der Absatz des Produkts zunimmt.

In einer späteren Phase dieses Diffusionsprozesses wird bei Bewährung des Produkts seine Verbreitung eine zunehmende Tendenz pro Zeiteinheit aufweisen. Im weiteren Verlauf werden diese anfangs zunehmenden Zuwachsraten pro Zeiteinheit wieder abnehmen und sich schließlich einer Sättigungsgrenze annähern, bei der man davon ausgehen kann, daß nun alle potentiellen Verwender des Produkts das Produkt auch einsetzen.

Wie bereits angedeutet, ergibt sich bei Produkten mit unterschiedlich wahrgenommenen Merkmalen in der Regel eine unterschiedliche Geschwindigkeit der Annahme von Innovationen (d. h. ihrer Durchsetzung im Markt). Wie die theoretischen und empirischen Ergebnisse der Diffusionsforschung gezeigt haben (vgl. die grundlegenden Ausführungen bei Rogers und Shoemaker 1971), ist die Annahme (Diffusion) von Innovationen u. a. eine Funktion

- der wahrgenommenen Merkmale der Innovation
- der Art der Innovationsentscheidung
- der Quantität und Qualität der Kommunikationskanäle
- der Art des Sozialsystems
- der Intensität der Durchsetzungsbemühungen.

Eine ganz entscheidende Rolle in diesem Prozeß der möglichst schnellen Durchsetzung einer Innovation spielen die Wahrnehmungsmerkmale der Innovation. Dazu gehören

- Relativer Vorteil
- Verträglichkeit mit der eigenen Erfahrung
- Komplexität der Innovation
- Erprobbarkeit
- Beobachtbarkeit

Relativer Vorteil

Der relative Vorteil einer Innovation kennzeichnet den Leistungsfortschritt, der durch die Vermarktung des neuen Produkts oder der neuen Dienstleistung im Markt erreicht wird. Je höher der relative Vorteil bzw. je höher der Leistungsfortschritt ist, um so eher werden die Zielgruppen bereit sein, das Produkt zu akzeptieren und in die Verwendung aufzunehmen. Hierbei spielt natürlich die Darstellung des relativen Vorteils durch die Kommunikationspolitik eine ganz entscheidende Rolle, da relative Vorteile zuerst wahrgenommen werden müssen, bevor sie in das Bewußtsein der potentiellen Verwender und Käufer eingehen.

Hinzu kommt, daß durch die Besonderheit des pharmazeutischen Marktes Verwender und Käufer bzw. Kaufentscheider in den meisten großen Ländern unterschiedliche Personen sind und sich somit die Notwendigkeit ergibt, unterschiedliche Zielgruppen mit unterschiedlichen Ansprüchen über unterschiedliche Leistungen zu informieren.

Verträglichkeit (mit der eigenen Erfahrung)

Ein weiterer Einflußfaktor auf die Geschwindigkeit der Diffusion eines neuen Produkts ist die Verträglichkeit des neuen Angebots mit den eigenen Erfahrungen und den eigenen Ansprüchen der Zielgruppe.

Je mehr die Innovation in den „normal“ angesehenen Fluß der Neuentwicklungen paßt und je weniger Umdenkprozesse notwendig sind, um so eher läßt sich tendenziell eine Innovation realisieren. Dies bedeutet, daß zur Vorbereitung der Markteinführung einer revolutionären Idee ein wesentlich höherer quantitativer und qualitativer Aufwand notwendig ist als bei der Vermarktung einer Innovation, die als logische Konsequenz aus den Entwicklungen der Vergangenheit gesehen wird.

Auf Medikamente übertragen, bedeutet dies, daß z. B. die Einführung eines neuen Wirkprinzips einen wesentlich höheren Diffusionswiderstand zu überwinden hat als etwa (die innovative) Indikationsausweitung eines existierenden Produkts.

Komplexität der Innovation

Der Grad der Komplexität einer Innovation ist ebenfalls ein wichtiger Einflußfaktor auf die Diffusionsgeschwindigkeit. Je komplizierter die Innovation und ihre Anwendung sind, um so stärker wird tendenziell der Diffusionswiderstand im Markt sein.

In gewisser Weise gilt hier eine ähnliche Überlegung wie bei dem Merkmal der Verträglichkeit.

Je komplizierter es ist, eine Innovation den potentiellen Zielgruppen zu erklären, um so länger wird es dauern, bis diese Innovation von der oder den Zielgruppen akzeptiert wird.

Erprobbarkeit

Bei diesem Einflußfaktor, der mit der Diffusionsgeschwindigkeit als positiv korreliert angesehen werden kann, handelt es sich um die plausible Erkenntnis, daß „Probieren über Studieren“ geht. Konkret heißt dies, daß die Diffusion eines neuen Produktes um so schneller vonstatten geht, je eher die potentiellen Verwender und Käufer in der Lage sind, auf limitierter Basis ohne allzu großes Risiko, Erfahrungen mit dem Produkt zu sammeln.

Betrachtet man unter diesem Aspekt einmal die Entwicklung im deutschen Pharmamarkt, so wird deutlich, daß mit zunehmender Musterbeschränkung und damit der Ausschaltung der Möglichkeit des Verschreibers, eigene Erfahrungen mit neuen Produkten zu sammeln, ein wesentliches Hindernis im Hinblick auf die Neueinführung von Produkten aufgebaut wird.

Beobachtbarkeit

Dieser Einflußfaktor trägt der Erkenntnis Rechnung, daß eine Innovation um so schneller in einem Markt durchsetzbar ist, je eher sie von breiten Bereichen der Zielgruppen in ihrer (positiven) Wirkung beobachtet werden kann.

Je schneller sich also für die potentiellen Käufer und Verwender des Produkts sichtbare Erfolge zeigen lassen und von diesen wahrgenommen werden, um so eher ist damit zu rechnen, daß die Zielgruppen das Produkt schnell akzeptieren.

Ist nun die Marktperiode eines Produkts zeitlich sehr ausgedehnt, so kommt der Geschwindigkeit des initialen Diffusionsprozesses keine so entscheidende Bedeutung zu, da das Sättigungsniveau bei einem qualitativ hochwertigen Produkt in aller Regel auch über längere Zeiträume gehalten werden kann.

Wenn jedoch die Zeitdauer des geschützten Absatzes eines Produkts, die durch die Patentrestlaufzeit bei Medikamenten gekennzeichnet ist, abnimmt, so kommt der Einführungsphase eine immer größere Bedeutung zu. Der Zeitraum, in dem das Produkt geschützt und mit einem aufwendungsgerechten Preis auf dem Markt angeboten werden kann, ist dann begrenzt.

Deshalb kommt zur Erzielung eines bestimmten Gesamtumsatzes (z. B. zur Deckung der Entwicklungskosten bzw. zur Erzielung von Gewinnen) einer möglichst schnellen Erreichung der Marktsättigungsphase eine besondere Bedeutung zu. Dies ist um so wichtiger, als in aller Regel davon ausgegangen werden muß, daß im Pharmamarkt, zumindest für den Zeitraum der patentgeschützten Marktperiode, ein konstanter Preis des Produkts angenommen werden muß. Das bedeutet, daß zur Erhöhung des Umsatzes am Beginn der Marktperiode ein möglichst schnelles Mengenwachstum erzielt werden muß.

2.4. Die Bedeutung der optimalen Marktvorbereitung

Zur Verdeutlichung des Beschleunigungsgewinns soll die folgende modellhafte Betrachtung dienen (vgl. Abb. 2):

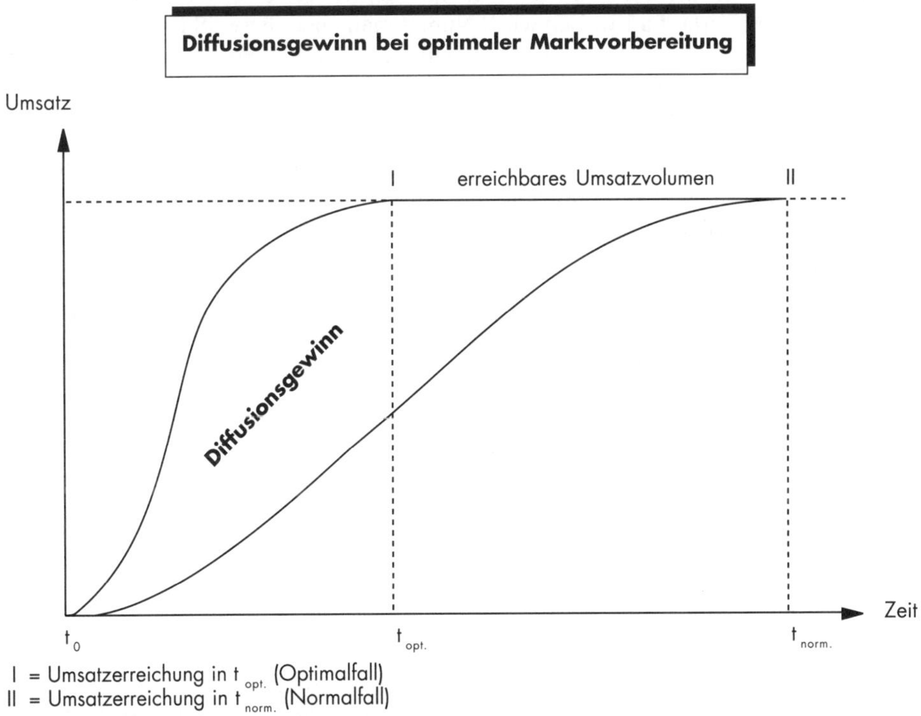

Abb. 2: Diffusionsgewinn bei optimaler Marktvorbereitung

Prämissen: Die Zeit, in der ein Produkt aus einer patentgeschützten Situation heraus vermarktet werden kann, sei gegeben und konstant.

Die Sättigungsgrenze, d. h. das Sättigungsniveau als maximaler Umsatz pro Zeiteinheit für eine bestimmte Indikation und das in Frage kommende Produkt, sei ebenfalls gegeben.

Die Prämisse, daß das Sättigungsniveau als maximaler Umsatz pro Zeiteinheit als konstant angenommen werden soll, dient lediglich dem besseren Verständnis der folgenden Ausführungen:

Grundsätzlich gilt natürlich, daß eine gute Marktvorbereitung, d. h. eine gute Premarketingstrategie, auch einen erheblichen Einfluß auf die Höhe des später zu erzielenden eigenen Umsatzes haben kann.

Unter diesen beiden Voraussetzungen stellt bei zeitkonstantem Preis die Fläche unterhalb der Kurven I und II ein Maß für den Gesamtumsatz dar, der mit einem bestimmten Produkt in einer gegebenen Periode erzielt werden kann.

Das Maximum des möglichen Umsatzes würde dann erzielt, wenn zu Beginn der Vermarktung, d. h. zum Zeitpunkt t_0, unmittelbar die Sättigungsgrenze erreicht würde und wenn die Umsätze immer bei diesem Sättigungsniveau verharren würden.

Dies ist jedoch meist nicht der Fall. Vielmehr läßt sich, wie ausgeführt, das Phänomen beobachten, daß vor Erreichen des Sättigungsniveaus ein Diffusionsprozeß des Produkts in den Markt hinein stattfindet, der in irgendeiner Weise den aus Abb. 2 ersichtlichen S-förmigen Verlauf aufweisen wird. Nimmt man auch diesen S-förmigen Verlauf als gegeben an, so läßt sich daraus ableiten, daß die Aufgabe bei der Vermarktung einer Innovation darin bestehen muß, den Zeitraum bis zur Erreichung des Sättigungsniveaus möglichst kurz zu halten.

Wie Abb. 2 zeigt, ist der Diffusionsprozeß, der bei $t_{opt.}$ bereits dieses Ziel erreicht hat, im Hinblick auf die Erzielung des erreichbaren Umsatzvolumens wesentlich günstiger zu bewerten, als der Diffusionsprozeß II, der erst zum Zeitpunkt t_{norm} den gleichen Erfolg erzielt.

Im pharmazeutischen Markt, der sich durch eine außerordentlich hohe Transparenz bezüglich der Produkte und der Möglichkeiten ihrer Kopierung auszeichnet, ist die Gefahr, daß die eigentlich vorhandene Zeit, die zur (konkurrenzlosen) Vermarktung einer Innovation zur Verfügung steht, in vielen Fällen nicht vollständig genutzt werden kann, auch aus anderen Gründen fast immer gegeben:

Einerseits besteht die Gefahr, daß (verbesserte) Nachfolger des eigenen Produkts, für die das eigene Produkt den „Markt geöffnet" hat, folgen, da die Kopie eines bestehenden Medikaments auch für kleinere Hersteller in aller Regel kein großes Problem darstellt. Dadurch kann die durch das Patent geschützte Zeit der ungestörten Ausnutzung des eigenen innovativen Fortschritts verkürzt werden.

Andererseits führt der zunehmende Druck der öffentlichen Meinung häufig dazu, daß bestimmte Medikamente (z. B. aus Kostengründen), obwohl sie für den Einsatz innerhalb eines bestimmten Indikationsgebietes oder einer spezifischen Indikation hervorragend geeignet sind, nicht mehr oder nur in stark begrenztem Umfang eingesetzt werden können.

Auch diese konkurrenz- bzw. marktinduzierten Verkürzungen der Marktperiode und die damit einhergehende Verringerung der Chance, den notwendigen Return on investment zu erreichen, machen es notwendig, in der Initialphase der Vermarktung eine möglichst schnelle Diffusion des Produkts zu erreichen, um so die Marktperiode in optimaler Weise auszunutzen.

3. Ziele und Zielkonflikte bei der Planung von Innovationen im Pharmamarkt

Betrachtet man die einzelnen Funktionsträger innerhalb des Prozesses der Forschung und Entwicklung sowie der Vermarktung eines Produkts, so lassen sich schwerpunktmäßig zwei große Bereiche kennzeichnen, die einen entscheidenden Einfluß auf den späteren Erfolg eines Produkts im Markt haben werden.

Dies sind einerseits die Unternehmensteilbereiche Forschung und Entwicklung und andererseits die Teilbereiche Marketing und Vertrieb. Wie jede organisatorische Teileinheit in jedem Unternehmen verfolgen diese einzelnen Teilbereiche ihre eigenen Ziele, die sich aus ihrer funktionalen und institutionalen Aufgabenstellung ergeben, und zwar ohne unbedingt auf die Zielsetzung anderer Einheiten allzusehr Rücksicht zu nehmen.

Welches sind nun die typischen Aufgaben und Ziele der erwähnten Teilbereiche?

3.1 Aufgaben und Ziele von Forschung und Entwicklung

Führt man der Einfachheit halber in einer groben Annäherung eine Teilung der Aufgaben zwischen Forschung und Entwicklung durch, so läßt sich festhalten, daß die Forschung „für die Geburt einer Innovation“ zuständig ist, während die Entwicklung konsequent die wissenschaftlichen Tätigkeiten durchführt, die für die Erreichung der „Marktfähigkeit“ eines Produkts erforderlich sind. Eine besondere Problematik ergibt sich, wie bereits früher erwähnt, daraus, daß eine gezielte Anspruchsanalyse im Rahmen der pharmazeutischen Forschung zwar grundsätzlich möglich, die Lösung bestehender Probleme jedoch insbesondere bei grundlegenden Innovationen, oft vom Zufall abhängig ist.

Aus diesem Grunde kann am Beginn der pharmazeutischen Forschung kaum eine „marktorientierte Forschungsstrategie“ zum Einsatz kommen bzw. geplant werden. Ist jedoch einmal eine wirksame Substanz gefunden, so ist es durchaus möglich, zuerst vage und später differenziertere Marktpotentialanalysen durchzuführen. Hinzu kommt, daß beim Vorhandensein eines gewissen „Indikationsspektrums“ auch bei der Auswahl und Anlage der klinischen Prüfungen bestimmte Indikationsfelder, die ein höheres Marktpotential besitzen, gezielt angesteuert werden können. Mit zunehmender Marktnähe ist also zur Vermeidung von Fehlentwicklungen eine immer stärkere Einbindung von Marketingaspekten in die Entwicklungsarbeit dringend notwendig, um „Entwicklung am Markt vorbei“ zu verhindern.

Grundsätzlich sollte jedoch festgehalten werden, daß zumindest am Beginn der Entwicklung eines Produkts nicht unbedingt Marketingaspekte im Vordergrund des Interesses stehen sollen, um „einseitige“ Ergebnisse verhindern zu helfen. Anderseits ist natürlich notwendig, bereits frühzeitig die Marktpotentiale der möglichen Entwicklungen vorauszubestimmen, um nicht bereits „besetzte Felder zu beackern“.

3.2 Aufgaben und Ziele des regionalen Marketings und Vertriebs

Die Hauptaufgabe der regionalen Niederlassungen und ihrer Marketing- und Vertriebsabteilungen besteht darin, den für die Existenz des Gesamtunternehmens und des Geschäftsbereichs notwendigen Return on investment in den regionalen Märkten zu erreichen, indem erfolgreiche und für eine forschende pharmazeutische Firma lebensnotwendige Innovationen in optimaler Weise im Verlaufe der Patentrestlaufzeiten vermarktet werden können. Dabei liegt es in der Natur der Sache, daß die Interessen der regionalen Niederlassungen mehr kurzfristig ausgerichtet sind, da von ihnen verlangt wird, daß sie die benötigten Umsätze und daraus fließende Erträge in der Kontinuität des Zeitablaufs sicherstellen.

Insofern bestehen die Planungsziele einer Niederlassung naturgemäß darin, relativ kurzfristig zu planen und in Budgetzeiträumen zu denken. Es wäre mit Sicherheit zuviel verlangt, wollte man von der Marketing- und Vertriebsleitung einer Niederlassung erwarten, daß sie sich bei unterstellten Entwicklungszeiten von 10 und mehr Jahren bereits für Produkte interessiert, die in 5, 6 oder 8 Jahren für ihren eigenen regionalen Markt relevant werden.

3.3 „Planungslücke" zwischen F & E und regionalem Marketing und Vertrieb

Aus den beschriebenen, zugegebenermaßen grob vereinfachten Aufgaben und Zielen der Forschung und Entwicklung sowie des Marketings und Vertriebs ergibt sich, daß zwischen beiden eine gewisse Planungslücke existiert, da es einerseits nicht Aufgabe von Forschung und Entwicklung sein kann, auch die Potentialbetrachtung in die eigene Entwicklungsarbeit mit einzubeziehen, und andererseits über lange Strecken der Forschung und Entwicklung, die sich mehrere Jahre hinziehen können, das unmittelbare Interesse der Niederlassungen an den Neuentwicklungen (noch) nicht gegeben ist. Aus diesem Grunde ist es, zumindest bei einer international forschenden pharmazeutischen Firma, zwingend notwendig, eine organisatorische Einheit zu besitzen, die diese Planungslücke schließt.

Die typischen Aufgaben einer solchen strategischen Einheit sowie ihrer organisatorischen Implementierung sollen zum Abschluß erläutert werden.

Die Namensgebung für eine solche Einheit ist je nach Firmenhistorie und -philosophie unterschiedlich.

4. Organisation und Aufgaben einer Zentralen Marketingeinheit

Betrachtet man die unterschiedlichen Aufgabengebiete, die eine solche zentrale Marketingeinheit bewältigen sollte, so lassen sich drei wesentliche Bereiche herausstellen.

4.1 Zentrales Produktmanagement

Die typische Aufgabe eines Produktmanagers besteht darin, ein Produkt in all seinen marktorientierten Aspekten vom Beginn der Entwicklung bis hin zur Marktreife und darüber hinaus zu betreuen. Da die regionale Niederlassung, zumindest in den frühen Phasen der Produktentwicklung, keinen für ein bestimmtes Produkt verantwortlichen

Produktmanager hat, ist es die Aufgabe des zentralen Produktmanagers, einerseits Forschung und Entwicklung über alle Marktgegebenheiten der geplanten Innovationen zu informieren und im dauernden Kontakt mit F & E für eine optimale Marktvorbereitung einschließlich abgestimmter und bereits auf die Marketingbedürfnisse ausgerichteter Prüfprogramme zu sorgen. Andererseits kann er ebenfalls als Kommunikationspartner der peripheren Produktmanager (aus der Niederlassung) als Kommunikations- und Synergiezentrum dienen und diese bereits frühzeitig über kommende Entwicklungen und deren Marktchancen informieren.

Darüber hinaus ist er für eine optimale internationale Vorbereitung der Einführung eines Produkts in der Premarketingphase voll verantwortlich.

Insofern hat der zentrale Produktmanager neben der wichtigen Aufgabe der Betreuung des innovativen Produkts während der Entwicklungsphase eine weitere wichtige Aufgabe, die darin besteht, daß das Produkt in die eigene Organisation (die Niederlassungen) „hineinverkauft" werden muß; denn es ist häufig zu beobachten, daß periphere Organisationen schwer von neuen Ideen zu überzeugen sind. Hier gelten die gleichen Aspekte der Diffusion, wie sie bereits im Zusammenhang mit der Marktdiffusion behandelt wurden. Je höher der relative Vorteil, je verträglicher die Innovation mit den eigenen Erfahrungshorizonten, je weniger komplex und je besser erprobbar und je stärker der sichtbare Erfolg, d. h. die Beobachtbarkeit ist, um so schneller wird die Innovation durch die peripheren Einheiten aufgenommen.

Der zentrale Produktmanager hat mit seinen weltweiten Erfahrungen und mit seiner multinationalen Übersicht, aber auch mit seinem spezifisch länderbezogenen Wissen bei neuen Produkteinführungen die Gewähr zu bieten, nicht nur für ein individuelles Land, sondern auch für eine optimale Abstimmung kooperativer Aktivitäten im Sinne des Gesamtmarktsynergismus zu sorgen.

Auf diese Weise bietet er die Gewähr dafür, daß Produkte am Beginn ihrer Marktperiode mit einer maximal möglichen Diffusionsgeschwindigkeit in den Märkten eingeführt werden können.

4.2 Medizinische Informationsservices

Da die Diffusionsgeschwindigkeit einer Innovation am Beginn ihrer Marktperiode sehr stark vom Wissen um die Leistungen dieser Innovation abhängt, ist dringend erforderlich, bereits vor Markteinführung eines Produkts die potentiellen Verwender mit den Leistungen des Produkts vertraut zu machen. Da Werbung für ein bestimmtes Markenprodukt vor Zulassung durch die Gesundheitsbehörden eines Landes nicht möglich ist, kommt der wissenschaftlichen Kommunikation im Vorfeld der Marktausbietung für die Erhöhung der Diffusionsgeschwindigkeit eine eminent wichtige Rolle zu.

Ein weiterer sehr wichtiger Bestandteil eines zentralen medizinischen Informationsservice ist die Organisation und Durchführung internationaler Symposien, Kongresse und Workshops zu bestimmten Substanzen, die schließlich später zur Marktreife geführt werden sollen.

Auch hier gilt bezüglich der Interessenlage der Niederlassungen das beim zentralen Produktmanagement Gesagte.

Darüber hinaus ist es dringend erforderlich, daß sich eine zentrale Einheit im Vorfeld der Ausbietung eines Produkts darum bemüht, indikationsspezifisches Wissen in geeigneter didaktischer Form zur Verfügung zu stellen, um in der späten Phase vor der Ausbietung einen internationalen Standard des Ausbildungs- und Trainingsmaterials sicherzustellen, damit eine möglichst hohe Diffusionsgeschwindigkeit am Beginn der Ausbietung in den internationalen Märkten erreicht wird.

Aus diesem Grunde ist die Bereitstellung geeigneten Trainingsmaterials und zentraler Aus- und Weiterbildungsangebote von entscheidender Bedeutung für den schnellen Markterfolg einer Innovation.

4.3 Zentrale Marketingforschung

Das zentrale Produktmanagement ist zur Erfüllung seiner Aufgaben dringend auf die Analyse und Prognose bestehender und zukünftiger Märkte angewiesen.

Aus diesem Grunde ist die Hilfe von Experten auf dem Gebiet der internationalen Marketingforschung von fundamentaler Bedeutung.

Die internationale Marketingforschung bietet durch Bereitstellung von quantitativen und qualitativen Informationen primär- und sekundärstatistischer Art – ausgehend von der Analyse bestehender Märkte – die Basis für die Positionierung der von der Forschung gefundenen, von der Entwicklung marktreif gemachten Produkte.

Da die Entwicklungszeiträume, wie bereits mehrfach erwähnt, sehr lang sind, kommt neben den Bereichen der Analyse und der Synthese der internationalen Märkte den prognostischen Fähigkeiten dieser organisatorischen Teileinheit eine erhebliche Bedeutung zu.

Aus diesem Grunde stellt die internationale Marketingforschung die dritte organisatorische Säule zur Erfüllung der Planungslücke zwischen Forschung und Entwicklung und regionalem Marketing zum Zweck der Beschleunigung des Diffusionsprozesses am Beginn der Marktperiode dar.

4.4 Zentrale wissenschaftliche Informations- und Werbegestaltung

Eine weitere wichtige Funktion im Rahmen der Vorausbietungsphase eines pharmazeutischen Produkts kommt einer vierten organisatorischen Einheit zu, die unter dem Namen „Wissenschaftliche Informations- und Werbegestaltung“ subsumiert werden kann. Da, wie bereits erwähnt, der alternativen Verwendung eines breiten Spektrums der absatzpolitischen Instrumente einige Grenzen gesetzt sind, spielt die Kommunikationspolitik eine zentrale Rolle. Da darüber hinaus die Kommunikationswege in den internationalen Wirtschaftsräumen, z. B. durch neue Medien und die Mobilität ihrer Vertreter, immer kürzer werden, kommt einem einheitlichen Kommunikationskonzept bei der Vermarktung einer pharmazeutischen Innovation neben der Produktpolitik eine zentrale Bedeutung zu.

Aus diesem Grunde scheint es in zunehmendem Maße erforderlich, im Hinblick auf die (internationale) wissenschaftliche Informations- und Werbegestaltung sehr sorgfältig abzuwägen, welche Elemente der regional eingesetzten Kommunikationsmaßnahmen als konstant anzusehen sind, d. h., ob sie global zum Einsatz kommen müssen, und bei welchen Elementen lokale Adaptionen das Gesamtziel einer schnellen Diffusion nicht beeinträchtigen.

Da die Diskussion der Möglichkeiten und Grenzen der Globalisierung des Pharma-Marketings, speziell der Informations- und Werbegestaltung, nicht der eigentliche Inhalt dieser Darstellung ist, soll darauf nicht näher eingegangen werden.

Betrachtet man jedoch die Rolle, die Information und Kommunikation im Zusammenhang z. B. mit dem Diffusionsprozeß spielten, so wird deren Bedeutung unmittelbar aus der Tatsache klar, daß die Darstellung der Produktvorteile sowie die Erklärung komplexer Innovationszusammenhänge nur mit Hilfe einer optimalen Informations- und Kommunikationspolitik erreichbar sind.

Pharma-Preismanagement für Innovationen

Eckhard Kucher

1. Einleitung

In den letzten Jahren hat sich mit dem Auslaufen wichtiger Patente bei umsatzstarken Produkten und des danach erfolgten intensiven Nachahmerwettbewerbes bereits eine strukturelle Wandlung des Pharmamarktes angekündigt: Der Pharmamarkt zerfällt in zwei Teilmärkte, einen Markt für High-Tech-Produkte/Innovationen und einen Markt für Commodities/Me too-Produkte.

In beiden Märkten bestimmen unterschiedliche Determinanten die Strategie und insbesondere Bedeutung und Einsatz der Marketinginstrumente.

Das Preismanagement für Me too-Präparate wird in Deutschland in erster Linie durch die

(1) Preisstrategie der Nachahmer,
(2) das Festbetragssystem und die damit verbundene Arztschwelle,
(3) sowie durch die Zuzahlungsbereitschaft der Patienten (vgl. den nachfolgenden Beitrag).

bestimmt.

Beim Pharma-Preismanagement für Innovationen geht es hingegen darum, für eine neue, patentgeschützte Substanz erstmalig einen Preis festzulegen. Die Bestimmungsgrößen hierfür sind in erster Linie

(1) die Wettbewerbsstärke des neuen Produktes im Vergleich zu den am Markt existierenden alternativen Therapien und
(2) die Preissensitivität des Arztes.

Dieser Beitrag beschäftigt sich ausschließlich mit dem Preismanagement für Innovationen. Ziel ist es, die aus Sicht des Marktes gewinnoptimalen Preise für ein neues Produkt in einzelnen Ländern zu ermitteln und diese dann über Länder hinweg abzustimmen. Am Ende dieses Abstimmungsprozesses sollte ein international konsistenter Preisrahmen stehen. Mit Blick auf 1992 und den für die Pharmaindustrie entstehenden europäischen Binnenmarkt ist die Preisabstimmung über Länder hinweg von zentraler Bedeutung.

Der vorliegende Beitrag beschäftigt sich **nicht** mit Preisverhandlungen gegenüber nationalen Preisbehörden bzw. der dazu hilfreichen Kosten-Nutzen-Argumentation (vgl. hierzu Wernli-Sproll 1988).

2. Die Bestimmung des gewinnoptimalen Preises in einem Land

2.1 Strategischer Denkansatz

Bei der erstmaligen Festsetzung eines Preises für eine Innovation ist das Potential, irreversible Fehler zu machen, d.h. einen deutlich zu tiefen oder zu hohen Preis festzulegen, sehr groß. Häufig werden solche Fehler allerdings nicht einmal erkannt. Man ist zufrieden, wenn das neue Produkt eine gute Umsatz- und Gewinnentwicklung aufweist. Dabei wird oft übersehen, daß man bei optimaler Preisstellung den Gewinn hätte erheblich steigern können. Nur in Einzelfällen sind die Fehler so gravierend, daß selbst eine Innovation zu einem Mißerfolg im Markt wird. Spektakuläre Beispiele aus jüngster Vergangenheit belegen dies.

Für die Preisfindung bei neuen Produkten gilt die Aussage von E. Raymond Corey: „Pricing is an Art, a game played for high stakes; for marketing strategists, it is the moment of truth – all of marketing comes to focus in the pricing decision.“

Angesichts der sich verschärfenden Wettbewerbssituation innerhalb der Pharmaindustrie und der extrem hohen Forschungs- und Entwicklungskosten für neue Produkte wird man aber in Zukunft verstärkt darauf angewiesen sein, die Gewinnpotentiale neuer Produkte voll auszuschöpfen. Dies kann nur gelingen, wenn man bestimmte Gesetzmäßigkeiten des Marketing und die damit verbundenen Implikationen für die Preissetzung bei neuen Produkten beachtet.

Das Strategische Dreieck bei Innovationen

In der heutigen Wettbewerbssituation gibt es für fast alle Situationen, in denen neue Produkte auf den Markt gebracht werden, in irgendeiner Form existierende Konkurrenzprodukte oder -therapien. Das neue Produkt wird daher in der Regel einem Vergleich mit diesen Konkurrenztherapien ausgesetzt. Hier kommt es darauf an, die eigenen strategischen Wettbewerbsvorteile herauszuarbeiten und zu kommunizieren. Die Abbildung 1 gibt dies wieder. Der Arzt wird ein neues Produkt stets mit existierenden Produkten oder auch nicht-medikamentösen Therapien vergleichen. Folglich sollte

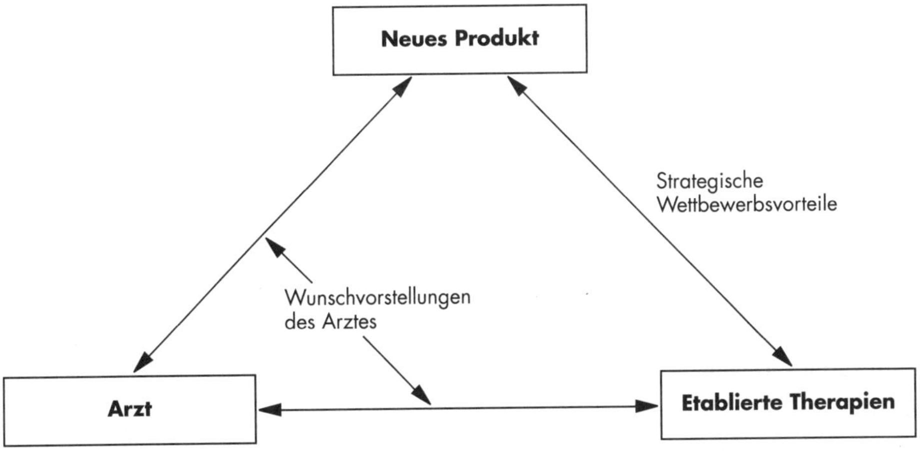

Abb. 1: Strategisches Dreieck bei Innovationen

das neue Produkt Wettbewerbsvorteile im Vergleich zu den Hauptalternativen besitzen. Der erste Fehler wird hier häufig bereits bei den klinischen Tests gemacht, indem man nur gegen Placebos, nicht aber gegen die relevante Konkurrenz testet.

Die dritte Ecke des Dreiecks stellt den Arzt mit seinen Wunschvorstellungen hinsichtlich der medikamentösen Therapie dar. In seine Abwägungen fließen sowohl die Leistungen der konkurrierenden Produkte als auch deren Preise ein. Aus Sicht des Arztes wird das Produkt mit dem besten subjektiv wahrgenommenen Preis-Leistungsverhältnis ausgewählt. Ist bei einem Produkt der relative Preisabstand zur Konkurrenz größer als der Abstand in der relativen Leistung, dann kann der Preis die auf den klassischen Merkmalen Wirkung, Nebenwirkung etc. bestehenden Vorteile neutralisieren und zum dominierenden Faktor werden.

Die Wahrnehmungsmatrix

Bei der Ermittlung der relativen Leistung eines neuen Produktes geht man häufig von einem Vergleich der klinischen Profile aus. Dabei wird nicht hinterfragt, ob diese eher objektive Sicht auch mit der Wahrnehmung des Arztes übereinstimmt. Die Abbildung 2 stellt die Wahrnehmungsmatrix dar.

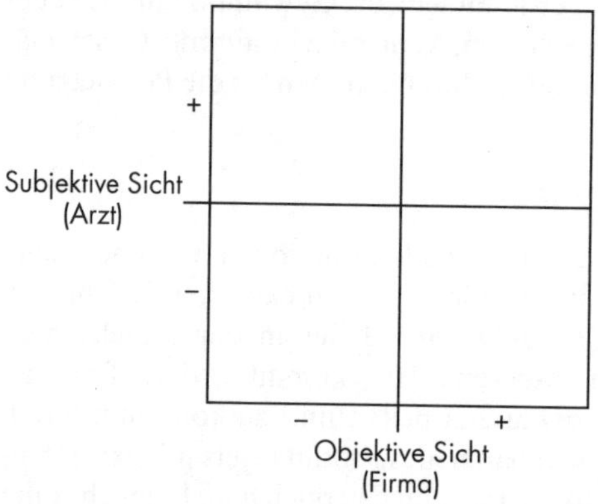

Abb. 2: Wahrnehmungsmatrix

Ein neues Produkt kann aus objektiver Sicht im Vergleich zur Konkurrenz Nachteile (Minus) oder Vorteile (Plus) haben. Die Erfahrung hat allerdings gezeigt, daß solche objektiv ermittelten Wettbewerbsvorteile nicht notwendigerweise auch in der Sicht des Arztes, d. h. in seiner rein subjektiven Wahrnehmung, existieren müssen. Es ergeben sich also vier mögliche Konstellationen.

Ein neues Produkt, das im unteren rechten Quadranten positioniert ist, hat zwar objektive Vorteile, vom Arzt werden diese jedoch nicht wahrgenommen. Der Arzt wird sich also gegen das Produkt entscheiden. Manchmal entsteht in einer solchen Situation beim Hersteller der Eindruck, der Grund für den Mißerfolg könne im zu hohen Preis des Produktes begründet sein. In Wirklichkeit existiert aber kein Preis-, sondern ein Kommunikationsproblem.

Im rechten oberen Quadranten stimmt objektive und subjektive Sicht überein, die Kommunikationsaufgabe wurde bestens gelöst. Positionen im linken oberen Quadranten deuten auf eine objektive Produktschwäche hin, die sich aber (noch) nicht in der

Wahrnehmung der Ärzte niedergeschlagen hat. Es handelt sich häufig um etablierte Produkte, die bereits durch neue bessere Therapien rein objektiv überholt worden sind, aber aufgrund der Wahrnehmungsträgheit in den Köpfen der Ärzte immer noch überlegen sind. Problematisch wird die Situation, wenn das Produkt in den linken unteren Quadranten abrutscht. Hier gewinnt der Preis die größte Bedeutung.

Synergie und Konsistenz der Marketinginstrumente

Die vier klassischen Marketing-Mix-Instrumente Produkt/Leistung, Kommunikation, Distribution und Preis dürfen **niemals isoliert** betrachtet werden. Vielmehr müssen diese Instrumente aufeinander abgestimmt werden, damit sich eine konsistente Positionierung des Produktes ergeben kann (vgl. Abbildung 3). Inkonsistenzen führen unweigerlich zur Beeinträchtigung des Produkterfolges. Auf der anderen Seite unterstützen sich die Instrumente in ihrer Wirkung gegenseitig. So können z. B. Preissenkungen dem Arzt nur mittels massiver Kommunikation bewußt gemacht werden und damit einen Effekt erzielen. In manchen Fällen versuchen Firmen Preissenkungen möglichst geheim zu halten, damit die Konkurrenz nicht reagieren kann. Da der Arzt dann häufig die Preissenkung auch nicht wahrnimmt, kann ein Absatzeffekt nicht eintreten. Es gilt der alte Marketinggrundsatz: Was der Arzt nicht wahrnimmt, kann auch seine Entscheidung nicht beeinflussen.

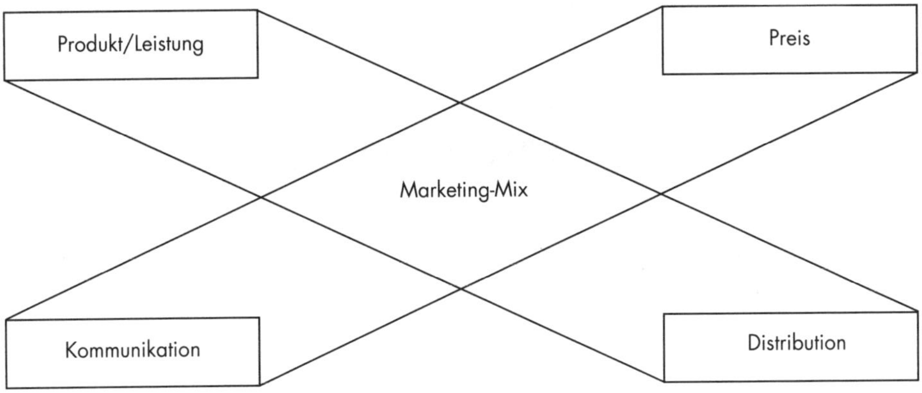

Abb. 3: Synergie und Konsistenz der Marketinginstrumente

Noch wichtiger allerdings erscheint uns die Anmerkung, daß eventuelle Preisprobleme in der Regel nur ein Spiegel der Probleme sind, die auf den anderen Marketing-Mix-Ebenen existieren. Ein Preisproblem hat seine Ursache nicht im Preis allein, sondern dahinter steht immer ein Produkt-, ein Kommunikations- oder Distributionsproblem. Entweder ist es nicht gelungen, eine überlegene Leistung adäquat zu kommunizieren, so daß der Preis wegen der vom Arzt subjektiv als schwach wahrgenommenen Produktleistung als zu hoch angesehen wird, oder aber neue Konkurrenten haben einen bisherigen Produkt- bzw. Kommunikationsvorsprung neutralisiert.

Es ist daher wichtig anzumerken, daß der Preis stets im Zusammenhang mit den anderen Marketing-Mix-Instrumenten gesehen werden muß. Er ist nicht unabhängig von der Produktpositionierung zu beurteilen, sondern untrennbarer Bestandteil und Resultante der Positionierung eines Produktes.

2.2 Zur Bedeutung des Preises

In den letzten Jahren hat die Bedeutung des Preises im Marketing-Mix stetig zugenommen. Unabhängige Untersuchungen in den USA und in Europa kommen zum gleichen Ergebnis: Der Preis bzw. die Entscheidung für einen bestimmten Preis bereitet den Managern das größte Kopfzerbrechen, und zwar in nahezu allen Branchen. Abbildung 4 gibt eine Übersicht.

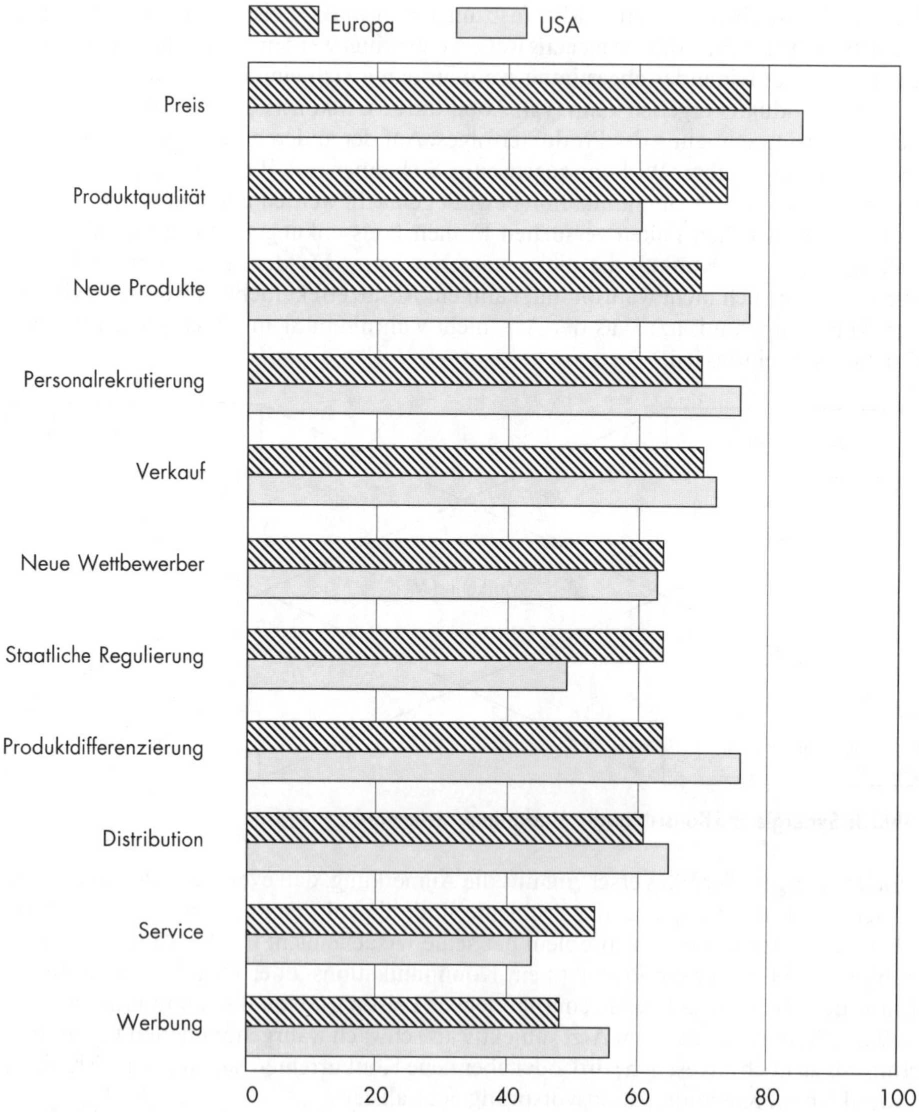

(Quelle: Simon 1989)

Abb. 4: Entscheidungsdruck nach Marketinginstrumenten (Angaben in Prozent)

Noch vor wenigen Jahren rangierte der Preis an nachgeordneter Stelle. Die Gründe für den Aufstieg zum wichtigsten Marketinginstrument liegen im zunehmenden Verdrängungswettbewerb, in abnehmenden Qualitätsunterschieden und im Auftreten preisaggressiver Newcomer.

Eine ähnliche Entwicklung vollzieht sich in der Pharmaindustrie. Obwohl hier dem Preis ein vergleichsweise niedrigeres Gewicht zukommt, konnte in den letzten Jahren eine stetige Zunahme in der Bedeutung des Preises verzeichnet werden. Dem steht die immer wieder erhobene Behauptung gegenüber, die Ärzte würden keine Preiskenntnis besitzen und folglich könne auch der Preis das Verordnungsverhalten nicht beeinflussen.

Zahlreiche Untersuchungen, insbesondere in Deutschland, über die Preiskenntnis der niedergelassenen Ärzte widerlegen jedoch die Hypothese von der fehlenden Preiskenntnis. Natürlich kann der Arzt nur in seltenen Fällen den exakten Preis eines Medikamentes nennen. Unter Preiskenntnis verstehen wir daher die Fähigkeit des Arztes, verschiedene Produkte bezüglich ihres Preises in eine Rangordnung zu bringen. Vergleicht man wahrgenommene Preise und tatsächliche Preise einer Reihe von Präparaten, dann lassen sich in der Regel Preiskategorien identifizieren, d. h. der Arzt bildet selbst Preisklassen, die von billig bis teuer reichen, und ordnet die Produkte diesen Klassen zu. Je nach Indikation existieren unterschiedlich viele Preisklassen. Je mehr Preisklassen existieren, desto feiner ist die Preiswahrnehmung des Arztes ausgeprägt. Fast immer gibt es zumindest zwei Kategorien, billig und teuer. Die Abbildung 5 verdeutlicht diese einfachste Form der Preiswahrnehmung. Generika werden als billig, Marken als teuer kategorisiert. Interesssant ist hierbei, daß innerhalb der einzelnen Kategorien kaum noch Wahrnehmungsunterschiede existieren, obwohl die tatsächlichen Preise stark streuen. Folglich ist es optimal, innerhalb einer Preiskategorie möglichst am oberen

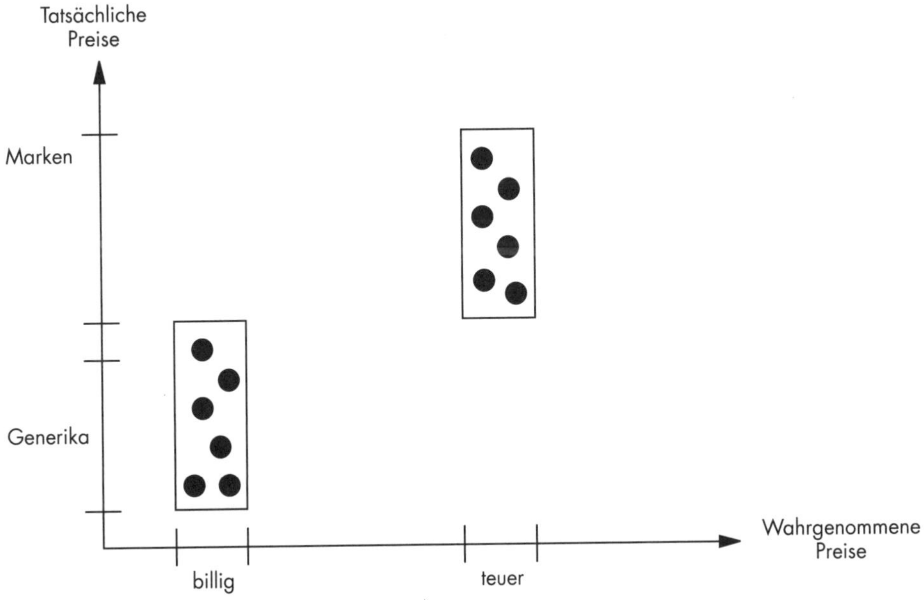

Abb. 5: Preiswahrnehmung der Ärzte

Rand des Preisintervalls zu liegen. Preissenkungen, die ein Produkt wahrnehmungsmäßig in der gleichen Preiskategorie belassen, sind daher wenig sinnvoll und bringen nur Deckungsbeitragsverluste. Umgekehrt sind Preiserhöhungen innerhalb einer Wahrnehmungskategorie kaum mit Absatzverlusten verbunden und führen folglich zu höheren Deckungsbeiträgen.

Dies gilt prinzipiell unabhängig davon, wie viele Preiskategorien existieren. Häufig lassen sich mehr als zwei Preiskategorien feststellen. Manchmal ist die Abstufung so fein, daß man nicht von Kategorien sprechen sollte, sondern jeder Preis entsprechend der Rangordnung der tatsächlichen Preise richtig wahrgenommen wird. Es ist wichtig, unterschiedliche Indikationsgebiete in dieser Hinsicht nicht über einen Kamm zu scheren, sondern auf empirischer Basis zu differenzieren.

Ähnlich unterschiedlich wie die Preiswahrnehmung fällt auch der Einfluß des Preises auf das Verordnungsverhalten der Ärzte aus. Je nach Indikationsgebiet findet man unterschiedliche Ergebnisse. Abbildung 6 gibt zwei Beispiele mit stark verschiedenem Preiseinfluß wieder.

Tendenziell größer als der Unterschied im Preiseinfluß über Indikationsgebiete hinweg ist jedoch der Unterschied für differenzierte und nicht differenzierte Produkte. Bei Produkten, die sich von der Konkurrenz differenzieren können, beträgt der Einfluß des Preises auf das Verordnungsverhalten typischerweise ca. 15%. Bei undifferenzierten Produkten steigt dieser Wert auf ca. 40% an. Der Preis wird bei solchen Präparaten zum wichtigsten Wettbewerbsinstrument. Interessant ist auch, daß die Reputation des Herstellers bei von der Substanz her undifferenzierten Produkten an Bedeutung gewinnt, sie wird zum zweitwichtigsten Merkmal.

Hohe Produktdifferenzierung

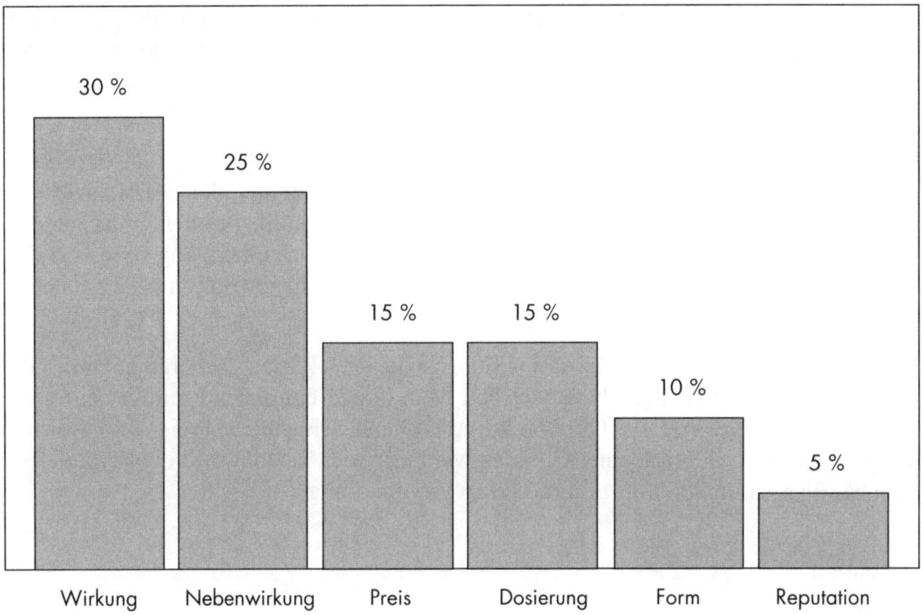

Geringe Produktdifferenzierung

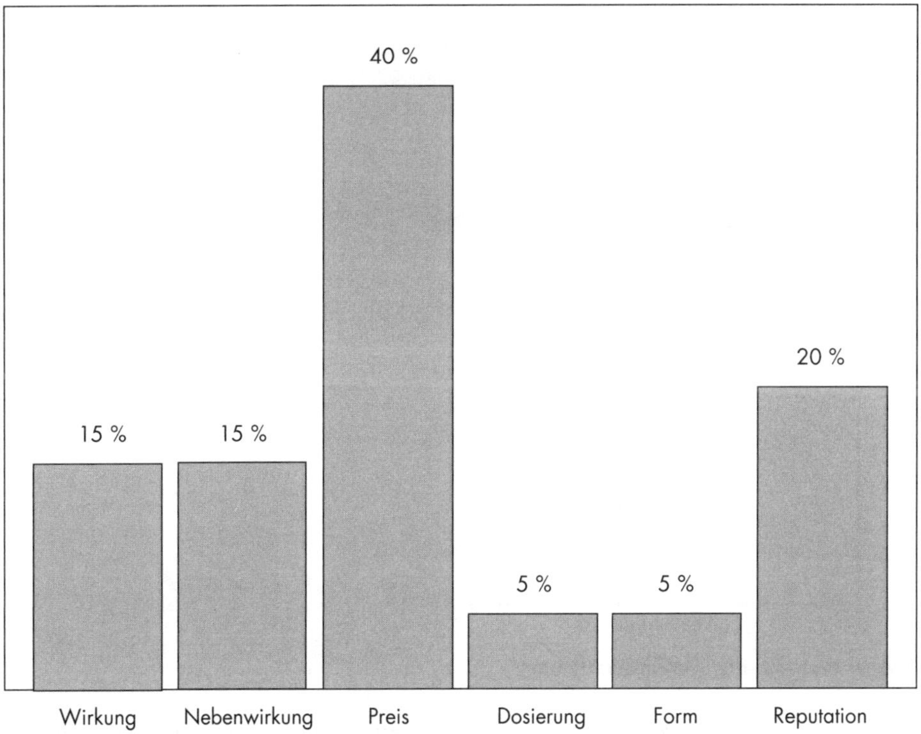

Abb. 6: Bedeutung der Leistungsmerkmale

2.3 Preisfindung

Die Preisbildung in der Praxis ist weitestgehend von Faustregeln und Intuition bestimmt. Kosten-Plus-Ansätze und Anpassungen an den Preis der Konkurrenz dominieren das Entscheidungsverhalten. Der eigentliche Kunde, der Arzt, wird bei diesen Überlegungen häufig außer Acht gelassen.

Häufig steht der Zeiteinsatz, den man auf eine Preisentscheidung verwendet, in keinem Verhältnis zu den damit verbundenen Gewinnwirkungen und zu dem Zeiteinsatz, der auf andere, häufig weniger wichtige Entscheidungen entfällt. Bei den Entscheidern selbst herrscht oftmals Unklarheit über die strukturellen Zusammenhänge und über die für eine Preisentscheidung benötigten Informationen (vgl. hierzu Simon 1982a, Kucher 1987).

Das Kernstück einer jeden Preisentscheidung ist die Preis-Absatz-Beziehung. Diese gibt an, welche Verkaufsmengen bzw. welchen Marktanteil ein neues Produkt bei unterschiedlichen Preisen erreicht. Die Abbildung 7 (oberer Teil) gibt die Preis-Absatz-Beziehung schematisch in Form einer Geraden wieder. In der Realität sind die Verlaufsformen häufig nicht-linear und von Produkt zu Produkt unterschiedlich.

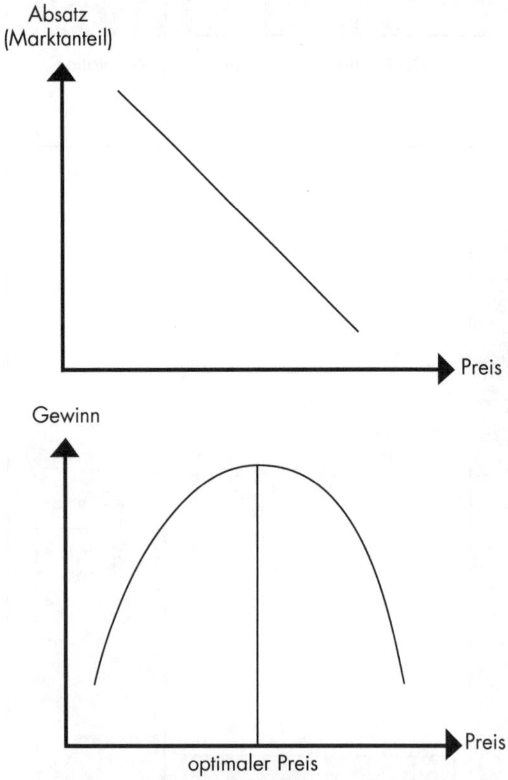

Abb. 7: Preis-Absatz/-Gewinn-Beziehung

Bewertet man nun die bei alternativen Preisen resultierenden Absatzmengen mit den dazugehörigen Deckungsbeiträgen, resultiert die im unteren Teil der Abbildung 7 dargestellte Preis-Gewinn-Beziehung. Sie gibt für jeden Preis den dazugehörigen Gewinn an. Bei einem sehr niedrigen Preis steigt der Gewinn zunächst, wenn der Preis erhöht wird, da die Zunahme im Deckungsbeitrag größer ist als der Rückgang der Absatzmenge. Bei weiteren Preissteigerungen wird ein Punkt erreicht, an dem der höhere Deckungsbeitrag den schrumpfenden Absatz nicht mehr kompensieren kann. Der Gewinn nimmt folglich wieder ab.

So einfach diese Beziehung erscheint, so schwierig ist es, das Gewinnoptimum in der Praxis zu bestimmen. Aus zahlreichen Gesprächen mit Managern wurde deutlich, daß selbst die vergleichsweise einfache Frage nach dem ungefähren Niveau des optimalen Preises nicht eindeutig beantwortet werden kann. Die meisten Unternehmen wissen auch bei etablierten Produkten nicht, in welcher Richtung die Preise zu ändern sind, um einen höheren Gewinn zu erzielen. Die Lage des optimalen Preises kann anscheinend nur schwer qua direktem Managementurteil ermittelt werden.

Um so wichtiger ist es, das Preisfindungsproblem systematisch anzugehen und Faustregeln und Intuition nur ergänzend heranzuziehen. Als wesentlich sehen wir an, daß die bisher häufig emotional geleitete Preisdiskussion versachlicht wird. Ein erster Schritt hierzu ist die Offenlegung der in den Köpfen der Manager implizit vorhandenen Vorstellungen über die Preis-Absatz-Beziehung.

2.4 Die Bestimmung der Preis-Absatz-Beziehung

Die Bestimmung der Preis-Absatz-Beziehung für ein neues Produkt ist eine der zentralen Aufgaben zur Lösung des Preisfindungsproblems. Grundsätzlich können zwei alternativ oder gemeinsam einsetzbare Vorgehensweisen gewählt werden:

1. Befragung von Experten/Managern,
2. Befragung der Kunden, d.h. der Ärzte.

Befragung von Experten/Managern

Die Befragung von Experten/Managern ist die kostengünstigste und schnellste Methode, um zu einer Preis-Absatz-Beziehung zu gelangen. Sie setzt eine gute Markt- und Produktkenntnis der befragten Manager voraus. Die befragten Manager werden gebeten, für das neue Produkt eine realistische Ober- und Untergrenze für den Preis anzugeben. In einem zweiten Schritt werden sie dann aufgefordert, Schätzungen für die bei diesen Preisen zu erwartenden Absatzmengen abzugeben. Dieses Verfahren kann verfeinert werden, indem Absatzschätzungen für weitere, zwischen den beiden Extrema liegende Preise durchgeführt werden. Die Abbildung 8 stellt ein solches Vorgehen dar.

In dieser Anwendung (entnommen aus Simon 1982b) ging es um die Preisentscheidung für ein neues Präparat, das in mehreren Ländern gleichzeitig eingeführt werden sollte. Als Informationsquelle für die Messung der Preis-Absatz-Beziehung kamen nur Expertenbefragungen in Betracht. **Als kompetenteste Experten wurden die nationalen Marketing-Manager angesehen.**

Der Preisbereich sollte durch die Befragung nicht von vornherein eingegrenzt werden. Deshalb wurden die Manager zunächst befragt, wo sie eine realistische Ober- bzw. Untergrenze für den Preis ansetzten. Sodann sollten sie schätzen, welche Absatzmengen sie im ersten Jahr erwarteten, wenn der Preis an der Obergrenze liegt, der Preis an der Untergrenze liegt, der Preis genau in der Mitte liegt.

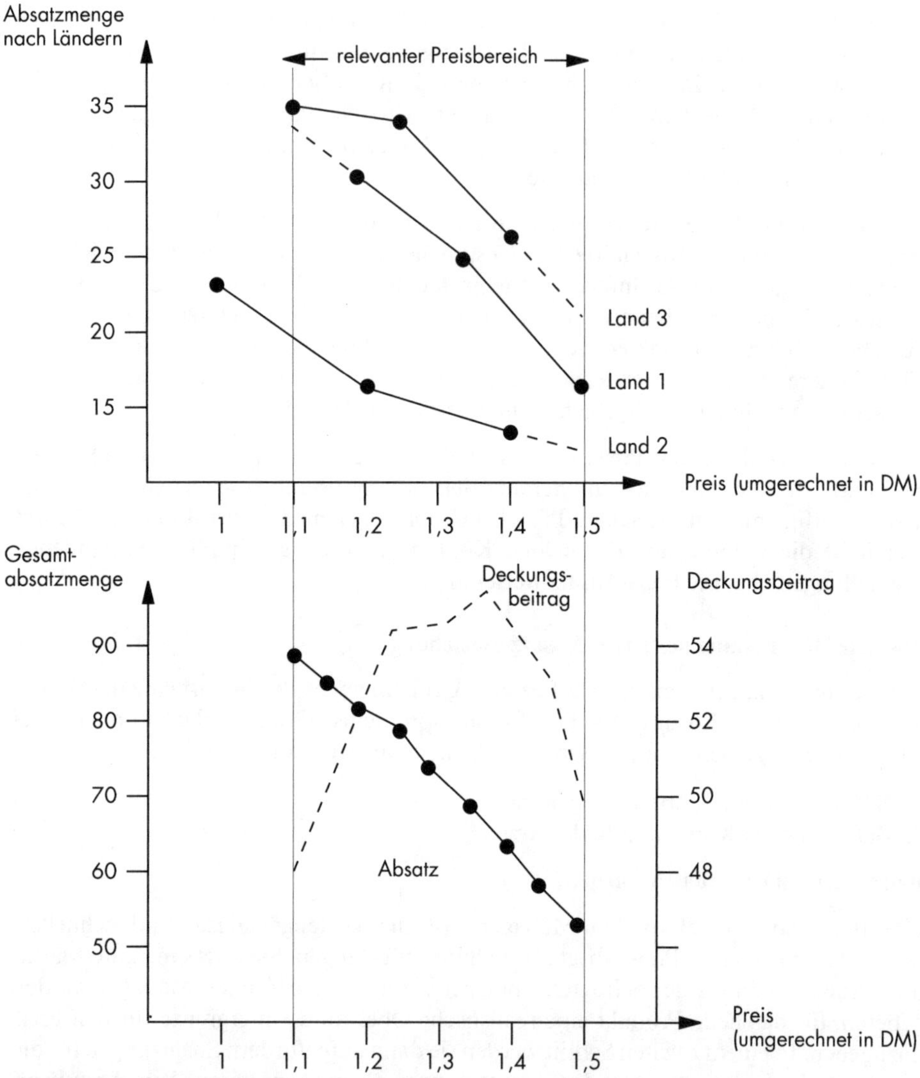

(Quelle: Simon 1982b, S. 93)

Abb. 8: Expertenschätzung

Der obere Teil der Abbildung 8 enthält die für drei Schlüsselländer abgegebenen Schätzungen, wobei die Punkte einfach linear verbunden wurden.

Aus übergeordneten Gründen sollte ein einheitlicher Preis für alle Länder festgelegt werden. Deshalb wurden die Einzelschätzungen aufsummiert, wobei man sich auf das Intervall 1,10 DM bis 1,50 DM beschränkte. Die sich für 5-Pfg.-Sprünge ergebenden Gesamtabsatzmengen sind im unteren Teil der Abbildung 8 aufgeführt und wiederum verbunden.

Auf Basis dieser Kurve, die unsere Preis-Absatz-Beziehung darstellt, lassen sich Deckungsbeiträge oder Gewinne sehr einfach berechnen.

Die Deckungsbeiträge sind als gestrichelter Linienzug im unteren Teil von Abbildung 8 eingezeichnet. Mit 55,20 Mio. DM wird das absolute Maximum bei einem Preis von 1,35 DM erreicht. Die Deckungsbeiträge für Preise von 1,30 DM und 1,25 DM weichen jedoch nur geringfügig vom Maximum ab. Man kann folglich begründet nur feststellen, daß der optimale Preis etwa im Bereich von 1,25–1,35 DM liegt. Innerhalb dieses Intervalls sollte die konkrete Preissetzung aufgrund taktischer Überlegungen erfolgen. Verläßt man das Intervall, so fallen die Deckungsbeiträge relativ schnell ab.

Der Vorschlag, Expertenurteile zur Messung von Preiswirkungen zu nutzen, geht auf Little (1970) zurück. Im Falle einer echten Innovation kann sie den einzig praktikablen Weg darstellen.

Unseren Erfahrungen zufolge ist es notwendig, einen jeweils auf den Einzelfall zugeschnittenen Fragebogen zu entwickeln. Bei der Erhebung sollte man folgende Aspekte beachten:

a. Falls möglich, sollten nicht weniger als fünf bis zehn Experten befragt werden. Starke Abweichungen in den Schätzungen sind nicht ungewöhnlich (in einem Fall wichen zwei Schätzungen um den Faktor 20 voneinander ab). Durch die Einbeziehung von mehr Experten dürfte die Validität ansteigen.

b. Die Experten sollten hinsichtlich ihrer Aufgaben und Positionen in der Hierarchie unterschiedlich sein (z. B. neben Managern auch Außendienstleute hinzuziehen).

c. Die Befragung sollte durch eine neutrale Person erfolgen.

d. Die Ergebnisse sollten in einer gemeinsamen Sitzung aller Experten diskutiert und ein Konsens erreicht werden. Dieses Vorgehen ist einer einfachen Durchschnitts- oder Medianberechnung vorzuziehen. Die Delphi-Methode ist unseren Erfahrungen nach zu zeitaufwendig und ihr Zusatznutzen ist fraglich (siehe Simon-Kucher 1988)

Befragung von Ärzten

Zum Absichern der Preisentscheidung werden den Kunden bisher in der Regel direkte und isolierte Fragen vorgelegt: „Wie stufen Sie den Preis unseres Produktes ein?". Der Kunde kann dann entweder zwischen vorgegebenen Kategorien wählen (zu teuer, genau richtig, zu billig) oder eine qualitative Antwort geben. Wäre diese Abfragetechnik einigermaßen zuverlässig, dann hätte man mit den Antworten zumindest einen guten Anhaltspunkt für den zukünftigen Preis ermittelt. Allerdings gelten direkte Fragen in Wissenschaft und Praxis als recht unzuverlässig, weil unmittelbar nach dem Preis gefragt wird und damit die reale Kaufsituation, in der Kosten und Nutzen gegeneinander abgewogen werden, nicht angemessen berücksichtigt wird.

Aus der Sicht des Kunden stellt der Preis den Gegenwert für den durch das Produkt gestifteten Nutzen dar. Folglich sollte eine Preisentscheidung den aus Kundensicht wahrgenommenen Nutzen der Konkurrenzerzeugnisse einbeziehen.

Um den offensichtlichen Nachteil einer direkten Preisabfrage zu umgehen, wurde ein neues, **indirektes** Verfahren entwickelt, das **Conjoint Measurement.** Conjoint Measurement ist ein ganzheitliches Verfahren, das dem Arzt unterschiedliche Produktkonzepte zur Beurteilung vorlegt, es handelt sich also um eine **Produktwertanalyse**. Bestandteil der Produktbeschreibungen ist auch der Preis. Basierend auf den Bewertungen der Ärzte kann dann mit Hilfe eines Computermodells auf den Einfluß einzelner Leistungsmerkmale wie Qualität, Herstellerimage, Preis etc. zurückgeschlossen werden (vgl. hierzu Kucher 1985, Kucher-Simon 1987).

Eine Conjoint-Measurement-Studie kann in acht Phasen eingeteilt werden:

A. Messung der Nutzenbeiträge

1. Festlegung der Merkmale
2. Festlegung der Merkmalsausprägungen
3. Untersuchungsdesign/Datenerhebungstechnik und Datenerhebung
4. Berechnung der Teilnutzenwerte (individuelle Analyse)

B. Optimierung der Produkt- und Preispolitik

5. Identifikation von Marktsegmenten
6. Ableitung einer Preis-Absatz-Beziehung
7. Gewinnoptimale Preise
8. Entwicklung der Marketingstrategie

Die Unterteilung in A. Messung der Nutzenbeiträge und B. Optimierung der Produkt- und Preispolitik erfolgt nicht zuletzt deshalb, weil in der wissenschaftlichen Literatur unter Conjoint-Measurement nur die Phasen 1 bis 4 verstanden werden (siehe Green/Tull 1982). Mit dem Vorliegen der Teilnutzenwerte gibt man sich in der Regel zufrieden. Für die Produkt- und Preispolitik müssen aber die Phasen 5 bis 8 ebenfalls durchlaufen werden, da ohne sie keine Preisentscheidung abgesichert werden kann.

Die ersten beiden Phasen sind bereits von zentraler Bedeutung für das Gelingen der gesamten Conjoint-Measurement-Studie. Vergißt man beim Festlegen der charakteristischen Produktmerkmale eine dem Kunden wichtige Eigenschaft, dann kann die gesamte Studie zu völlig falschen Schlüssen führen. Dieses Problem läßt sich durch sorgfältige Vorarbeit und Testinterviews in den Griff bekommen. Weitaus schwieriger ist das Festlegen der zu testenden Merkmalsausprägungen. Dies trifft vor allem auf den Preis zu. Da die Anzahl der zu testenden Preise aus erhebungstechnischen Gründen begrenzt ist, steht der Marktforscher vor dem Dilemma, entweder ein zu kleines Preisspektrum zu testen oder die Intervalle zwischen zwei benachbarten Preisen zu groß zu wählen.

Bei der Erhebung werden an die Befragten hohe Anforderungen gestellt, denn sie müssen bei jeder Frage Entscheidungen treffen, die realen Kaufsituationen sehr nahe kommen. Das erfordert Zeit und Konzentration. Die Erfahrung hat gezeigt, daß die in der Wissenschaft entwickelten Befragungstechniken sich wohl für Studenten, aber nicht für unter Zeitdruck stehende Ärzte eignen. Entweder sind die Befragungsinhalte zu komplex. Oder die Anzahl der benötigten Antworten ist zu groß. Abhängig von Problemstellung und Produkt kann die Datenerhebung zum kritischen Faktor werden.

Das anschließende Berechnen der Teilnutzenwerte ist dagegen problemlos. Es sollte auf individueller Basis durchgeführt werden, um Segmentbildungen anhand von Präferenzen zuzulassen. Das Messen der Produktnutzen ist also in hohem Maße subjektiven Faktoren ausgesetzt. Dies bedingt große Erfahrung und Marketing-Know-how.

In die Phasen 5 bis 8 fließen ebenfalls subjektive Entscheidungen ein. Wir betonen dies, um dem eventuell entstehenden Eindruck, man könne mit einem Computerprogramm Produkt- und Preisprobleme lösen, vorzubeugen. Die Phase 5, Identifikation von Marktsegmenten, ist relativ arbeitsaufwendig, aber vom Ansatz her vergleichsweise einfach. Die Befragten werden nach gemeinsamen individuellen Nutzenfunktionen oder der individuellen Bedeutung der Merkmale zusammengefaßt. Im Anschluß daran wird dann versucht, beide Gruppen anhand von leicht beobachtbaren Kriterien (soziodemographische Merkmale) zu beschreiben.

Zum Absichern der Preisentscheidung sind die Phasen 6 und 7 zu absolvieren. Falls ansprechbare Marktsegmente identifiziert werden können, geschieht dies getrennt nach Segmenten, ansonsten für die Gesamtheit. Das Hauptproblem liegt im Herleiten der Preis-Absatz-Beziehung aus den individuellen Nutzenbeiträgen. Als Hypothese fließt hier ein, daß der Arzt aus konkurrierenden Präparaten jenes wählt, das ihm den höchsten Nutzen verspricht. Ändert sich der Preis, dann ändert sich auch der Gesamtnutzen des Präparates aus Arztsicht. Die Rangfolge der Präparate kann sich dann verschieben: Ist der Preisabstand zwischen zwei konkurrierenden Erzeugnissen groß genug, wird der Arzt das billigere Medikament verordnen.

Diese individuelle Betrachtungsweise führt zu einer individuellen Preis-Absatz-Beziehung. Im folgenden werden nun die individuellen Preis-Absatz-Beziehungen zu einer aggregierten Funktion zusammengefaßt, die entweder für den Gesamtmarkt oder aber für vorher definierte Marktsegmente gilt.

Die Erfahrung hat gezeigt, daß beispielsweise im Pharma-Markt rund 150 individuelle Preis-Absatz-Beziehungen ausreichen, um zu einer zuverlässigen aggregierten Funktion zu kommen.

Ist die Preis-Absatz-Beziehung bekannt, dann kann relativ einfach der gewinnoptimale Preis berechnet werden. In Phase 8 werden alle Analyse-Ergebnisse zusammengefaßt und mit den Handlungsalternativen eines Unternehmens konfrontiert. Es muß entschieden werden, ob alle Marktsegmente bedient werden können, ob sich eventuell modifizierte Präparate auf den Markt bringen lassen, die den Arztbedürfnissen besser entsprechen, und wie die anderen Marketinginstrumente eingesetzt werden sollen.

Die Abbildung 9 enthält eine mit dem Conjoint-Measurement-Verfahren ermittelte Preis-Absatz- und Gewinn-Beziehung. Die Preis-Absatz-Beziehung ist fast linear. Eine Bewertung mit Deckungsbeiträgen führt zur Gewinnkurve. Der maximale Gewinn wird bei einem Preis von ca. 38 DM erzielt.

Das Management präferierte vor Durchführung der Conjoint-Measurement-Studie einen Preis von ca. 25 DM. Durch die Conjoint-Measurement-Studie ergab sich ein um 52% höherer gewinnoptimaler Preis, der einen um 33% höheren Gewinn implizierte. Nach langen Diskussionen entschloß sich das Management, den mittels Conjoint-Measurement ermittelten höheren Preis zu setzen. Im ersten Jahr nach der Produkteinführung bestätigte sich dann diese Wahl als richtig. Selbst die mengenmäßigen Marktanteile übertrafen bei weitem die Erwartungen, so daß sich die Gewinnsituation noch deutlich besser darstellte als in der Abbildung 9 wiedergegeben wurde.

In Deutschland wird dieses Verfahren seit wenigen Jahren mit großem Erfolg in der Pharmazeutischen Industrie eingesetzt. Der Erfolg basiert letztlich darauf, daß das neue Produkt in **seiner Gesamtheit** bewertet (Produktwertanalyse) und nicht isoliert nach Einzelmerkmalen gefragt wird. Der Arzt kann anhand der im Produktprofil enthaltenen Kriterien selbst entscheiden, welche für ihn wichtig sind und auf welche Merkmale er weniger achtet. Das Vorgehen bei der Befragung kommt damit der realen Entscheidungssituation des Arztes sehr nahe.

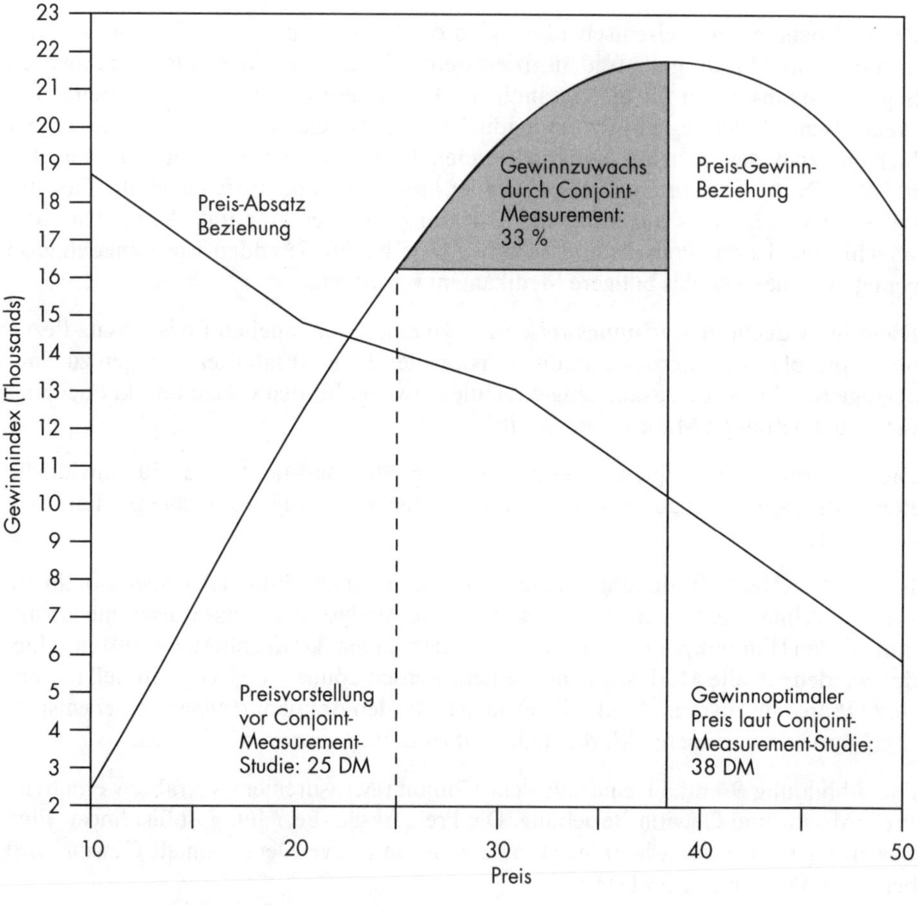

Abb. 9: Preis-Absatz/Gewinn-Beziehung

Der Einsatz von Conjoint Measurement zur Preisfindung für neue pharmazeutische Produkte setzt allerdings Erfahrung und eine Anpassung der kommerziell erhältlichen Simulationsmodelle auf die für die Präparateentscheidung des Arztes charakteristische Entscheidungssituation voraus.

3. Ermittlung eines für alle Länder verbindlichen Preisrahmens

Sind die optimalen Preise für die in Frage kommenden Länder, in denen das neue Produkt eingeführt werden soll, ermittelt worden, ist eine Abstimmung dieser Preise über Ländergrenzen hinweg notwendig. Der Idealfall, in dem alle optimalen Preise in einem engen Intervall dicht beieinander liegen, so daß sich das Preisrahmenproblem nicht stellt, tritt nur selten ein. Der Regelfall ist durch starke Preisunterschiede zwischen den Ländern charakterisiert, so daß eine Anpassung der Extrempreise notwendig wird.

Erfolgt diese Anpassung nicht, muß das Unternehmen rechtliche Konsequenzen mit der EG-Kommission in Brüssel und mit hoher Wahrscheinlichkeit Parallelimporte in Kauf nehmen. Mit Blick auf den europäischen Binnenmarkt wird es für die einzelnen Unternehmen immer wichtiger, zumindest bei Einführung eines neuen Produktes in den europäischen Ländern einen konsistenten Preisrahmen einzuhalten.

Die Festlegung von verbindlichen Preisrahmen erfolgte in der Vergangenheit nur sporadisch und wurde häufig nicht konsequent am Markt umgesetzt. Erst das verstärkte Auftreten von Parallelimporten und einige Fälle rechtlicher Konsequenzen mit den Behörden in Brüssel haben das Bewußtsein hierfür geschärft. Heute werden in den meisten Unternehmen Preisrahmenüberlegungen angestellt. Auch die Nichteinführung eines neuen Produktes in einem preislich extremen Land wird offen diskutiert und z. T. schon praktiziert.

Folgende Fragen sind im Zusammenhang mit der Festlegung eines Preisrahmens relevant:

(1) Wie groß darf der Abstand zwischen dem tiefsten und dem höchsten Preis sein?

(2) Welcher Preis muß im konkreten Fall angepaßt werden,
- wird der tiefste Preis nach oben angepaßt,
- wird der höchste Preis nach unten angepaßt,
- werden beide Extrempreise angepaßt, um wieviel wird dann jeder einzelne Preis bewegt,
- werden Extremländer eliminiert, d.h. steht man sich insgesamt besser, wenn das Produkt in einem Land nicht eingeführt wird?

Maximale Breite des Preisrahmens

Die maximale Breite des Preisrahmens kann nicht allgemein gültig festgelegt werden, sondern hängt stark vom betreffenden Produkt ab, d.h. von der Höhe des absoluten Preises und dem erwarteten Umsatzvolumen. Je höher beides ausfällt, desto attraktiver wird das Produkt für Parallelimporteure und desto enger sollte folglich der Preisrahmen definiert werden. Stellt man die Betrachtung allein auf Parallelimporte ab, dann kann im Einzelfall der Preisunterschied zwischen Ländern sehr groß sein und 80 oder 100% betragen, ohne das Arbitragegeschäfte stattfinden. Ist hingegen die absetzbare Menge sehr groß, können bereits Preisunterschiede von 20 oder 30% zu viel sein.

Generell gilt, daß die Preisdifferenz zwischen Ländern kleiner sein sollte als die Summe aus Arbitragekosten und Mindestgewinn des Importeurs. Dies kann nur für den Einzelfall geklärt werden.

Preisanpassung

Zur Beantwortung der oben aufgeworfenen Fragen und damit zur Lösung des Preisrahmenproblems sollten zwei Aspekte berücksichtigt werden:

(1) Die Höhe des Gewinnbeitrages der involvierten Länder bei optimaler Preisstellung, und

(2) die Veränderung dieses Gewinnbeitrages im Falle nicht optimaler Preisstellung in den Extrempreisländern.

Dies setzt die Kenntnis der länderindividuellen Preis-Gewinn-Beziehungen voraus. Erst wenn man weiß, wie sich bei Preisveränderungen in einzelnen Ländern der Gewinn in diesen Ländern verändert, kann man entscheiden, für welches Land die Preise anzupassen sind. Folgendes Beispiel verdeutlicht das Vorgehen. Die Abbildung 10 gibt die Preis-Gewinn-Beziehungen für zwei Länder sowie die länderindividuellen optimalen Preise an. Der Preisabstand zwischen beiden Ländern beträgt 6 DM oder 60 % bezogen auf den höheren Preis.

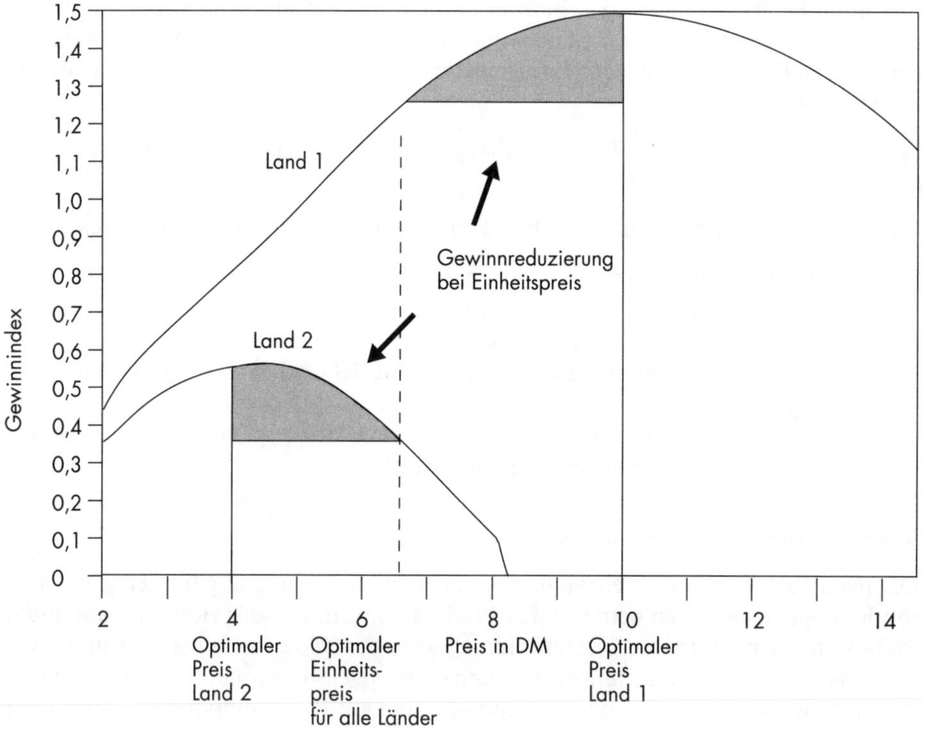

Abb. 10: Preis-Gewinn-Beziehungen für zwei Länder

Die sicherlich schärfste Restriktion ist die Forderung nach Preisgleichheit in beiden Ländern. Für welchen Preis erreicht der gemeinsame Gewinn aus beiden Ländern sein Maximum? In der Abbildung 10 ist dieser Preis ebenfalls markiert worden, er liegt bei 6,58 DM. Es dürfte sicherlich überraschend sein, daß das Land mit dem größeren Gewinnvolumen seinen Preis stärker angepaßt hat als das kleinere Land. Das kleine Land 2 hat seinen Preis um 2,58 DM angehoben, während das größere Land seinen Preis um 3,42 DM reduziert hat. Ohne die Kenntnis der Preis-Gewinn-Kurven hätte man sicherlich den Preis des kleinen Landes stärker angepaßt. Daß dies hier nicht optimal ist, liegt an den vorliegenden Gewinnkurven. Der Gewinnrückgang fällt im

Land 2 tendenziell stärker aus als im Land 1. D.h. für die Entscheidung welcher Preis angepaßt wird, **ist nicht der absolute Gewinn, sondern die Gewinnveränderung ausschlaggebend.**

Der Gewinnverlust bei Einheitspreis ist für beide Länder in der Abbildung 10 durch die schraffierte Fläche dargestellt worden. Prozentual beträgt der gesamte Gewinnverlust beider Länder zusammengenommen ca. 24%. Im Vergleich zum Gesamtgewinn ohne Preisrestriktion erreichen wir bei Realisierung des Einheitspreises nur noch 76%.

Nun ist sicherlich die Forderung nach Preisgleichheit in den betrachteten Ländern eine sehr starke Restriktion. Sie bedeutet ja, daß keinerlei Preisunterschiede zwischen den Ländern zulässig sind, d.h. der Preisrahmen 0% beträgt.

Lockert man nun diese restriktive Forderung nach Preisgleichheit und läßt Preisunterschiede zwischen den Ländern zu, dann fallen die Gewinnreduzierungen in den beiden Ländern kleiner aus. Der Gesamtgewinn steigt dann folglich von 76% ausgehend sukzessive wieder auf 100% an, wenn wir die länderindividuellen gewinnoptimalen Preise erreichen. Die Abbildung 11 stellt diese Gesamtgewinnentwicklung in Abhängigkeit vom zulässigen Preisrahmen dar. Ist der Preisrahmen 0%, d.h. in beiden Ländern gelten die gleichen Preise, dann beträgt der Gesamtgewinn nur 76% vom maximal erreichbaren Gewinn. Wird ein Preisunterschied von ca. 20% zugelassen, dann erreichen wir bereits einen Gesamtgewinn von ca. 84%. Bei einem Preisunterschied von 40% sind es ca. 92% Gesamtgewinn. Die Abbildung 11 zeigt also die Konsequenzen einer Preisrahmen-Festlegung für den Gewinn auf. Es wird auch deutlich, daß eine Ausweitung des Preisrahmens von 40 auf 50% kaum noch Gewinnzuwächse erbringt.

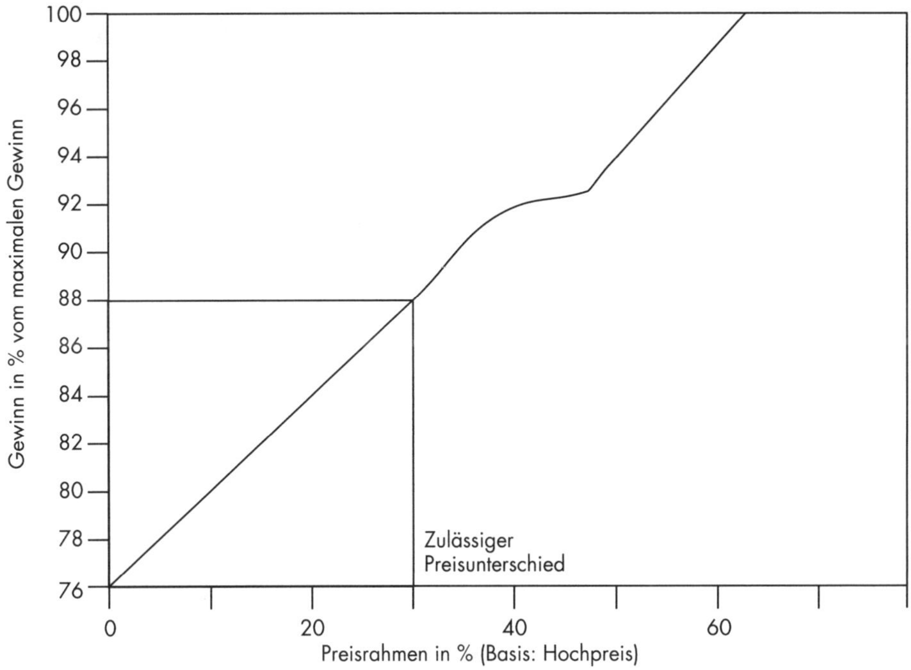

Abb. 11: Gewinn und Preisrahmen

Legt man nun z. B. für das betreffende Produkt fest, daß der maximale Preisunterschied zwischen den Ländern genau 30% betragen darf, dann wird der damit verbundene Gewinnrückgang durch die Abbildung 11 verdeutlicht. Es werden ca. 88% des möglichen Gesamtgewinns realisiert. Die fehlenden 12% stellen die Kosten des Preisrahmens dar.

Durch ein eigens zu diesem Zweck entwickeltes Computerprogramm, P-RANGE, werden neben den in den Abbildungen 10 und 11 enthaltenen Informationen auch die optimalen Preise in den beiden Ländern für jeden möglichen, maximal zulässigen Preisunterschied berechnet. Die Abbildung 12 stellt diese dar. Wir gehen zunächst von den länderindividuellen Optimalpreisen ohne Restriktion aus. Die Optimalpreise betragen 10 und 4 DM, als Preisrahmen ergibt sich damit 60%. Schränkt man nun den Preisrahmen ein, dann verringert sich zunächst der Preis im Land 1. Er geht von 10 DM auf 8 DM zurück, ohne daß der Preis im Land 2 verändert wird. Die optimalen Preise bei einem Preisrahmen von 50% betragen 8 DM und 4 DM. Erst wenn der Preisrahmen weiter reduziert wird, wird auch der Preis des kleineren Landes angehoben. Bei einem zu realisierenden Preisrahmen von 30% betragen die beiden Optimalpreise 7,47 DM und 5,23 DM.

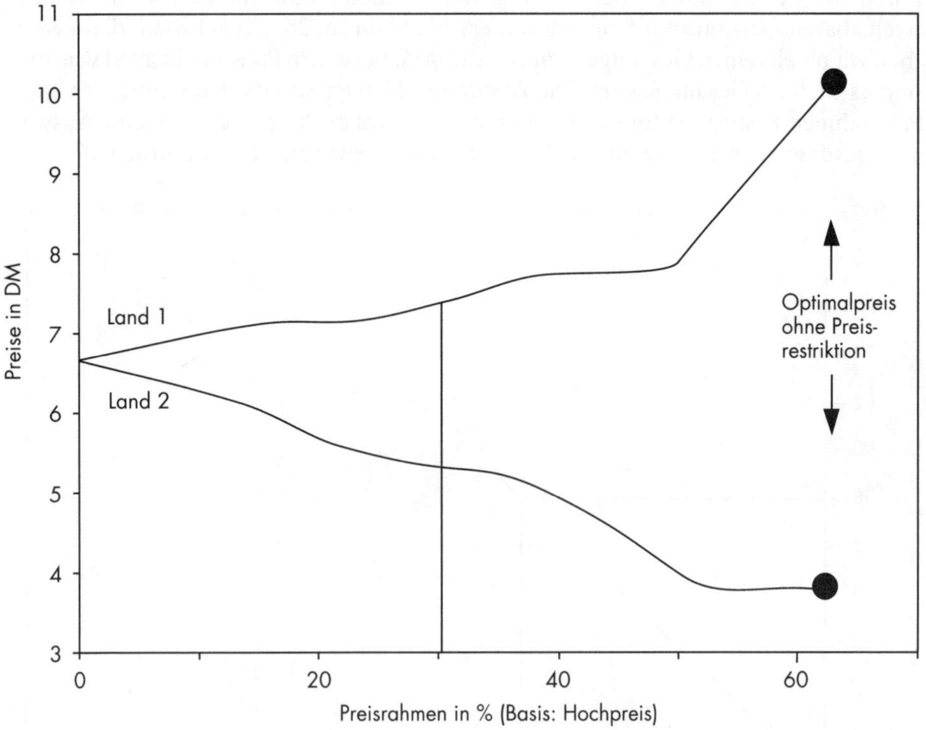

Abb. 12: Entwicklung der Extrempreise bei alternativen Preisrahmenbedingungen

Diese Berechnungen sind relativ kompliziert und für mehrere Länder nur noch mittels einer Computersimulation zu lösen. Sie zeigen aber deutlich auf:

1. Welche Opfer für eine konsistente Preisstrategie, d.h. für die Einhaltung eines bestimmten Preisrahmens zu erbringen sind,
2. welche Länder ihre individuellen gewinnoptimalen Preise anpassen müssen, und um wieviel diese Anpassung zu erfolgen hat,
3. wie groß das länderindividuelle Opfer für die konsistente Preisstrategie ist, und
4. ob es sinnvoll ist, in einem Land das betreffende Produkt nicht einzuführen.

4. Strategisch-langfristige Aspekte

Skimming und Penetration

Neben der Ermittlung des gewinnoptimalen Preises zu einem ganz bestimmten Zeitpunkt entweder mittels Expertenbefragung oder Conjoint-Measurement, müssen vor einer endgültigen Festlegung des Preises strategisch-langfristige Aspekte mit berücksichtigt werden. Der Preisspielraum und damit auch der Gewinnspielraum sind für Innovationen anders als bei Me-too-Produkten ungewöhnlich groß. Somit ergibt sich zumindest theoretisch die Wahl zwischen zwei klassischen Preisstrategien: Skimming- oder Penetrationsstrategie.

Bei der Skimming-Strategie wird das neue Produkt zu einem vergleichsweise hohen Preis in den Markt eingeführt. Im Verlauf des Produktlebenszyklus kann das hohe Preisniveau beibehalten oder später, z. B. bei Verschärfung der Wettbewerbsintensität, abgesenkt werden.

Die Penetrationsstrategie besteht umgekehrt in der Einführung zu einem relativ niedrigen Preis, der eventuell später angehoben wird.

Die Bedingungen, unter denen die eine oder die andere Strategie angezeigt ist, lassen sich relativ genau präzisieren. Die Skimming-Strategie wird insbesondere bei Produkten mit hohem Neuheitsgrad sowie niedriger Preiselastizität empfohlen. Umgekehrt ist das wichtigste Argument für die Penetrationsstrategie eine hohe kurzfristige Preiselastizität.

Eine ausführliche Diskussion und weitere Argumente für und gegen die eine oder andere Strategieoption finden sich bei Simon (1982c) und weiter vorne im Buch bei Grebner/Sproll. Zusammenfassend kann man sagen, daß für Pharma-Innovationen in aller Regel eine Skimming-Strategie, d.h. eine Einführung zu einem vergleichsweise hohem Preis, optimal ist.

Hat man sich für eine Skimming-Strategie entschieden, dann stellt sich wiederum die Frage nach der exakten Höhe des Preises. Hier läßt sich mit Hilfe des Conjoint-Measurement-Verfahrens das im neuen Präparat steckende Gewinnpotential voll ausschöpfen.

Preisstrategie bei Konkurrenzeintritt

Der Patentablauf signalisiert den Übergang des Präparates aus dem Markt für Innovationen in den Markt für Commodities/Me-too-Produkte. Wird der Übergang vollzogen, muß grundsätzlich eine andere Preisstrategie betrieben werden (vgl. hierzu den nachfolgenden Beitrag).

Häufig treten aber bereits noch während der Patentlaufzeit neue Konkurrenten in den Markt ein, die mit einem vergleichbaren oder noch besseren Produkt den Innovationsvorsprung neutralisieren. Geschieht dies, muß die bisherige Preisstrategie grundsätzlich überdacht werden. Die Situation ist ähnlich der bei Patentablauf, ein Produktvorsprung wird durch den Konkurrenzeintritt zumindest teilweise neutralisiert. Für die Preisstrategie kann dies nicht ohne Folgen bleiben. Basierte der hohe Skimming-Preis auf dem Innovationsvorsprung, dann kann mit dem Wegfall dieses Vorsprunges nicht mehr der gleiche Preis optimal sein. Es gilt:

1. War der Preis vor Konkurrenzeintritt gewinnoptimal, dann kann er mit Wegfall des Innovationsvorsprunges nicht mehr optimal sein, d. h. er muß gesenkt werden.
2. Wird der Preis bei Konkurrenzeintritt beibehalten und ist er gewinnoptimal, dann kann er vor dem Konkurrenzeintritt nicht optimal gewesen sein, d. h. er war zu niedrig.

Unseren Erfahrungen zu Folge wird die mit dem Konkurrenzeintritt einhergehende Veränderung in der Wettbewerbsstärke eines Präparates nicht konsequent von den Praktikern in der Pharmaindustrie erkannt und führt oftmals nicht zu den notwendigen Maßnahmen im Marketingbereich. Viele Manager neigen intuitiv zu einer Beibehaltung des bisherigen Preises. Die Abbildung 13 macht dies deutlich.

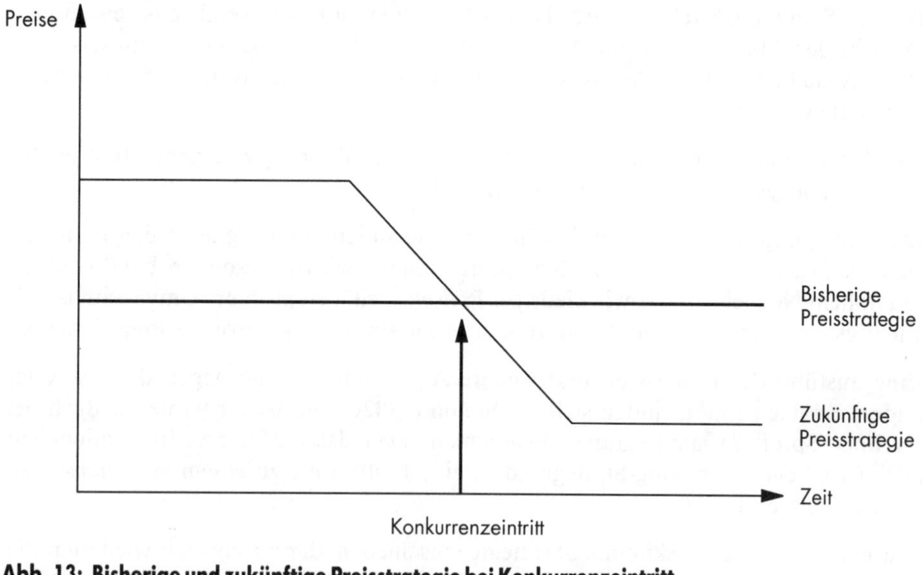

Abb. 13: Bisherige und zukünftige Preisstrategie bei Konkurrenzeintritt

Die Preisstrategie muß sich bei einer Zweiteilung des Pharma-Marktes im Vergleich dazu strukturell anders darstellen. Während des Innovationszeitraumes wird man im Vergleich zur bisherigen Vorgehensweise deutlich höhere Preise realisieren müssen, die dann allerdings bei Konkurrenzeintritt deutlich reduziert werden. Dies erfordert eine sehr viel größere Preisflexibilität. Eine Preispolitik, die sich nicht an die veränderten Wettbewerbsbedingungen anpassen kann, wird in Zukunft immer weniger vom Markt toleriert werden.

5. Zusammenfassung

Der für ein neues Produkt am Markt zu erzielende Preis steht in sehr engem Zusammenhang mit der aus Kundensicht wahrgenommenen relativen Leistung dieses Produktes. Wegen der verstärkten Konkurrenzintensität im Pharmamarkt wird es allerdings immer schwieriger, sich von den Konkurrenzleistungen deutlich genug zu differenzieren. Die Folge ist eine zunehmende Bedeutung des Preises.

Wesentliche Voraussetzung für eine adäquate Preissetzung ist daher die Bestimmung des Preiseinflusses auf den Absatz des betreffenden Produktes (Preis-Absatz-Beziehung). Dies kann prinzipiell durch Befragung von Experten/Managern oder durch indirekte Befragung von Kunden erfolgen (Produktwertanalyse mittels Conjoint-Measurement).

Die Bestimmung länderindividueller Preise und die Etablierung eines für alle Länder gültigen Preisrahmens wird für die Preisstrategie immer wichtiger. Computerprogramme ermöglichen die Berechnung des Opfers, welches für eine konsistente Preisstrategie erbracht werden muß. Es wird deutlich, welche Länder wie stark von ihren optimalen länderindividuellen Preisen abweichen müssen und wie groß der dadurch verursachte Gewinnrückgang ist. In Einzelfällen kann es optimal sein, ein Produkt in einem preislich extremen Land nicht einzuführen.

Aus strategischer Sicht ist für Innovationen eine Skimming-Strategie angeraten. Hier muß allerdings in Zukunft eine sehr viel flexiblere Preispolitik als in der Vergangenheit betrieben werden. Verändert sich die Wettbewerbsstärke eines Präparates durch Konkurrenzeintritt, dann können preisliche Maßnahmen nicht ausbleiben. Der Preis wird in Zukunft im sehr viel stärkeren Maße den veränderten Wettbewerbsbedingungen folgen müssen.

Pharma-Preismanagement im Festbetragssystem

Eckhard Kucher
Hermann Simon

1. Einleitung

Die Gesundheitsreform schafft für die Pharmaindustrie in Deutschland grundlegende Veränderungen in den Wettbewerbsbedingungen. Neben einer radikalen Verschärfung des Wettbewerbs ist mit einer Entwicklung zu einem zweigeteilten Pharmamarkt zu rechnen, einem Markt für High Tech-Produkte/Innovationen und einem Markt für Commodities/Me too-Produkte. Unserer Einschätzung nach stellt die Gesundheitsreform damit einen strategischen Wendepunkt dar. Die Weichen für die langfristige Entwicklung werden allerdings heute gestellt. Entscheidungen, die jetzt getroffen werden, bestimmen für lange Zeit den Wettbewerb im deutschen Pharmamarkt. Es kommt ihnen daher eine hohe strategische Priorität zu, denn viele dieser Entscheidungen sind, einmal getroffen, irreversibel.

Dies trifft insbesondere für das Preismanagement im Festbetragssystem zu. Die Einführung von maximalen Erstattungsbeträgen für bestimmte Gruppen von Arzneimitteln stellt den wohl fundamentalsten Eingriff in das bisherige System des Pharmamarktes dar. Die Reaktion der Pharmaindustrie auf diesen Eingriff ist stark emotional geprägt und läßt häufig eine rationale Analyse der Situation und der möglichen strategischen Antworten vermissen. In den Diskussionen werden fast immer nur kurzfristige Aspekte berücksichtigt, die langfristigen strategischen Implikationen einer Entscheidung für oder gegen eine Absenkung des Preises eines Originals auf das Festbetragsniveau werden vernachlässigt.

Ziel des vorliegenden Beitrages ist eine unvoreingenommene, kühle Analyse der neuen Situation, das Aufzeigen alternativer strategischer Optionen und Empfehlungen für das weitere Vorgehen. Hierbei wollen wir nicht über den Sinn oder Unsinn der Festbetragsregelung diskutieren, sondern diese als Rahmen für strategische Lösungen ansehen. Der Beitrag beschäftigt sich ausschließlich mit dem Preismanagement für Produkte, die vom Festbetragssystem betroffen sind. Er ergänzt damit den Beitrag „Pharma-Preismanagement für Innovationen“ von Kucher im vorliegenden Buch.

2. Preismanagement im Festbetragssystem

Um Preisempfehlungen im Festbetragssystem ableiten zu können, wollen wir die für diese Entscheidung wesentlichen Determinanten ausführlich analysieren und diskutieren. Im einzelnen handelt es sich um folgende Problembereiche:

1. Kundenreaktion,

2. Marktsegmentierung,

3. Konkurrenzreaktion,

4. strategisch-langfristige Aspekte und

5. internationale Zusammenhänge.

2.1 Kundenreaktion

Der Kunde der Pharmazeutischen Industrie war für den niedergelassenen Bereich bisher hauptsächlich der Arzt. Dem Apotheker kam die Rolle eines Verteilers zu, und der Patient war, zumindest für den Bereich der ethischen Präparate, im Sinne der Präparateentscheidung unbedeutend. Mit der Gesundheitsreform können sich die Rollen dieser drei Kundengruppen stark verändern. Der Apotheker bekommt im Rahmen der zumindest partiellen Aufhebung des Aut-Similie Verbotes Einfluß auf die Präparateentscheidung. Der Patient wird bei Präparaten mit Preisen, die oberhalb des jeweiligen Festbetrages liegen, zuzahlen müssen und wird daher mit entscheiden, welches Präparat letztendlich gekauft wird. Unter dem Begriff Kunden verstehen wir sowohl den Arzt, den Apotheker als auch den Patienten.

Zur Analyse der Kundenreaktion auf das Festbetragssystem beschreiben wir zunächst die Situation ohne Festbetrag. Hier sind die Kunden hauptsächlich die Ärzte, die ein bestimmtes Präparat zu einem gegebenen Preis in einer bestimmten Häufigkeit verordnen. Für deutlich andere Preise dieses Präparates würden sich die gesamten Verordnungen der Ärzte verändern, d.h. je höher die Preise gesetzt werden, desto geringer fallen tendenziell die verordneten Mengen aus. Die Abbildung 1 verdeutlicht diesen Zusammenhang in Form einer Preis-Absatz-Beziehung. Wir unterstellen damit, daß der Preis auch heute schon ein Entscheidungskriterium des Arztes ist, wenn er seine Verordnungen tätigt. Dies konnte in zahlreichen Untersuchungen und Studien nachgewiesen werden (vgl. Simon-Kucher 1988). Zur Bestimmung einer Preis-Absatz-Beziehung siehe auch Kucher (1985), Kucher (1987a) und Kucher-Simon (1987).

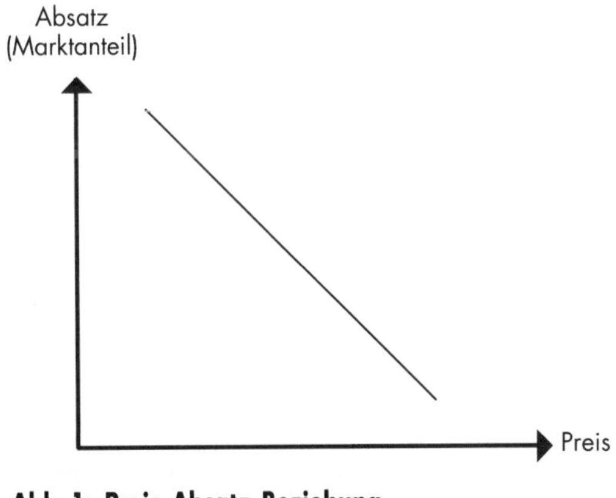

Abb. 1: Preis-Absatz-Beziehung

Bewertet man die alternativen Preis-Mengen-Kombinationen mit Deckungsbeiträgen, dann resultiert die Preis-Gewinn-Beziehung, die in der Abbildung 2 schematisch dargestellt ist (vgl. auch Simon 1982). Es wird deutlich, daß der Gewinn mit zunehmenden Preisen zunächst ansteigt, ein Optimum erreicht und dann für noch höhere Preise wieder kleiner wird. Mit steigenden Preisen ist die Zunahme im Deckungsbeitrag zunächst größer als der Mengenrückgang, im Optimum gleichen sich beide Effekte aus, und rechts davon ist der Effekt des Mengenverlustes größer als die Zunahme im Deckungsbeitrag. Es gibt folglich immer einen gewinnoptimalen Preis.

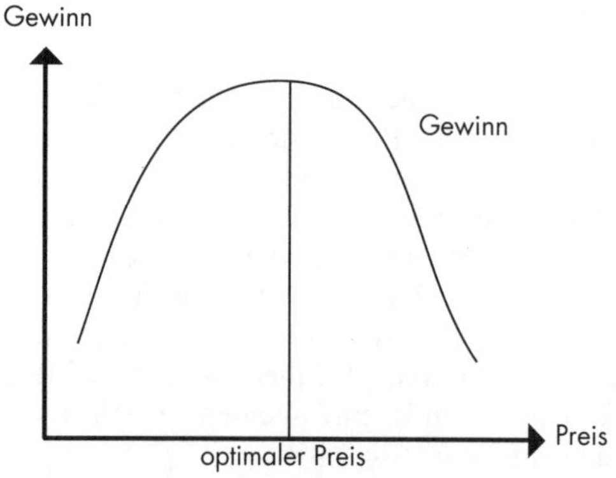

Abb. 2: Preis-Gewinn-Beziehung

Im folgenden wollen wir eine solche Situation als gegeben annehmen. Wir unterstellen der Einfachheit halber, daß das von uns betrachtete Präparat den optimalen Preis am Markt gesetzt hat. Die zentrale Frage ist nun, wie sich dieses System verändert, wenn ein Festbetrag für unser Präparat eingeführt wird. Die entscheidende Änderung bezieht sich hierbei auf die Preis-Absatz-Beziehung.

Die Abbildung 3 gibt die zu erwartende neue Preis-Absatz-Beziehung wieder. Wir sind hierbei davon ausgegangen, daß die bisherige Preis-Absatz-Beziehung durch eine Gerade dargestellt werden konnte (vgl. Abb. 1).

2.1.1 Die Preis-Absatz-Beziehung im Festbetragssystem

2.1.1.1 Preis-Absatz-Beziehung für Preise unterhalb des Festbetrages

Betrachten wir zunächst den Bereich links vom Festbetrag. Hier haben wir unterstellt, daß sich die Preis-Absatz-Beziehung nicht wesentlich ändert. Unsere Vermutung stützt sich sowohl auf Argumente, die für einen flacheren als auch für einen steileren Verlauf sprechen.

Für einen steileren Verlauf der Preis-Absatz-Beziehung, d.h. für eine stärkere Preiswirkung, lassen sich insbesondere folgende Aspekte anführen:

- Der Regreßdruck auf den Arzt bleibt erhalten. Da der Arzt einen Spielraum für die Verordnungen teurerer, nicht vom Festbetrag betroffener Produkte braucht, wird er daher verstärkt preisgünstigere Medikamente verordnen.
- Im Rahmen der Gesundheitsreform ist eine Einzelwirtschaftlichkeitsprüfung bei 2 % der Ärzte vorgesehen. Dies verstärkt den Druck auf den Arzt, preisgünstige Medika-

mente zu verordnen. Wichtiger als der tatsächliche Effekt kann hierbei die psychologische Signalwirkung sein.

- Für den Fall, daß die Ärzte in nennenswertem Umfang Aut-Similie-Verordnungen zulassen, bestimmt der Apotheker die Präparateentscheidung mit. Vom Gesetzgeber wird er dabei angehalten, preisgünstige Medikamente abzugeben.
- Im Zuge der Einführung eines Festbetragssystems ist mit einem generellen Anstieg der Preissensitivität zu rechnen, da das Preisbewußtsein bei den Ärzten insgesamt gesteigert wird.

Für einen flacheren Verlauf der Preis-Absatz-Beziehung, d.h. für eine geringere Wirkung des Preises für den betreffenden Preisbereich, spricht folgendes:

- Aus Sicht des Arztes kann der Eindruck entstehen, daß er mit der Verordnung von Präparaten, die preislich auf dem Festbetragsniveau angesiedelt sind, „aus dem Schneider" ist. Präparate unterhalb des Festbetrages sind daher für ihn weniger attraktiv.
- Es ist zu erwarten, daß sich mit dem Festbetragssystem der bisherige durchschnittliche Preisabstand zwischen Original und Nachahmer von jetzt ca. 50 % deutlich verringert. Damit wird es für den Arzt weniger bedeutsam, Nachahmer-Präparate, d. h. Präparate mit Preisen unterhalb des Festbetrages, zu verordnen. Sein Einsparungspotential ist geringer.

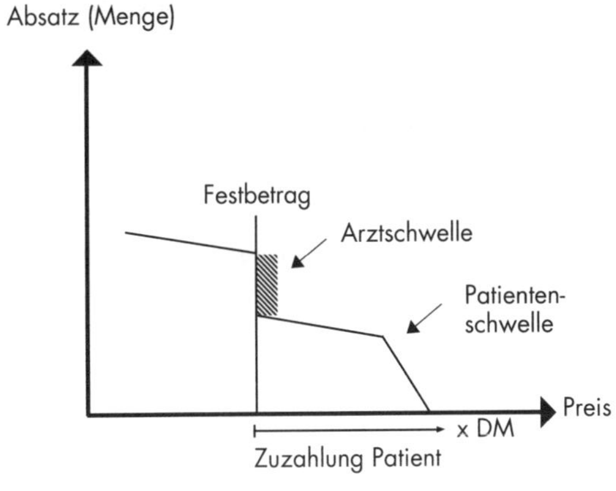

Abb. 3: Preis-Absatz-Beziehung im Festbetragssystem

Sicherlich gibt es noch weitere Gründe für oder gegen einen steileren oder flacheren Verlauf der Preis-Absatz-Beziehung links vom Festbetrag. Eines wird allerdings deutlich. Es ergeben sich widersprechende Implikationen und es ist nicht abschätzbar, welche Effekte letztlich die Oberhand gewinnen werden. Einiges spricht dafür, daß sich die gegenläufigen Effekte zumindest teilweise kompensieren werden, so daß wir keine oder nur eine leichte Veränderung der Preis-Absatz-Beziehung für den diskutierten Preisbereich annehmen können.

2.1.1.2 Preis-Absatz-Beziehung für Preise in der Nähe des Festbetrages

Wie aus der Abbildung 3 ersichtlich ist, vermuten wir für Preise, die geringfügig oberhalb des Festbetrages liegen, einen deutlichen Absatzrückgang. Die schraffierte Fläche soll hierbei verdeutlichen, daß nicht mit Sicherheit gesagt werden kann, ob der Absatzeinbruch sofort mit Überschreiten des Festbetrages, bei Preisen von zwei bis drei Mark oberhalb des Festbetrages, oder aber bei noch höheren Patientenzuzahlungen erfolgt. Wir werden auf diesen Punkt nochmals zurückkommen. Mit einiger Sicherheit können wir aber unterstellen, daß es einen Absatzeinbruch geben wird. Wir nennen diesen Effekt **Arztschwelle**.

Für die Existenz der Arztschwelle sprechen folgende Gründe:

- Der Festbetrag stellt eine Grenze dar, bei der sich entscheidet, ob der Patient zuzahlen muß oder nicht.
- Verordnet der Arzt Präparate mit Preisen oberhalb des Festbetrages, muß er den Patienten darüber aufklären. Es existiert also ein Begründungszwang.
- Es ist naheliegend, daß es innerhalb der Patientenschaft Marktsegmente gibt, Zuzahler und Nicht-Zuzahler. Die Nicht-Zuzahler fallen beim Überschreiten des Festbetrages als Kunden weg. Als Folge ergibt sich eine Schwelle.

Die Größe der Arztschwelle hängt von vielen Faktoren ab, die wir an späterer Stelle diskutieren wollen. Generell kann jedoch gesagt werden, daß sie umso größer ausfällt, je austauschbarer die konkurrierenden Produkte sind und je schwächer die Präferenz der Patienten für Markenprodukte ist.

2.1.1.3 Preis-Absatz-Beziehung für Preise oberhalb des Festbetrages

Für Preise oberhalb des Festbetrages muß der Patient eine Zuzahlung leisten, die der Differenz zwischen Preis und Festbetrag entspricht. Hier sind nur noch die Ärzte bzw. Patienten im Markt, die prinzipiell zur Zuzahlung bereit sind. Die Frage wird hier sein, wann die „Schmerzgrenze" beim Patienten erreicht ist, d. h. bei welchem Zuzahlungsbetrag der Absatz abbricht. Wir vermuten hier eine zweite Schwelle, die **Patientenschwelle.**

Als Argumente für die Existenz einer Patientenschwelle kann folgendes aufgeführt werden:

- Die Zuzahlungsbereitschaft der Patienten ist wahrscheinlich nicht so sehr prozentual, bezogen auf den Preis des Präparates, sondern eher an absoluten Zuzahlungsbeträgen orientiert. Beim Überschreiten bestimmter absoluter DM-Beträge wird die Zuzahlungsbereitschaft deutlich zurückgehen. Die Folge ist der vermutete Absatzeinbruch.
- Eine weitere Determinante könnte das Einkommen der Patienten sein. Insbesondere multi-morbide Patienten mit geringem Einkommen werden bei der Vielzahl der benötigten Medikamente schnell an eine Budgetgrenze stoßen, die weitere Zuzahlungen nicht mehr gestattet.

2.1.2 Die Preis-Gewinn-Beziehung im Festbetragssystem

Ein Vergleich der Preis-Absatz-Beziehungen aus Abbildungen 1 und 3 zeigt die Bedeutung und die Stärke des Eingriffs einer Festbetragsregelung in das bisherige System. Die zentralen Fragen sind:

1. Wo wird der Festbetrag liegen?
2. Wie groß ist die Arztschwelle?
3. Wo liegt die Patientenschwelle?

Erst eine Beantwortung dieser drei Fragen läßt eine Entscheidung bezüglich der Preisstrategie, d.h. für oder gegen einen Preis oberhalb des Festbetrages, zu. Die Abbildung 2 stellte den strukturellen Verlauf der Preis-Gewinn-Beziehung ohne Festbetrag dar. In der Abbildung 4 ist die strukturelle Preis-Gewinn-Beziehung im Festbetragssystem veranschaulicht. Nachdem der Gewinn wie bisher zunächst mit steigenden Preisen ansteigt, ergibt sich rechts vom Festbetrag ein scharfer Einbruch. Dieser wird durch die Arztschwelle ausgelöst. Die zentrale Frage ist nun, ob und unter welchen Bedingungen der Gewinn für Preise oberhalb des Festbetrages höher ausfallen kann als beim Festbetrag. Es ist auch denkbar, daß die Gewinnkurve rechts vom Festbetrag schnell abfällt und kein erneutes Gewinnmaximum erreicht wird. Welche Situation hier eintritt, hängt von der Beantwortung der drei oben gestellten Fragen ab.

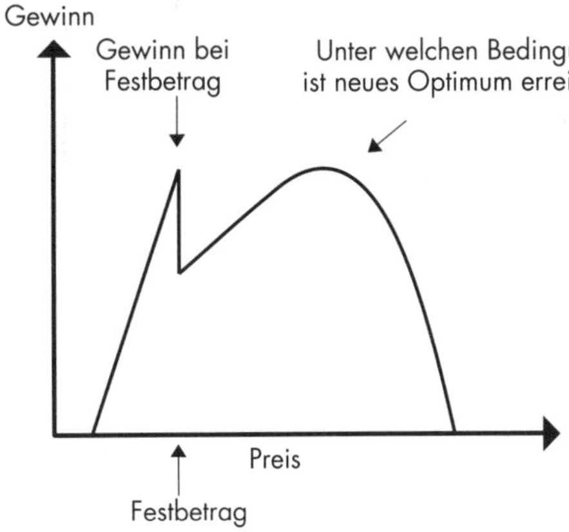

Abb. 4: Preis-Gewinn-Beziehung im Festbetragssystem

Wir wollen daher alternative Situationen und Szenarios durchrechnen, um generelle Aussagen bzgl. der Optimalität von Preisen oberhalb des Festbetrages ableiten zu können.

2.1.3 Festbetrag oder Zuzahlung?

Die Beantwortung dieser Frage hängt hauptsächlich von der Höhe des Festbetrages und von der Arztschwelle ab. Die Patientenschwelle hat hier nur einen geringeren Einfluß. Sie bestimmt eher den optimalen Zuzahlungsbetrag, nicht aber so sehr die Frage, ob Zuzahlung überhaupt sinnvoll ist. Wir beschränken uns daher zunächst auf die beiden Parameter Festbetrag und Arztschwelle.

Grundlagen für unsere Simulationsrechnungen sind verschiedene Preis-Absatz-Beziehungen, die in ihrer Struktur der in der Abbildung 3 dargestellten Preis-Absatz-Beziehung entsprechen.

Die Festbeträge werden als Prozentwert des aktuellen Preises ausgedrückt und zwischen 100% und 40% in 1%-Abständen variiert. 100% bedeutet, daß der heutige Preis erstattungsfähig bleibt, 40% bedeutet, daß nur 40% des aktuellen Preises erstattet werden. Die von uns vorgenommene Variationsbreite des Festbetrages deckt damit alle realistischen Szenarios ab.

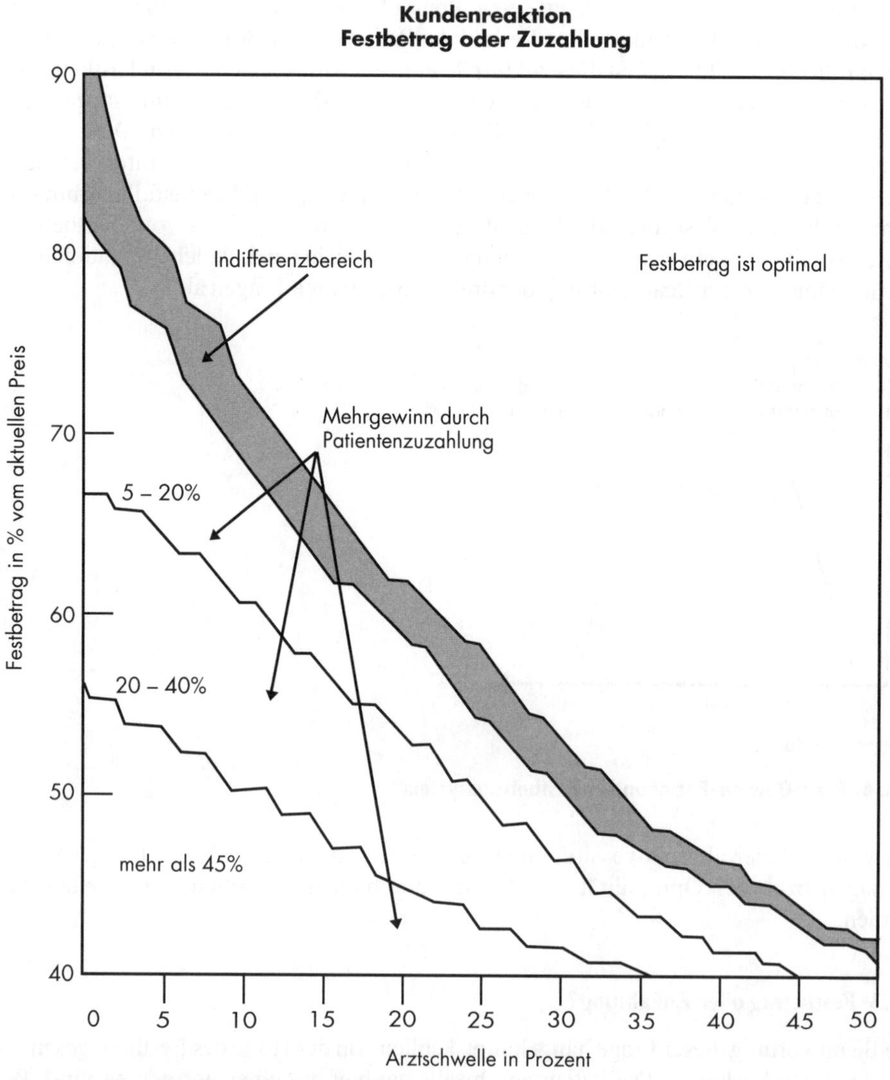

Berechnungen stellen Durchschnittswerte dar,
je nach Produkt können sich Unterschiede ergeben.

Abb. 5: Festbetrag oder Zuzahlung

Die Arztschwelle wurde im Bereich zwischen 0% und 50% ebenfalls in 1%-Abständen variiert, d. h. beim Überschreiten der Arztschwelle reduziert sich der Absatz um 0% bis 50%. Auch hiermit dürften alle realistischen Größenordnungen abgedeckt sein.

Insgesamt wurden pro Preis-Absatz-Beziehung 300 Simulationsrechnungen durchgeführt. Die Ergebnisse sind in der Abbildung 5 dargestellt worden. Vertikal ist der Festbetrag als Prozentsatz vom aktuellen Preis, horizontal die Arztschwelle ebenfalls in Prozent abgetragen.

Wie aus der Abbildung 5 ersichtlich, sind alle Kombinationen von Festbeträgen und Arztschwellen drei inhaltlichen Ergebniskategorien zuzurechnen:

- einem Bereich, in dem der Festbetrag optimal ist,
- einem Bereich, in dem es optimal ist, einen Preis oberhalb des Festbetrages zu setzen und
- einem Bereich, in dem keine eindeutige Entscheidung möglich ist, dem Indifferenzbereich.

Folgende Aussagen bezüglich des gewinnoptimalen Preises lassen sich ableiten:

Ein Preis in Festbetragshöhe ist optimal,

- falls der Festbetrag relativ hoch angesetzt wird. Bei einem Festbetrag, der bei ca. 80% oder mehr vom jetzigen Preis angesetzt wird, ist es immer optimal, den Preis auf den Festbetrag abzusenken.
- falls die Arztschwelle vergleichsweise hoch ist, d.h. wenn bei Preisen oberhalb des Festbetrages viele Kunden verloren gehen. Bei einer Arztschwelle von über 50% ist der Festbetrag praktisch immer optimal.

Umgekehrt setzt man den Preis besser oberhalb des Festbetrages, falls entweder der Festbetrag selbst vergleichsweise tief angesetzt wird (z.B. bei 50%) und/oder die Arztschwelle klein ist. Unterstellt man z.B eine Arztschwelle von 15% und einen Festbetrag von 50% bezogen auf das jetzige Preisniveau, dann ergibt sich bei optimaler Preisstellung ein Mehrgewinn von ca. 40% im Vergleich zu einer Preisstellung in Höhe des Festbetragsniveaus.

2.1.4 Zuzahlung und Arztschwelle

Bisher haben wir es offen gelassen, ob die Arztschwelle bereits beim Überschreiten des Festbetrages um nur wenige Pfennige oder aber erst nach einer Überschreitung des Festbetrages von z.B. 2-3 DM eintritt. Hierzu gibt es zur Zeit keine gesicherten Erkenntnisse. Einige Untersuchungen weisen jedoch darauf hin, daß die Arztschwelle erst bei einer Zuzahlung von ca. 3 DM wirksam wird.

Die Frage, ob man im Falle einer Parameterkombination, die in Richtung Festbetrag weist, genau den Festbetrag oder aber einen Preis leicht oberhalb des Festbetrages realisiert, hat strategische Bedeutung. Dabei geht es nicht so sehr um die kurzfristigen Gewinnwirkungen, die bei einer Zuzahlung von 3 DM resultieren würden, sondern eher um die langfristig erzielbaren Ergebnisse.

Zur Zeit zahlt der Patient pro Präparat 2 DM Rezeptgebühr. Diese fällt für Festbetragsprodukte in Zukunft weg, wird aber für nicht vom Festbetrag betroffene Produkte auf 3 DM angehoben. Werden im Festbetragssystem viele Präparate zum Festbetrag angeboten, d.h. ohne Zuzahlung, dann fördert dies eine „Mentalität des freien Gutes" beim Patienten. Eine spätere Anhebung der Patientenzuzahlung von 0 DM auf einen höheren Betrag wird dann ungleich schwieriger durchsetzbar sein. Die generelle Zuzahlung für Markenprodukte ist nur jetzt mit der Einführung des Systems implementierbar. Gelingt es also für alle Originalprodukte, eine Zuzahlung von z.B. 3 DM zu realisieren, dann sieht die langfristige Perspektive sehr viel günstiger aus. Spätere Anhebungen des Zuzahlungsbetrages von 3 DM auf einen dann höheren Betrag sind ungleich leichter durchsetzbar als eine von 0 DM ausgehende Anhebung.

Wir halten es daher für strategisch äußerst bedeutsam, diesen Aspekt bei der Preisstellung zu berücksichtigen, also selbst bei Produkten, bei denen nach Abbildung 5 der Festbetrag optimal wäre, einen leicht höheren Preis zu fordern, z.B. 3 DM Zuzahlung. Hierbei wäre das Hauptziel, den Patienten an die Zuzahlung zu gewöhnen, um später diesen Betrag erhöhen zu können. Dies gilt wohlgemerkt nur für Originalpräparate, nicht für Nachahmer. Diese sollten sich durchaus dadurch unterscheiden, daß keine Zuzahlung gefordert wird.

Für den Erfolg einer solchen Strategie ist allerdings wichtig, daß alle Anbieter von Originalpräparaten mitmachen. Das System kann nur industrieeinheitlich erfolgreich durchgesetzt werden. Ein Ausscheren einzelner Anbieter gefährdet das Vorgehen aller anderen.

Zusammenfassend kann man sagen, daß die Analyse der Kundenreaktion zu unterschiedlichen Ergebnissen geführt hat. Die Entscheidung über einen Preis auf Festbetragsniveau oder darüber hängt hauptsächlich von den Parametern Festbetrag und Arztschwelle ab. Es gibt keine allgemein gültige Lösung des Problems, sondern man muß von Produkt zu Produkt individuell entscheiden. Die "strategische" Zuzahlung eines mehr symbolischen Betrages gilt allerdings für alle Markenprodukte.

2.2 Marktsegmentierung

Bei der bisherigen Abhandlung sind wir davon ausgegangen, daß es einen homogenen Gesamtmarkt gibt, d.h. wir haben keine Unterschiede bzgl. der Zuzahlungsbereitschaft der Patienten gemacht. Mit hoher Wahrscheinlichkeit kann man aber davon annehmen, daß Marktsegmente existieren (vgl. Kucher 1987b), nämlich auf der einen Seite Patienten, die bereit sind, zuzuzahlen, und andererseits solche, die wir als Nicht-Zuzahler kennzeichnen. Exakte Annahmen über die Größenordnungen beider Segmente können zur Zeit nicht getroffen werden. In diesem Abschnitt wollen wir daher untersuchen, welche strategischen Optionen sich in einem Festbetragssystem unter Annahme verschieden großer Zuzahlersegmente ergeben.

Ein einfaches Beispiel soll dies verdeutlichen. In der Abbildung 6 sind die Preis-Absatz-Beziehungen für beide Marktsegmente, Zuzahler und Nicht-Zuzahler, angegeben worden. Zunächst unterstellen wir, daß beide Segmente gleich groß sind. Später geben wir diese Annahme auf. Der aktuelle Preis unseres Präparates sei 25 DM, der Festbetrag wird auf 12,50 DM (50%) festgesetzt. Im linken Teil der Abbildung 6 ist die Preis-Absatz-Beziehung der Nicht-Zuzahler angegeben. Sobald der Preis den Festbetrag überschreitet, d. h. die Patienten zuzahlen müßten, fällt der Absatz auf Null zurück. Für das Segment der Zuzahler gilt die Preis-Absatz-Beziehung auf der rechten Seite der Abbildung 6. Es sei angemerkt, daß durch eine Addition beider Preis-Absatz-Beziehungen wiederum eine Verlaufsform resultiert, die von der Struktur her mit der Abbildung 3 identisch ist. Die Artzschwelle kann also durch die Existenz zweier Marktsegmente entstehen. Konkret sieht es dann so aus, daß der Arzt seine Patienten in zwei Gruppen einteilt. Hierbei geht er nach seinen Kenntnissen bzgl. der Patienten vor oder aber die Patienten bestimmen selbst ihre Segment-Zugehörigkeit.

Gewichtet man nun die in der Abbildung 6 gegebenen Absatz-Verläufe für beide Segmente mit den entsprechenden Deckungsbeiträgen, dann ergeben sich die in der Abbildung 7 dargestellten Preis-Gewinn-Beziehungen.

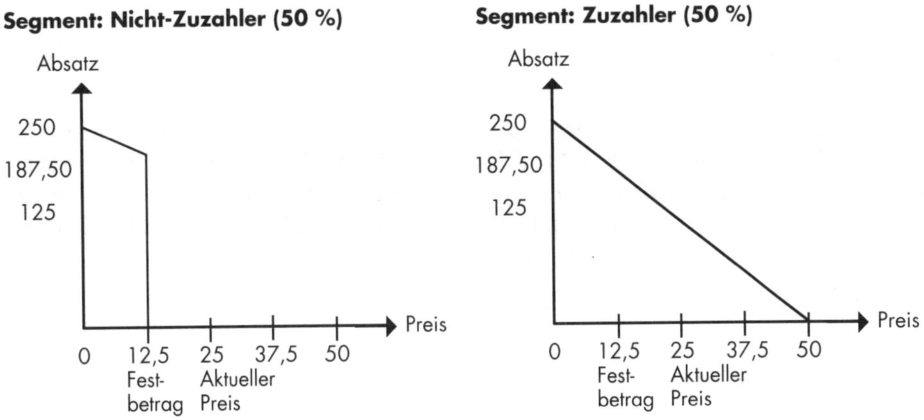

Abb. 6: Preis-Absatz-Beziehung für zwei Segmente

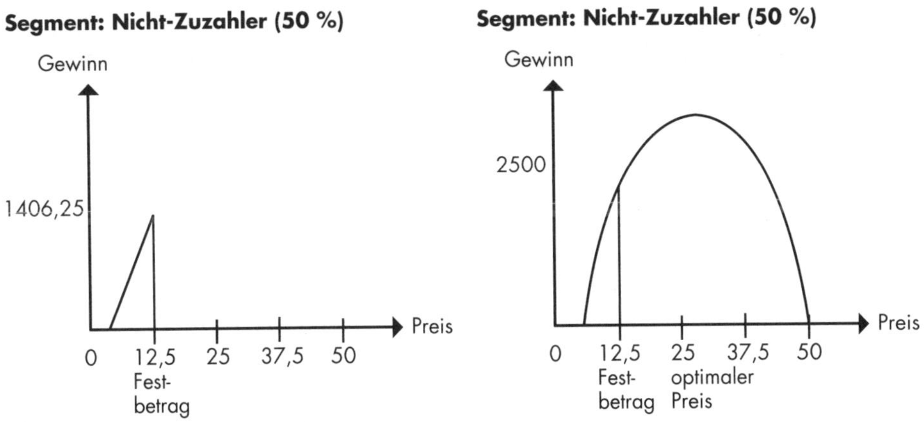

Abb. 7: Preis-Gewinn-Beziehung für zwei Segmente

Im Segment der Nicht-Zuzahler steigt mit steigenden Preisen der Gewinn an, bis der Festbetrag erreicht wird. Für höhere Preise ist der Gewinn gleich Null. Der Festbetrag ist daher der optimale Preis.

Der optimale Preis im Segment der Zuzahler beträgt im Beispiel 25 DM. Er ist damit doppelt so hoch wie der für das Nicht-Zuzahler-Segment. Wir haben bewußt ein stark polarisierendes Zahlenbeispiel gewählt, um die Effekte deutlich herauszuarbeiten.

Existiert ein solcher in Zuzahler und Nicht-Zuzahler geteilter Markt, dann sind folgende in der Tabelle 1 dargestellten Strategien denkbar.

Strategie	Beschreibung	Preis	Gewinn
1	Festbetragsstrategie	12,50 DM	2812,50
2	Hochpreisstrategie	25,00 DM	2500,00
3	Doppelstrategie: Zwei Präparate für zwei Segmente	12,50 DM und 25,00 DM	3906,25

Tabelle 1: Strategieoptionen

Bei der Festpreisstrategie realisiert man in beiden Segmenten jeweils einen Gewinn von 1406,25 DM, also insgesamt DM 2812,50. Dabei wird im Segment der Zuzahler deutlich Gewinn verschenkt. Die Hochpreisstrategie richtet sich ausschließlich an das Segment der Zuzahler, der Gewinn beträgt 2500 DM. Die Nichtzuzahler werden hier ignoriert. Die Doppelstrategie beinhaltet

(1) einen hohen Preis von DM 25 für das Originalpräparat und

(2) die Ausbietung eines zweiten Präparates für das Nicht-Zuzahler-Segment zum Festbetrag von DM 12,50.

Der Gewinn bei Doppelstrategie liegt in unserem Beispiel um 39% höher als bei der Festbetragsstrategie, wobei die Kosten des zusätzlichen Marketingaufwandes nicht berücksichtigt worden sind.

Da der Zusatzgewinn bei Doppelstrategie stark davon abhängt, wo letztendlich der Festbetrag festgesetzt wird, und wie groß das Segment der Nicht-Zuzahler ist, wollen wir im folgenden diese beiden Parameter systematisch variieren. Der zu erzielende Gewinn wird jeweils mit dem Gewinn bei Festbetragsstrategie verglichen. Die Abbildung 8 gibt die Ergebnisse wieder.

Wird der Festbetrag bei ca. 80% oder mehr des jetzigen Preises festgesetzt, dann lohnt sich eine Doppelstrategie kaum, denn die zusätzlichen Marketingkosten würden den Mehrgewinn auffressen. Dies ist durch den Indifferenzbereich gekennzeichnet. Wird dagegen der Festbetrag wesentlich tiefer angesetzt, ergeben sich deutliche Gewinnsteigerungen durch eine Doppelstrategie, die je nach Situation von 5% bis zu 50% reichen dürften. Hierbei ist der Einfluß der Größe des Nicht-Zuzahler-Segments zwar erkennbar, aber eher als moderat zu bezeichnen. Die Trennlinien verlaufen fast horizontal. Entscheidend ist die Höhe des Festbetrages. Generell gilt, daß eine Doppelstrategie, die zum einen ein Festbetragsprodukt und zum anderen ein Markenprodukt mit höherem Preis anbietet, um so optimaler ist,

- je kleiner tendenziell das Segment der Nicht-Zuzahler ausfällt, und
- je tiefer der Festbetrag angesetzt wird.

Man kann zusammengefaßt sagen, daß bei nennenswerter Segmentierung (die wir erwarten) eine Doppelstrategie fast immer optimal ist. Wie diese konkret implementiert wird, ist eine Frage, die wir hier nicht detailliert diskutieren wollen.

2.3 Konkurrenzreaktion

In den vorangegangenen Abschnitten haben wir gezeigt, unter welchen Bedingungen es jeweils optimal sein kann, den Preis auf den Festbetrag zu senken oder aber eine Patientenzuzahlung zu fordern. Für die Fälle, in denen der Festbetrag die bessere Lösung zu sein schien, wurde aber bisher nicht berücksichtigt, was die Konkurrenz, sprich die Nachahmer tun werden, wenn das Originalprodukt seinen Preis auf das

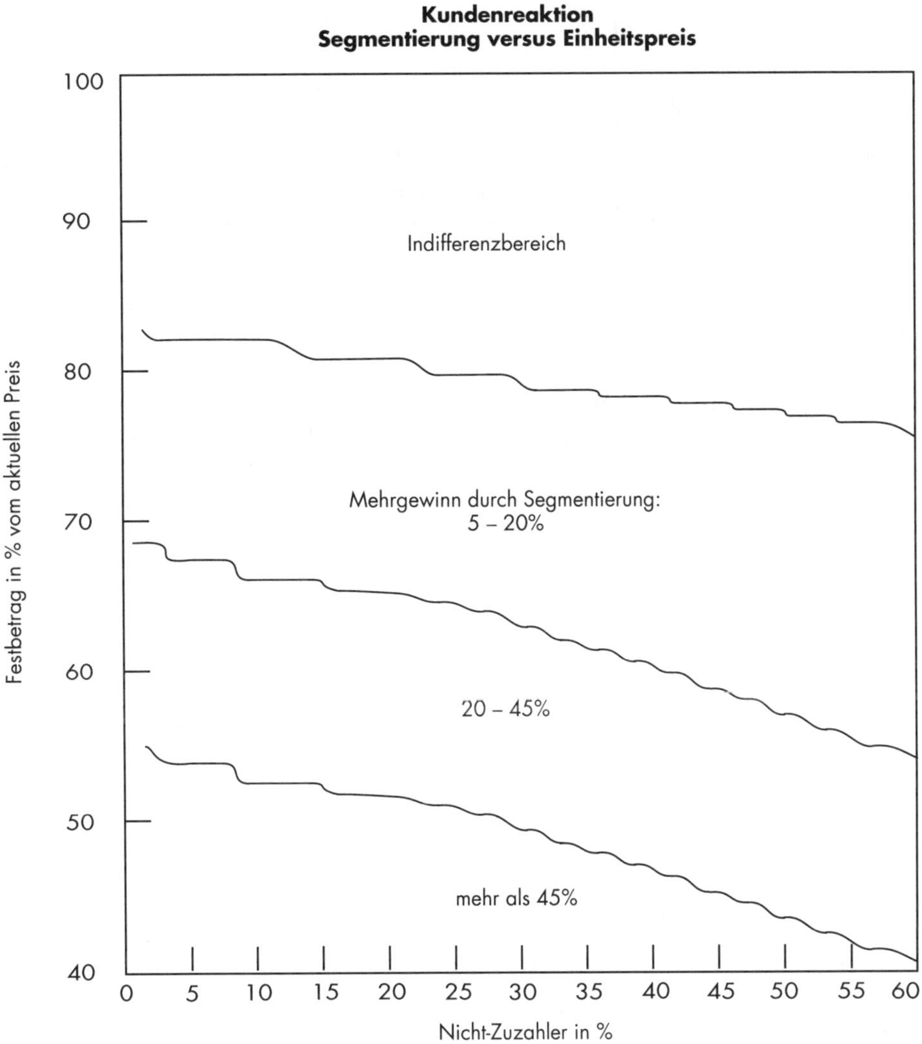

Abb. 8: Segmentierung oder Einheitspreis

Festbetragsniveau absenkt. Die implizite Annahme bisher war, daß alle anderen Preise unverändert bleiben. Reagiert hingegen die Konkurrenz ihrerseits mit den Preisen, dann kann es auch in den Fällen, in denen der Festbetrag (unter der dann falschen Nichtreaktionsannahme) optimal erschien, besser sein, einen höheren Preis zu verlangen.

Das Aktions-Reaktions-Dilemma

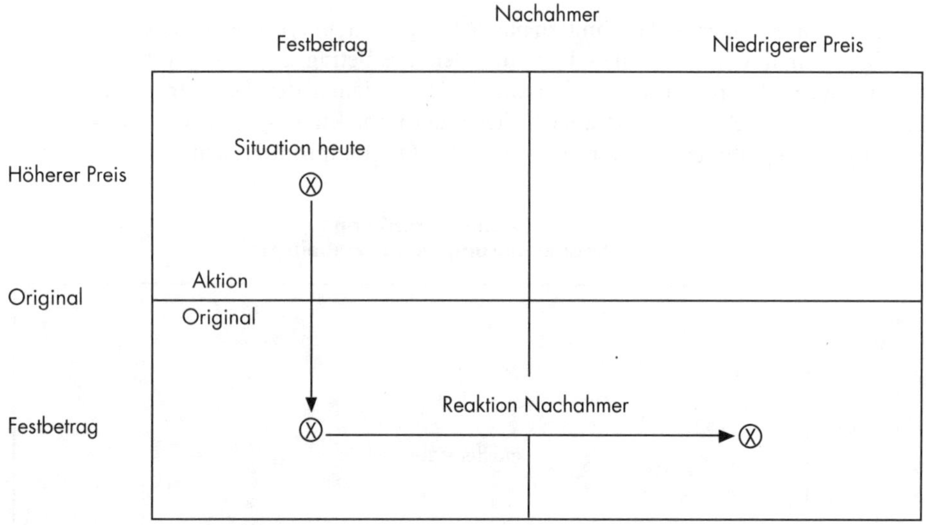

Abb. 9: Konkurrenzreaktion

Die Konkurrenzreaktion kann auf anschauliche Weise durch das Aktions-Reaktions-Dilemma verdeutlicht werden (Abbildung 9). Wir unterscheiden zwischen Originalprodukt und Nachahmerprodukt. Die jetzige Situation wird dadurch beschrieben, daß das Original einen höheren Preis als den zu erwartenden Festbetrag hat und das Nachahmerprodukt tendenziell bereits jetzt auf dem zu erwartenden Festbetragsniveau angesiedelt ist. Zur weiteren Veranschaulichung nehmen wir an, daß das Original 60%, das Nachahmerpräparat 40% mengenmäßigen Marktanteil besitzen (linker oberer Quadrant in Abb. 9).

Wird nun das Festbetragssystem eingeführt, ist folgende Aktions-Reaktions-Dynamik denkbar:

1. Aktion des Originals

   Das Original senkt den Preis auf das Festbetragsniveau ab. Als Folge wird der eigentliche Wettbewerbsvorteil des Nachahmers, der tiefere Preis, neutralisiert (vgl. hierzu Simon 1988). Bei Preisgleichheit verliert der Nachahmer erheblich an Marktanteil: Original 90%, Nachahmer 10% mengenmäßiger Marktanteil (linker unterer Quadrant der Abb. 9).

2. Reaktion des Nachahmerpräparates

   Dieser Marktanteilsverlust wird vom Nachahmer nicht hingenommen, er senkt als Reaktion auf die Preissenkung des Originals den Preis auf ein Niveau unterhalb des Festbetrages. Unsere Annahme: Marktanteil Original 60%, Nachahmer 40%.

Die urspünglichen Marktanteile sind damit wiederhergestellt, allerdings auf einem für beide Konkurrenten deutlich niedrigeren Preisniveau. Folglich haben beide erhebliche Deckungsbeiträge verloren. Unter diesem sehr wahrscheinlichen Szenario ist eine Preisabsenkung des Originals auf Festbetragsniveau nicht sinnvoll, denn sie löst nur die Nachahmerreaktion aus bzw. erzwingt sie geradezu.

Daß die Nachahmer mit dem Preis reagieren werden, ist wettbewerbsstrategisch so gut wie sicher. Die Reaktion kann allerdings unterschiedlich umgesetzt werden. Für den Fall, daß trotz der Aufhebung des Aut-Simile Verbotes nur ein sehr geringer Aut-Simile Anteil an Verordnungen zustandekommt, werden die Nachahmer den Preis offiziell absenken. Ergibt sich aber ein hoher Aut-Simile Anteil, dann wird die Preissenkung der Nachahmer eher indirekt über Rabatte an die Apotheker umgesetzt werden. Der offizielle Preis könnte sogar in diesem Fall auf dem Festbetragsniveau fixiert werden, was zunächst für einige Nachahmerpräparate eine offizielle Preiserhöhung zur Folge hätte.

Wir halten allerdings einen hohen Aut-Simile Anteil für eher unwahrscheinlich. Wahrscheinlicher hingegen ist ein Aut-Simile Anteil von 20% bis 30% der Verordnungen eines Einzelpräparates. Dies würde die Nachahmerreaktion im offiziellen Sinne implizieren, d.h. die Listenpreise würden abgesenkt.

Kommt es zu der in der Abbildung 9 beschriebenen Aktions-Reaktions-Dynamik, dann ist noch eine viel einschneidendere Entwicklung wahrscheinlich. Da die Festbeträge in bestimmten Zeitabständen angepaßt werden, muß man befürchten, daß diese ebenfalls reduziert werden. Nachdem der Aktions-Reaktions-Mechanismus einmal durchlaufen worden ist, sind die Preise der Nachahmer deutlich tiefer als heute. Die Festbeträge die sich an den Preisen der Nachahmer orientieren, könnten dann ebenfalls abgesenkt werden. Geschieht dies, dann wird die Aktions-Reaktions-Mechanik erneut ausgelöst. Es resultiert eine Preissenkungsdynamik, die zu immer niedrigeren Preisen und Festbeträgen führt. Die Abbildung 10 verdeutlicht diese gefährliche Preisspirale.

Der Festbetrag wird z.B. für 1989 auf 60% des Originalpreises festgelegt. Das Original senkt den Preis auf den Festbetrag. Der Nachahmer reagiert und senkt seinerseits den Preis auf 30%. Für 1990 könnte dann der Festbetrag auf z.B. 40% gesetzt werden.

Wiederum senkt das Original den Preis auf 40%, der Nachahmer senkt den Preis auf 20% etc. Die Auslösung einer solchen Preissenkungsdynamik muß auf jeden Fall verhindert werden. Hier würden weder der Originalhersteller noch der Nachahmer gewinnen. Beide wären Verlierer.

Das Originalpräparat sollte seine Preisstrategie so gestalten, daß der Nachahmer nicht zu einer Reaktion gezwungen wird. D.h., wenn der Festbetrag bei 80% liegt, könnte das Original auf Festbetragsniveau gehen. Der Abstand zum Preis des Nachahmers bleibt entsprechend groß, so daß eine Preissenkungsdynamik nicht ausgelöst würde. Liegt der Festbetrag hingegen bei 50% des Originalpreises, dann kann eine Preissenkung des Originals auf den Festbetrag nicht mehr sinnvoll sein, denn in diesem Fall müßten die Nachahmer reagieren. Die Preissenkungsdynamik wird unausweichlich ausgelöst.

Preissenkungsdynamik

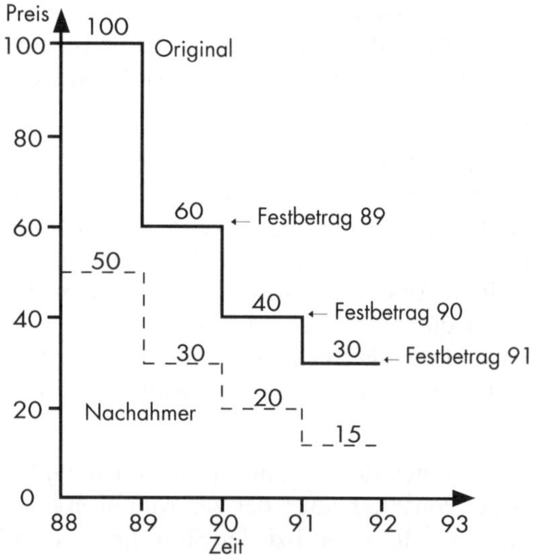

Abb. 10: Preissenkungsdynamik

2.4 Strategisch-langfristige Aspekte

In diesem Abschnitt möchten wir einige strategisch-langfristige Aspekte ansprechen, die uns bei der Umsetzung der Preisstrategie im Festbetragssystem relevant erscheinen.

2.4.1 Dynamik der Preiswirkung

Die in der Abbildung 3 dargestellte Preis-Absatz-Beziehung geht von einer Arzt- und einer Patientenschwelle aus. Wir vermuten hier keine zeitliche Konstanz, sondern eher eine Dynamik, die mit zunehmender Zeit sowohl die Arztschwelle kleiner ausfallen als auch die Patientenschwelle erst für höhere Preise zur Wirkung kommen läßt. Konkret heißt dies, daß der mit dem Überschreiten des Festbetrages einhergehende Absatzrückgang kurzfristig stärker ausfällt als langfristig. Kurzfristig besteht das Hauptproblem im fehlenden Markenimage beim Patienten. Der Patient wird erst dann in größerem Umfange bereit sein zuzuzahlen, wenn es der Pharma-Industrie gelungen ist, ein Image für Markenpräparate aufzubauen d.h. eine Nutzenwahrnehmung zu schaffen. In vielen Branchen zahlen die Verbraucher für Markenpräparate tendenziell 20% bis 40% mehr als für vergleichbare Nachahmer. Im Markt für Brillen gibt es seit langem Festbeträge und eine Zuzahlungsbereitschaft von mehreren Hundert Mark. Selbst bei einem so undifferenzierten Produkt wie Mineralöl gelingt es den Markenherstellern, Preisunterschiede von 2 bis 8% gegenüber den freien Tankstellen durchzusetzen. Auch für OTC-Produkte, wie z.B. Aspirin, zahlt der Patient aufgrund des Markenimages deutlich mehr als für die substanzgleichen Nachahmer. Die stärkste Analogie zu den vom Festbetrag betroffenen Produkten ist allerdings bei Kontrazeptiva gegeben. Sie sind verschreibungspflichtig, und es handelt sich um eine „Langzeitbehandlung“. Der

Patient zahlt hier 100% zu, d.h. der Festbetrag beträgt 0%. Dennoch haben die Nachahmerpräparate bisher nur winzige Marktanteile erringen können.

Diese Erkenntnisse lassen sich sicherlich nicht voll und ohne Abstriche auf den Bereich ethischer Produkte übertragen. Eine Nicht-Berücksichtigung dieser in fast allen Branchen geltenden Zusammenhänge wäre allerdings ebenso kurzsichtig. Eine Patientenzuzahlung halten wir prinzipiell auch für pharmazeutische Produkte für realisierbar. Erste Untersuchungen haben gezeigt, daß eine generelle Zuzahlungsbereitschaft auf Patientenseite existiert. So ergab eine Infratest-Studie, daß 52% der Bevölkerung zur Zuzahlung bereit sind. UNIC-Studien, die nicht auf die Gesamtbevölkerung sondern auf Patienten konzentriert wurden,e rgaben, daß zwischen 80 und 90% der Patienten generell zur Zuzahlung bereit sind. die genannten Zuzahlungsbeträge sind pro Produkt noch vergleichsweise gering, können aber sicher durch Kommunikation deutlich erhöht werden. Voraussetzung ist die Schaffung eines Markenimages. Hier ist die Kommunikation mit dem Patienten gefordert.

2.4.2 Kommunikation

Die bisher einseitige Ausrichtung der kommunikativen Maßnahmen der pharmazeutischen Industrie auf den Arzt muß mit der Veränderung der Rollen Arzt, Apotheker und Patient sehr viel stärker zu Gunsten der bisher vernachlässigten Zielgruppen verändert werden.

Der Kommunikation kommt eine zentrale Bedeutung zu, sobald der Preis eines Präparates oberhalb des Festbetrages angesetzt wird. Mit entsprechender Kommunikation dürfte die Arztschwelle kleiner ausfallen als ohne Kommunikation. Auch läßt sich die Patientenschwelle, d.h. die Zuzahlungsbereitschaft des Patienten, deutlich anheben. Die Abbildung 11 verdeutlicht die Wirkung der Kommunikation auf die Preis-Absatz-Beziehung im Festbetragssystem schematisch.

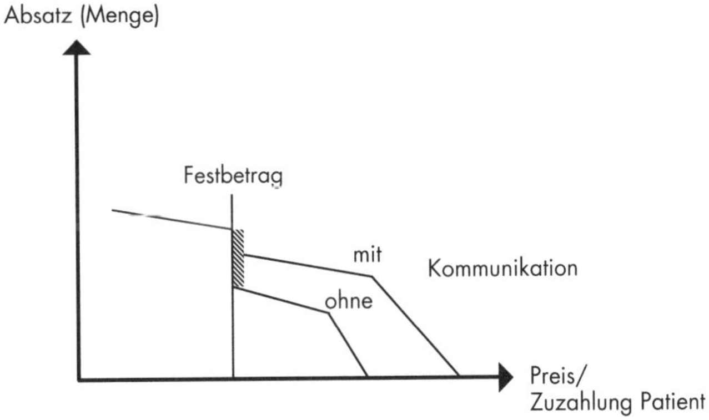

Abb. 11: Kommunikation und Preis

Die Durchsetzung von Preisen oberhalb des Festbetrages erfordert den verstärkten Einsatz kommunikativer Mittel. Gleichzeitig werden aber die Ressourcen knapper, so daß eine verbesserte Effizienz und ein selektiverer Mitteleinsatz als bisher notwendig werden.

2.4.3 Produktindividuelle Betrachtungsweise

Wir haben bereits mehrfach verdeutlicht, daß die Entscheidung über die Preisstrategie im Festbetragssystem von vielen Parametern beeinflußt wird und keinesfalls eine allen Situationen gerecht werdende Patentlösung existiert. Dies gilt analog für die Betrachtung unterschiedlicher Produktsituationen und Indikationsgebiete. Eine für ein Präparat optimale Lösung wird nicht automatisch für ein anderes Präparat optimal sein. Die Zuzahlungsbereitschaften der Patienten sind mit hoher Wahrscheinlichkeit von Produkt zu Produkt verschieden, folglich resultieren auch unterschiedliche Optimalpreise.

So werden z.B bisherige Patienten eines Präparates eher bereit sein, zuzuzahlen, als neu einzustellende Patienten. Desgleichen dürfte die Zuzahlungsbereitschaft in Fällen mit hohem Leidensdruck größer sein als mit geringem Leidensdruck. Einige Untersuchungen haben darüber hinaus gezeigt, daß ältere Patienten in höherem Maße bereit sind, zuzuzahlen, als jüngere Patienten.

Dies alles spricht dafür, eine produktindividuelle Betrachtungsweise anzustellen und keinesfalls alles „über einen Kamm zu scheren".

2.5 Internationale Zusammenhänge

Einige Präparate erzielen im Ausland einen wesentlich höheren Umsatz als in Deutschland. Eine Reduzierung des Preises in Deutschland auf das Festbetragsniveau dürfte aufgrund der internationalen Verflechtungen kaum ohne Konsequenzen für die Preise in den anderen Ländern bleiben. Vermutlich wird die Einführung des Festbetragssystems in Deutschland mittel- und langfristig Konsequenzen für die in anderen Ländern durchsetzbaren Preise haben, auch dann, wenn alle Originalanbieter auf dem jetzigen Preisniveau verharren würden.

Mit einer sehr viel schnelleren preislichen Anpassung des Auslandes ist aber zu rechnen, falls in Deutschland die Preise auf das Festbetragsniveau gesenkt werden. Da der Preis in Deutschland von den lokalen Behörden in anderen Ländern sehr oft als Referenzpreis für die Preisstellung herangezogen wird, dürfte eine substantielle Preissenkung in Deutschland auch zu Preissenkungen im Ausland führen.

Für einige Präparate mag dieser Aspekt ohne Bedeutung sein, da der Hauptumsatz im Inland erzielt wird. Für andere Präparate kann der internationale Aspekt überwiegen, so daß selbst auf die Gefahr hin, in Deutschland sämtlichen Umsatz zu verlieren, aus internationalen Gesichtspunkten die Preise beibehalten und auf dem hohem Niveau belassen werden sollten. In einer solchen Situation bietet sich die bereits vorher beschriebene Doppelstrategie als ideale Lösung an. Selbst wenn man mit dem Hochpreisprodukt nur wenig Umsatz erzielt, werden dadurch die Preise in anderen Ländern hochgehalten. Die Zweitmarke, die preislich auf dem Festbetragsniveau positioniert wäre, könnte dann die Verluste der höherpreisigen Marke im Inland auffangen. Die internationalen Aspekte sprechen gegen eine Reduzierung der Preise auf das Festbetragsniveau.

2.6 Determinanten im Überblick

Die in den vorangegangenen Abschnitten untersuchten und diskutierten Determinanten der Preisstrategie im Festbetragssystem sowie die erzielten Ergebnisse sollen nun in einer kurzen Übersicht zusammengefaßt werden. Wir haben aufgezeigt, daß die Empfehlungen sehr stark von der Höhe des Festbetrages beeinflußt werden. Der Einfachheit halber wollen wir zusammenfassend zwei im Ergebnis stark verschiedene Festbetragsniveaus unterscheiden. Wir nehmen Festbeträge an, die bei 80% bzw. bei 50% des jetzigen Preises liegen. Die Tabelle 2 gibt eine Übersicht über die Ergebnisse.

Determinanten	Preis-Empfehlungen bei einem Festbetrag von	
	80%	50%
1. Kundenreaktion	Festbetrag	Tendenziell Patientenzuzahlung
2. Marktsegmentierung	Festbetrag	Patientenzuzahlung für Marke, Festbetrag für Zweitmarke
3. Konkurrenzreaktion	Festbetrag	Patientenzuzahlung
4. Strategisch langfristige Aspekte	Festbetrag	Patientenzuzahlung
5. Internationale Zusammenhänge	nicht eindeutig	Patientenzuzahlung

Tabelle 2: Determinanten im Überblick

Je nach Festlegung des Festbetrages gestaltet sich das Ergebnis unserer Analyse stark unterschiedlich. Während bei einem Festbetrag von 80% des jetzigen Preises fast alles für eine Preissenkung auf den Festbetrag spricht, sieht das für einen Festbetrag von 50% vom jetzigen Preis völlig anders aus. Hier ist eher ein Preis oberhalb des Festbetrages optimal, d.h. man sollte eine Patientenzuzahlung fordern.

2.7 Strategische Optionen

Die sich aus den bisherigen Erkenntnissen ergebenden strategischen Optionen sind in der Tabelle 3 aufgelistet.

Ein weiterer entscheidender Aspekt bei der Beurteilung der vorgestellten Strategien liegt in ihrer unterschiedlichen Reversibilität. Senkt man den Preis nicht bis auf den Festbetrag (Option 3) und sollte sich dennoch der Festbetrag im nachhinein als die bessere Option erweisen, dann ist der Fehler reversibel, d.h. eine weitere Absenkung des Preises ist noch möglich. Wählt man hingegen bei einem Festbetrag von z.B. 50% die Option 2, dann ist dieser Fehler irreversibel. Es tritt ein Sperrklinkeneffekt ein, der die Realisierung späterer Patientenzuzahlungen ausschließt. Diese asymmetrischen Effekte gelten auch insbesondere für die 3 DM-Option. Wählt man als Mindest-Patientenzuzahlung 3 DM und sollte sich dies als Fehler erweisen, kann man korrigierend eingreifen. Geht man sofort auf den Festbetrag, ist eine spätere Anhebung der Zuzahlung kaum mehr möglich, der Fehler ist irreversibel.

In einer sehr unsicheren Situation sollte man bemüht sein, nur solche Strategieoptionen in Betracht zu ziehen, die keine irreversible Fehler implizieren. Es ist immer besser, einen Fehler zu machen, der korrigiert werden kann, als ein Vorgehen zu wählen, das irreversibel ist.

Strategische Option	Beschreibung	Festbetrag 80% des jetzigen Preises	Festbetrag 50% des jetzigen Preises
1	Beibehaltung des jetzigen Preises	nur in Ausnahmefällen optimal z. B. internationale Aspekte	
2	Preissenkung auf Festbetrag	**optimal** • Prüfung der 3 DM-Schwelle	**nicht optimal** • Auslösung der Nachahmerreaktion • Auslösung der Preissenkungsdynamik
3	Preissenkung auf Preis oberhalb des Festbetrages, Nicht-Auslösung der Nachahmerreaktion	**nicht optimal**	**optimal** • Aufbau von Markenimage notwendig
4	Doppelstrategie: Hochpreis für Marke, Festpreis für Zweitmarke, Ausbietung der Zweitmarke vor Patentablauf	**nicht optimal**	**optimal** falls Segmente Zuzahler, Nicht-Zuzahler existieren

Tabelle 3: Strategische Optionen

3. Zusammenfassung

Die vorgenommenen Analysen und Diskussionen haben gezeigt, daß das Preismanagement für Me-too-Produkte im Festbetragssystem viele Determinanten beachten muß und je nach Parameterkonstellation zu stark unterschiedlichen Ergebnissen führen kann. Mit großer Wahrscheinlichkeit sind daher Lösungen, die alles „über einen Kamm scheren", zu einfach und bringen sehr viel stärkere Umsatz- und Gewinnrückgänge als eine differenzierte Betrachtungs- und Vorgehensweise. Generell können wir festhalten, daß

- das Preismanagement sehr viel komplexer wird (Arzt, Patient, Apotheker)
- das Risiko, irreversible Fehler zu machen, groß ist
- insbesondere eine emotional-intuitive Reaktion kaum Chancen hat, richtig zu liegen
- alle Determinanten einbezogen werden müssen; eine einseitige Betrachtungsweise ist äußerst gefährlich
- der Festbetrag nur unter ganz speziellen Bedingungen gewinnoptimal ist
- sich ein erhöhter Analysebedarf bzgl. der Bestimmung der Arztschwelle, Patientenschwelle und der Marktsegmente ergibt
- und mit der Einführung des Festbetragssystems Chancen verbunden sind.

Kommunikationsstrategien im Pharmamarkt

Peter Weinberg

1. Kommunikationswissenschaftliche Grundlagen

1.1 Das Strategiekonzept

Kommunikationsstrategien unterliegen Prinzipien zur Erzielung strategischer Wettbewerbsvorteile. Als ein notwendiges Kriterium eines solchen Vorteils fordert Simon (1988), daß dieser vom Kunden tatsächlich wahrgenommen werden muß. Dieses Kriterium betrifft die Kommunikation im engeren Sinne. Die Kommunikation muß strategisch so ausgerichtet werden, daß das Kommunikationsziel von der Zielgruppe wahrgenommen, verstanden und akzeptiert wird. Dazu gibt es informative und emotionale Strategiekonzepte, die auf der Psychobiologie der Beeinflussung beruhen (vgl. Kroeber-Riel/Meyer-Hentschel, 1982).

Bei zunehmender Marktsättigung auf vielen Indikationsgebieten, die in der Regel durch vergleichbare Produkte konkurrierender Anbieter gekennzeichnet sind, kommt der Kommunikation die strategische Aufgabe zu, eine emotionale Produktdifferenzierung zu betreiben. Einzelne Produkte erhalten dann einen emotionalen Zusatznutzen zur Imageprofilierung gegenüber der Konkurrenz.

Die Instrumente der Kommunikationspolitik lassen sich unterschiedlich breit gliedern. Im weiteren Sinne zählen dazu:

Außendienst, Direktwerbung, Anzeigen, Telefonmarketing, Veranstaltungen und sonstige Dienstleistungen wie Arzt-, Apotheken- und Patientenservice. Im engeren Sinne geht es um Anzeigen, Mailings und Materialien des Außendienstes.

1.2 Wirkungen der Kommunikation

Unter dem Kommunikationsaspekt zeichnen sich viele Pharmateilmärkte durch folgende Merkmale aus:

- **Informationsüberlastung:** Darunter versteht Kroeber-Riel (1986) den Anteil der nicht beachteten Informationen am gesamten Informationsangebot.
- **Marktsättigung:** Auf gesättigten Märkten sind die Produkte ausgereift, die konkurrierenden Anbieter unterscheiden sich kaum voneinander.
- **Low-Involvement:** Die Ärzte sind mit ausgereiften Produkten auf gesättigten Märkten bestens vertraut. Die sachliche Produktqualität ist für sie zu einer Selbstverständlichkeit geworden.

Unter den genannten Bedingungen gewinnen **visuelle** Kommunikationsstrategien eine besondere Bedeutung, um

- die Marke zu aktualisieren,
- prägnant wahrgenommen zu werden,
- sich von der Konkurrenz abzuheben.

Dabei kommt den Werbemitteln im engeren Sinne eine unterschiedliche Gewichtung zu. Anzeigen dienen primär der emotionalen Ansprache, um Imagewirkungen zu erzielen. Mailings übernehmen die Imagekomponenten der Anzeigen und konzentrieren sich zusätzlich auf ausgewählte Schlüsselinformationen. Die Materialien des Außendienstes bauen auf den Anzeigen und den Mailings auf und vermitteln ausführlicher die relevanten Informationen.

2. Der Arzt als Zielperson der Kommunikationsstrategie

2.1 Leitbilder des Arztes

Das Institut für Medizin- und Patientenforschung GmbH (IMEPA) in München hat 1983 eine Studie über das „Selbstbild des Arztes und Leitbilder in der Werbung“ als Gemeinschaftsstudie der Pharmaindustrie durchgeführt, um Grundlagen für eine emotionale Ansprache zu schaffen. Die wesentlichen Ergebnisse für den Pharmamarkt sind:

- **Der Arzt als Erfolgssucher:** Das Selbstbild „Erfolg“ umfaßt vor allem den patientenorientierten Erfolg im Beruf. Medikamente werden überwiegend positiv als Mittel zum Erfolg bewertet.
- **Der Arzt als Wissenschaftler:** Aus der berufsmäßigen Anwendung der Wissenschaft gewinnt er Befriedigung. Der Arzt verbindet die Präparate mit seinem Wissen und seinem Können.
- **Der Arzt als Helfer:** Helfen entspricht dem jahrhundertealten Ideal des Arztberufes. Medikamente sind für den Arzt eine von mehreren Möglichkeiten, Hilfe zu leisten.
- **Der Arzt als Führer des Patienten:** In diesem Selbstbild sieht sich der Arzt als positiv dominant gegenüber dem Patienten. Medikamente unterstützen die Arztautorität.

Folgt man diesen Leitbildern, so eignet sich für die emotionale Ansprache ein Arztbild, das sich auszeichnet durch die Merkmale

- erfolgreich
- wissenschaftlich kompetent
- helfend
- patientenorientiert

2.2 Das Ideal-Selbstbild des Arztes

Unter den genannten Bedingungen empfiehlt sich für die emotionale Ansprache vor allem die visuelle Kommunikation. Markt-Consult GmbH (MC) in Hamburg hat 1986 die Ideal-Selbstbilder niedergelassener Praktiker und Internisten untersucht. Danach eignet sich für die visuelle Kommunikation ein Arztbild, das sich charakterisieren läßt als

- patientenorientiert
- fachlich kompetent
- sympathisch und vertrauenerweckend

Aus der Verknüpfung der Leitbilder mit diesem Ideal-Selbstbild erhält man konkrete Anhaltspunkte zur emotionalen Ansprache mittels visueller Kommunikation. Der Vorteil einer derartigen Kommunikationsstrategie ist darin zu sehen, daß die Beeinflussungsabsicht kaum erkannt wird und vor allem automatisch wirkt (vgl. Kroeber-Riel, 1986).

2.3 Das Entscheidungsverhalten der Ärzte

Sieht man von Innovationen auf dem Pharmamarkt ab, so läuft das alltägliche Verschreibungsverhalten der Ärzte vereinfacht bis gewohnheitsmäßig ab. Das bedeutet:

- Rückgriff auf bewährte Präparate,
- geringes Involvement,
- Berücksichtigung weniger Schlüsselinformationen.

Bei gewohnheitsmäßig-habituellem Verhalten empfiehlt sich eine visuelle Kommunikation, denn sie unterläuft das geringe Informationsinteresse. Vor allem in Anzeigen (und teils auch bei Mailings) muß die verbale Ansprache kurz bleiben und zu wenigen Schlüsselinformationen verdichtet werden.

3. Psychobiologie der Beeinflussung

3.1 Aktivierung als Elementargröße menschlichen Verhaltens

Unter Aktivierung wird die „innere Spannung oder Erregung“ des Organismus verstanden. Sie entsteht im Stammhirn des Menschen.

Je stärker Umweltreize den Menschen aktivieren, desto größer ist seine Leistungsfähigkeit und Reaktionsbereitschaft. Ab einem „Schwellenwert“ der Aktivierungsstärke nimmt die Leistung wieder ab (Abb. 1):

Die Aktivierung (z. B. mittels einer Anzeige) kann **ausgelöst** werden durch:

- emotionale Reize wie Erotik, Kinder, Landschaften
- gedankliche Reize wie Überraschungen, Widersprüche, originelle Wortschöpfungen
- physische Reize wie Größe, Form, Farbe des Werbemittels

Zur **Bedeutung** der Aktivierung: Von ihr hängen die emotionale sowie gedankliche Informationsaufnahme und Informationsverarbeitung ab. Gering involvierte Betrachter von Anzeigen (wie z. B. Ärzte beim Durchblättern von Fachzeitschriften) übersehen Werbebotschaften, wenn ihr Aktivierungsschub nicht ausreicht, die Aufmerksamkeit zu fesseln.

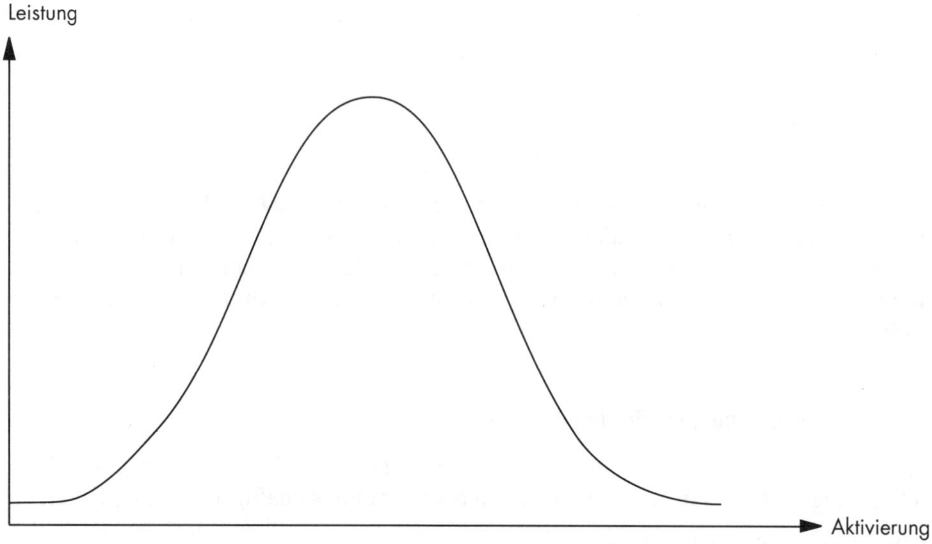

Abb. 1: Zusammenhang zwischen Aktivierung und Leistung

3.2 Beziehungen zwischen Aktivierung und Informationsverhalten

Aktivierende Stimuli erzeugen Aufmerksamkeit und beeinflussen das Informationsverhalten. Gibt man den Schlüsselinformationen ein abgestuftes Aktivierungspotential, so werden die wichtigsten Informationen zuerst aufgenommen und verarbeitet.

Es muß zwischen den aktivierenden Stimuli und der zentralen Aussage eine Beziehung aufgebaut werden, die zur Verständlichkeit und Glaubwürdigkeit beiträgt und gleichzeitig einer möglichen Ablenkungsgefahr begegnet.

Die langfristige Erinnerung wird durch Aktivierung gesteigert. Bei Wiederholungskontakten nutzt sich die Aktivierung trotz aller „Warnungen" der Werbebranche kaum ab.

3.3 Vermeidung von Reaktanz

Den gefühlsmäßigen Widerstand gegen Beeinflussung nennt man **Reaktanz**. Folgen von Reaktanz können sein:

- Das Gefühl eingeengter Verhaltensfreiheit führt zu aggressivem Verhalten gegenüber der Beeinflussungsquelle.
- Man widersetzt sich der Beeinflussung, indem man die entgegengesetzte Meinung vertritt (Bumerang-Effekt).
- Man wertet die Alternative ab, zu der man sich gezwungen fühlt, und die Alternative auf, gegen die argumentiert wird.

Reaktanz tritt vor allem dann auf, wenn die Beeinflussungsabsicht **durchschaut** und die Meinungsfreiheit als **wichtig** empfunden wird.

Strategien zur **Vermeidung** von Reaktanz sind:

- Man appelliere an die Wichtigkeit der Entscheidungsfreiheit nur dann, wenn kein „Bumerang-Effekt" befürchtet werden muß (z. B. bei Appellen an gültige und wichtige Normen).
- Man vermeide den Eindruck, die Entscheidungsfreiheit werde eingeengt, was z. B. durch emotionalisierende Ablenkung, durch Erzeugung von Freiheitsillusionen, durch die Textanpassung an den Redaktionsstil, durch zweiseitige **Argumentation** usw. erfolgen kann.

4. Strategien der Beeinflussung

4.1 Optimierung der emotionalen Ansprache

Je bekannter ein Präparat ist und je selbstverständlicher sein medizinischer Nutzen für den Arzt, desto wichtiger ist die emotionale Ansprache, um Aufmerksamkeit und Interesse für die Werbebotschaft zu finden. Eine optimale Dosis an Emotionen in Botschaften erzeugt bekanntlich Aufmerksamkeit und Interesse am Inhalt. Dazu kennt man musikalische, farbliche, bildliche und textliche Gestaltungsmittel. Je stärker emotionalisiert wird, desto wichtiger ist es, daß die betreffende Argumentation im Sinne des Zieles verstanden wird, um Fehlinterpretationen zu vermeiden.

Die emotionale Ansprache unterläuft das Bewußtsein und ist von den Adressaten der Werbung nur beschränkt kontrollierbar, da biologisch bedingte Reaktionen ausgelöst werden. Mancher Beeinflussung kann man sich kaum entziehen, auch wenn man sie durchschaut. So kennt man Schlüsselreize, die vorprogrammierte Reaktionen auslösen. Dazu zählen vor allem emotionale Reize, aber auch Verhaltens- und Sprachgewohnheiten können zur automatischen Meinungsbeeinflussung eingesetzt werden. Der Einsatz derartiger Strategien führt also zu nur teilweise durchschaubaren und zu zwanghaft wirkenden Meinungs- und Verhaltensbeeinflussungen.

Meinung und Verhalten des einzelnen Arztes hängen auch von seinen sozialen **Bedürfnissen** ab. Damit wird er von Bezugspersonen beeinflußt, die Verhaltensnormen aufstellen und Vergleichsmaßstäbe liefern (vgl. Kroeber-Riel und Meyer-Hentschel, 1982, S. 126f.).

Die Einhaltung von Normen wird sozial kontrolliert (durch Belohnungen und Bestrafungen) und führt zu Verhaltenssteuerungen. Vergleichsmaßstäbe ermöglichen es dem einzelnen, seinen Standpunkt innerhalb einer Gruppe zu bewerten. Der Hinweis auf Bezugspersonen ist eine bewährte Technik, um soziale Bedürfnisse auszulösen und Möglichkeiten zu ihrer Befriedigung aufzuzeigen. Von zentraler Bedeutung sind:

- Das Streben nach sozialem Kontakt. Es bietet Wohlbehagen und Geborgenheit. Die Werbung kann Bezugspersonen des Arztes visualisieren und die Gruppenzugehörigkeit ansprechen (z. B. Ärzte in der Pharmaforschung).
- Das Streben nach sozialer Akzeptanz und Anerkennung. Die Werbung kann Hinweise auf Mehrheiten geben, um Zweifel an der sachlichen und „sozialen" Qualität von Präparaten abzubauen (z. B. 30% aller Ärzte . . .).
- Das Streben nach Status und Prestige kann von der Werbung genutzt werden, indem

Medikamente zu Statussymbolen gemacht werden (z. B. der „Mercedes“ unter den Nitraten bei koronaren Herzkrankheiten). Da das Streben nach Status und Prestige einer gesellschaftlichen Diskretion unterliegt, ist es in vielen Fällen sinnvoll, Statusappelle durch rationale Argumente zu legitimieren.

4.2 Einsatz von Bildern und Texten

Nach den Ergebnissen der Imagery- und Gehirnforschung verfügen Menschen über ein „Sprachgehirn“ und ein „Bildgehirn“. Bei rechtshändigen Menschen dient die linke Gehirnhälte hauptsächlich dem abstrakt-sprachlichen Denken, die rechte Gehirnhälfte dem konkret-bildlichen Denken. Die Kommunikationsforschung geht bei gering involvierten Adressaten der Werbung von folgenden Erkenntnissen aus:

- Ob ein Bild wahrgenommen wird, hängt vor allem von seinem Aktivierungspotential ab.
- Bilder werden wegen ihres Aktivierungspotentials fast immer zuerst beachtet, dann erst Texte, die knapp und verständlich gehalten sein sollten.
- Bilder werden besser behalten und erinnert als Wörter.
- Bilder eignen sich besser als Wörter, um Emotionen zu vermitteln und Einstellungen zu beeinflussen.
- Bilder beeinflussen die Akzeptanz einer Botschaft positiv, d. h. sie unterstützen die Verarbeitung der Werbebotschaft.
- Bildmotive, die mit der verbalen Information wenig zu tun haben, können die Textwirkung verbessern.
- Innerhalb von Bildern werden primär Menschen beachtet, vor allem ihre Gesichter (Mund und Augen).
- Bilder unterlaufen die gedankliche Kontrolle, d. h. sie werden weitgehend automatisch und wenig bewußt verarbeitet.

Die meisten Menschen empfinden enge **Beziehungen zwischen Worten und Inhalten**. Da die „Psychologie der Grammatik“ kaum durchschaut wird, kann die Sprache wie eine Waffe zur Meinungsbeeinflussung dienen. Beispiele:

- Viele Menschen neigen dazu, von Substantiven auf Sachverhalte zu schließen (z. B. Rehabilitationsmodell).
- Emotional wirkende Sprachelemente können genutzt werden, um sachbezogene Vorstellungen auszulösen (z. B. Hinweise auf Verantwortung, Lebensqualität u. a. m.).
- Je bildhafter Worte sind, um so besser werden sie behalten (z. B. Lebensabend zu zweit). Eine visuelle Ansprache gemeinsam mit bildhaften Worten erzeugt einen „Doppelspeichereffekt“.

Zur **emotionalen Beeinflussung** durch die Sprache kann man außerdem empfehlen:

- Nutzung häufiger und konkreter Wörter der Muttersprache.

- Vermeidung negativer und passiver Formulierungen.
- Länge der Headline auf 5–8 Wörter beschränken.
- Benennung mit wohlklingenden, exklusiven Wörtern.

Auch die **Argumentation** kann so aufgebaut werden, daß ihre Wirkung nur schwer durchschaubar ist. Damit soll der Widerstand gegen die Beeinflussung unterlaufen werden. Das ist durch Strategien der Emotionalisierung und Ablenkung möglich, aber auch durch die **zweiseitige Argumentation**, die stabilisierend und immunisierend wirkt, indem nicht nur auf Vorteile des Medikaments, sondern auch auf aktuelle Probleme eingegangen wird (z. B. Preisdiskussion, Nebenwirkungen, Gesundheitsvorsorge usw.). Dadurch erreicht man:

- Es wird ein Gefühl der Meinungs- und Verhaltensfreiheit zur Vermeidung von Reaktanz vermittelt.
- Die Glaubwürdigkeit der Information wird erhöht.
- Zweiseitige Argumentation beeinflußt besonders Vertreter gegensätzlicher Meinungen.
- Es erfolgt eine Impfung gegen Argumente der Konkurrenz.
- Die zweiseitige Argumentation wird selten durchschaut.

4.3 Vermittlung emotionaler Erlebniswerte

Zentrale Aufgabe der Kommunikation ist die Markenaktualisierung bzw. gedankliche Präsenz des Markenpräparates beim Arzt. Das erreicht man durch einen werblichen Auftritt, der

- auffällt und sich somit von der Konkurrenz abhebt,
- aktiviert, d. h. emotional anspricht und gefällt,
- prägnant informiert durch kurze, klare Schlüsselinformationen,
- eindeutig und schnell identifizierbar ist durch prägnante Konstanz in der werblichen Gestaltung.

Fördernd wirkt zudem die Kommunikation **emotionaler Erlebniswerte** unter den genannten Marktbedingungen (Sättigung, Produktreife, Low-Involvement) nach dem Motto:

Gefallen geht über Informieren

Unter einem produktspezifischen **Erlebniswert** versteht man den subjektiv erlebten, durch das Produkt vermittelten Beitrag zur Lebensqualität der Zielgruppe. Es handelt sich also um sinnliche Erlebnisse, die in der Gefühls- und Erfahrungswelt der Menschen verankert sind und einen realen Beitrag zur Lebensqualität leisten.

Erlebniswerte entstehen, wenn wiederholt neutrale Reize mit bereits konditionierten Reizen (oder natürlichen Reizen mit angeborener Reaktionsfolge) verknüpft werden. Dann lernt der Mensch, auf den bisher neutralen Reiz mit Gefühlen zu reagieren. Durch diese **emotionale Konditionierung** werden neue Reiz-Reaktions-Beziehungen geschaffen.

Es empfiehlt sich, strategisch folgendermaßen vorzugehen (vgl. Weinberg/Konert, 1985):

1. **Konzeption einer unverwechselbaren Erlebnislinie**

   Dazu dienen: Determinanten der Lebensqualität (z. B. Lebensstandard, Lebensfreude, Genuß, Familie, Kommunikation), Kennzeichen gesättigter Märkte und das Entscheidungsverhalten der Ärzte.

2. **Auswahl spezifischer Erlebniswerte**

   Die Erlebnislinie legt die Emotionen zur Erlebniswertvermittlung fest. Zur Auswahl empfiehlt sich folgendes Vorgehen:

   - Welche Erlebniswerte liegen „im Trend"?
   - Welche Erlebniswerte sind für das Ziel der Beeinflussung geeignet?
   - Welche Erlebniswerte erlauben eine Abgrenzung zur Konkurrenz?

3. **Kommunikation zentraler Produkterlebnisse**

   Produktinformationen und emotionale Ansprache müssen glaubwürdig aufeinander abgestimmt werden, um ein unverwechselbares Imageprofil zu bilden.

Beispiele für Erlebniswerte im Pharmabereich liefert Girardi (1987, S. 68):

- Resalter ist ein Mittel, um Erfolg zu haben.
- Paspertin läßt eigene Größe durch Teilnahme am Fortschritt erleben.
- Zaditer gibt Sicherheit durch Internationalität.
- Riopan gibt Gelegenheit, Alltagssorgen der Patienten zu empfinden.
- Thombran zeigt Wege zur Hilfestellung.

Das Wirkprinzip in allen Beispielen besteht in der assoziativen Verbindung zwischen dem Präparatenamen und dem produktspezifischen Erlebniswert. Die emotionale Kommunikation wird in allen Fällen durch bildhafte Interpretationen der Erlebnisse unterstützt.

Außendienstgrößen und -Einsatzplanung

Leonhard Lodish
Ellen Curtis
Michael Ness
Kerry Simpson

1. Einleitung

Die Entscheidung über die richtige Größe des Außendienstes und die optimale Einsatzplanung gehören zu den schwierigsten Problemen des Pharmamarketing. Theoretisch sollte so lange in den Außendienst investiert werden, wie die Grenzkosten bzw. der Grenzertrag höher sind als der Grenzertrag einer anderen betrieblichen Investition oder Kapitalanlage. Es ist jedoch für die meisten Manager schwierig, den Ertrag des Außendienstes bei verschiedenen Investitionsniveaus zu beziffern. Die wichtigste Kennzahl für die Außendienstinvestitionen ist die Zahl der Mitarbeiter. Die kausale Abhängigkeit zwischen Veränderungen in der Zahl der Mitarbeiter und Änderungen beim Umsatz läßt sich nur schwer bestimmen. Die kausale Verknüpfung mit der Ertragssituation ist fast unmöglich. Das Problem liegt in der Isolierung des Außendiensteinflusses auf den Unternehmenserfolg. Andere mögliche Einflußfaktoren sind Preis, Werbung, Änderung der Distribution, Änderungen auf der Nachfrageseite und Änderungen in der Konkurrenzsituation.

Für Hersteller ethischer pharmazeutischer Präparate sind die Außendienstentscheidungen besonders wichtig, da es sich um das wichtigste Element im Marketing-Mix handelt.

Anfang 1983 stand das Management der Syntex Laboratories vor der schwierigen Entscheidung, die Größe des Außendienstes für die nächsten drei Jahre festzulegen. Ein wesentliches Merkmal einer solchen Entscheidung ist es, daß damit eine der unangenehmsten Kostenarten berührt wird. Im Zeitpunkt der Entstehung handelt es sich um variable Kosten, da jeder zusätzliche Mitarbeiter einen gewissen Kostenblock (Fixum, Spesen, Provision) verursacht. Es ist jedoch schwierig, den Umfang des Außendienstes wieder zu reduzieren. Zum einen kann die Moral der verbleibenden Mitarbeiter geschwächt werden, zum anderen sind die enormen Ausgaben für die Ausbildung der entlassenen Mitarbeiter abzuschreiben.

In diesem Beitrag beschreiben wir die modellgestützte Vorgehensweise der Firma Syntex zur Bestimmung der optimalen Außendienstgröße und des optimalen Außendiensteinsatzes sowie die damit verbundenen Produkt-Portfolio-Entscheidungen seit 1982. Wir gehen dabei auch auf die Schwierigkeiten ein, die sich aus dem Trade Off zwischen theoretischem Modellanspruch und Implementation ergeben.

2. Das Unternehmen

2.1 Die Produkte

Die ersten von der Syntex Corporation zum Zeitpunkt ihrer Gründung im Jahre 1940 vertriebenen Produkte waren topische Steroide, die überwiegend von Hautärzten verschrieben wurden. Als nächste Produktgruppe wurden Mittel zur Empfängnisverhütung ins Sortiment aufgenommen.

Im Jahr 1982 war Syntex eine international operierende Firma, die ein breites Spektrum pharmazeutischer Präparate und Körperpflegeartikel entwickelte, herstellte und vertrieb. Der Umsatz für das Jahr 1981 belief sich auf 710 Millionen Dollar mit einem Gewinn nach Steuern in Höhe von 98 Millionen Dollar. Die durchschnittliche Wachstumsrate des Umsatzes seit 1971 betrug 23%. Syntex Laboratories, die amerikanische Vertriebsgesellschaft der Syntex Corporation, war die größte Tochtergesellschaft. Der Umsatz lag 1981 bei 215 Millionen Dollar (+ 35% gegenüber dem Vorjahr) und entsprach damit einem Anteil von 46% am gesamten Umsatz der Syntex Corporation im Pharmabereich. Der Beitrag zum weltweiten Gewinn war aufgrund der größeren Profitabilität des amerikanischen Marktes im Vergleich zu den meisten anderen Märkten noch deutlich höher.

Das Produktsortiment von Syntex bestand 1982 primär aus sieben Produkten, die zu vier Produktkategorien gehörten:

1. Nicht-steroide Anti-Arthritis-Präparate,
2. Schmerzmittel,
3. Orale Kontrazeptiva und
4. Topische Steroide.

Das mit Abstand erfolgreichste Produkt, Produkt A, gehört zur Gruppe der Anti-Arthritismittel, während die Kontrazeptiva und topischen Steroide eher die Ursprünge des Unternehmens repräsentieren. Produkt A war das am dritthäufigsten verordnete Präparat seiner Klasse in den USA. Der Erfolg von A ist auf drei Faktoren zurückzuführen:

- hohe Flexibilität bei der Dosierung,
- eine geringere Einnahmehäufigkeit als vergleichbare Konkurrenzprodukte,
- geringe Nebenwirkungen.

Produkt A wurde zunächst nur bei Rheumatologen besprochen, die sich auf die Behandlung von Arthritis spezialisiert hatten, erst später erfolgte die Einbeziehung der Allgemeinärzte. Anfang 1981 wurde das Schmerzmittel B eingeführt, das auch als Mittel der Wahl zur Behandlung von Menstruationsbeschwerden positioniert wurde. Die Gesamtzahl der Verschreibungen für Schmerzmittel war ungefähr doppelt so hoch wie für Anti-Arthritis-Medikamente. Die Wirkstoffe von A und B waren chemisch sehr ähnlich.

Im Bereich der topischen Steroide verfügte Syntex mit den Produkten E und F über zwei Cremes zur Behandlung von Hautentzündungen. Bei diesen beiden Produkten gab es 1981 nur ein leichtes Umsatzwachstum. Syntex war jedoch die einzige etablierte Firma, die in dieser Produktkategorie überhaupt einen Anstieg der Verschreibungen verzeichnen konnte. Syntex genoß eine hervorragende Reputation bei Hautärzten. 1981 waren 21% aller von Hautärzten neu verschriebenen topischen Steroide Produkte der Firma Syntex.

Die oralen Kontrazeptiva, C und D, waren in drei Dosierungsstärken verfügbar und erreichten zusammen einen Marktanteil von 10%. Der Gesamtumsatz oraler Kontrazeptiva war 1981 um 23% gestiegen, hierfür waren primär Preiserhöhungen verantwortlich. Das einzige mengenmäßig stark wachsende Segment dieser Kategorie waren gering dosierte Präparate.

G war ein steroides Nasenspray für die Behandlung von Heuschnupfen und Allergien. Es war erst Anfang 1982 von der Zulassungsbehörde für den Vertrieb in den USA freigegeben worden.

2.2 Marketing und Vertrieb bei Syntex Laboratories

Aufgabe der Pharma-Referenten ist der Besuch der Ärzte, um diese dazu zu bringen, Syntex-Präparate zu verschreiben. Andere Marketing-Mix-Elemente sind Werbung in medizinischen Fachzeitschriften, Präparatemuster sowie pharmaspezifische Formen der Produktpromotion wie medizinische Kongresse und Symposien. Der Zielmarkt für Syntex, die Ärzte, kann auf vielfache Weise segmentiert werden. Eine Möglichkeit ist die Differenzierung nach dem jeweiligen Spezialgebiet, also z. B. Kinderarzt, Allgemeinarzt, Internist etc. Daten über die Größe der so definierten Segmente waren vorhanden. Auch andere Methoden der Segmentierung, wie z. B. die Zahl der von den Ärzten verschriebenen Medikamente, die Größe des „evoked sets" (Zahl der Präparate, die der Arzt „in der Feder hat") oder die Innovationsneigung werden ebenfalls in der pharmazeutischen Industrie eingesetzt. Der Nachteil derartiger Segmentierungskriterien ist die schlechte Beobachtbarkeit und daraus resultierend die hohen Kosten der Segmentierung. Zum Zeitpunkt der Modellbildung standen entsprechende Daten nicht zur Verfügung.

Es ist in der Pharmaindustrie sehr schwierig, die Umsätze den einzelnen Pharma-Referenten zuzuordnen. Einer der Gründe hierfür ist, daß die vom Arzt verschriebenen Medikamente nicht notwendigerweise im gleichen Verkaufsgebiet in einer Apotheke abgegeben werden. Außerdem beziehen die Apotheken in vielen Fällen nicht direkt von Syntex, sondern von Großhändlern.

Während eines Arztbesuches überreicht der Pharma-Referent in der Regel einige Präparatemuster und bespricht die Einsatzmöglichkeit sowie die Dosierungsprobleme dieser Medikamente. Typischerweise werden pro Besuch zwei bis drei Medikamente besprochen. Das größte Problem für den Pharma-Referenten ist die Terminvereinbarung, da eine große Zahl von Pharma-Referenten um die Zeit des Arztes konkurriert.

Nach einer Diskussion mit Professor Lodish im Herbst 1981 schlug die Marktforschungsabteilung dem Management den Einsatz einer neuen Methode vor, um gezielter die Frage der optimalen Größe des Außendienstes für Syntex Laboratories beantworten zu können. Die damalige Situation beschreibt der ehemalige Vice President für Vertrieb und Marketing wie folgt:

„In der Vergangenheit hatten wir unseren Außendienst immer nur in kleinen Schritten vergrößert, womit ich eigentlich nie zufrieden war. Wir konnten dieses Vorgehen immer nur mit finanziellen Erwägungen und Budgetrestriktionen begründen. Es gefiel mir nicht, daß wir immer nur kurzfristig und ohne strategische Perspektiven planten und daher ständig Probleme bei der Bewilligung der finanziellen Mittel für neue Mitarbeiter hatten. Ich glaubte, daß ich auf der Grundlage von langfristigen, fundierten Plänen bessere Chancen beim Top-Management hätte, die zur Erreichung der festgelegten Ziele notwendigen Vergrößerungen des Außendienstes durchzusetzen".

3. Das Außendienst-Allokations-Modell

3.1 Probleme der Modellbildung

Die Bildung eines Modells zur Außendiensteinsatzoptimierung stellte ein großes Problem und gleichzeitig eine Herausforderung dar. Das erste Problem lag in der nicht möglichen Zuordnung der Verkaufszahlen zu den Aktivitäten einzelner Pharma-Referenten, eine direkte Schätzung der Außendienst-Responsefunktion war nicht möglich. Syntex verfügte auch nicht über Daten, die die weitere Distribution der Präparate durch die Großhändler aufschlüsselte. Das zweite Problem lag in dem finanziellen Risiko der Außendienstvergrößerung. Es mußte daher eine Methode eingesetzt werden, die sich in langsamen Schritten dem Grenzwert der optimalen Außendienstgröße annäherte. Das dritte Problem war die Überzeugungsarbeit bei den Managern, deren Mitarbeit für die Schätzung der Parameterwerte benötigt wurde. Sie waren zunächst nicht bereit, die für diesen Prozeß notwendige Zeit zu opfern, da sie bisher weder das Verfahren selbst eingesetzt hatten, noch über irgendwelche Beweise der Funktionsfähigkeit verfügten. Wenn Manager zur Schätzung von Parametern eingesetzt werden, ist es extrem wichtig, daß die Schätzwerte realistisch sind. Das wirft die Frage auf, ob Manager oder andere Experten überhaupt in der Lage sind, auf der Grundlage einer nur in der Vorstellungskraft existierenden Responsefunktion realistische Schätzungen abzugeben.

Das Problem muß daher von vorneherein so strukturiert werden, daß eine spätere Lösung sowohl realistisch als auch sinnvoll erscheint. Voraussetzung dafür ist, daß alle relevanten Faktoren für die Problemlösung im Modell berücksichtigt werden. Ein weiteres Kriterium betrifft die Einbeziehung derjenigen Manager in den Entscheidungsprozeß, die später für die Implementation der Ergebnisse verantwortlich sind. Trotz aller aufgezeigten Probleme und Beschränkungen faßte das Team den Entschluß, sein Bestes zu geben, um mit den vorhandenen Personen und Daten zu einer optimalen Lösung zu kommen.

3.2 Das Anfangsmodell

Die wichtigste Entscheidung betrifft das Vorgehen bei der Parameterschätzung. Die direkte Schätzung der Umsatzzahlen bei unterschiedlichen Außendienstgrößen durch die Manager schien nicht möglich zu sein. Um derartige Schätzungen abgeben zu können, müßten den Managern zumindest Informationen zu den folgenden Fragen zur Verfügung stehen:

1. Für welche Aufgaben sollten die zusätzlichen Mitarbeiter eingesetzt werden?

2. Für welche Produkte sollten diese Mitarbeiter eingesetzt werden?
3. Welche Marktsegmente sollten mehr bzw. weniger bearbeitet werden?

Eine Alternative wäre es, die Manager aufzufordern, Umsatzschätzungen für eng begrenzte Segmente (z. B. die Ärzte in einer bestimmten Region oder einer bestimmten Fachrichtung) abzugeben. Das Problem bei dieser Vorgehensweise ist die nicht mögliche Zuordnung der Verkaufsanstrengungen zu einzelnen Produkten. Hunderte von Einzelschätzungen für jedes Produkt, jede Region und jede Facharztrichtung würden benötigt. Man erkennt hier bereits, welche Auswirkungen die Strukturierung des Problems bzw. der Aufbau des Modells für die weitere Vorgehensweise und die Ergebnisse haben würde.

Das Team beschloß daher, zwei unterschiedliche aber auf ähnlichen Ansätzen basierende Modelle zu benutzen, die die Manager bei der Schätzung der Responsefunktionen unterstützen sollten. Das erste Modell diente zur Aufteilung der optimalen Zahl von Pharma-Referenten auf die verschiedenen Produkte, das zweite Modell zur Aufteilung der Pharma-Referenten auf die verschiedenen Ärztesegmente. Das erste Modell beinhaltete also eine Schätzung des Umsatzes in Abhängigkeit von der Gesamtbesprechungszeit der einzelnen Produkte, während beim zweiten Modell der Umsatz in Abhängigkeit von einer unterschiedlich intensiven Bearbeitung der einzelnen Ärztesegmente gemessen werden sollte. Die beiden unabhängig voneinander ermittelten optimalen Außendienstgrößen bedeuten eine zusätzliche Absicherung der Ergebnisse, sofern sie ungefähr übereinstimmen.

Die mathematische Struktur war bei beiden Modellen identisch. Beide Modelle bauten auf dem existierenden strategischen Plan für die nächsten drei Jahre auf. Dieser Plan basierte zwar auf einem Status quo für die Zahl der Pharma-Referenten, enthielt aber alle notwendigen Informationen über das zu erwartende Wettbewerbsumfeld. Ebenfalls im Modell berücksichtigt wurden die Kosten pro Pharma-Referent, die sich zusammensetzten aus Gehalt, Spesen und anteiligen Kosten für die Bezirks- und Regionalmanager. Die variablen Kosten für Produktion und Distribution waren als notwendiger Input für die Berechnung von Grenzdeckungsbeiträgen aus den Umsätzen ebenfalls vorhanden. Grenzdeckungsbeiträge wurden dabei sowohl pro Produkt als auch pro Facharztrichtung (auf der Basis eines durchschnittlich verschriebenen Produkt-Mix) geschätzt. Die letzte in das Modell einfließende Information war die derzeitige Aufteilung des Außendienstes auf die verschiedenen Produkte und Facharztrichtungen. Die Umrechnung dieser Daten auf die Zahl der Besprechungen bzw. die Zahl der Besuche war auf der Basis vorhandener Erfahrungswerte kein Problem.

Das wichtigste noch fehlende Element des Modells war die vermutete Änderung des Umsatzes bei einzelnen Produkten oder Facharztgruppen in Abhängigkeit von Änderungen des Außendiensteinsatzes über einen Zeitraum von drei Jahren. Der 3-Jahres-Zeitraum wurde gewählt, um neben der turbulenten Einführungsphase auch die Reifephase bei neu eingeführten Produkten berücksichtigen zu können. Ein längerer Zeitraum hätte zu einer erhöhten Unsicherheit bezüglich der Schätzergebnisse geführt. Im folgenden beschreiben wir die Modelle detaillierter.

3.3 Die Modellstruktur

Beide Modelle basierten auf dem strategischen Plan. Sei s_p der geschätzte Umsatz von Produkt p (mit p = 1, ..., P) unter der Annahme eines unveränderten Außendienstes. Sei $r_p(x_p)$ die Außendienst-Response-Funktion für Produkt p in Abhängigkeit vom Außendiensteinsatz x_p für Produkt p. x_p ist dabei eine indexierte Größe mit $x_p = 100$ für den Fall einer unveränderten Außendienstunterstützung für Produkt p. r_p ist ebenfalls eine indexierte Größe mit dem Wert 100 für den Fall des geschätzten Absatzes. Die für die ursprüngliche strategische Planung vorgesehene Unterstützung der einzelnen Produkte ist mit l_p bezeichnet. Für eine vorgegebene Größe s des Außendienstes ergibt sich damit das folgende mathematische Modell:

$$\text{Maximiere } z = .01 \sum_{p=1}^{P} r_p(x_p)\, S_p$$

$$\text{u. d. N.} \sum_{p=1}^{P} x_p\, l_p \leq S$$

Das Modell für die segmentspezifische Außendienstoptimierung unterscheidet sich nur dahingehend, daß über die verschiedenen Segmente statt über die Produkte optimiert wird.

3.3.1 Subjektive Parameterschätzung

Die Schätzung der Response-Funktion war die wichtigste Aktivität im Rahmen der Modellbildung und -implementation. Dazu war das Know-how aus verschiedenen Abteilungen des Unternehmens notwendig. Die unterschiedlichen Aufgaben und damit auch die unterschiedlichen Blickwinkel der beteiligten Personen führten zu variierenden Vorstellungen über die Gestalt der Response-Funktion. In der Summe ergibt sich jedoch ein sehr gutes Bild.

Ein Produktmanager z. B. mag feste Vorstellungen von der speziellen Responsefunktion für das von ihm betreute Produkt haben, mit den Gegebenheiten bei anderen Produkten ist er jedoch nicht vertraut. Es ist auch problematisch, daß die anderen Produkte mit dem von ihm betreuten Produkt im Wettbewerb um die knappe Ressource Außendienst stehen. Auf der anderen Seite ist er aber bestens vertraut mit allen Faktoren, die die Gestalt der Responsefunktion determinieren. Das Ziel dieses Vorgehens war auch, alle implizit in die Schätzungen einfließenden Annahmen zu isolieren, um sie getrennt zu analysieren und auf ihren Einfluß hin zu untersuchen.

Es sollte generell vermieden werden, daß bestimmte Gruppen oder Einzelpersonen einen zu dominanten Einfluß bekommen.

Die Schätzungen wurden während einer Serie von Treffen durchgeführt, die in Verbindung mit den jährlichen Marketing-Planungssitzungen stattfanden. Beteiligt waren der Senior-Vice President für Vertrieb und Marketing, der Vice President für Vertrieb, zwei Mitarbeiter der Marktforschungsabteilung, zwei Produktmanager, zwei regionale Verkaufsleiter und zwei Außendienstmitarbeiter. Unter den gegebenen Umständen war dies der bestmögliche Versuch, eine Gruppe zu bilden, die in ihrer Gesamtheit als Experte für die Responsefunktion bezeichnet werden konnte.

Das erste Treffen begann mit einer kurzen Einführung in die Technik der Response-Funktion-Modellbildung und einer kleinen praktischen Übung dazu. Damit sollte das allgemeine Verständnis für Aufbau und Wirkungsweise eines solchen Modells gelegt werden. Gleichzeitig sollte die Motivation gestärkt werden, um die verschiedenen Stufen der Delphi-Schätz-Prozedur zu durchlaufen.

Der wichtigste Punkt bei jedem Treffen war das Erzielen eines groben Konsenses über die ungefähre Umsatzreaktion auf Vertriebsaktivitäten, und zwar für jedes Produkt und für jede Fachrichtung. Am ersten Tag wurden an alle Teilnehmer der Gruppe Arbeitspapiere verteilt, auf denen sie angeben sollten, wie sich die Umsätze der sieben Syntex-Produkte sowie die Umsätze innerhalb der neun verschiedenen Facharztgruppen bei alternativen Außendienstniveaus verändern würden. Jeder Teilnehmer beantwortete für jedes Produkt und für jede Fachrichtung die folgende Frage: „Auf der Basis des aktuellen Marketingplanes würden sich bei unverändertem Außendiensteinsatz in den Jahren 1982 – 1985 die geplanten Absatzzahlen für Produkt A realisieren. Was würde mit dem Absatz von A passieren (relativ zum jetzt geplanten Absatz), wenn es während der gleichen Periode die folgenden Außendienstunterstützungen erhalten würde:

1. Keine Außendienstunterstützung
2. Die Hälfte der jetzigen Unterstützung
3. 50% mehr Unterstützung
4. Die maximal sinnvolle Unterstützung

Auf Basis der sich ergebenden fünf Schätzpunkte wurde dann die Außendienst-Response-Funktion r_p ermittelt.

Jeder Teilnehmer füllte in der ersten Runde diese Arbeitsblätter aus, ohne mit den anderen Gruppenmitgliedern zu diskutieren. Die Einzelergebnisse wurden dann per Computer zusammengefaßt, wobei verschiedene Kennzahlen wie Mittelwerte, Quartile, Mediane, maximale und minimale Werte je Frage berechnet wurden. Die Ergebnisse wurden anschließend in der Gruppe diskutiert, wobei Teilnehmer mit stark abweichenden Einzelschätzungen aufgefordert wurden, Gründe für ihre Schätzung darzulegen.

Diese Diskussionen waren besonders ergiebig, da eine Reihe von impliziten Annahmen offengelegt wurde, die für eine realistische Einschätzung der Response-Funktionen wichtig waren. Faktoren wie Wettbewerbssituation, allgemeines Marktumfeld sowie die Fähigkeit der Außendienstmitarbeiter, den Arzt in seinem Verschreibungsverhalten zu beeinflussen, wurden intensiv für jedes Produkt und für jede Facharztrichtung diskutiert.

Im Anschluß an die Diskussion wurden die Teilnehmer erneut gebeten, unabhängig voneinander neue Schätzungen abzugeben. Dieses Mal sollten jedoch die Ergebnisse der vorangegangenen Diskussion mit berücksichtigt werden. Nach der zweiten Runde war bereits eine sehr gute Übereinstimmung innerhalb der Gruppe erreicht.

Während die nationale Verkaufskonferenz ablief, ermittelte das Computerprogramm die Response-Funktion.

Im Anschluß an die Konferenz kam die Gruppe erneut zusammen und diskutierte die Ergebnisse. Nach einigen kleineren Feinabstimmungen erschien das Ergebnis für alle akzeptabel. Der Senior-Vice President für Verkauf und Marketing wurde nach Abschluß der modifizierten Delphi-Runde mit den folgenden Worten zitiert:

„Natürlich wußten wir, daß die von uns geschätzte Response-Funktion nicht dem absoluten Wahrheitsanspruch genügte, aber wir hatten die erfahrensten Mitarbeiter von Syntex zusammengebracht, und im Laufe einer von uns als sehr fruchtbar erlebten Diskussion haben wir eine aus unserer Sicht optimale Funktion gefunden. Wir akzeptieren die Ergebnisse des Modells, werden aber bei der Anwendung die notwendige Skepsis walten lassen".

Der nationale Verkaufsleiter faßte seine Ansichten folgendermaßen zusammen:

„Wir haben unser Bestes gegeben. Zunächst war es beunruhigend für uns, daß wir trotz unserer Unsicherheit so exakte Angaben machen sollten, aber am Ende der Diskussionen waren wir sicher, das unter diesen Bedingungen Optimale erreicht zu haben".

3.3.2 Modellergebnisse

Tabelle 1 zeigt den Dateninput für das produktbezogene Außendienst-Allokations-Modell. Tabelle 2 zeigt die Zwischenergebnisse des schrittweise vorgehenden Schätzmodells.

— Maximale Zahl von Außendienstmitarbeitern (AD): 1.000

— Fixkosten pro Mitarbeiter: $ 55.498,70

— Produktbesprechungen pro Jahr und Mitarbeiter: 3.677

— Strategische Anpassungsfaktoren für die Produkte:

A	B	C	D	E	F	G
0,811	0,633	0,837	0,837	0,616	0,616	0,616

— Mindestzahl der Besprechungen: 0

— Schätzergebnisse des Delphi-Prozesses (Plan = 100)

Produkt	0%	50%	100%	150%	Maximal
A	47	68	100	126	152
B	15	49	100	120	135
C	31	63	100	120	135
D	45	70	100	105	110
E	56	80	100	111	120
F	59	76	100	107	111
G	15	61	100	146	176

— Im Strategischen Plan vorgesehene Besprechungen pro Produkt

A	357.853
B	527.581
C	195.443
D	88.818
E	101.123
F	110.351
G	210.225
Gesamt	1.591.394

Tabelle 1: Modell – Input

Schritt Nr.	Zahl der AD-Mitarbeiter	Verände-rungen	Umsatz ($ Tsd)	Veränderungen im Umsatz	Änderungen im Grenzdeckungs-beitrag pro Mitarbeiter	Zuordnung zu Produkt
26	335.0	8.8	415,941	2,106.4	137.6	A
27	339.8	4.8	417,027	1,086.1	132.7	C
28	342.3	2.5	417,752	725.1	123.2	E
29	344.5	2.2	418,217	464.8	121.7	D
30	353.3	8.8	420,094	1,877.0	116.6	A
31	362.2	8.8	421,771	1,677.0	98.2	A
32	364.7	2.5	422,333	611.6	95.2	E
33	366.9	2.2	422,766	383.4	90.6	D
34	371.7	4.8	423,586	819.5	86.5	C
35	380.6	8.8	425,088	1,502.5	82.2	A
36	511.0	130.4	453,321	28,233.1	81.5	B
37	524.0	13.0	456,113	2,791.9	80.0	B
38	526.5	2.5	456,631	517.6	72.1	E
39	553.8	27.3	462,174	5,543.1	69.7	F
40	562.7	8.8	463,523	1,349.6	68.2	A
41	564.9	2.2	463,843	319.5	66.3	D
42	569.7	4.8	464,514	670.7	60.7	C
43	572.2	2.5	464,953	439.9	52.9	E
44	644.9	72.8	477,648	12,694.8	49.2	G
45	647.1	2.2	477,917	268.9	47.0	D
46	649.9	2.7	473,360	442.9	44.5	E
47	654.7	4.8	478,910	550.1	39.3	C
48	657.2	2.5	479,236	375.6	37.1	E
49	662.4	5.2	480,060	774.1	33.9	G
50	675.4	13.0	481,887	1,827.3	33.2	B
51	677.6	2.2	482,115	228.2	31.5	D
52	680.1	2.5	482,437	322.2	23.9	E
53	685.0	4.8	482,890	452.9	23.0	C
54	690.2	5.2	483,544	653.5	19.9	G
55	692.4	2.2	485,739	195.3	19.0	D
56	705.4	13.0	485,259	1,519.6	18.3	B
57	707.9	2.5	485,536	277.7	12.9	E
58	712.7	4.8	485,911	374.8	9.4	C
59	714.9	2.2	486,090	168.4	8.7	D
60	720.1	5.2	486,629	549.6	8.0	G
61	722.9	2.7	486,905	276.1	6.8	F
62	735.9	13.0	488,170	1,265.0	5.9	B
63	738.4	2.5	488,411	240.5	3.8	E
64	740.6	2.2	488,557	146.2	0.2	D
65	745.4	4.8	488,869	312.1	– 1.4	C
66	750.6	5.2	489,331	461.8	– 2.2	G
67	753.1	2.5	489,540	209.3	– 3.9	E
68	766.2	13.0	490,597	1,056.3	– 4.2	B
69	768.9	2.7	490,816	219.6	– 5.9	F
70	771.1	2.2	490,944	127.8	– 6.8	D
71	775.9	4.8	491,205	261.3	–10.2	C
72	778.4	2.5	491,388	182.9	–10.4	E
73	783.6	5.2	491,777	388.3	–10.7	G

Tabelle 2: Zwischenergebnisse des schrittweise vorgehenden Schätzmodells

Für jeden Zwischenschritt zeigt der Report, welches Produkt bzw. Arztsegment bei einer weiteren Vergrößerung des Außendienstes zusätzlich berücksichtigt wird. Für jeden Zwischenschritt kann darüber hinaus eine Übersicht erstellt werden, die die optimale Aufteilung dieses Außendienstes auf Produkte bzw. Segmente enthält. Die Ergebnisse bei 381 Mitarbeitern (Schritt 35) und 511 Mitarbeitern (Schritt 36) sind in den Tabellen 3 und 4 dargestellt.

Einsatz bei Produkt	Anzahl AD-Mitarbeiter	Zahl der Besprechungen	Umsatz in Dollar
A	257	943,432	308,029,056
B	0	0	5,475,000
C	58	213,211	22,019,448
D	29	104,966	38,048,152
E	37	137,894	41,222,456
F	0	0	8,614,000
G	0	0	1,680,000
Gesamt	381	1,399,503	308,029,056

Tabelle 3: Außendienst-Strategie-Modell: Aufteilung bei 381 Mitarbeitern in 1985

Einsatz bei Produkt	Anzahl AD-Mitarbeiter	Zahl der Besprechungen	Umsatz in Dollar
A	257	943,432	308,029,056
B	130	479,619	33,708,128
C	58	213,211	22,019,448
D	29	104,966	38,048,152
E	37	137,894	41,222,456
F	0	0	8,614,000
G	0	0	1,680,000
Gesamt	511	1,879,122	453,321,240

Tabelle 4: Außendienst-Strategie-Modell: Aufteilung bei 511 Mitarbeitern in 1985

Der Grund für den großen Sprung zwischen diesen beiden Schritten war Produkt B. Es war entweder optimal, B überhaupt nicht zu besprechen, oder zumindest 130 Mitarbeiter einzusetzen. Dieses Phänomen resultierte daraus, daß es auf Teilen der Response-Kurve für B progressiv zunehmende Grenzerträge gab, d. h. die Response-Funktion war S-förmig.

Tabelle 5 zeigt zum Vergleich die im strategischen Plan vorgesehene Aufteilung der 433 Außendienstmitarbeiter für das Jahr 1983.

Einsatz bei Produkt	Anzahl AD-Mitarbeiter	Zahl der Besprechungen	Umsatz in Dollar
A	97	357,853	202,001,792
B	143	527,581	36,500,000
C	53	195,443	20,113,592
D	24	88,818	35,992,408
E	27	101,123	36,894,000
F	30	110,351	14,600,000
G	57	210,225	10,471,728
Gesamt	433	1,591,394	356,573,520

Tabelle 5: Außendienst-Strategie-Modell: Fortsetzung der bisherigen Politik

Die aus den beiden Modellen (produkt- und segmentbezogen) resultierenden optimalen Außendienst-Größen lagen relativ nah beisammen (über 700 Mitarbeiter). Es ergaben sich jedoch unterschiedliche Grenzerträge für Außendienstniveaus zwischen 433 und 600 Mitarbeitern. Beide Modelle kamen zu dem Ergebnis, daß der derzeitige Außendienst sowohl zu klein als auch nicht optimal eingesetzt ist.

Bei einer optimalen Aufteilung von 381 Außendienstmitarbeitern (52 weniger als aktuell vorhanden) ergab sich z. B. ein Umsatzplus von 50 Millionen und ein Gewinnzuwachs von 45 Millionen Dollar.

Die Implikationen der Modellergebnisse waren auf der einen Seite überraschend, spiegelten aber andererseits auch Punkte wider, über die sich einige Manager bereits seit längerer Zeit Gedanken gemacht hatten, ohne allerdings zu konkreten Ergebnissen gekommen zu sein. Eine Aussage verdeutlicht das:

„Als wir bei 430 standen und Professor Lodish mich gefragt hat, wieweit wir das Modell laufen lassen sollten, habe ich ihm gesagt: ‚warum lassen Sie es nicht bis 550 oder bis zum Maximum laufen, je nachdem was zuerst kommt'. Wir wußten, daß wir Produkt A nicht genügend beachteten, obwohl dies unser größter und wichtigster Markt ist. Unser Hauptkonkurrent war uns hier klar überlegen. Wir wußten auch, daß Produkt A unser wichtigstes Produkt ist, aber wir haben wirklich nicht gewußt, in welchem Ausmaß. Wir dachten, daß ein Großteil der Aktivitäten für die Einführung dreier neuer Produkte auf Kosten unserer kleineren Produkte ging, aber das Modell hat uns gezeigt, daß es auf Kosten von A ging. Das hatten wir wirklich nicht beabsichtigt".

Auf einem abschließenden Treffen des Teams wurden die folgenden vier Schlußfolgerungen formuliert:

1. Solange der Außendienst nicht eine Größe von 700 Mitarbeitern erreicht hat, ist die Profitabilität kein Hinderungsgrund für die Einstellung neuer Pharma-Referenten.
2. Ausgehend von den in 1981 vorhandenen ca. 430 Referenten sollte die optimale Aufteilung eher im Zuge der Außendienstvergrößerung erreicht werden als durch

eine Neuverteilung der Aufgabengebiete. Dies könnte so geschehen, daß die neuen Mitarbeiter dort eingesetzt werden, wo die größten Gewinnerwartungen liegen.

3. A ist das größte Produkt im Sortiment von Syntex. Es benötigt die größte Unterstützung, ist aber auch gleichzeitig das profitabelste Produkt. Aus diesem Grund sollte es bei allen Neueinstellungen und allen Reallokationen im Vordergrund stehen.

4. Syntex sollte seinen Unternehmenszweck als ein nicht mehr spezialisiertes, sondern allgemein orientiertes pharmazeutisches Unternehmen neu definieren, da nach der notwendigen Umstrukturierung der größte Teil der Außendienst-Aktivitäten auf Allgemeinmediziner ausgerichtet sein wird.

Diese Schlußfolgerungen sowie die sonstigen aus dem Modell resultierenden Ergebnisse wurden dem Vorstand und Aufsichtsrat von Syntex präsentiert und führten dazu, daß während der nächsten drei Jahre der Außendienst um 200 Mitarbeiter aufgestockt wurde. Diese Zahl entsprach dem Maximum dessen, was aufgrund von Beschränkungen hinsichtlich Qualitätsanforderungen und Ausbildungskapazitäten möglich war.

Etwa ein Jahr nach der Entwicklung dieses ersten Modells wurde eine erweiterte Version gebildet und von der gleichen Gruppe geschätzt. Dieses Modell konnte simultan die Außendienstkapazität auf Arztsegmente und Produkte aufteilen. Die Implikationen aus der Schätzung dieses Modells bestätigten die ersten Ergebnisse, so daß der Ausbau des Außendienstes fortgesetzt wurde. Es war natürlich mit Schwierigkeiten verbunden, den gesamten Außendienst so umzustellen, daß die Allgemeinmediziner stärker beachtet wurden. Dies ging nur auf Kosten anderer traditioneller Märkte und Produkte. Das Modell scheint jedoch dafür gesorgt zu haben, daß der Aufbruch in die richtige Richtung zustande kam.

Das Modell produzierte noch einen weiteren, nicht geplanten Nebeneffekt. Ein für die Koordination von Marketing und F & E verantwortlicher Mitarbeiter wurde anläßlich einer Präsentation auf das Modell aufmerksam. Ihm eröffnete sich erstmals der Interessenkonflikt, der bei der Neueinführung eines Präparates daraus resultiert, daß Außendienstressourcen von eventuell profitableren Produkten auf das neue Produkt umgelenkt werden. Er entwickelte in der Folge ein prinzipiell ähnliches Modell zur Beurteilung der Erfolgschancen neuer Produkte. Ziel des Modells war es herauszubekommen, ob ein neues Präparat über den eigenen Außendienst vermarktet werden sollte oder ob es aufgrund der Opportunitätskosten sinnvoller sei, Lizenzen an andere Unternehmen zu vergeben und auf eine eigene Vermarktung zu verzichten. Auf diese Weise beeinflußte das Ressourcen-Allokationsmodell nicht nur die Außendienstgröße und -strategie, sondern über das Produkt-Portfolio auch strategische Grundsatzentscheidungen von Syntex.

4. Auswirkungen der Modellimplementation

Anfang 1985 wurde eine Analyse der Entwicklung seit der Implementation des Modells abgeschlossen. Auf dem Modell basierende Vorausschätzungen wurden mit den Zahlen der ursprünglichen Strategieplanung verglichen. Die Modellschätzwerte basierten auf der im Delphi-Prozeß geschätzten Response-Funktion unter Zugrundelegung der tatsächlichen Außendienstzahlen der letzten zwei Jahre.

Diese Response-Funktion wurde dann mit den Werten aus dem Strategieplan für das Geschäftsjahr 1984 multipliziert (vgl. Gleichung 1). Sowohl die Modellergebnisse als auch der strategische Plan wurden aufgrund dreier unvorhersehbarer Ereignisse modifiziert. Dies war zunächst die Tatsache, daß ein unmittelbares Konkurrenzprodukt zu Produkt B vom Markt genommen wurde. Experten schätzten die daraus resultierenden Mehrumsätze für B auf 9,3 Millionen Dollar. Die Kontrazeptiva profitierten um geschätzte 6 Millionen Dollar von einer neu eingeführten vereinfachten Darreichungsform. Drittens führte eine neu eingeführte Produktform von E zu einem Mehrumsatz von 0,6 Millionen Dollar wegen entsprechender Bevorratungskäufe des Großhandels. Um diese Beträge wurden entsprechend beide Planwerte erhöht.

Tabelle 6 zeigt die Planwerte auf Basis des strategischen Plans und auf Basis des Modells für das Geschäftsjahr 1984, d.h. zwei Jahre nach der Entwicklung des Modells. Lediglich bei einem Produkt, dem neu eingeführten Produkt G, ist die Modellschätzung deutlich schlechter als der strategische Plan. Sowohl der strategische Plan als auch das korrigierte Modell unterschätzten die hier tatsächliche Marktentwicklung gewaltig.

Produkt	Ursprungsplan 1984	Ursprungsplan nach Anpassung	Ist-Wert 1984	Modellschätzung nach Anpassung	Ursprüngl. Modellschätzung
A	$175	$175	$204	$203,2	$203,2
B	26	35,3	28	27,6	18,3
C	15,2	20,7	20,4	20,7	15,2
D	36,8	37,3	39	38,8	38,3
E	33,8	36,2	34,9	33,8	31,4
F	14	14	13,1	12	12
G	7,3	7,3	11,9	5,2	5,2

Interpretation der Tabelle:

Am Beispiel von Produkt B soll die Tabelle erläutert werden. Der Ursprungsplan sah für B für 1984 einen Umsatz von 26 Millionen Dollar vor. Nach dem Rückzug der Konkurrenzprodukte wurde dieser Wert nach oben korrigiert auf $ 35,3 Mio. Die ursprüngliche Modellschätzung, basierend auf dem damaligen Mitarbeiterstand, ergab für B einen Umsatz von $ 18,3 Mio. Nach ebenfalls vollzogener Anpassung erhöhte sich die Schätzung auf $ 27,6 Mio. Das Modell liegt damit wesentlich näher am tatsächlichen Ist-Wert als der Strategische Plan.

Tabelle 6: Prognosequalität des Modells im Vergleich zum Strategischen Plan (Mio. $)

Aber selbst auf Basis des aktuellen Umsatzes von 12 Millionen Dollar waren die Verkaufsförderungsaktivitäten für G (siehe Tabelle 1) deutlich überhöht. Bei allen anderen Produkten schneidet das Modell hervorragend ab. Die mittlere Abweichung über alle 7 Produkte beträgt nur 1,51 Millionen im Vergleich zu einer mittleren Abweichung von 6,4 Millionen Dollar für den strategischen Plan. Die Modellschätzungen waren also wesentlich besser als der strategische Plan.

Der Umsatz lag um 25 Millionen Dollar über den Planwerten. Diese Umsatzänderung liegt in etwa in der vom Modell vorausgesagten Größenordnung und ist direkt korreliert mit der Vergrößerung und Umstrukturierung des Außendienstes. Unter Berücksichtigung der Zusatzkosten durch die Außendienstaufstockung und des daraus resultierenden Deckungsbeitragsanstieges, ergibt sich eine Verzinsung der Außendienstinvestitionen von über 100%. Alle Anzeichen sprechen überdies dafür, daß sich das Umsatzwachstum in den nächsten Jahren fortsetzen wird.

Ein wichtiger Nebeneffekt war darüber hinaus die Erkenntnis im Management, welch großen Nutzen Response-Funktionen darstellen. Im letzten Jahr hat die Marktforschungsabteilung damit begonnen, Daten systematisch so aufzubereiten, daß die Entwicklung und Überprüfung der Response-Funktionen möglich wird. Bisher haben die neuen Schätzergebnisse den eingeschlagenen Weg bestätigt.

Die von Syntex eingesetzte Technik ist bis heute bei mindestens zehn anderen Pharma-Unternehmen sowie in einer Reihe anderer Branchen mit hoher Außendienstabhängigkeit z. B. Banken, Chemie, Stahl und Reifen, mit Erfolg eingesetzt worden.

5. Zusammenfassung

Bei perfekter Voraussicht hätten wir bei der Modellbildung sicherlich einige Dinge anders gemacht.

Dies betrifft zum einen die zusätzliche Vorausschätzung des Absatzes über einen Drei-Jahres-Zeitraum. Dieser Punkt war zwar vorgeschlagen worden (siehe Modellbeschreibung), das Management hatte sich aber geweigert, die dafür notwendige Zeit zu opfern.

Ein Jahr nach der Modell-Implementation und nach dem Start der Außendienstvergrößerung kam vom Management die berechtigte Frage nach dem Erfolg der bisherigen Aktivitäten. Es war fast unmöglich, diese Frage zu beantworten. Niemand konnte sagen, wie lange es dauert, bis neue Außendienstmitarbeiter die volle Leistung bringen und welches Leistungsniveau sie ein Jahr nach der Einstellung erreicht haben. Zu Anfang gab es daher eine Unsicherheitsphase, in der niemand sicher sagen konnte, ob die beobachteten Umsatzzuwächse auf die Außendienst-Änderungen zurückzuführen waren.

Dies verdeutlicht gleichzeitig eines der Hauptprobleme bei der Modellbildung. Die Kriterien für die Erfolgsbeurteilung eines Projektes werden zu Beginn nicht operational meßbar definiert. Bei perfekter Voraussicht hätten wir auf diesen Punkt sicherlich mehr Sorgfalt verwandt.

Weiterhin hätten wir von vornherein versucht, mehr Einfluß auf die Beurteilung, Motivation und Steuerungsmechanismen des Außendienstes zu nehmen. Bei einer reibungsloseren Umsetzung des Konzeptes hätten die Umsatz- und Gewinnsteigerungen noch höher ausfallen können.

Eine Reihe von Gelegenheiten zur Verbesserung der Außendiensteffizienz wurde in den ersten beiden Jahren nicht genutzt. Zur Ermittlung des auf diese Art verschenkten Gewinnpotentials wurde ein Vergleich des tatsächlich erreichten Umsatzes in 1984 mit dem Umsatz durchgeführt, der bei Umsetzung aller Modellempfehlungen möglich gewesen wäre. Es ergab sich eine eindrucksvolle Differenz von 36 Millionen Dollar. Der Grund für dieses Problem liegt in der enormen Schwierigkeit, eingefahrene Verhaltensweisen von Mitarbeitern zu ändern.

Trotz einiger Ansatzpunkte für weitere Verbesserungen hatte das Modell einen signifikant positiven Einfluß auf das Ergebnis der Firma Syntex Laboratories in den Jahren 1982 bis 1985. Die Umsätze stiegen um 8% gegenüber dem Plan und das Management wurde auf die Bedeutung der optimalen Außendienststeuerung für den Unternehmenserfolg aufmerksam. Dies führte zu einem Prozeß ständiger Verbesserungen bei der Außendienststeuerung auf Basis empirischer Daten und subjektiver Schätzungen.

Deutsche Übersetzung des englischen Originalmanuskriptes „Sales Force Sizing and Deployment Using a Decision Calculus Model at Syntex Laboratories" durch Klaus Hillcke-Daniel, Carsten Wiese und Christian Dustmann.

Teil IV
Internationale Probleme der Pharmaindustrie

Europa 1992: Rahmenbedingungen und strategische Konsequenzen für die Pharmaindustrie

Gert von Breitenbach

1. Einleitung
2. Auswirkungen von EG-Richtlinien und EuGH-Entscheidungen
3. Auswirkungen von Maßnahmen der EG-Kommission
4. Strategische Konsequenzen für die forschende Pharmaindustrie

1. Einleitung

Um den europäischen Arzneimittelmarkt vorzubereiten, haben der EG-Ministerrat auf Vorschlag der Kommission in den 31 Jahren seit Gründung der Europäischen Wirtschaftsgemeinschaft zahlreiche Richtlinien erlassen und der Europäische Gerichtshof (EuGH) wichtige Entscheidungen getroffen. Einige weitere Schritte sind noch zu tun. Die EG-Kommission hat sie 1985 in einem Weißbuch publiziert und zwischenzeitlich ergänzt (Tabelle 1).

	Annahme durch den Ministerrat
— Annäherung der Mehrwertsteuersätze auch für Arzneimittel	1988—1990
— Richtlinie zur Verpflichtung der Mitgliedstaaten und ihrer Sozialversicherungen, Entscheidungen über Arzneimittelpreise und über Arzneimittel-Kostenerstattung transparent zu machen	1988
— Harmonisierung der Arzneimittelzulassung durch ein Alternativ-System zur gegenseitigen Anerkennung	1989—1990
— Harmonisierung der Arzneimittelabgabe an Patienten (Rezeptpflicht, Apothekenpflicht, Freiverkäuflichkeit)	1991
— Harmonisierung der Anforderungen für wissenschaftliche Information und Werbung an Ärzte und Patienten	1991

Tabelle 1: Maßnahmenplan der EG-Kommission zur Verwirklichung eines europäischen Arzneimittelmarktes

Die vorliegenden EG-Richtlinien und EuGH-Entscheidungen sowie der Maßnahmenplan der EG-Kommission bis 1992 bilden die pharmapolitischen Rahmenbedingungen, die für den künftigen europäischen Markt maßgeblich sein werden.

Um sich eine Vorstellung von diesen Rahmenbedingungen machen zu können, sind drei Fragen zu untersuchen:

1. Wie wirken sich die bereits erlassenen EG-Richtlinien und die Entscheidungen des EuGH auf den europäischen Arzneimittelmarkt aus?
2. Welche Auswirkungen werden die von der EG-Kommission noch geplanten Maßnahmen haben?
3. Welche strategischen Konsequenzen ergeben sich für die europäische forschende Arzneimittelindustrie?

2. Auswirkungen von EG-Richtlinien und EuGH-Entscheidungen

2.1 Die Richtlinien für die Arzneimittelzulassung

Seit 1965 hat der EG-Ministerrat eine Reihe von Richtlinien erlassen mit der Zielsetzung, daß ein Arzneimittel in allen Mitgliedstaaten unter identischen Zulassungsbedingungen, d. h. mit gleichen Aussagen auf der Packung und in der Packungsbeilage, in den Verkehr gebracht werden darf. Ein solches Arzneimittel würde dann im europäischen Binnenmarkt ungehindert zirkulieren können, sofern es in mehrsprachiger Aufmachung angeboten wird. Diese Richtlinien haben hierfür einige wichtige Voraussetzungen geschaffen (Tabelle 2).

- Harmonisierung der Kriterien für Qualität, Sicherheit und Wirksamkeit
- Definition der Anforderungen für die Qualitätskontrolle und die behördliche Inspektion der Betriebe
- Gegenseitige Anerkennung analytischer, pharmako-toxikologischer und klinischer Prüfungsergebnisse, soweit sie nach EG-Regeln ermittelt wurden
- Gegenseitige Anerkennung der Chargenkontrolle im Ursprungsland des Arzneimittels
- Harmonisierung der Etikettierungsvorschriften und der Vorschriften für Packungsprospekte
- Harmonisierung der Liste zulässiger Farbstoffe.

Eine Vielzahl Guidelines soll sicherstellen, daß die getroffenen Regelungen in allen Mitgliedstaaten möglichst einheitlich gehandhabt werden.

Tabelle 2: EG-Richtlinien und sonstige Maßnahmen zur Verwirklichung identischer Marktzulassungsentscheidungen durch die Mitgliedstaaten

Trotz dieser vielfältigen Voraussetzungen für identische Marktzulassungen treffen die Mitgliedstaaten nach wie vor ihre eigenen Entscheidungen, die zum Teil erheblich voneinander differieren. Da die automatische gegenseitige Anerkennung der Zulassungsentscheidungen auch nach 10jähriger Beratung im Ministerrat nicht zu erreichen war, wurde 1975 in Brüssel ein Koordinationsausschuß etabliert mit der Bezeichnung „Ausschuß für Arzneispezialitäten“, kurz Spezialitätenausschuß. Seine wesentliche Aufgabe war die Einführung des sogenannten Kommunitären Zulassungsverfahrens in der EG. Die Unternehmen konnten es in Anspruch nehmen, nachdem sie in einem Mitgliedstaat die Zulassung erhalten hatten und die Zulassung für mindestens fünf weitere Mitgliedstaaten beantragen wollten. Ziel des Kommunitären Verfahrens war die Anerkennung der Erstzulassung in einem EG-Mitgliedstaat durch die betroffenen anderen Mitgliedstaaten, denen jedoch die Möglichkeit offen stand, begründete Einwände zu erheben.

Dieses Ziel hat der Spezialitätenausschuß nicht erreichen können, da er nur empfehlende Voten abgeben kann und keine Entscheidungsbefugnis besitzt. Diese liegt allein bei den 12 Mitgliedstaaten, die die Empfehlungen des Ausschusses häufig nicht akzeptieren.

1983 wurde das Kommunitäre Verfahren durch die Richtlinie 83/570 modifiziert. Das neue Mehrstaatenverfahren ist seit 1986 in Kraft und darf in Anspruch genommen werden, wenn nach erfolgter Erstzulassung in einem Mitgliedstaat die Zulassung auf Basis des identischen Dossiers in mindestens zwei weiteren Mitgliedstaaten beantragt werden soll. Widersprüche sollten nur noch in Ausnahmefällen erfolgen dürfen. Auch dieses System schlug fehl, da die betroffenen Mitgliedstaaten die Bedingungen der Erstzulassung wiederum nicht für sich gelten ließen: im Januar 1988 mußte die EG-Kommission berichten, daß die Mitgliedstaaten gegen jedes Dossier einer Erstzulassung systematisch begründete Einwände erhoben haben.

1987 unternahm die EG-Kommission einen weiteren Versuch, um identische Marktzulassungen zu erreichen, indem sie für hochtechnologische Arzneimittel das sog. Konzertierungsverfahren einführte.

Bei biotechnologischen Produkten muß, bei anderen hochtechnologischen Produkten kann der Spezialitätenausschuß vor Erteilung der Erstzulassung befaßt werden mit dem Ziel einer Konzertierung.

Noch liegen keine ausreichenden Erfahrungen vor, ob sich die Behörden der Mitgliedstaaten dem konzertierten Votum des Spezialitätenausschusses anschließen werden.

Auf die anfangs gestellte Frage, wie wirken sich die bereits erlassenen EG-Richtlinien auf den europäischen Arzneimittelmarkt aus, ist für die Arzneimittelzulassung die klare Antwort zu geben: mit Ausnahme gewisser technischer Vereinfachungen gar nicht. Mit ihren unterschiedlichen Zulassungsentscheidungen schotten sich die Mitgliedstaaten gegeneinander ab, anstatt sich zu öffnen.

Im Zusammenhang mit dem Thema EG-Richtlinien sei kurz erwähnt, daß die EG-Kommission für hochtechnologische und biotechnologische Arzneimittel auch eine 10jährige Marktexklusivität ab dem Zeitpunkt der Ersteinführung in einem Mitgliedstaat etabliert hat. – Für alle übrigen innovativen Arzneimittel wurde diese Schutzfrist auf 6 – in Sonderfällen auf 10 Jahre – festgelegt.

Die Schutzfrist zwingt nachahmende Unternehmen, 6–10 Jahre zu warten, bis sie unter Bezugnahme auf die Erstzulassung, allein mit Qualitäts- und Bioverfügbarkeitsunterlagen, einen Zulassungsantrag stellen können. Wollen sie das nicht, müssen sie sich um Verständigung mit der Erfinderfirma bemühen. Die Exklusivitätsregelung ist nur ein Schutz der wissenschaftlichen Dokumentation und deshalb kein Ersatz für Patentschutz. Sie soll verhindern, daß die wirtschaftlich sehr wertvollen Zulassungsunterlagen dieser Produkte der sofortigen kostenlosen Nutzung durch Nachahmerwettbewerb zugänglich sind.

6–10 Jahre Exklusivität nach Markteinführung sind allerdings völlig unzureichend, um den Forschungsaufwand für hoch- und biotechnologische Arzneimittel zurückverdienen zu können. Wenn sie zu Forschungsimpulsen für die innovative Arzneimittelindustrie führen soll, muß die Exklusivität auf wesentlich mehr als 10 Jahre verlängert werden.

2.2 Die Entscheidungen des Europäischen Gerichtshofes

Die EuGH-Entscheidungen fördern den freien Warenverkehr ungeachtet der bestehenden Differenzen bei den nationalen Preis- und Krankenkassen-Systemen (Tabelle 3).

- Verwendet ein Hersteller für sein Arzneimittel in den EG-Mitgliedstaaten unterschiedliche Warenzeichen mit dem Ziel die Märkte gegeneinander abzuschotten, so darf der Parallelimporteur umpacken und das lokal übliche Warenzeichen aufdrucken, ohne daß der Inhaber eine Warenzeichenverletzung geltend machen kann.
- Besteht für ein Produkt in den Mitgliedstaaten der EG Patent- und Warenzeichenschutz, so kann der Inhaber keine Patent- oder Warenzeichenverletzung geltend machen, wenn ein Parallelimporteur dieses Produkt aus einem anderen Mitgliedstaat importiert oder vertreibt.
- Wird ein einzelnes Arzneimittel von der Erstattung durch gesetzliche Krankenkassen ausgeschlossen, so verstößt dies dann nicht gegen Art. 30 EWGV, wenn die Kriterien für den Ausschluß objektiv und nachprüfbar sind, z. B. wenn preiswerte Arzneimittel gleicher therapeutischer Wirksamkeit existieren.

Tabelle 3: Wichtige Entscheidungen des EuGH zur Verwirklichung des europäischen Arzneimittelmarktes

Art. 30 des EWG-Vertrages ist in einem früheren Urteil des EuGH (Tasca und Sadam) so interpretiert worden, daß ein Höchstpreis für ein Importprodukt dann wie eine mengenmäßige Beschränkung wirkt, wenn Händler es nur mit Verlust importieren können. Für die Erstattungsregelungen der Krankenkassen gilt diese Entscheidung aufgrund der erwähnten jüngeren Rechtsprechung des EuGH nicht mehr. – Es hat im übrigen auch kein Unternehmen in der Vergangenheit jemals nachweisen können, daß es in einem Mitgliedstaat mit restriktiver Preiskontrolle nur mit Verlust verkaufen konnte.

Die Entscheidungen des EuGH geben den Sozialversicherungen die Möglichkeit, Arzneimittelpreise forschender Firmen auf Nachahmerniveau zu drücken. Diese haben dann lediglich die Wahl, den Marktzutritt mit Kassenerstattung zu den schlechten Bedingungen zu akzeptieren und damit Parallelimporte in höherpreisige Mitgliedstaaten zu riskieren oder auf den Markzutritt mit Kassenerstattung zu verzichten und dadurch auch das Risiko von Parallelimporten aus diesem Land zu vermeiden. Mit rechtlichen Mitteln gegen diese Wettbewerbsverzerrungen vorzugehen, ist für die betroffenen Unternehmen faktisch unmöglich.

3. Auswirkungen von Maßnahmen der EG-Kommission

3.1 Mehrwertsteuer-Harmonisierung

Die Annäherung der Mehrwertsteuersätze auch für Arzneimittel kann einen Beitrag leisten, um die Preisdifferenzen bei Arzneimitteln in der EG zu vermindern. Mitgliedstaaten dürfen dann allerdings nicht mehr wie bisher unterschiedlich Arzneimittel zum Teil mit dem vollen und zum Teil mit dem halben Mehrwertsteuersatz belasten oder evtl. sogar ganz befreien.

3.2 Herstellung von Preistransparenz und Kostenerstattung

Die für 1988 geplante „Richtlinie bezüglich der Transparenz von Maßnahmen, die die Preisgestaltung von Arzneimitteln für den menschlichen Gebrauch reglementieren, und ihren Einschluß in die Systeme nationaler Sozialversicherungen regeln", wird termingemäß verabschiedet werden, wenn nicht noch wesentliche Änderungen erfolgen, auf die z. B. die Verbraucher-Organisationen drängen. Die Richtlinie verpflichtet die Mitgliedstaaten, Preisentscheidungen oder Entscheidungen über Preiserhöhungsanträge innerhalb bestimmter Fristen zu treffen und bei Gewinnkontrollen wie im britischen PPRS, bestimmte Regeln einzuhalten. Alle Entscheidungen über Preise, Preiserhöhungen und Gewinne sind detailliert zu begründen. Dem Unternehmen steht der Rechtsweg zur Anfechtung offen.

Die Kassenerstattung von Arzneimitteln wird in der Transparenzrichtlinie unabhängig von der staatlichen Preisfestsetzung geregelt. Die Sozialversicherungen brauchen bei Arzneimitteln gleicher therapeutischer Wirkung nur das billigere zu erstatten.

Auch die Entscheidungen über die Kostenerstattung von Arzneimitteln müssen transparent sein. Die Kassen müssen offenlegen, welche Produkte sie zum Vergleich herangezogen haben. Den Unternehmen steht der Rechtsweg gegen die Entscheidungen offen.

Die weiteren Regelungen der Richtlinie brauchen hier nicht behandelt zu werden, da sie für das Funktionieren des europäischen Arzneimittelmarktes weniger wichtig sind.

Staatliche Festsetzung von Preisen für nicht kassenzulässige Arzneimittel ist in der EG kaum ein ernsteres Problem. Entscheidend für forschende Pharmaunternehmen in Europa ist der Preis, den die gesetzliche Krankenversicherung (GKV) zu erstatten bereit ist.

Der EuGH hat hierfür erhebliche Freiräume geschaffen und es muß befürchtet werden, daß auch diejenigen Kassen sie nutzen werden, die bisher noch eine relativ forschungsfreundliche Erstattungspolitik betrieben haben. Die Preisdifferenzen in der EG werden sich hierdurch vermindern, allerdings in der falschen Richtung.

3.3 Harmonisierung der Arzneimittelzulassung

Daß die Gesundheitsbehörden der EG-Mitgliedstaaten teilweise sogar entgegen dem Votum ihrer Mitglieder im Spezialitätenausschuß die gegenseitige Anerkennung verweigern, hat im wesentlichen vier Gründe (Tabelle 4).

— Unterschiedliche medizinische Schulen
Sie führen zu unterschiedlichen Nutzen/Risiko-Bewertungen und damit zu unterschiedlichen Zulassungsentscheidungen hinsichtlich Indikationen, Gegenindikationen, Nebenwirkungen, Warnhinweisen usw.

— Unterschiedliche Interpretationen
eingereichter Zulassungsunterlagen, auch wenn diese identisch sind.

— Ausschluß bestimmter Anwendungsgebiete von der Kassenerstattung
Ausgeschlossene Indikationsgebiete dürfen z. B. in Frankreich weder im Packungsprospekt noch im Informationsmaterial genannt werden, da die Kassenzulassung sonst annulliert wird. — Die Sozialversicherung fungiert also als zweite Zulassungsinstanz mit abweichenden Entscheidungen.

— Marktzulassung nur bei Bedürfnis
Wird das Bedürfnis verneint, so wird das Verfahren mit fadenscheinigen Gründen in die Länge gezogen. Es kommt also gar nicht erst zur Zulassung.

Identische Marktzulassungen sind nur erreichbar, wenn die Mitgliedstaaten politisch bereit sind, auf ihre nationalen Besonderheiten zu verzichten.

Tabelle 4: Gründe für die Ablehnung identischer Marktzulassungen durch die EG-Mitgliedstaaten

Wenn der politische Konsens hierfür geschaffen werden kann, ist die technische Lösung relativ einfach. Sie könnte z. B. in der automatischen gegenseitigen Anerkennung der Zulassung neuer Arzneimittel aus bekannten Stoffen bestehen.

Bei hochtechnologischen und biotechnologischen Arzneimitteln ließe sich das Konzertierungsverfahren möglicherweise weiterentwickeln in Richtung einer für alle Mitgliedstaaten verbindlichen Entscheidung.

Beide Konzepte wären innerhalb weniger Jahre zu verwirklichen. – Sie würden bei der Industrie zu weiteren Zeit- und Kosteneinsparungen führen.

Die praktischen Konsequenzen für den künftigen europäischen Arzneimittelmarkt wären aber begrenzt: nur diese neuen Produkte könnten im Binnenmarkt ungehindert zirkulieren. Da ihre Preise in den Mitgliedstaaten weniger stark differieren als bei vielen älteren Produkten, ist auch der Anreiz für Parallelimporte sehr viel geringer.

Bei den vorhandenen Sortimenten bleiben die Zulassungsunterschiede vorerst weiter bestehen. Parallelimporte dieser Produkte sind weiterhin nur zulässig, nachdem sie den nationalen Vorschriften angepaßt worden sind. Dies wirkt für Parallelimporte verteuernd und erschwerend.

Eine automatische gegenseitige Anerkennung der Zulassung auch der vorhandenen Produkte wäre im Rahmen der periodischen Verlängerung der Zulassung erreichbar, sobald die Mitgliedstaaten sich politisch auf einen solchen Schritt verständigt haben.

Die Harmonisierung der Arzneimittelabgabevorschriften an Patienten und die Harmonisierung der Anforderungen für wissenschaftliche Information und Werbung an Ärzte und Patienten sind für das Funktionieren des europäischen Arzneimittelmarktes nicht von vorrangiger Bedeutung und bedürfen hier keiner näheren Erörterung.

4. Strategische Konsequenzen für die forschende Pharmaindustrie

Vor Beantwortung dieser Frage geben wir eine kurze Zusammenfassung der wesentlichen Rahmenbedingungen, unter denen die forschende europäische Arzneimittelindustrie auf dem europäischen Binnenmarkt tätig sein muß (Tabellen 5 u. 6).

— Nachfragemonopol der staatlichen Sozialversicherungen
— Legitimation für Sozialversicherungen, bei therapeutisch gleichwertigen Produkten nur das billigere zu erstatten
— Patentlaufzeit nach der Markteinführung durch lange Entwicklungs- und Zulassungsverfahren auf durchschnittlich 7,7 Jahre reduziert
— Verneinung einer EG-Industriepolitik zur Förderung der gesamtwirtschaftlichen Leistungen der forschenden europäischen Arzneimittelindustrie.

Tabelle 5: Rahmenbedingungen für die forschende europäische Arzneimittelindustrie auf dem EG-Binnenmarkt

— Gegenüber den Nachfragemonopolen der staatlichen Sozialversicherungen — Vermarktung von Produkten ohne Kassenzulassung
— Gegenüber der Vergleichspreispolitik staatlicher Sozialversicherungen — Preiswettbewerb — Verdrängungswettbewerb — Innovation — Rechtsweg — Entwicklung und Vertretung forschungsfreundlicher, praktikabler Alternativen im politischen Umfeld
— Gegenüber der kurzen Patentlaufzeit im Markt — Verkürzung des Entwicklungs- und Zulassungsprozesses — Forderung nach Patent Term Restoration im politischen Umfeld
— Für eine europäische Industriepolitik — Entwicklung und Vertretung forschungsfreundlicher Konzepte im politischen Umfeld

Tabelle 6: Möglichkeiten strategischer Konsequenzen für europäische Unternehmen der forschenden Arzneimittelindustrie

Einige dieser Punkte bedürfen der Erläuterung:

4.1 Konsequenzen gegenüber der Vergleichspreispolitik staatlicher Sozialversicherungen

Alle Sozialversicherungen der Mitgliedstaaten bejahen die privatwirtschaftliche Pharmaforschung in den Laboratorien der forschenden Arzneimittelindustrie. Sie lehnen aber mehr und mehr die Vorfinanzierung dieser Forschung auf dem Weg der Mischkalkulation von patentgeschützten und patentfreien Präparaten ab und sind nur noch bereit, im nachhinein den tatsächlich erzielten therapeutischen Fortschritt zu honorieren. So kann die privatwirtschaftliche Pharmaforschung sicher nicht überleben. Ihre Finanzierung wäre unkalkulierbaren Risiken ausgesetzt.

Auf der anderen Seite ist aber den staatlichen Sozialversicherungen nicht jegliche Legitimation für ihre Vergleichspreispolitik abzusprechen, wenn sie beim Vorhandensein von identischen, bioäquivalenten und im Gesamtmarkt verfügbaren Produkten nur das billigere bezahlen.

Die Frage im Hinblick auf die kurze Patentdauer im Markt muß aber lauten, ab welchem Datum die Kassen nur noch das billigere Produkt zu bezahlen brauchen.

Ein fairer Kompromiß könnte sein, daß die Sozialversicherungen das Originalprodukt z. B. 20 Jahre nach seiner Marktzulassung mit einer angemessenen Innovationsprämie erstatten, um die dieses Produkt teurer sein dürfte als die marktrelevanten chemisch identischen bioäquivalenten Kopien. Während dieser Frist darf der Arzt nicht zur Billigverordnung genötigt werden. – Nach Ablauf dieser Frist könnte das Vergleichspreiskonzept praktiziert werden. Das ist eine wettbewerbspolitisch vielleicht nicht ganz unumstrittene Lösung, aber möglicherweise ein Ansatz zur Weiterentwicklung.

4.2 Patent Term Restoration

Die mittelfristig beste Möglichkeit, die Vergleichspreispolitik der sozialen Krankenkassen für forschende Unternehmen akzeptabel zu gestalten, wäre eine Wiederherstellung der Patentlaufzeit nach Marktzulassung, z. B. für 20 Jahre. Auf europäischer Ebene sind intensive Bemühungen angelaufen. Die Widerstände sind jedoch erheblich. Leider auch von seiten der deutschen Bundesregierung. – Es bedarf großer Kraftanstrengungen im politischen Umfeld, um in Europa die Patent Term Restoration durchzusetzen.

Auch im Rahmen der Vergleichspreispolitik staatlicher Sozialversicherungen wären forschungsfreundliche Verfahren möglich (Tabelle 7).

Für neue Produkte

a) Maßnahmen mit sofortiger Wirkung
   - Schutz der Zulassungsunterlagen der Erfinderfirma für 20 Jahre nach Marktzulassung
   - Zulassungsstop für Imitationsprodukte für 20 Jahre nach Marktzulassung des Originals

b) Maßnahmen mit mittelfristiger Wirkung
   - Patent Term Restoration (kommt nur für neue Patentanmeldungen und erst nach Entwicklungs- und Zulassungsdauer von 10—12 Jahren zum Tragen)

Für eingeführte Produkte

a) Maßnahmen mit sofortiger Wirkung
   - Angemessene Innovationsprämie für das Originalprodukt für 20 Jahre nach Marktzulassung, keine Arztbeeinflussung zur Billigverordnung.

Tabelle 7: Forschungsfreundliche Regelungsmöglichkeiten im Rahmen der Vergleichspreispolitik staatlicher Sozialversicherungen

4.3 Forderung nach einer europäischen Industriepolitik

Die EG-Kommission hat in ihrem Erläuternden Memorandum zur Transparenzrichtlinie eine Pharmaindustrie-politisch relevante Aussage gemacht, indem sie dort sagt: „... Es besteht ... dringender Bedarf für eine EG-Strategie, die die Notwendigkeit, daß vernünftige Preise für Arzneimittel bezahlt werden, in Einklang bringt mit der

Notwendigkeit, die Entwicklung einer forschenden Arzneimittelindustrie zu ermutigen."

Leider hat es die EG-Kommission bis jetzt unterlassen und sogar expressis verbis abgelehnt, eine solche Strategie zu definieren. Die forschende europäische Arzneimittelindustrie ist daher faktisch schutzlos dem Nachfragemonopol der Sozialversicherungen ausgeliefert. Dies ist eine sehr viel schlechtere Situation als für forschende Unternehmen in den USA und Japan.

Forschenden Unternehmen in den USA wird bereits seit 1984 durch den „Drug Price Competition and Patent Term Restoration Act" eine teilweise Wiederherstellung der durch die Arzneimittel-Entwicklung und -Zulassung verlorenen Patentlaufzeit zugestanden. Die Frist beträgt maximal 5 Jahre.

Sie ist an bestimmteVoraussetzungen gebunden und sicherlich nicht optimal. Zusätzliche 5 Jahre Marktexklusivität bedeuten aber bei erfolgreichen Präparaten erhebliche zusätzliche Deckungsbeiträge für Forschung und Entwicklung, und eine erhebliche Verbesserung der Wettbewerbsfähigkeit gegenüber forschenden Unternehmen in Europa.

Seit dem 1. Januar 1988 ist auch in Japan ein vergleichbares Gesetz in Kraft.

Europa wird noch Jahre brauchen, wenn es sich überhaupt zu einer Restoration durchringt. Vor Anfang des nächsten Jahrhunderts werden wohl keine europäischen Arzneimittel mit den Möglichkeiten einer Patent Term Restoration auf den Markt kommen können.

Die europäische Industrie hat also weiterhin im Schnitt nicht einmal acht Jahre Patentschutz nach Markteinführung zur Verfügung, wovon eine leistungsfähige Forschung nicht existieren kann, wenn die Sozialversicherungen das Vergleichspreiskonzept ohne Schonfrist praktizieren.

Als Modelland für eine europäische Pharmaindustrie-Politik könnte wenigstens teilweise Japan herangezogen werden.

In seinem Buch „Japan: Pharma-Weltmacht der Zukunft?" macht Prof. Dieter Cassel u. a. folgende Aussagen zu der in Japan praktizierten Pharmaindustrie-Politik (Tabelle 8).

— Neue Produkte, insbesondere „Break-through-Produkte", werden nach Erfüllung der Voraussetzungen unverzüglich zugelassen und mit einem großzügig festgelegten Preis kassenzulässig.

— Der Patentschutz dauert 20 Jahre vom Zeitpunkt der Patentanmeldung an. Wenn die Frist von der Anmeldung bis zur Erteilung des Patents deutlich über 5 Jahre liegt, wird die Laufzeit auf 15 Jahre ab Erteilung festgesetzt. Aufgrund des Patent Term Restoration Act von Mai 1987 wird die Patentlaufzeit ab 1. 1. 1988 um mindestens 2 und maximal 5 Jahre verlängert, falls das Marktzulassungsprocedere mehr als 2 Jahre der Patentlaufzeit in Anspruch genommen hat.

— Neue Produkte erhalten unabhängig vom Patentschutz einen Imitationsschutz von 6 Jahren ab Marktzulassung. Diese Monopolstellung kann auf 10 Jahre verlängert werden, wenn zweifelsfrei nachgewiesen wurde, daß sich das Produkt für ein neues Anwendungsgebiet eignet.

— Generika gelten nach Meinung des Ministry of Health and Welfare als überflüssige Plagiate, die möglichst vom Markt ferngehalten werden sollten. Bei der Marktzulassung werden hohe Anforderungen an Nachweis der Qualität und der Bioäquivalenz gestellt, der aufwendige Prüfungen beim Menschen erfordert.

— Die Markteinführung von Generika kann ebenso wie die von Originalpräparaten erst nach Erhalt der Preisgenehmigung erfolgen. Die Preisgenehmigung für Generika dauert aber bis zu 2 Jahren, die für Originalprodukte nur bis zu 3 Monaten. Hierdurch wird der Marktzutritt für Generika verzögert.

(Quelle: Cassel 1987)

Tabelle 8: Elemente der Pharmaindustrie-Politik in Japan

Auch in Europa wird Pharmaindustrie-Politik praktiziert, jedoch nicht im Hinblick auf den großen Binnenmarkt von 1992, sondern mit protektionistischen Zielsetzungen für die einzelnen Mitgliedstaaten. Im Vereinigten Königreich, in Frankreich, Belgien, Italien und Spanien – um nur einige Mitgliedstaaten zu nennen – erstatten die Krankenkassen höhere als die Vergleichspreise, wenn ein Pharmaunternehmen dort investiert, forscht, Arbeitsplätze schafft und exportiert. Das Nachfragemonopol der Sozialversicherungen wird also gesamtwirtschaftlichen Zwecken nutzbar gemacht.

Für den großen Binnenmarkt ist das eine schädliche Entwicklung, denn sie führt zur faktischen Ungleichbehandlung von lokal ansässigen Unternehmen und ausländischen Niederlassungen und zu unwirtschaftlicher Aufsplitterung von Aktivitäten und Investitionen zwischen den Mitgliedstaaten.

Das Bild des großen Binnenmarktes für Arzneimittel ist für die europäische forschende Industrie also alles andere als rosig. Sie wird Konsequenzen ziehen müssen, die möglicherweise zu gravierenden Veränderungen der Pharma-Landschaft führen.

Ob eine solche Entwicklung wirtschafts-, sozial- und gesundheitspolitisch wünschenswert ist, scheint mehr als fraglich. Noch können die EG-Institutionen und die Regierungen der Mitgliedstaaten die Weichen in die richtige Richtung stellen.

Wachstum durch internationale Joint Ventures

Götz A. Dyckerhoff
Burkard Weber

1. Gedanken zur Strategie

1.1 Strategische Optionen

Da es für die meisten Krankheiten keine ursächliche Therapie gibt, hat der Markt für Arzneimittel noch ein enormes Wachstumspotential. Ein Unternehmen, das sich in diesem Markt behaupten will, müßte folgerichtig hohe Forschungsaufwendungen in Kauf nehmen. Die Aufwendungen werden nur getätigt, wenn man mit zukünftigen Erträgen aus den neuen Produkten rechnen kann. Eine Unternehmensleitung, die sich auf das „Abenteuer Forschung" einläßt, muß daher sehr langfristig denken und die Zuversicht haben, daß Innovationen auch zukünftig verkauft werden können.

Der Markt für Arzneimittel ist stark von staatlichen Eingriffen abhängig. Die Kosten für die Erhaltung und Wiederherstellung der Gesundheit werden politisch beeinflußt. Dieser Einfluß ist bekanntlich langfristig nicht planbar. Zu der grundsätzlichen Ungewißheit der Ergebnisse der Forschung kommt für die pharmazeutische Industrie die politische Ungewißheit hinzu.

Im internationalen Vergleich war der deutsche Arzneimittelmarkt bisher relativ wenig reglementiert. Es ließ sich jedoch seit Jahren absehen, daß die staatlichen Eingriffe auch in Deutschland zunehmen würden, spätestens im Rahmen der EG-Harmonisierung. Die relative Freiheit des deutschen Marktes machte es in der Vergangenheit möglich, daß auch ein mittelgroßes Unternehmen, das noch 80% des Umsatzes in Deutschland erzielt, eine vollständige Forschung von der Wirkstoff-Synthetisierung bis zur klinischen Entwicklung unterhalten konnte. Diese Situation hatte zur Folge, daß es in Deutschland wesentlich mehr pharmazeutische Unternehmen als in vergleichbaren Ländern (England, Frankreich) gibt, und daß Deutschland beim Export von Arzneimitteln weltweit führend ist.

Die absehbaren Veränderungen im politischen Umfeld zwingen zur Überprüfung der Strategie. Dabei ist klar abzusehen, daß die Erträge aus dem Umsatz in Deutschland alleine nicht mehr ausreichen werden, um eine eigenständige Forschung zu finanzieren. Daher zeichnen sich die grundlegenden strategischen Alternativen deutlich ab: Entweder es gelingt, durch neue Produkte international zu wachsen, oder man muß die Kostenführerschaft in Deutschland anstreben und sich damit auf die Märkte beschränken, in denen man bereits einen Marktanteil erreicht hat, der ein Überleben möglich macht. Kostenführerschaft ist nur durch eine drastische Reduktion der Forschungs- und Entwicklungskosten möglich. Wenn man den deutschen Pharmamarkt analysiert, sieht man klare Beispiele für beide strategischen Grundalternativen.

1.2 Wachstumsoptionen

Die Entscheidung, nach welcher Strategie man ein Unternehmen ausrichten soll, hängt entscheidend von den Produkten ab, die man in näherer oder fernerer Zukunft erwartet, und von deren Marktpotential. Nur wenn ein Unternehmen die Aussicht hat, in den kommenden 5–10 Jahren ausreichenden Produktnachschub zu erhalten, kann es sich auf den mühsamen Weg machen, internationales Wachstum in staatlich kontrollierten Märkten anzustreben.

Ein Familienunternehmen, das in der Vergangenheit überwiegend vom deutschen Markt gelebt hat, sollte selbst dann nicht den gesamten Weltmarkt bedienen, wenn es interessante Produkte aus der eigenen Forschung hat. Wegen der Größe der Märkte und der besonderen Zulassungsbestimmungen ergibt sich sehr bald, daß man sich in den USA und in Japan auf die Lizenzvergabe beschränken sollte (wenn möglich, Lizenztausch), da alle anderen Optionen den finanziellen Rahmen eines solchen Unternehmens sprengen würden. Wenn die potentiellen Produkte ihre größten Marktchancen zudem in Ländern mit einem hohen Durchschnittsalter der Bevölkerung haben, dann kommt fast automatisch Europa die erste Priorität für das zukünfige Wachstum zu. Diese Entscheidung wird dadurch erleichtert, daß man in Zukunft mit einer einheitlichen Dokumentation in allen Ländern der europäischen Gemeinschaft die Zulassung beantragen kann.

Der starke innovative Wettbewerb und die Transparenz des relativ kleinen Marktes haben bewirkt, daß Geschwindigkeit und Intensität des Markteintritts in den letzten Jahren an Bedeutung gewonnen haben. Sobald ein neues Therapieprinzip entdeckt wird, suchen mehrere Firmen nach patentierbaren Wirkstoffen. Innerhalb weniger Jahre kommen dann mehrere auf diesem Wirkprinzip basierende Arzneimittel auf den Markt. Wenn man also ein neues Arzneimittel in einen Markt einführen will, in dem man bisher nicht präsent war, so muß man entweder einen Partner suchen oder die Organisation selbst aufbauen. Da der eigene Aufbau für ein oder zwei Produkte nicht finanzierbar ist, muß man einen Partner suchen. Dieser Partner ist im allgemeinen an einer Lizenz interessiert, um seine eigene Marktentwicklung zu beschleunigen oder um die eigene Organisation auszulasten. Das führt zu Konflikten mit dem Wunsch des Lizenzgebers, in den großen Ländern langfristig eine eigene Marketing-Organisation zu haben. Es kann hier nicht auf die Fülle von Modellen eingegangen werden (befristete Lizenzverträge, pay out-Klausel, Beteiligung usw.), die bereits praktiziert werden. Sie haben alle den Nachteil des Interessenkonflikts, denn der Lizenznehmer trennt sich nicht gerne von Produkten, die er selbst erfolgreich eingeführt hat, und dem Lizenzgeber geht die Trennung nicht schnell genug, sobald die Produkte groß genug sind, um eine eigene Organisation zu rechtfertigen.

Die großen internationalen Unternehmen haben diesen Konflikt durch Akquisition gelöst. Eine weitere Lösungsmöglichkeit bieten langfristige Kooperationsverträge, die von Anfang an das Ziel haben, in einem Joint Venture zu enden, das dem Lizenzgeber den Vorteil bietet, schneller über eine Marketing-Organisaton zu verfügen, die es erlaubt, in mehreren Märkten gleichzeitig neue Produkte einzuführen. Dem lokalen Unternehmen bietet es Zugang zu neuen Produkten, Kostensenkung durch Dienstleistung an das verbundene Unternehmen und die Beteiligung an einem neuen Unternehmen, dessen Wohlergehen im Interesse beider Partner liegt. Eine gute Übersicht zu internationalen Kooperationsstrategien findet sich bei Porter und Fuller (1986).

2. Suche nach Joint Venture-Partnern

2.1 Voraussetzungen

So logisch überzeugend dieses Konzept für uns ist, so groß ist immer wieder der Unglaube der uns entgegenschlägt, wenn wir hierüber zu Menschen sprechen, die sich mit diesem Gedankengang noch nicht vertraut gemacht haben. Es kommen Bemerkungen wie „Herr im eigenen Haus sein", „Ewige Sitzungen zur Abstimmung", "Spätestens, wenn das Joint-Venture mit der lokalen Muttergesellschaft konkurriert, wird die Kooperation beendet werden" usw. Alle Einwände treffen kritische Punkte in einer solchen Kooperation, sie werden mit besonderem Nachdruck von Mitarbeitern großer Unternehmen vorgebracht. Die kleineren Unternehmen mußten schon immer etwas wendiger und anpassungsfähiger sein. Das gilt sowohl für die Tätigkeit im Markt wie für das Verhalten gegenüber dem jeweiligen Partner.

Entscheidend für das Gelingen einer langfristigen Kooperation ist neben der Ergänzung der jeweiligen Stärken die „Chemie" zwischen den Partnern. „Die Partner müssen bereit sein, Wertvorstellungen, Führungsstil und Unternehmenskultur einander anzupassen, ohne ihre nationale Identität zu verlieren" (Perlmutter und Heenan 1986). Deshalb muß am Anfang sehr viel Zeit in das gegenseitige Kennenlernen investiert werden. Besonders wichtig ist dabei die Frage, ob der Partner nicht nur kooperationswillig, sondern auch kooperationserfahren ist. Hat er bereits langfristige Kooperationen in der Vergangenheit gehabt? Was weiß man über das Verhalten in diesen Kooperationen? Gibt es eine kooperative Unternehmenskultur? Diese Fragen müssen sorgfältiger geprüft werden als manche Vertragsfragen.

Wir wollen im folgenden nur auf den Typ von Joint Venture eingehen, bei dem ein Partner Produkte einbringt und dafür eine Marktpräsenz haben möchte. Dieser Partner ist daher in der Regel ein ausländisches Unternehmen. Der zweite, lokale Partner ist bereit, die Produkte mit der eigenen Organisation einzuführen und sie dann an ein Joint Venture zu übergeben, sobald die Umsatz- und Kostenstruktur eine eigene Organisation rechtfertigen.

2.2 Anforderungen an den lokalen Partner

Der lokale Partner muß eine Mindestgröße haben, die gewährleistet, daß alle für die neuen Produkte relevanten Ärztegruppen angesprochen werden können. Dabei sollte das Unternehmen in der Zeit, in der die neuen Produkte des ausländischen Partners erwartet werden, „produkthungrig" sein. Die Größe und der Produktnachschub des lokalen Partners spielen eine entscheidende Rolle im Augenblick der „Zellteilung", d. h. in dem Augenblick, in dem eine eigene Marketingorganisation für die Produkte des ausländischen Partners gebildet wird. Ist der lokale Partner zu klein oder hat er keine anderen Produkte zu bewerben, wird er versuchen, die neue Marketingorganisation zu verhindern.

Der lokale Partner muß über eine gut ausgebaute Logistik und über die entsprechenden Marketing-Service-Funktionen verfügen (z. B. Marktforschung, EDV-Unterstützung). Er muß bereit sein, diese Dienstleistungen transparent zu machen und sie kostengünstig zur Verfügung zu stellen. Spätestens wenn die eigene Marketingorganisation gebildet wird, muß der lokale Partner sicherstellen, daß die Preisleistungsrelation seiner Dienste so günstig ist, daß keine Tendenzen zur „Abnabelung" entstehen.

Der Ausbau und die Flexibilisierung dieser Service-Einheiten ist eine große Chance für den lokalen Partner. Ein mandantenfähiges EDV-System zur Unterstützung der Arbeit des Außendienstes, eine gut ausgebaute Marktforschung, die durch die Beschäftigung mit neuen Indikationsgebieten für die Produkte des Partners einen besseren Marktüberblick bekommt, bessere Auslastung der Versandeinrichtungen, Befruchtung der Schulungsabteilung durch unterschiedliche Trainingsmethoden, sind nur einige Bespiele für Vorteile, die nur z.T. quantifizierbar sind, die aber in ihren psychologischen Auswirkungen hohes Gewicht haben. Um mögliche Konflikte bei Kapazitätsengpässen zu vermeiden, empfiehlt es sich, die Marketing-Service-Abteilungen als selbständige Einheiten der Geschäftsführung und nicht dem Marketing-Verantwortlichen zu unterstellen.

Jede Anforderung von außen wird zunächst als lästige Mehrarbeit empfunden. Eine kooperative Einstellung gegenüber den Wünschen des ausländischen Partners entsteht nicht von selbst. Es ist die Aufgabe der Unternehmensführung, Signale der Kooperationsbereitschaft zu setzen und das Engagement der Mitarbeiter für den Partner zu kontrollieren. Kooperation ist Chefsache.

2.3 Anforderungen an den ausländischen Partner

Der ausländische Partner bringt neue Produkte. Damit ist er grundsätzlich willkommen. Diese positive Einstellung schlägt sofort um in Mißtrauen, sobald festgestellt wird, daß Produktaussagen nicht stimmen. Da Forschungs- und Lizenzabteilungen in allen Unternehmen dazu neigen, die guten Seiten der eigenen Angebote überzubewerten, muß streng darauf geachtet werden, daß nicht bereits bei Beginn einer so langfristigen Kooperation Sand ins Getriebe kommt. Im Falle von Meinungsverschiedenheiten empfiehlt es sich, externe Sachverständige hinzuzuziehen und gemeinsam an der Ermittlung des Umsatzpotentials zu arbeiten.

Von entscheidender Bedeutung ist die Einbeziehung des Partners in die Phase III der klinischen Prüfung. Hier muß der ausländische Partner mit aktivem Widerstand aus der eigenen Forschung rechnen. Unterschiedliche Marktgegebenheiten und medizinische Schulen machen es unerläßlich, die Kenntnisse des Partners bei der Produktentwicklung zu berücksichtigen. Wenn man weiß, welche Schwierigkeiten die ausländischen Tochtergesellschaften von Konzernen haben, ihren Einfluß bei der Entwicklung im eigenen Mutterhaus geltend zu machen, so merkt man schnell, wie schwierig diese Aufgabe für einen "fremden" Partner ist.

Der ausländische Partner, der die Produkte zur Verfügung stellt, muß für eine personelle Konstanz sorgen. Es muß im Unternehmen eine einflußreiche Person geben, die alle

Kontakte koordiniert und eine gemeinsame Sprache sicherstellt. Diese Person muß dafür sorgen, daß die Fachabteilungen beider Unternehmen ausreichenden Kontakt zueinander haben, um eine reibungslose Kommunikation zu ermöglichen.

Die kritische Phase der Bildung eines eigenen Außendienstes für das Joint Venture und die Tätigkeit einer eigenen Geschäftsführung in der neuen Gesellschaft soll am Beispiel des deutsch-japanischen Joint Ventures Takeda Pharma GmbH aufgezeigt werden.

3. Das erste deutsch-japanische Pharma-Joint Venture in Deutschland

3.1 Entstehung des Joint Ventures

Die Gründung des ersten deutsch-japanischen Joint Ventures im deutschen Pharmamarkt resultierte sowohl aus zufallsbedingten als auch aus strategischen Momenten.

Der Zufall spielte mit, weil der deutsche Partner nach langer Zeit wieder einmal bei der japanischen Firma Takeda Chemical Industries vorsprach und dort seine Ideen für eine Lizenznahme vorstellte, und der Zufall wollte es, daß Takeda Chemical Industries gerade in diesem Moment für zwei neue Antibiotika einen Partner suchte, der in der Lage war, schnell eine Dokumentation für den Zulassungsantrag beim Bundesgesundheitsamt vorzubereiten.

Darüber hinaus arbeitete Takeda an einer neuen Strategie, die an die Stelle der reinen Lizenzvergabe neue Kooperationsmöglichkeiten setzte, ein Konzept, das sich der Internationalisierungstendenz der japanischen Industrie voll anschloß. Aufgrund des hohen Yen-Kurses, zunehmender Handelskonflikte sowie des Drucks der aufrückenden Schwellenländer zur Verlagerung von Teilen ihrer Produktion in die weltweiten Absatzmärkte sowie aufgrund der Festschreibung von Verkaufspreisen und des Drucks der japanischen Gesundheitsbehörden auf die Preisgestaltung im eigenen Markt lagen Wachstumschancen für die japanischen Pharmaunternehmen vornehmlich in den Märkten der westlichen Industrienationen. Das Vorhandensein eines annähernd gleichen Entwicklungsniveaus deutscher und japanischer Unternehmen konnte in den Bereichen F & E, Produktion und Vertrieb die Wettbewerbsfähigkeit beider Seiten stärken.

Während der Verhandlungen über das Joint Venture-Konzept ist der deutsche Partner durch alle Phasen gelaufen, die im zweiten Kapitel dieses Beitrages beschrieben wurden. Die Erfahrung, daß das japanische Innovationspotential im internationalen Vergleich überragend war, und ein steigender Kenntnisstand über die Mentalität der japanischen Verhandlungspartner führten dazu, die internen Vorbehalte nach und nach abzubauen. Das Wissen über die japanische Mentalität dürfte eine der wichtigsten Voraussetzungen sein, ein Vertrauensklima zu schaffen, in dem sich ein deutsch-japanisches Joint Venture positiv entwickeln kann. Nachdem unsere Konkurrenten auf internationaler Ebene in der Vergangenheit europäische und amerikanische Unternehmen waren, bestand für uns Deutsche kaum Anlaß, über Mentalitätsprobleme nachzudenken. Erst durch die unausweichliche Begegnung mit Japanern als Partner oder Konkurrent ist die Frage der Mentalität relevant geworden. Wir kommen auf diesen Aspekt später noch einmal zurück.

3.2 Arbeitsteilung

Die Abmachungen mit dem japanischen Partner sahen vor, daß nach Gründung des Gemeinschaftsunternehmens der deutsche Partner in der ersten Phase durch seinen Außendienst die Bewerbung der Präparate weiter vornehmen und das Gemeinschaftsunternehmen in dieser Zeit die wissenschaftliche Bearbeitung der Präparate aufbauen sowie Mitarbeiter für einen Krankenhausaußendienst rekrutieren und fachlich vorbereiten sollte. Die Anforderungen an den lokalen Partner konnten erfüllt werden. Die Leistungen wurden vom Gemeinschaftsunternehmen unter der Prämisse in Anspruch genommen, daß sie einerseits kostengünstig und andererseits transparent sein sollten.

Dem lokalen Partner blieb allerdings die große psychologische Aufgabe, den Außendienst und die eigenen Mitarbeiter über den Sinn der Kooperation aufzuklären und die Weichen so zu stellen, daß es vor der Übergabe der Präparate an das Gemeinschaftsunternehmen nicht zu Rückschlägen bzw. einer Demotivation in der eigenen Organisation kam.

Was war das Ziel? Außendienst und Mitarbeiter mußten so motiviert werden, daß die Präparate, die in das Gemeinschaftsunternehmen übergeben werden sollten, bis zum Tag der Überführung voll bearbeitet wurden. Das Joint Venture sollte "intakte" Produkte erhalten. Intakt in dem Sinne, daß keine Umsatzeinbrüche als Folge der Übergabe zu erwarten waren.

Dieses Ziel wurde erreicht, indem man aus der eigenen Außendienstmannschaft gute Mitarbeiter auswählte und ihnen in Einzelgesprächen Führungspositionen in der im Aufbau begriffenen Außendienstmannschaft des Joint Ventures anbot. Gute Mitarbeiter erhielten somit die Möglichkeit zu einem Karriereschritt, der ihnen normalerweise beim Verbleib in der Organisation des lokalen Partners nicht so schnell möglich gewesen wäre.

Zur psychologischen Vorbereitung gehörte weiterhin, daß den ausgewählten Mitarbeitern die Möglichkeit geboten wurde, das japanische Mutterunternehmen persönlich kennenzulernen und sich dort mit allen relevanten Fragen zur Produktentwicklung und zur internationalen Strategie vertraut zu machen. Im Vorfeld der eigentlichen Marktbearbeitung ist die Motivation ein altbekanntes Thema, gerade in einem derartigen Fall wird sie aber zu einem ausschlaggebenden Faktor.

Förderlich war auch ein Prämiensystem zur Erreichung des gesteckten Zieles, das in diesem Fall kombiniert war mit der Möglichkeit, Japanreisen zu gewinnen, so daß die Außendienst-Mitarbeiter des lokalen Partners die Möglichkeit erhielten, bei Erreichung des gesteckten Umsatzziels den ausländischen Partner kennenzulernen, für den sie bisher gearbeitet hatten. Die Chance, ein exotisches Land zu besuchen, war natürlich ebenfalls ein Anreiz. Die systematische Vorbereitung der eigenen Mitarbeiter, verbunden mit dem Ansporn durch Karriereplanung einerseits und ein adäquates Prämiensystem haben dazu geführt, daß die schwierige Übergabe eines Umsatzblocks an das Joint Venture erfolgreich bewältigt wurde.

Die Leistungen aus dem Service-Paket wie Lohnherstellung, Vorbereitung der Unterlagen für die Zulassung beim Bundesgesundheitsamt, EDV, Durchführung von klinischen Arbeiten und Unterstützung in allen marketingrelevanten Bereichen sind im Prinzip Tätigkeiten, die keinerlei Anpassung benötigen, nur mußten sie jetzt abgegrenzt und erfaßt werden, so daß sie mit dem Joint Venture-Partner unter dem Gesichtspunkt „transparent und kostengünstig" abgerechnet werden konnten.

3.3 Führungsaspekte

Einige Anmerkungen zur Führung erscheinen uns angebracht. Man sollte es sich zum Grundsatz machen, nur die besten Mitarbeiter auf allen Ebenen an das Joint Venture abzustellen. In dem hier behandelten Fall hat der lokale Partner nach diesem Grundsatz gehandelt und damit einen wichtigen Beitrag zur Vertrauensbildung bei dem japanischen Partner geleistet. Genauso wichtig war, daß die japanische Seite erkannt hatte, daß ihre Führungskraft im Joint Venture so viel Kenntnis der deutschen Mentalität und des deutschen Marktes mitbringen mußte, daß sie in der Lage war, „deutsche" Entscheidungen für Japaner nachvollziehbar zu machen. Diese Übermittler- bzw. Übersetzerfunktion ist in der Zusammenarbeit mit Japanern besonders wichtig. Grundsätzlich bedeuten zwischenkulturelle Erfahrungen, daß man gefühlsmäßig internationaler wird und weniger egozentrisch bezüglich des nationalen Bewußtseins. Gleichzeitig wurde uns verstärkt bewußt, welchen Einfluß die Kultur auf unsere Verhaltensweisen hat. Wir sollten deshalb auch verstehen, daß unsere eigene Kultur eine Hürde sein kann, wenn es zu solchen zwischen-kulturellen Interaktionen kommt.

Dies ist ein weiterer Grund, warum die gute Qualifikation der Mitarbeiter, die für das Gemeinschaftsunternehmen arbeiten, einen hohen Stellenwert hat.

Mentalität ist der Zusammenschluß vieler Eigenschaften eines Volkes, einer Kultur. Kultur ist immer ein System von Kommunikation, dies gilt insbesondere für die japanische Kultur. Eine Reihe charakteristischer Situationen zeigen, daß Japaner anders denken oder auch anders fühlen. Ein wichtiger Faktor zum Beispiel ist der Begriff „Zeit". Während nach unserer Auffassung Zeit nicht vergeudet werden soll, ist für Japaner Zeit ein Begriff, der gleichzusetzen ist mit einer Investition, um Vertrauen zu schaffen. Die Erkenntnis, daß Geduld für die japanischen Verhandlungsriten notwendig ist, sollte für den deutschen Verhandlungspartner zu einer der ersten Prioritäten gehören.

Dies steht auch im Zusammenhang mit der japanischen Führungsstruktur und der Art, wie Entscheidungsprozesse bei den Japanern ablaufen. Es ist paktizierte japanische Führungsstrategie, daß bei Angelegenheiten, die die Zukunft und das Wohl des Unternehmens betreffen, alle Mitarbeiter informiert und am Entscheidungsprozeß beteiligt werden. Dieses Heruntergehen bis in die unterste Hierarchie bei der Vorbereitung von Entscheidungen hängt sicherlich mit dem Zusammengehörigkeitsgefühl der Japaner zusammen, deren Ursprung in der Gemeinsamkeit des Reisanbaus und der Reisernte liegt, somit ein wichtiger Teil der dörflichen Tradition Japans ist.

Auch der Kommunikationsstil ist zwischen Deutschen und Japanern unterschiedlich. Das direkte, gut funktionierende Kommunikationsverhalten wirkt auf Japaner eher entnervend, weil sie ein ganz anderes Verhalten gewohnt sind. Ihre Kultur hat sie jahrhundertelang gelehrt, nicht-verbale Signale wahrzunehmen und diesen mehr Bedeutung beizumessen als einem Wort oder Argument. Für Japaner ist Kommunikation in erster Linie eine Kombination von Sprache und Verhalten. Das sollte man in der zwischen-kulturellen Umwelt einer Gemeinschaftsfirma nie vergessen.

4. Weitere Joint Ventures

„Unternehmerische Tätigkeit steht im Spannungsfeld von Sicherheit und Risiko. Bewußtes Suchen, Kalkulieren, Eingehen und Beherrschen von Risiken ist gleichsam das unternehmerische Leitmotiv. Zukunftssicherung bleibt indessen immer ein unvollständiges Bemühen, weil absolute Sicherheit nicht möglich und schon gar nicht machbar ist. Sicherheit gibt es nur in der Vergangenheit, in der Zukunft ist alles Risiko. Kritische Entwicklungen verlangen oft eine radikale Richtungsänderung, damit große Risiken vermieden werden oder zumindest beherrschbar bleiben" (Schmidheiny 1987).

Alle Industrienationen sind durch die Ungleichgewichte in der Weltwirtschaft und die daraus resultierenden politischen Konflikte gezwungen, über künftige strukturelle Entwicklungen nachzudenken. Alle großen Industrienationen kämpfen zur Zeit mit parallelen Strukturproblemen im Gesundheitswesen, gekennzeichnet durch stark wachsende Kosten, die von den Kostenträgern nicht mehr ohne Korrektur der Beiträge bzw. Abstriche bei den Leistungen getragen werden können. Diese Entwicklung wird dazu führen, daß die forschende Pharmaindustrie in Zukunft mehr über ihre eigenen Ausgabenlasten nachdenken muß, wenn sie dem politischen Druck und auch dem Wettbewerb erfolgreich widerstehen soll.

Die Komplexität und der Abstraktionsgrad von Entwicklungen, Problemstellungen und Bedrohungen mit der unausweichlichen Folge zunehmender Spezialisierung führen zwangsläufig zu Überlegungen, daß Kooperationsmodelle auf unterschiedlichen Ebenen Kosten sparen helfen und erreichte Positionen im Markt abgesichert werden können.

Diese Überlegungen gelten sowohl für den F&E-Bereich, wo durch Arbeitsteilung die erforderliche kritische Masse leichter zu erreichen ist, wie auch im Hinblick auf die Errichtung von Joint Ventures, da der lokale Partner seine bestehenden Strukturen wie Herstellung, Marktforschung und auch Finanz- und Rechnungswesen inklusive EDV als Dienstleistung zur Verfügung stellen kann. Der Erfolg jedes deutsch-ausländischen Gemeinschaftsunternehmens hängt entscheidend von dem Kenntnisstand des einen Partners über die Mentalität und die Abhängigkeit vom fremden Kulturkreis ab. Vertrauen, Geduld, zwischenmenschliche Beziehungen, eine genaue Kenntnis der „anderen" Eigenheiten und ihre Deutungen sind unerläßliche Faktoren für den Erfolg.

Unter Beachtung dieser Kriterien haben wir nach der erfolgreichen Einführung unseres deutsch-japanischen Joint Ventures eine zweite Kooperation mit einem amerikanischen Unternehmen begonnen, mit dem wir seit mehr als 25 Jahren in der Herstellung und im Vertrieb freundschaftlich verbunden waren.

Was für unsere Partner für den Eintritt in den deutschen Markt gilt, verwenden wir analog als Zielvorstellung, wenn wir jetzt Partner für die eigenen Produkte in ausländischen Märkten suchen. Die Komplexität der Problemstellungen in den einzelnen Märkten erfordert neben der Spezialisierung auch ganzheitliches integratives Denken in der Analyse wie in der Lösung. Wir sind der Auffassung, daß wir die Fachkompetenz, in diesem Fall über unsere eigenen Produkte, voll erbringen können. Gleichzeitig erwarten wir – analog zu unseren eigenen Erfahrungen in Deutschland – von unserem Partner die Fachkompetenz über den ausländischen Markt und die kostengünstige Bereitstellung von internen Dienstleistungen zu genau vorgegebenen Bedingungen.

Dieses Geben (Produkte) und Nehmen (Dienstleistungen) ist auch Zukunftssicherung und dient der Weiterentwicklung von Offenheit und Kreativität, mit der die Unternehmer die Wettbewerbsfähigkeit der Unternehmen laufend neu gestalten müssen.

5. Chancen und Risiken

Im Augenblick der Vertragsunterzeichnung haben beide Partner gleiche Interessen. Die größte Gefahr für die Kooperation ist eine Divergenz der Interessen, bevor das Joint Venture mit eigener Marketing-Organisation entstanden ist. Ist das Joint Venture einmal funktionsfähig mit einer selbständigen Geschäftsführung, dann hat man eine normale Beteiligung, von der man sich auch trennen kann, falls die Interessendivergenz es erfordert. Es ist aber eher wahrscheinlich, daß selbst im Falle einer Konkurrenzsituation zwischen dem Joint Venture und der lokalen Muttergesellschaft eine erfolgreiche Beteiligung beibehalten wird. Auch in Konzernen ist es üblich, daß verwandte Gesellschaften Konkurrenten im gleichen Indikationsgebiet sind. Der kritische Punkt, wann mit dem Aufbau einer eigenen Organisation für die Produkte des ausländischen Partners begonnen wird, muß im Vertrag möglichst genau geregelt sein. Er muß vor allen Dingen den Gegebenheiten des jeweiligen Marktes Rechnung tragen (Preisniveau, durchschnittliche Werbekosten). Sind die Prämissen gegeben und können sich die Partner trotzdem nicht auf die Bildung eines selbständigen Joint Ventures einigen, so muß der ausländische Partner das Recht haben, seine Produkte zurückzukaufen, und zwar zu einem von externen Sachverständigen festzulegenden Preis.

Wir sehen die größten Risiken allerdings nicht in sachlichen Divergenzen, sondern eher in der langsamen personenbezogenen Erosion der Beziehungen, die meistens durch Wechsel im Management initiiert werden. Jeder Wechsel in der Leitungsfunktionen bei einem der Partner muß daher verstärkte Kontakte zur Folge haben, um die Gefahr der Entfremdung zu minimieren.

Die Chancen einer solchen Kooperation sind vielfältig und gehen über das jeweilige Land hinaus. Der Gedankenaustausch über die Forschungsprojekte beginnt bereits nach abgeschlossener Phase I. Bei Produkten, die nicht vom Joint Venture übernommen werden können, hat der lokale Partner in der Regel die Priorität, dieses Produkt in Lizenz zu nehmen. Da die Partner im allgemeinen nicht in allen Ländern gleich stark sind, ergibt sich die Möglichkeit der gegenseitigen Lizenzvergabe und Lizenznahme.

Der wirtschaftliche Erfolg solcher internationalen Joint Ventures ist sicherlich abhängig von der Güte der Produkte und des Marketings. Die Durchsetzung der Kooperationsbereitschaft im Unternehmen bewirkt aber auf jeden Fall eine Steigerung der Kreativität und der Motivation der betroffenen Mitarbeiter, die dem Unternehmen zugute kommt.

Nachdem wir bis heute fünf Kooperationsverträge abgeschlossen haben, von denen zwei bereits zur Bildung von Joint Ventures mit eigenem Außendienst geführt haben, sind wir von den Chancen überzeugt, die diese Geschäftspolitik für uns bietet. Sie hat uns Zugang zu neuen Produkten und neuen Märkten geschaffen und zu einer starken Aktivierung und Internationalisierung unserer Organisation geführt. Die zwei wichtigsten Voraussetzungen für eine solche Geschäftspolitik sind die aktive Unterstützung der Unternehmensleitung zur Durchsetzung der Kooperationsbereitschaft in der ganzen Organisation und ein kooperativer Führungsstil.

Internationale Perspektiven der Pharmaindustrie

Siegismund Schütz
Karl-Heinz Eichin

1. Einleitung
2. Bedarfsdeterminanten
3. Konsequenzen für die Pharmaindustrie
4. Perspektiven der japanischen Pharmaindustrie
5. Schlußbemerkungen

1. Einleitung

Alle wollen alt werden – und gesund bleiben. Mit dieser Aussage läßt sich die Zielsetzung der Medizin definieren. In den vergangenen 100 Jahren ist die Medizin auf jeden Fall dem ersten Ziel nähergerückt, wie die gestiegene Lebenserwartung und die reduzierte Kindersterblichkeit beweisen. Die erreichten Fortschritte sind vorrangig auf Durchbrüche in der Diagnostik, der Operationstechnik und der Arzneimittel-Therapie zurückzuführen. Heute werden bakteriell verursachte Infektionen beherrscht; vor virusbedingten Erkrankungen kann in vielen Fällen durch aktive Immunisierung geschützt werden. Tuberkulose, früher eine der häufigsten Todesursachen in Industrieländern, ist praktisch verschwunden. Cholera und Pocken, die in Europa noch im letzten Jahrhundert Hunderttausende von Opfern forderten, wurden epidemiologisch bedeutungslos.

Trotz der beeindruckenden Erfolge steht die naturwissenschaftlich geprägte Medizin – und hier ganz besonders die Arzneimittel-Therapie – im Kreuzfeuer der Kritik. Erfahrungsheilkunde und nichtnaturwissenschaftliche Ansätze finden immer mehr Anklang, was durch den Patientenandrang bei der steigenden Zahl von Heilpraktikern unterstrichen wird. Die Patienten werden – aufgeschreckt durch spektakuläre Presse- und Rundfunkmeldungen – skeptischer gegenüber Ärzten und Pharmaindustrie. Sie lesen den Beipackzettel und ändern oft ohne Konsultation des Arztes die Einnahmeanweisung oder verzichten ganz auf die Anwendung des Präparates. Dadurch wird die angestrebte „Patienten-Compliance" beeinträchtigt. Das Mißtrauen gegen die Pharmaforschung und gegen Untersuchungen am Menschen sind Zeichen einer allgemeinen Skepsis gegenüber den Errungenschaften der modernen Technik. Diese Kritik manifestiert sich auch in den Aktivitäten der Tierversuchsgegner.

Vor diesem Hintergrund ist es interessant, sich Gedanken über die Zukunft der Pharmaindustrie zu machen. Eine weiterhin hohe Morbidität rechtfertigt den Hinweis, daß der zweite Teil der Eingangsthese noch in weiter Ferne liegt. Inwieweit die Pharmaindustrie helfen kann, dem Ziel näherzukommen, soll hier diskutiert werden. Dabei sollen die zukünftigen Chancen und Risiken der internationalen Pharmafirmen erörtert werden.

2. Bedarfsdeterminanten

Von grundsätzlicher Bedeutung für den Bedarf an Arzneimitteln sind Bevölkerungszahlen, demographische und ökonomische Trends. Mit steigender Bevölkerungszahl nimmt der Bedarf an Medikamenten zu. Deshalb läßt die Bevölkerungsentwicklung Rückschlüsse auf den zukünftigen Verbrauch an Pharmazeutika zu.

2.1 Bevölkerungsentwicklung

Untersucht man die weltweite Bevölkerungsdynamik, so ist eine grobe Unterteilung in zwei Blöcke zweckmäßig. Die eine Gruppe, die Entwicklungsländer, weisen hohe Wachstumsraten auf. Zu den Entwicklungsregionen zählen hier Lateinamerika, Osteuropa, Afrika, Asien außer Japan. Die zweite Gruppe, die Industrieländer, sind gekennzeichnet durch eine zunehmende Stagnation ihrer Bevölkerungszahlen. Zu diesen Staaten gehören die USA, Kanada, Japan, Australien, Neuseeland und Westeuropa.

In diesen Industrieländern nahm die Bevölkerung von 692 Mill. 1972 auf 759 Mill. 1985 zu (Tabelle 1). Infolge von Geburtenkontrolle, immer mehr berufstätigen Frauen

	1972		1985		1995	
	Mill.	%	Mill.	%	Mill.	%
Industrieländer	692,4	17,9	758,8	15,7	802,3	14,0
Nordamerika	231,1	6,0	264,2	5,5	288,3	5,0
USA	209,3		238,8		260,5	
Kanada	21,8		25,4		27,8	
Westeuropa	338,1	8,8	354,8	7,3	364,0	6,3
Frankreich	51,7		55,2		57,0	
Italien	54,0		57,2		59,0	
U.K.	55,9		56,6		57,7	
Deutschland	61,7		61,0		59,5	
Japan	107,2	2,8	120,8	2,5	129,0	2,2
Australien/Neuseeland	16,1	0,4	19,0	0,4	21,0	0,4
Entwicklungsländer	3167,4	82,1	4088,8	84,3	4937,7	86,0
Lateinamerika	291,5	7,6	403,6	8,3	499,3	8,7
Argentinien	24,4		30,6		35,5	
Brasilien	97,9		135,6		166,0	
Mexiko	54,3		78,7		100,0	
Osteuropa	374,7	9,7	415,7	8,6	447,9	7,8
UdSSR	247,5		277,5		302,0	
Afrika	482,4	12,5	704,1	14,5	938,5	16,4
Asien	2018,9	52,3	2565,4	52,9	3052,0	53,2
China	886,8		1063,8		1200,0	
Südkorea	33,5		41,2		47,5	
Taiwan	15,3		19,5		23,0	
Welt gesamt	3859,8	100	4847,6	100	5740,0	100

(Quelle: Freedonia 1986)

Tabelle 1: Bevölkerung 1972–1995

und längeren Wartezeiten nach der Heirat bis zur Geburt von Kindern sank das Wachstum in diesem Zeitraum auf 0,7% pro Jahr. Gegenüber früheren Generationen heiraten die jungen Erwachsenen später und bekommen weniger Nachwuchs. Die Tendenz war besonders in Westeuropa ausgeprägt, wo die Wachstumsrate unter 0,4% pro Jahr lag. In Deutschland ist die Einwohnerzahl im Trend rückläufig. Dagegen wuchs die Einwohnerzahl der außereuropäischen Industrieländer fast mit 1% pro Jahr, was durch Einwanderung und höhere Geburtenraten zu erklären ist.

Bis 1995 wird die Wachstumsrate in den Industrieländern unter 0,6% pro Jahr absinken. Insgesamt werden 1995 rund 800 Mill. Einwohner in diesen Staaten leben. Ihr Anteil an der Weltbevölkerung wird von 15,7% 1985 auf 14,0% 1995 fallen. Am stärksten wird die Bevölkerung in Nordamerika und Australien wegen ihrer liberalen Einwanderungspolitik sowie in Japan infolge der steigenden Lebenserwartung wachsen. In Westeuropa wird die Wachstumsrate auf 0,26% zurückgehen.

Am positivsten wird also das Bevölkerungswachstum den nordamerikanischen und japanischen Pharmamarkt beeinflussen. Weniger günstig wirkt sich dieser Faktor in Westeuropa aus.

1972 lebten 3,2 Mrd. Menschen (82,1% der Weltbevölkerung) in den sog. Entwicklungsländern (Tabelle 1). 1985 waren es 4,1 Mrd. (84,3%). Mit Ausnahme der osteuropäischen Länder übertrafen die Wachstumsraten dieser Länder diejenigen der Industriestaaten erheblich. Fehlende Geburtenkontrolle, mangelnde Familienplanung und gestiegene Lebenserwartung infolge von verbesserter medizinischer Betreuung und hygienischeren Lebensbedingungen verursachten diese Bevölkerungsexplosion. In den letzten Jahren wurde die Geburtenkontrolle besonders in China verschärft.[2)] Dies wird durch eine vergleichsweise niedrige Wachstumsrate von 1,4% pro Jahr dokumentiert. Die Erfolge dieser Regierungsprogramme werden teilweise durch medizinische Maßnahmen kompensiert. Letztere reduzierten die Kindersterblichkeit und die Todesziffern.

Bis 1995 wird die Bevölkerung in diesen Regionen auf fast 5 Mrd. Menschen wachsen (Freedonia 1986), wobei die Wachstumsrate (1,9% p.a.) dreimal so hoch wie in den Industrieländern sein wird. Die größten Zuwächse werden in Afrika (2,9% p.a.) erwartet. In Lateinamerika wird sich die Bevölkerung überdurchschnittlich entwickeln (2,2% p.a.), in einigen ostasiatischen Ländern dagegen unterdurchschnittlich (China: 1,29% p.a.; Südkorea: 1,4% p.a.; Taiwan: 1,7% p.a.). Der Anteil der hier zusammengefaßten Entwicklungsländer steigt bis 1995 auf 86% der Weltbevölkerung.

Vordergründig scheint diese Tendenz die Pharmamärkte in den Entwicklungsländern zu begünstigen. Allerdings zeichnen sich zwei Gründe ab, die diesem scheinbar günstigen Faktor entgegenwirken:

- Der Anstieg der Lebenserwartung in den Entwicklungsländern flacht ab.
- Das medizinische Angebot kann von den Regierungen nicht mehr finanziert werden.

Damit sind zwei weitere Determinanten genannt, nämlich die Altersstruktur und die wirtschaftliche Leistungskraft, die die Nachfrage nach Arzneimitteln steuern. Durch die Verbesserung der allgemeinen Lebensverhältnisse und die Fortschritte der Medizin stieg die Lebenserwartung der Menschen. Dadurch bestimmen immer mehr chronisch verlaufende Krankheiten, die langsam fortschreiten und zumeist erst im Alter auftreten, Morbidität und auch Mortalität. Hierzu zählen Herz-Kreislauf-Erkrankungen, Stoffwechselstörungen wie Diabetes und Gicht, bösartige Neubildungen, degenerative Erkrankungen des Gehirns und des Bewegungsapparates. Bei älteren Menschen treten also Krankheiten viel häufiger auf als bei jüngeren. Ein hoher Anteil an alten Personen weist demnach auf ein hochwertiges Gesundheitsversorgungssystem hin.

2.1.1 Altersstruktur

Parallel zum Anstieg der Lebenserwartung fiel in den Industrieländern die Geburtenrate. Durch diese gegensätzlichen Effekte verschiebt sich die Altersstruktur der Bevölkerung. Ein Maß für die Altersstruktur ist der Anteil der Einwohner über 65 Jahre an der Bevölkerung eines Landes. Für sechs bedeutende Industrieländer ist die Entwicklung bis zum Jahre 2000 in Abbildung 1 dargestellt.

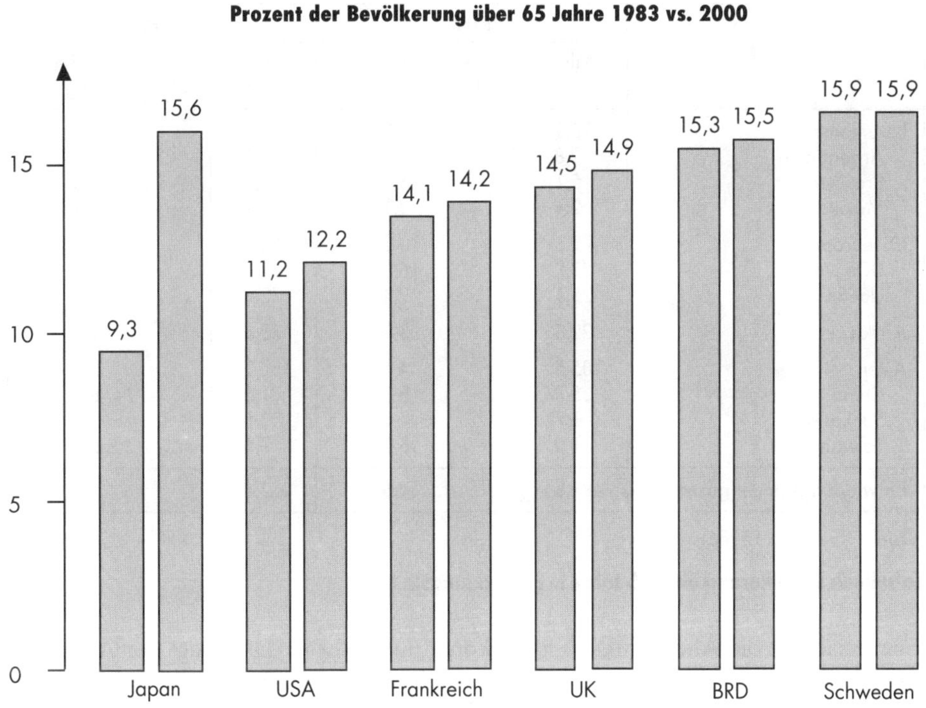

Abb. 1: Altersstruktur der Bevölkerung in Industrieländern

Daraus ergibt sich unter Berücksichtigung der Bevölkerungsdynamik, daß die alte Bevölkerung in Japan stark zunimmt, in den USA ansteigt und in Westeuropa nahezu stagniert. Es sei darauf hingewiesen, daß die alte Bevölkerung in den gezeigten Ländern mit Ausnahme von Schweden stärker wächst als die Gesamtbevölkerung, wie aus den höheren Zahlen für das Jahr 2000 zu erkennen ist (Abegglen und Etori 1983).

In Tabelle 2 sind Daten über die Altersstruktur der Bevölkerung in den eingangs definierten Entwicklungsländern für 1985 und 1995 dargestellt. Der Anteil der über 65jährigen stieg von 3,8 % in 1972 über 4,6 % in 1985 auf 5,3 % in 1995 (Freedonia 1986).

Also wächst auch hier die alte Bevölkerung schneller als die Gesamtbevölkerung. Innerhalb der Entwicklungsländer schwanken die Anteile der über 65jährigen erheblich. In Osteuropa sind die Werte vergleichbar mit denen der Industriestaaten. Die niedrigsten Anteile findet man in Afrika (1985: 3,2%, 1995: 3,6%) und in Lateinamerika (1985: 4,2%, 1995: 4,7%). Auffällig ist der hohe Anteil an alten Menschen in Argentinien, der mit einer niedrigen Bevölkerungswachstumsrate einhergeht (1,4% p.a.). Dagegen wohnen in den bevölkerungsreichsten Ländern Lateinamerikas, Brasilien und Mexiko, relativ wenig alte Menschen (3,7 bzw. 3,1% 1985), wobei dort die Zuwachsraten der Gesamtbevölkerung überdurchschnittlich hoch sind (2,0 bzw. 2,4% p.a.). In Asien (außer Japan) wächst der Anteil der Alten von 4,1% 1985 auf 5,1% 1995. Dabei fällt besonders die starke Altersverschiebung in China (von 5,3 auf 6,8%) ins Gewicht, deren Ursache auf eine verbesserte medizinische Betreuung zurückzuführen ist.

	1985		1995	
	Mill.	Anteil an der Bevölkerung %	Mill.	Anteil an der Bevölkerung %
Lateinamerika	16,9	4,2	23,3	4,7
Argentinien	2,8	9,1	3,6	10,1
Brasilien	5,1	3,7	7,5	4,5
Mexiko	2,4	3,1	3,2	3,2
Osteuropa	42,6	10,2	50,5	11,3
DDR	2,7	16,3	2,5	15,7
UdSSR	26,1	9,4	32,6	10,8
Afrika	22,8	3,2	33,4	3,6
Asien	105,5	4,1	155,2	5,1
China	55,9	5,3	81,5	6,8
Südkorea	1,7	4,2	2,5	5,3
Taiwan	1,0	5,3	1,5	6,5
Entwicklungsländer gesamt	187,8	4,6	262,4	5,3

(Quelle: Freedonia 1986)

Tabelle 2: Bevölkerung über 65 Jahre in Entwicklungsländern

Interessant ist die Altersstruktur in Südkorea und Taiwan. Dort liegt der Anteil der Bevölkerung über 65 Jahren höher als im asiatischen Durchschnitt. Die Anteile wachsen zwar nicht so stark wie in China, erhöhen sich aber deutlicher als der Durchschnitt der Entwicklungsstaaten. Diese Tendenz unterstreicht die Bedeutung, die diese Märkte für die westlichen Pharmakonzerne gewinnen können. Die relativ niedrigen Anteile der alten Personen in Afrika und vielen lateinamerikanischen Ländern deuten auf die Unzulänglichkeiten in der Gesundheitsversorgung dieser Länder hin.

2.1.2 Lebenserwartung

Ein wesentlicher Faktor für den Anteil der alten Menschen an der Gesamtbevölkerung stellt die Lebenserwartung dar.

Abbildung 2 zeigt die Zunahme der Lebenserwartung in Westeuropa, Osteuropa und den asiatischen, afrikanischen und lateinamerikanischen Entwicklungsländern (Gwakin und Brandel 1982). In Westeuropa lag das durchschnittliche Todesalter 1830 bei 40 Jahren. In Osteuropa erreichte es 1895 und in den Entwicklungsländern sogar erst 1945 diesen Wert. 150 Jahre lang nahm die Lebenserwartung in Westeuropa stetig zu, bis sie etwa seit 1980 auf einem Plateau von 75 Jahren angelangt ist. In Westeuropa vollzog sich der Anstieg des durchschnittlichen Todesalters von 40 auf 50 Jahre in 7 Jahrzehnten. Dieser Prozeß dauerte in Osteuropa rund 30 Jahre; in den Entwicklungsländern lief er zwischen 1945 und 1965 ab, also drei bis viermal so rasch wie in Westeuropa im 19. Jahrhundert. Dieser rasche Anstieg der Lebenserwartung verursachte bei weiterhin hohen Geburtsraten die beispiellose Bevölkerungsexplosion in der Dritten Welt. Heute beläuft sich dort die Lebenserwartung auf ungefähr 55 Jahre. In den 70er Jahren überschritt die Lebenserwartung in fast allen Ländern Europas die Schwelle von 70 Jahren.

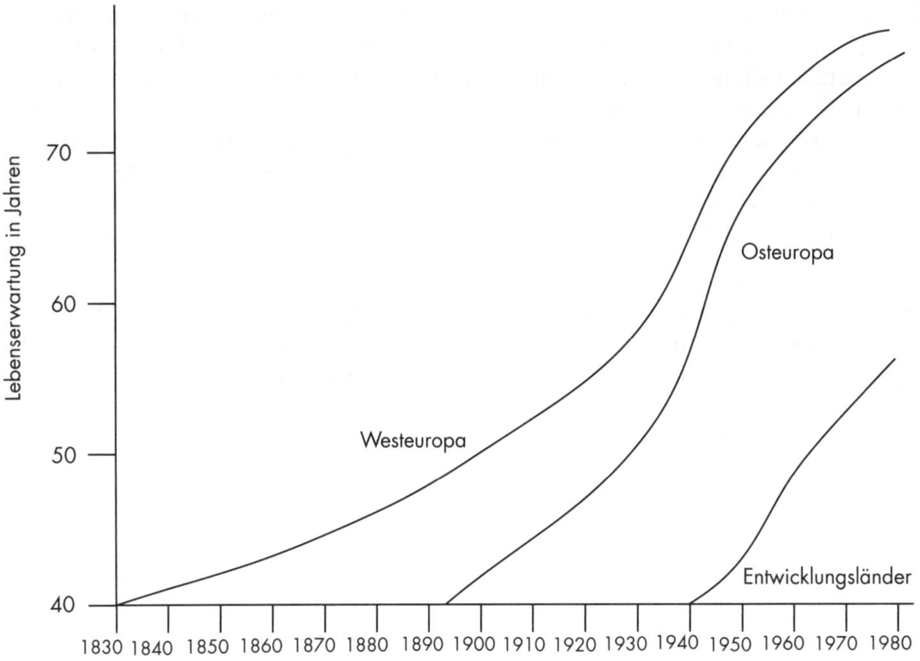

(Quelle: Gwakin und Brandel 1982)

Abb. 2: Anstieg der Lebenserwartung in 3 Regionen

In den verschiedenen Teilen der Dritten Welt liegt die Lebenserwartung auf unterschiedlichem Niveau. Am höchsten ist sie in Lateinamerika mit 61 Jahren in 1970, dann folgen Asien mit 55 Jahren und Afrika mit 46 Jahren. Allerdings steigt die Lebenserwartung in Asien stärker an als in Lateinamerika.

Generell verringert sich die Zunahme der Lebenserwartung in den Ländern der Dritten Welt. Wie man in Abbildung 2 sieht, dauerte der Anstieg von 50 auf 55 Jahre rund 15 Jahre, also fast so lang wie der Anstieg von 40 auf 50 Jahre.

Als Gründe für die Abflachung der Lebenserwartungskurve lassen sich verschiedene

Einflußfaktoren anführen. Ohne die Wasserversorgung, Ernährung, Ausbildung, Wohnverhältnisse und sanitären Einrichtungen entscheidend zu verbessern, wird die Lebenserwartung weiterhin langsamer steigen.

Nach dem Zweiten Weltkrieg wurden in vielen Ländern der Dritten Welt neuentwikkelte Arzneimittel und Insektizide eingeführt. Dadurch gelang es, viele tödliche Infektionskrankheiten zu bekämpfen. Heute sieht es so aus, als ob die positiven Effekte von Medikamenten und Insektenvernichtungsmitteln ausgeschöpft seien. Tatsache ist jedoch, daß mit medizinischen Mitteln allein kaum noch Verbesserungen erzielt werden können. Um die Lebenserwartung zu erhöhen, müssen organisatorische, ökonomische und psychologische Voraussetzungen geschaffen werden, die in ein verbessertes soziales und gesundheitliches Versorgungssystem einmünden.

Wenn die Lebenserwartung steigt, verschiebt sich das Sterbealter – das Alter, in dem die meisten Menschen sterben – nach oben. Aufgrund dieser Verschiebung sterben weniger Kinder. Dadurch erreichen mehr Mädchen das gebärfähige Alter und bringen ihrerseits Kinder zur Welt. Der Bevölkerungszuwachs beschränkt sich nicht allein auf die Zahl der geretteten Kinder, sondern wächst lawinenartig an. Diese Auswirkungen halten an bis das Sterbealter das Fertilitätsalter der Frauen überholt hat. Danach flachen die Zuwächse merklich ab. Gemäß dieser Erörterung führt eine Steigerung um fünf Jahre zu völlig verschiedenen Konsequenzen in Abhängigkeit von ihrem Niveau. Je höher die Lebenserwartung liegt, um so geringer wird ihr Einfluß auf das Bevölkerungswachstum. Damit können – zumindest teilweise – die viel höheren Zuwachsraten in den Ländern Afrikas gegenüber denjenigen Asiens erklärt werden.

Abschließend soll erwähnt werden, daß die Höhe des Einkommens in Entwicklungsländern einhergeht mit einer höheren Lebenserwartung. In Ländern mit einem jährlichen Pro-Kopf-Einkommen von ca. 1000 DM scheint die Lebenserwartung um 16 Jahre höher zu liegen als in Staaten, in denen das Durchschnittseinkommen/Kopf 500 DM pro Jahr beträgt.

2.2 Gesundheitsausgaben

Die wirtschaftliche Leistungskraft eines Landes stellt eine entscheidende Kenngröße für die Gesundheitsausgaben dar. Als Richtwerte können Gesundheitsausgaben als Teil des Bruttosozialproduktes (BSP) gezeigt werden. Abbildung 3 zeigt die Entwicklung in sechs wichtigen Industrieländern von 1960 bis 1995 (Freedonia 1986, Arnold 1987). Die Kurven beweisen, daß in den Industrieländern die Gesundheitsausgaben seit 1960 schneller als das BSP gewachsen sind. Bis Ende der siebziger Jahre war ein steiler Anstieg der Relation Gesundheitsaufwendungen/BSP zu verzeichnen.

Seit Beginn der achtziger Jahre knicken alle Kurven deutlich ab. Dies ist ein eindeutiger Hinweis auf die Kostendämpfungsmaßnahmen, die weltweit eingeleitet wurden. Generell kann festgehalten werden, daß die Gesundheitsausgaben in den Industrieländern zwischen 6 und 11% des BSP betragen. An dieser Größenordnung wird sich in den nächsten zehn Jahren nichts Wesentliches ändern. Der leichte Rückgang in den USA von 1990 bis 1995 zeigt an, daß hier der Höhepunkt bereits erreicht ist.

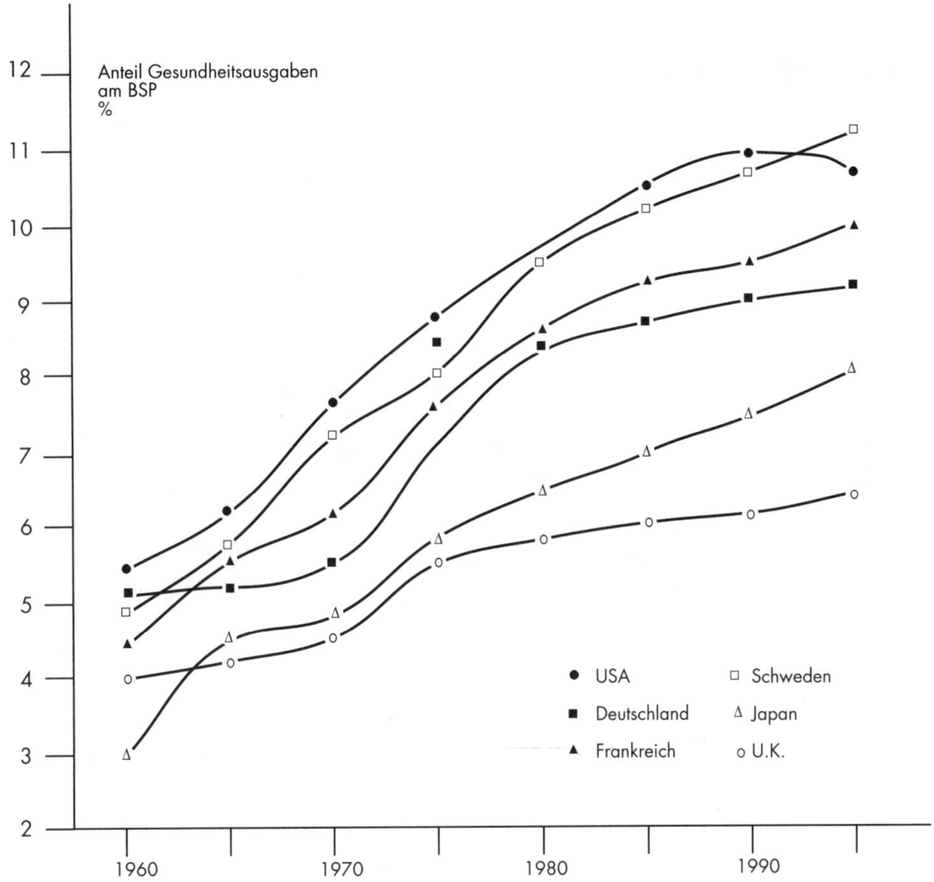

Abb. 3: Anteil der Gesundheitsausgaben am BSP; Entwicklung 1960–1995 in Industrieländern

In Abbildung 4 ist der Anteil der Gesundheitsausgaben am BSP gegen das BSP pro Kopf des jeweiligen Landes aufgetragen. Daraus ist zu entnehmen, daß zwischen den beiden Größen eine lineare Beziehung besteht. Prinzipiell gilt: Je höher das BSP eines Landes, desto größer wird der Konsum von Leistungen im Gesundheitsbereich. In den ärmsten Ländern, in denen das BSP pro Kopf unter 100 US-$ liegt, fließen zwischen 2 und 3 % des BSP in den Gesundheitsbereich, in den Schwellenländern, wo das BSP ca. 3000 US-$ beträgt, sind es zwischen 3 und 4 %. Als Beispiele für die erste Gruppe sind Ägypten (BSP/Kopf 1985: 890 US-$) und Indonesien (BSP/Kopf 1985: 780 US-$) angeführt. Als typische Vertreter der Schwellenländer wurden Argentinien, Brasilien, Südkorea und Taiwan (BSP/Kopf zwischen 2400 und 3600 US-$) herangezogen. Deutlich höher liegt der Anteil in den Industrieländern, nämlich zwischen 6 % (UK) und über 10 % (USA). Daraus folgt, daß den Gesundheitsausgaben in den Industriestaaten eine größere Bedeutung beigemessen wird als in Entwicklungsländern.

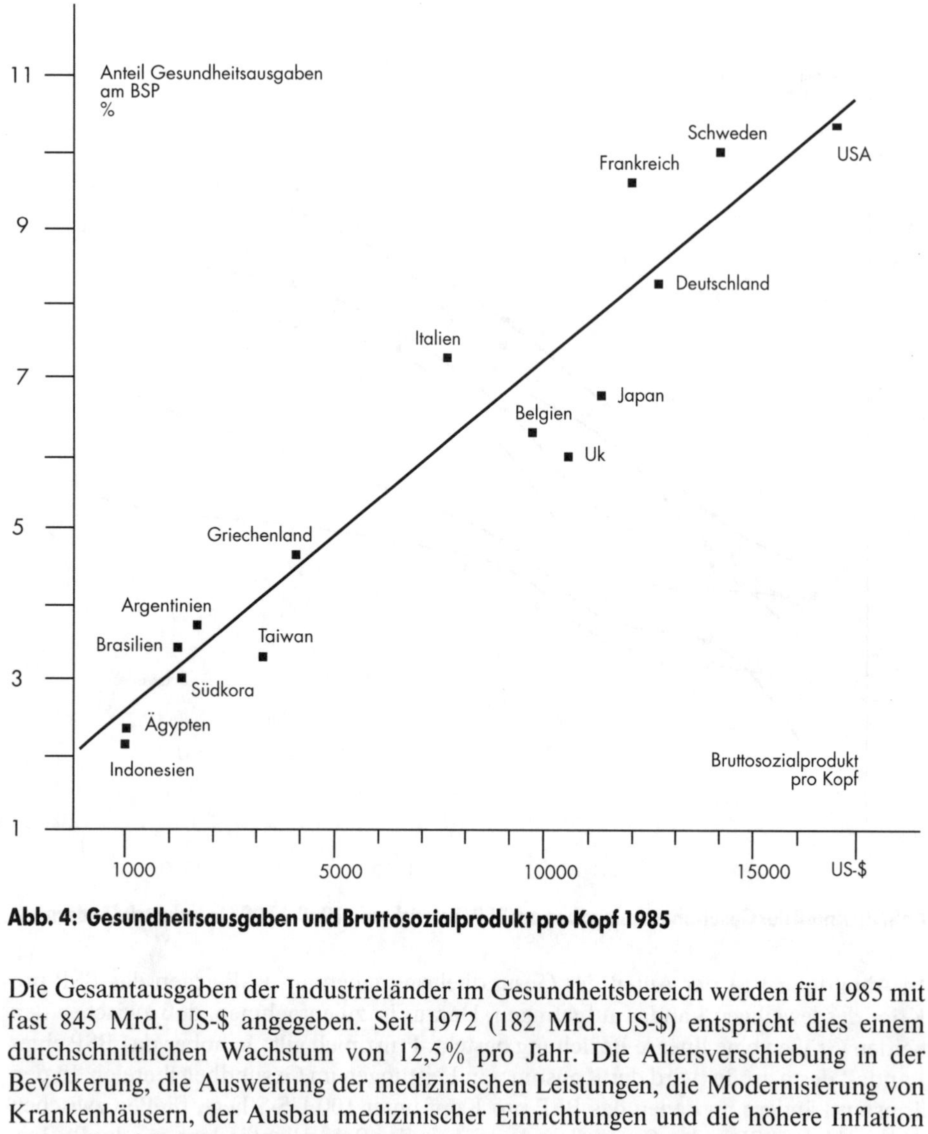

Abb. 4: Gesundheitsausgaben und Bruttosozialprodukt pro Kopf 1985

Die Gesamtausgaben der Industrieländer im Gesundheitsbereich werden für 1985 mit fast 845 Mrd. US-$ angegeben. Seit 1972 (182 Mrd. US-$) entspricht dies einem durchschnittlichen Wachstum von 12,5% pro Jahr. Die Altersverschiebung in der Bevölkerung, die Ausweitung der medizinischen Leistungen, die Modernisierung von Krankenhäusern, der Ausbau medizinischer Einrichtungen und die höhere Inflation waren die wichtigsten Gründe für die Kostenlawine im Gesundheitssektor.

Mit 453 Mrd. US-$ (54%) wurde 1985 über die Hälfte des Gesamtbetrages in den USA ausgegeben (vgl. Tabelle 3). 33% (277 Mrd. US-$) entfielen auf Westeuropa, der Rest auf Japan (95 Mrd. US-$; 11%) und Ozeanien (19 Mrd. US-$; 2%). In den USA wird der größte Teil (59%) privat bezahlt; in allen anderen Ländern werden die meisten Ausgaben durch öffentliche Haushalte finanziert. Wie in Abbildung 3 zu erkennen ist, verlangsamt sich in den nächsten Jahren die Ausgabensteigerung im Gesundheitsbereich. Nach einer amerikanischen Studie werden die Wachstumsraten auf 7% bis 8% pro Jahr zurückgehen (Freedonia 1986). Dieser Rückgang wird durch eine schärfere Kostenkontrolle begründet. In Japan, Australien und Neuseeland werden die höchsten Steigerungen erwartet. Als Gründe hierfür werden die starke Zunahme der alten

Bevölkerung und der Ausbau medizinischer Einrichtungen angeführt. Dies soll am Beispiel der Entwicklung der Bettenzahl erläutert werden. So steigt in Japan die Bettenzahl in Krankenhäusern kontinuierlich von 1,1 Mill. in 1972 über 1,4 Mill. in 1985 auf 1,5 Mill. in 1995. Dagegen nimmt sie in den USA von 1,6 Mill. in 1972 über 1,3 Mill. in 1985 auf 1,2 Mill. in 1995 ab; in Deutschland fällt sie von 700000 über rund 650 000 auf voraussichtlich 565 000 im gleichen Zeitraum.

Region	Mrd. US-$	%
Nordamerika	453,5	42,8
Westeuropa	276,8	26,1
Japan	95,3	9,0
Australien/Neuseeland	18,9	1,8
Lateinamerika	43,7	4,1
Osteuropa	110,3	10,4
Afrika	17,4	1,7
Asien	43,0	4,1
Welt gesamt	1058,8	100,0

(Quelle: Freedonia 1986)

Tabelle 3: Gesundheitsausgaben nach Regionen im Jahr 1985

In Nordamerika und Westeuropa sind bereits gute Versorgungssysteme eingerichtet. Außerdem nimmt hier die Zahl der Einwohner über 65 Jahre weniger zu als in den östlichen Industrieländern. Daher wird für die westlichen Staaten eine geringere Zunahme der Gesundheitsausgaben prognostiziert.

Nahezu 400 Mrd. US-$ (47 % der Gesamtaufwendungen) kommen 1985 Krankenhäusern und psychiatrischen Kliniken zugute. 239 Mrd. US-$ (28 %) fließen in den ambulatorischen Behandlungssektor, zu dem der Praxisbereich gehört. Der Rest (25 %) wird für Arzneimittel, Forschung, Bau von Einrichtungen und Verwaltungskosten verwandt.

Die Gesundheitsausgaben in den in diesem Referat definierten Entwicklungsländern beliefen sich 1985 auf rund 215 Mrd. US-$. Addiert man diesen Betrag zu den knapp 845 Mrd. US-$ der Industrieländer, so erhält man 1059 Mrd. US-$, die 1985 weltweit für die Gesundheit aufgebracht wurden. Auf 15 % der Erdbevölkerung (Nordamerika, Westeuropa, Japan) konzentrieren sich über ¾ aller Gesundheitsausgaben (vgl. Abbildung 5). Die Länder der Dritten Welt (Afrika, Lateinamerika, Asien außer Japan) mit etwa 76 % der Weltbevölkerung bringen dagegen lediglich 12 % aller Gesundheitsausgaben auf. Diese beeindruckenden Zahlen sollen noch verdeutlicht werden. Die Gesundheitsausgaben Japans (95,3 Mrd. US-$) übersteigen die Summe der Aufwendungen aller lateinamerikanischen (43,7 Mrd. US-$) und asiatischen Staaten (ohne Japan: 43,0 Mrd. US-$) zusammen (vgl. Tabelle 3).

An dieser Verteilung wird sich in den nächsten zehn Jahren grundsätzlich wenig ändern. Weiterhin werden die Industrieländer den Löwenanteil der Welt-Gesundheitsaufwendungen bestreiten. Der Anteil der Entwicklungsstaaten bleibt weit hinter ihrem Bevölkerungsanteil zurück. Lediglich für einige Schwellenländer Südostasiens wird eine günstigere Entwicklung vorausgesagt.

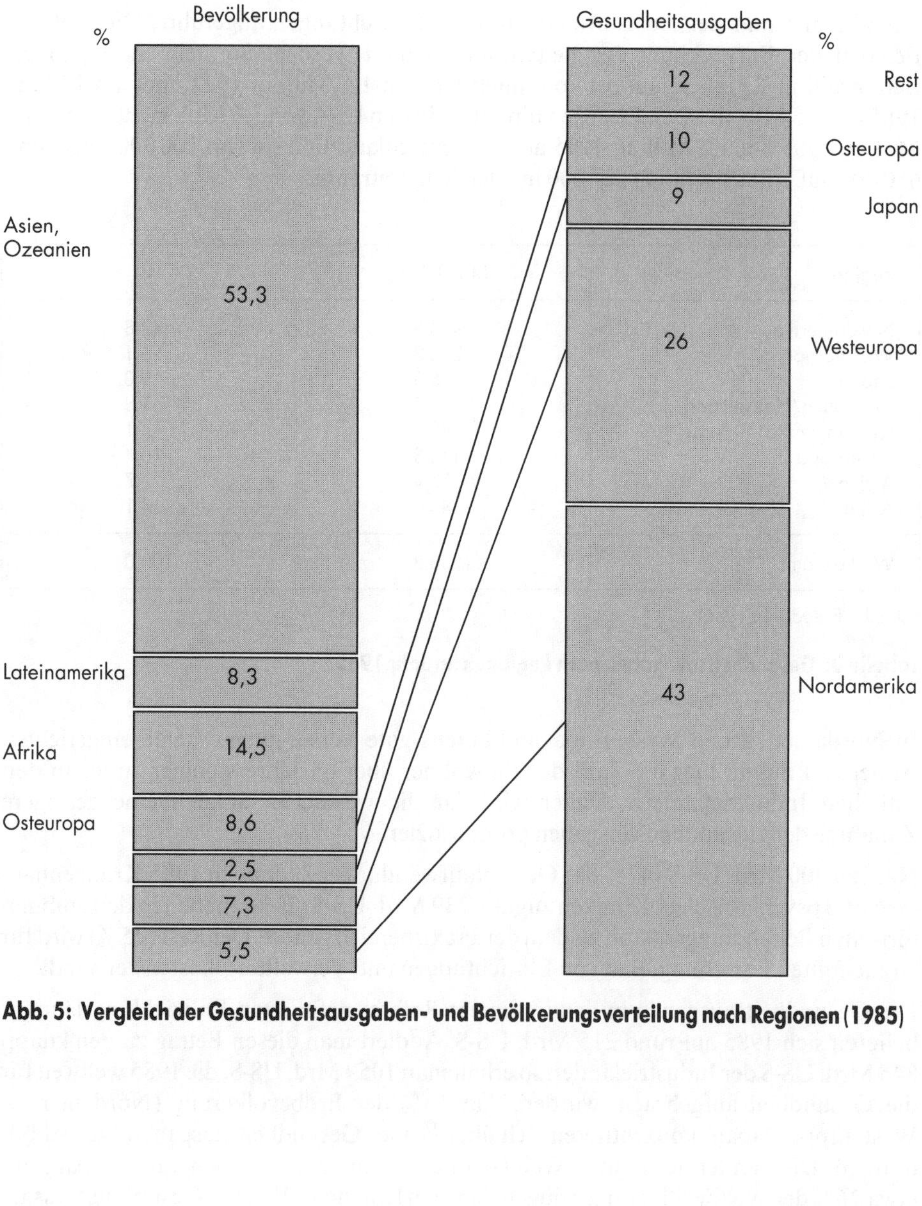

Abb. 5: Vergleich der Gesundheitsausgaben- und Bevölkerungsverteilung nach Regionen (1985)

2.3 Aufwendungen für Pharmazeutika

Als zweite Kenngröße neben den Gesundheitsausgaben können die Arzneimittelausgaben betrachtet werden. Über die Größe des Welt-Pharmamarktes gibt es verschiedene Aussagen, die sich je nach Definition der Märkte und Herkunft der Quellen unterscheiden. Die Zahlen in dieser Arbeit orientieren sich an den IMS-Daten. Weitgehend unabhängig von Definition der Märkte und Quellenangaben sind jedoch die relativen Anteile der wichtigsten Märkte am Gesamtweltmarkt.

Die Entwicklung für die 80er Jahre, aufgeteilt nach Regionen, kann Tabelle 4 entnommen werden (Scrip Yearbook 1985). Der Weltmarkt für Pharmazeutika (ohne Ostblock) betrug 1986 96,8 Mrd. US-$.

Region	1982		1983		1986	
	Mrd. US-$	%	Mrd. US-$	%	Mrd. US-$	%
Europa	21,6	31,4	21,3	29,5	29,9	30,9
Lateinamerika	5,5	8,0	5,1	7,1	5,8	6,0
Afrika, Asien, Ozeanien	21,6	31,4	23,2	32,1	29,9	30,9
Nordamerika	20,1	29,2	22,6	31,3	31,2	32,2
Summe	68,8	100	72,2	100	96,8	100

Tabelle 4: Welt-Pharma-Markt nach Regionen

Für die Ostblockstaaten wurde der Markt auf 14,5 Mrd. US-$ geschätzt. Da von dieser Region nicht permanent Daten erhoben werden, wurde sie bei der weiteren Diskussion ausgeklammert.

Insgesamt werden geringere Wachstumsraten als in der Vergangenheit erwartet. Bis 1991 soll der Welt-Pharmamarkt auf knapp 139 Mrd. US-$ wachsen. Für Nordamerika wird ein überdurchschnittliches Marktwachstum prognostiziert.

Die Anteile der Entwicklungsländer gehen – auf Dollarbasis – zurück, obwohl der Bedarf an Antibiotika, Impfstoffen und Antiinfektiva steigen wird.

1986 stellten die USA mit 30% den größten Markt dar, gefolgt von Japan mit 20% und Deutschland mit 9% (vgl. Abbildung 6). Außer Frankreich mit 7% und Italien mit 6% erreicht kein weiteres Land einen Anteil von 5%. An dieser Verteilung wird sich grundsätzlich in den kommenden Jahren nichts ändern. Die USA und Japan bleiben weiterhin führend; danach folgen die großen europäischen Märkte mit deutlichem Abstand.

Weltweit wird knapp ein Zehntel des Gesundheitsbudgets für Arzneimittel ausgegeben. Da in den Industriestaaten rund 5–10% vom BSP für Gesundheitsausgaben verwendet werden, folgt, daß etwa 0,5 bis 1% vom Bruttosozialprodukt für Arzneimittel bezahlt werden. Antibiotika, Herz-Kreislauf-Präparate, Analgetika/Antirheumatika und Krebs-Chemotherapeutika zählen zu den umsatzstärksten Gruppen. Infolge der weiten Verbreitung von billigen Generika in den USA, Deutschland und England, sind die hohen Umsatz-Wachstumsraten der 70er Jahre in den 80er Jahren zurückgegangen. Außerdem sorgten Preiskürzungen (Japan), freiwillige Preisstopps (Deutschland), Negativ-Listen (UK) und rigide Preisreglementierungen bei neuen Produkten (Lateinamerika, Italien, Frankreich, Spanien) für moderate Wachstumsraten.

Das Umsatzwachstum wird heute in erster Linie durch die Substitution von alten, billigen durch moderne, effizientere Therapeutika und kaum noch durch Absatzsteigerungen erzielt.

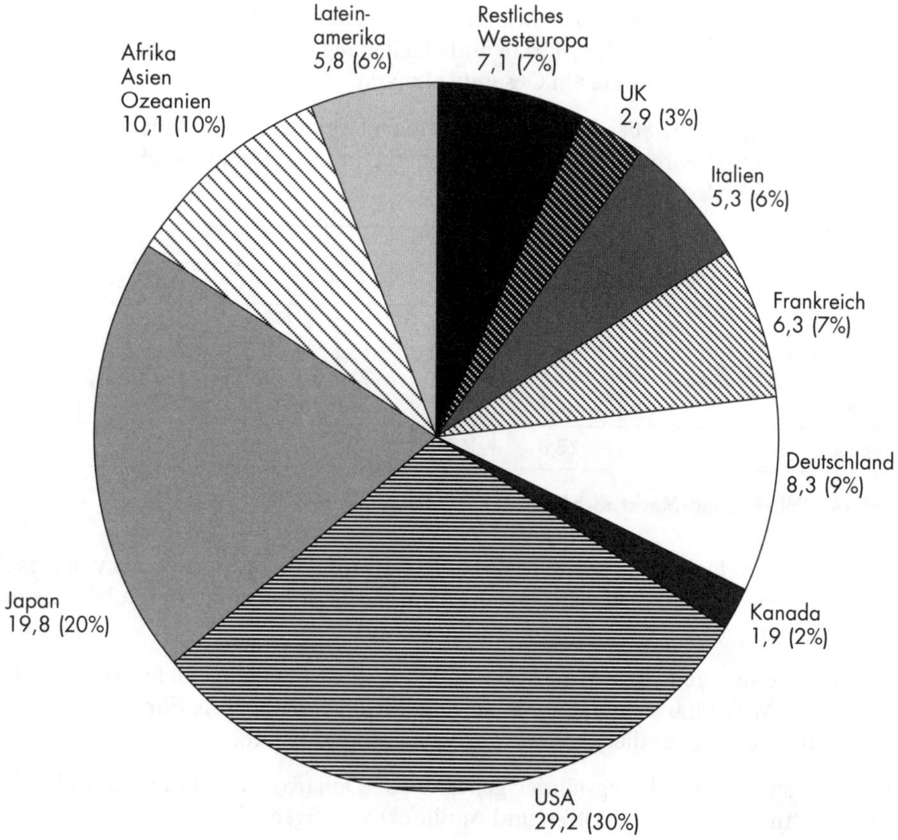

Abb. 6: Welt-Pharmamarkt 1986; die größten Märkte (Mrd. US-$)

Diese Aussage wird durch die mehrjährige Entwicklung der Verordnungen gestützt. In den USA wurden 1974 1505 Mrd. Rezepte ausgestellt. Danach fiel die Zahl auf 1394 Mrd. 1980 und stieg bis 1984 auf 1534 Mrd. In dem betrachteten Zehnjahreszeitraum nahmen die Verordnungen also um 2% zu; dagegen stieg der zugehörige Wert von 5,66 Mrd. US-$ in 1974, über 9,71 Mrd. US-$ in 1980, auf 15,75 Mrd. US-$ in 1984 an. Dies entspricht einer wertmäßigen Zunahme um 178%. Analoge Trends sind in den westeuropäischen Märkten festzustellen.

Wesentliche Wachstumsimpulse können nur noch von innovativen Medikamenten erwartet werden. Entscheidend für zukünftige Durchbrüche in der Arzneimitteltherapie wird die Finanzierung des Fortschritts werden. Kapitalintensive Geräte, personenintensiver Service und teure Medikamente, deren Entwicklungskosten exponentiell gestiegen sind, haben weltweit die Gesundheitsausgaben an die Grenze ihrer Belastbarkeit geführt.

Aus der Analyse der Bedarfsdeterminanten und unter Berücksichtigung von zusätzlichen ökonomischen Faktoren folgt für die zukünftigen Trends der regionalen Pharmamärkte:

Die „Macht der Triade" bleibt bestehen

Darunter ist zu verstehen, daß die drei hochindustrialisierten Regionen Nordamerika, Westeuropa und Fernost den Welt-Pharmamarkt auch in den nächsten 10 Jahren bestimmen. Diese Länder beherbergen die Zentren der High-Tech-Industrien, deren Technologien sich tiefgreifend auf die Pharmaindustrie auswirken werden. Sie sind Heimat der führenden Pharmakonzerne.

Dank ihrer hochentwickelten Volkswirtschaften können sie ihre Einwohner umfassend mit Gesundheitsleistungen versorgen. Hohe Sozialbudgets garantieren auch für die Zukunft eine gute ärztliche Versorgung. Der nordamerikanische Markt wird überdurchschnittlich wachsen. Die wachsende Bevölkerungszahl, die Zunahme der Einwohner über 65 Jahre, die Stellung als größter Binnenmarkt aller Industrieländer und freizügige Marktbedingungen (z. B. keine Preisreglementierungen, keine Negativ-, Positiv- oder Transparenzlisten) sind Gründe für das starke Wachstum.

Der japanische Pharmamarkt wird sich ebenfalls günstig entwickeln. Diese positive Entwicklung wird durch die Zunahme der Bevölkerung und die starke Altersverschiebung verursacht. Der Markt in Westeuropa wird mit dem Weltdurchschnitt wachsen. Ursachen für diesen – im Vergleich mit den anderen Industrieregionen – weniger günstigen Verlauf sind:

- die Bevölkerungszahl stagniert nahezu,
- der Anteil der über 65jährigen nimmt kaum zu,
- die Defizite bei der Finanzierung der Gesundheitshaushalte werden größer.

Lateinamerika verliert an Bedeutung

Obwohl die Bevölkerungszahl und der Anteil der Personen über 65 Jahre steigt, wird der Marktanteil Lateinamerikas am Welt-Pharmamarkt zurückgehen. Die verheerende Überschuldung zwingt die Staaten zu einer restriktiven Wirtschaftspolitik. Dies äußert sich in Importbeschränkungen, Preisreglementierungen und Bevorzugung der nationalen Industrie. Das düstere wirtschaftspolitische Umfeld wird durch hohe Inflationsraten verstärkt, hinter denen die Pharmapreise herhinken.

Einige südostasiatische Länder bieten Chancen

Südkorea, Taiwan und China gelten als aussichtsreichste Märke in Asien. Diese Länder haben das Problem der Bevölkerungsexplosion, ein Damoklesschwert für viele Staaten der Dritten Welt, in den Griff bekommen. In diesen Ländern steigt die Lebenserwartung und die Zahl der alten Menschen stark an. Dabei hängt die Entwicklung Chinas maßgeblich vom politischen Kurs der kommunistischen Partei ab. Im Vergleich mit Lateinamerika weisen Südkorea und Taiwan eine geringe Verschuldung auf. Dadurch sind weniger wirtschaftspolitische Restriktionen erforderlich.

2.4 Technische Fortschritte in der Medizin

Nach wie vor können die meisten Krankheiten nur symptomatisch behandelt werden.

Trotzdem sind in den letzten Jahren viele Fortschritte bei der Entwicklung von Arzneimitteln und Geräten zur Therapie von Erkrankungen erzielt worden. Die Beispiele in Tabelle 5 sind eine Auswahl von technologischen Durchbrüchen in der Medizin, die seit 1975 errungen wurden.

Jahr	Technik	Produkt/Firma
1975	Ca-Antagonist	Nifedipin/Bayer
1976	H_2-Antagonist	Cimetidin/SKB
1980	Nierensteinlithotripter	Uni München, Dornier
1981	ACE-Inhibitor	Captopril/Squibb
1982	Insulin-Pumpe	—/Nordisk
1982	rDNA-Insulin	Humaninsulin/Eli Lilly
1985	rDNA-Wachstumshormon	Somatren/Genentech
1986	Gallensteinlithotripter	Uni München
1986	Immunsuppressiva	Orthoclone/Johnson & Johnson
1987	Tissue Plasminogen Activator	Activase/Boehringer Ingelheim; Genentech

Tabelle 5: Technologische Durchbrüche in der Medizin seit 1975

Dabei gelingt es nicht immer, bisher unheilbare Krankheiten zu besiegen. Häufig sind es aber Verbesserungen, die das Leben des Patienten erleichtern, indem etwa die Anwendung vereinfacht oder unerwünschte Wirkungen beseitigt werden.

Dies kann anhand der Therapiefortschritte beim Diabetes mellitus illustriert werden (s. Abbildung 7). 1921 entdeckten Banting und Best Insulin; 1922 wurde es erstmals klinisch angewandt. Damit wurde die Diabetes-Therapie eingeleitet. 1955 gelang ein weiterer Durchbruch. Das erste orale Antidiabetikum vom Sulfonylharnstoff-Typ wurde auf den Markt gebracht. Dadurch konnten Altersdiabetiker auf die umständliche Behandlung mit Insulinspritzen verzichten. Allerdings wurden noch Mengen von

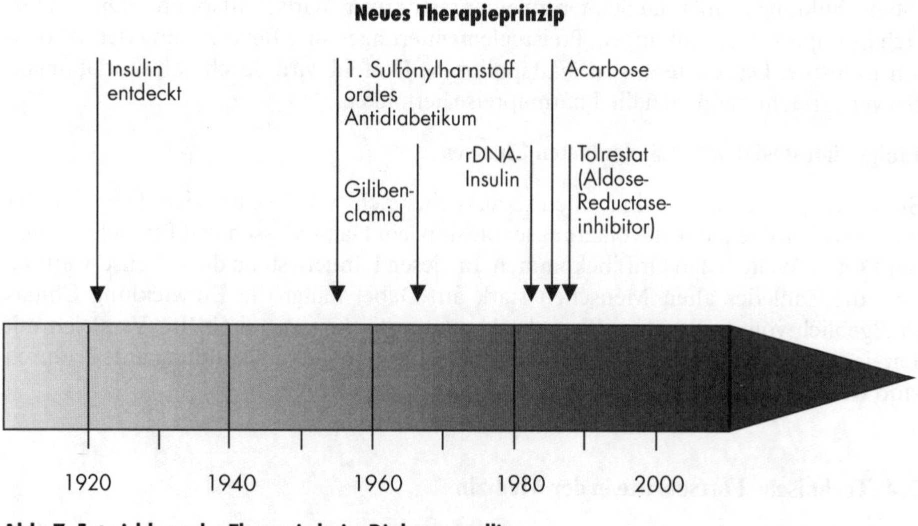

Abb. 7: Entwicklung der Therapie beim Diabetes mellitus

0,5 bis 2 g/d benötigt. Mit Glibenclamid, das 1969 eingeführt wurde, konnte die Tagesdosis um den Faktor 100 reduziert werden. 1982 kam rDNA-Insulin in den Handel, womit unerwünschte Wirkungen, wie allergische Reaktionen, die beim Tierinsulin auftreten können, weiter reduziert wurden.

Bis dahin richtete sich der Therapieansatz auf die direkte Senkung des Blutzuckerspiegels. 1989 soll mit dem ersten Alpha-Glucosidase-Inhibitor, Acarbose, ein neues Therapieprinzip eingeführt werden. Ein weiterer neuer Therapieansatz zielt auf die Behandlung von Folgeerkrankungen hin. Das Konzept der Aldose-Reductase-Inhibition befindet sich in der Entwicklungsphase. Auch in der Applikation von Insulinen zeichnet sich ein großer technischer Fortschritt ab. Dem insulinpflichtigen Diabetiker stehen seit kurzer Zeit Geräte, sog. Pens, zur Verfügung. Sie haben die Maße eines Füllers, sind also in der Jackentasche transportierbar, sehr bequem handhabbar und arbeiten mit Insulinpatronen.

Es ist in Zukunft mit weiteren hochgradigen Innovationen in der Arzneimittelforschung zu rechnen. Diese Annahme wird durch die Fortschritte in der Gentechnologie gerechtfertigt.

Charakteristisch für derartige innovative Produkte ist, daß nicht nur ihre Erforschung, die ja oft mit Grundlagenforschung beginnt, und ihre Entwicklung, sondern auch die Anwendung äußerst kostspielig sind. So liegen die Kosten für eine Behandlung mit Tissue-Plasminogen-Activator (TPA) bei über 2000 US-$.

Die Frage, die sich im Hinblick auf diese Situation – einerseits ist technisch immer mehr machbar, andererseits wird diese Technik zunehmend teurer – aufdrängt, lautet: Ist der technische Fortschritt noch bezahlbar?

Um diese Frage zu beantworten, soll die Finanzierung der Gesundheitsausgaben untersucht werden.

2.5 Schwierigkeiten bei der Finanzierung von Gesundheits- und Sozialausgaben

In Abbildung 8 sind für sechs Industrieländer die Sozialleistungen als Anteil des BSP aufgetragen (Abegglen und Etori 1983, Pharma Daten 1986). In Westeuropa wird fast ein Drittel des volkswirtschaftlichen Einkommens im Sozialbereich ausgegeben, wovon wiederum rund ein Drittel in den Gesundheitssektor fließt.

Zu den 5 %–10 % (s. Abbildung 3), die für Gesundheit verwendet werden, addieren sich nochmals die doppelten Beträge zur Sicherung von Familie und Beschäftigung, zur Versorgung von Alten und Hinterbliebenen und zur Förderung von Wohnen und Sparen.

In den USA und Japan ist die staatliche soziale Absicherung weniger vollkommen als in Westeuropa, wie man an den Zahlen in Abbildung 8 erkennen kann. Allerdings steigen auch hier die Sozialausgaben weiter. Subtrahiert man den Anteil der Gesundheitsausgaben (s. Abbildung 3) von den Sozialleistungen, so erhält man für die USA und Japan Werte unter 8 %. Diese Zahl belegt, daß in diesen Ländern die Aufwendungen für die Familienversorgung gemessen am BSP höchstens halb so hoch sind wie in Westeuropa.

In England, wo sowohl die Gesundheitsausgaben (vgl. Abbildung 3) als auch das Sozialbudget (vgl. Abbildung 8) die geringsten Anteile am BSP aller hier betrachteten europäischen Länder aufweisen, beträgt die Differenz etwa 14 %. In Frankreich liegt sie bei fast 20 %.

Am größten ist die Differenz in Schweden und Deutschland mit etwa 25 %. Das bedeutet, daß in diesen Ländern rund ¼ des BSP in Sozialausgaben fließen, die nicht den Gesundheitsbereich betreffen. Diese Zahlen untermauern eindrucksvoll das Schlagwort vom Sozialstaat. Sie beweisen aber auch, daß der Sozialstaat nicht gerettet werden kann, indem die Pharmaindustrie geopfert wird. Dazu ist der Anteil der Arzneimittel am gesamten Sozialbudget in Deutschland (3 %) zu gering.

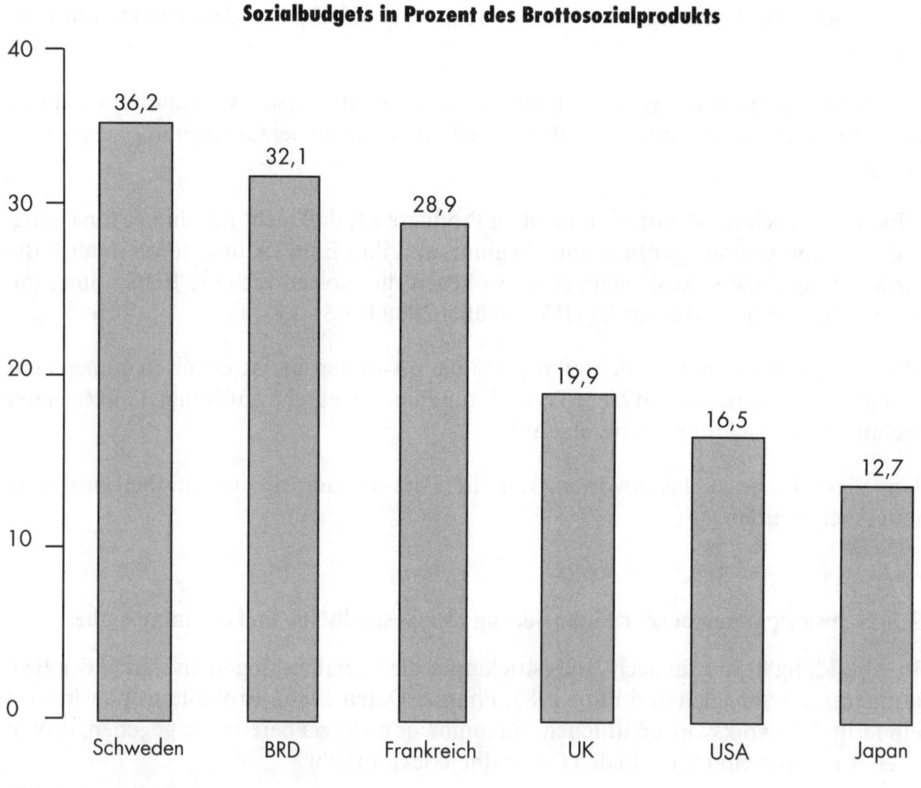

Abb. 8: Sozialbudgets im internationalen Vergleich

In Abbildung 9 sind die Sozialleistungen für Deutschland graphisch dargestellt. Das aufgespannte soziale Netz umfaßte 1984 553 Mrd. DM (Bundesmin. für Arbeit und Soziales 1984), wobei die Schwerpunkte auf der Alters- und Krankenversorgung liegen.

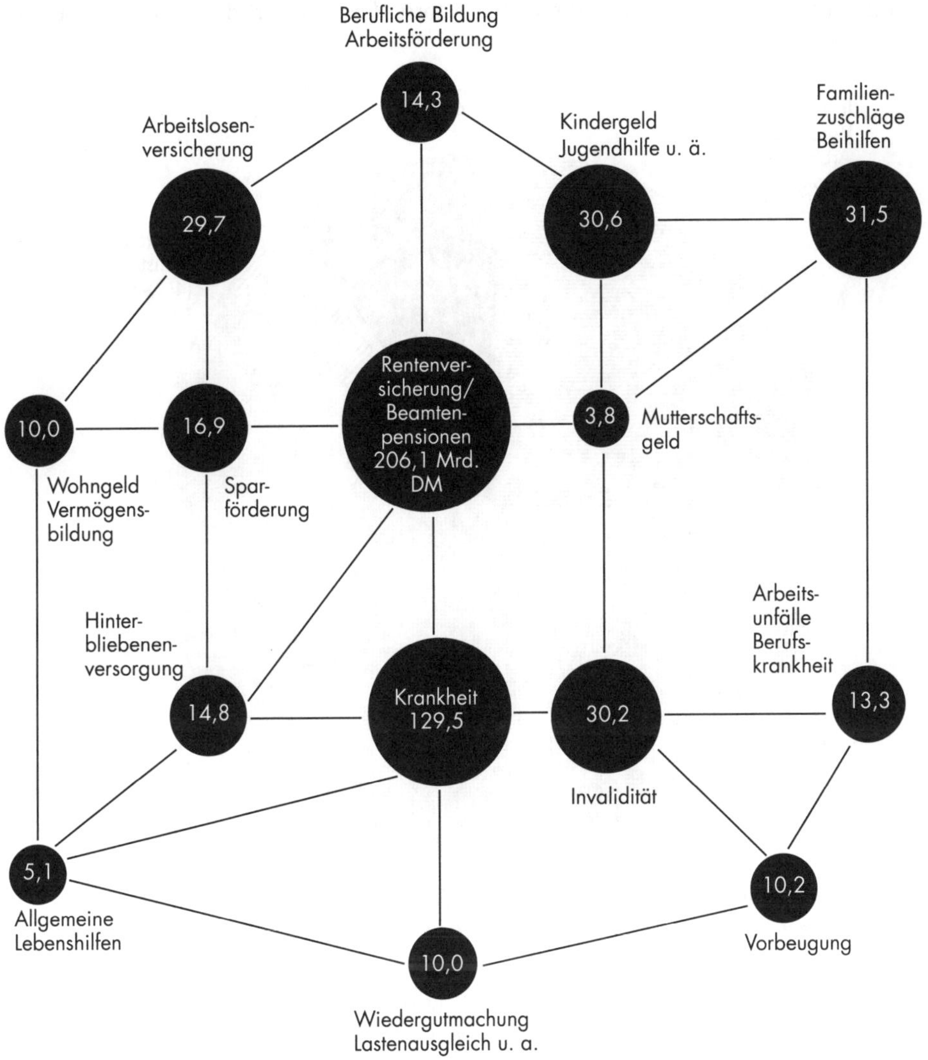

Abb. 9: Das soziale Netz. Sozialleistungen in der Bundesrepublik Deutschland (1984 = 553,1 Mrd. DM) in Mrd. DM

Die Gesundheitsausgaben beinhalten Aufwendungen für Invalidität, Vorbeugung, Arbeitsunfälle und Krankheiten. 1984 betrugen die Aufwendungen für Arzneien, Heil- und Hilfsmittel aus Apotheken in Deutschland 15,5 Mrd. DM (vgl. Abbildung 10). Dieser Wert entspricht 8,5% der Gesundheitsausgaben von 183,1 Mrd. DM und beinhaltet u. a. auch Ausgaben für Verbandstoffe, Praxisbedarf der Ärzte sowie Pflanzenextrakte.

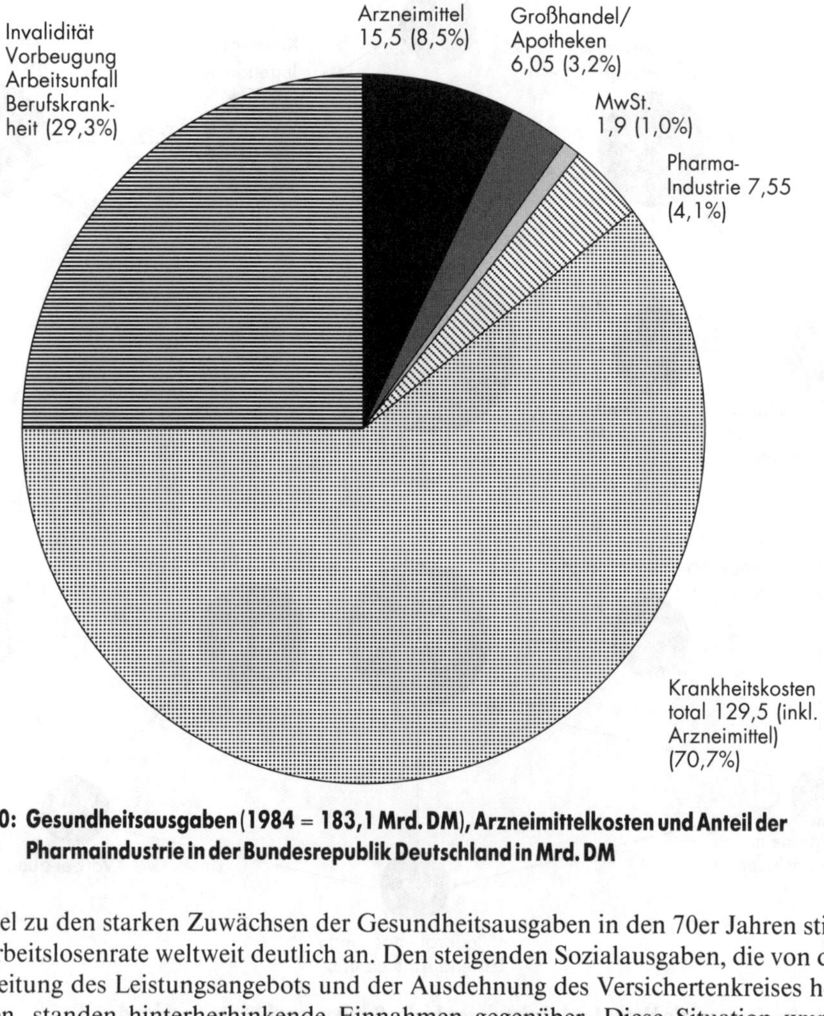

Abb. 10: Gesundheitsausgaben (1984 = 183,1 Mrd. DM), Arzneimittelkosten und Anteil der Pharmaindustrie in der Bundesrepublik Deutschland in Mrd. DM

Parallel zu den starken Zuwächsen der Gesundheitsausgaben in den 70er Jahren stieg die Arbeitslosenrate weltweit deutlich an. Den steigenden Sozialausgaben, die von der Ausweitung des Leistungsangebots und der Ausdehnung des Versichertenkreises herrührten, standen hinterherhinkende Einnahmen gegenüber. Diese Situation wurde durch den Ausfall vieler Beitragszahler (Arbeitslose, Rentner) verschärft.

Infolge des verlangsamten ökonomischen Wachstums und steigender Arbeitslosigkeit wurde der finanzielle Spielraum der öffentlichen Gesundheitsausgaben weltweit Ende der 70er Jahre rapide enger. Die Folge war, daß es schwierig wurde, die Ausgaben zu finanzieren. Dadurch gerät das Solidarprinzip der Versicherung in Gefahr.

Diese Probleme versuchte man durch staatliche Eingriffe zu lösen. In Tabelle 6 sind die Maßnahmen zusammengestellt, die in Deutschland ergriffen wurden, um die Finanzierungsschwierigkeiten der Krankheitsausgaben zu beheben. Die Maßnahmen zielen darauf ab, einerseits die Selbstbeteiligung zu erhöhen, andererseits die Leistungen einzuschränken. Durch diese Interventionen wurde die persönliche Freiheit und letztendlich die Verantwortung des einzelnen eingeschränkt. Da das Wissen über komplexe Systeme nicht zentralisierbar ist, lassen sich Marktprozesse nicht ohne Nachteile für alle Beteiligten durch andere Lenkungs- und Koordinationsmechanismen ersetzen. Die Schwierigkeiten, die auftreten, wenn Gesundheitsausgaben mit Hilfe staatlich vorgegebener Zielgrößen festgelegt werden, wurden kürzlich in einer Abhandlung über das britische Gesundheitswesen beschrieben (Arnold 1987).

Jahr	Gesetz
1977	Krankenversicherungskostendämpfungsgesetz (KVKG)
1982	Krankenhauskostendämpfungsgesetz (KHKG)
1982	Kostendämpfungs-Ergänzungsgesetz (KVEG)
1983	Haushaltsbegleitgesetz
1984	Haushaltsbegleitgesetz
1985	Gesetz zur Neuordnung der Krankenhausfinanzierung (KHNG)

Tabelle 6: Maßnahmen zur Lösung der Probleme im Gesundheitswesen – Beispiel Deutschland

Die Schwierigkeiten, die bei der Finanzierung der Gesundheitsausgaben auftreten, werden dazu führen, daß nicht mehr alles, was technisch machbar ist, finanziert werden kann. Welche Konsequenzen ergeben sich daraus für die Pharmaindustrie?

3. Konsequenzen für die Pharmaindustrie

Die Auswirkungen, die sich aus den sozio-ökonomischen und demographischen Veränderungen für die Pharmaindustrie ergeben, sind äußerst komplex. Sie lassen sich jedoch in die vier Thesen

- der Wettbewerb wird intensiver,
- der Erfolgszwang steigt,
- die Selektion in zwei Lager wird markanter,
- die Bedrohung durch branchenfremde Firmen nimmt zu

zusammenfassen, die im folgenden diskutiert werden.

3.1 Der Wettbewerb wird intensiver

Im Gegensatz zu vielen anderen Wirtschaftszweigen, in denen wenige Firmen den Markt beherrschen, gibt es im Pharmamarkt eine Vielzahl von Anbietern. In ihren Marktanteilen, über die, je nach Definition der Märkte und Herkunft der Quellen unterschiedliche Zahlenwerte existieren, unterscheiden sich die führenden Konzerne häufig nur um Bruchteile eines Prozentes. Übereinstimmend zeigen die Aufstellungen jedoch, daß auch die größten Konzerne nicht über 4% Anteil am Weltmarkt hinauskommen. Ein Vergleich mit der Autoindustrie unterstreicht, wie stark der Pharmamarkt aufgespalten ist. Die fünf führenden Autohersteller (General Motors, Toyota, Nissan, Ford, Renault) erreichen rund 40% am Auto-Weltmarkt. Die fünf führenden Pharmahersteller vereinigen etwa 15% auf sich (Tucker 1984).

Auch die Zahl der Hersteller ist ein Hinweis auf die Intensität des Wettbewerbs. In den USA gibt es drei unabhängige Autokonzerne (General Motors, Ford, Chrysler), dagegen zwei Dutzend Pharmakonzerne. In Deutschland haben vier Autohersteller (VW, BMW, Daimler, Porsche) ihren Sitz; die Schweiz weist keinen inländischen Autoproduzenten auf. Im Vergleich dazu gibt es in Deutschland mindestens zehn größere Pharmafirmen; und in der Schweiz drei Unternehmen (Ciba-Geigy, Hoffmann-La Roche, Sandoz) die zu den führenden Konzernen im internationalen Pharmamarkt gehören.

Diese polypolistische Aufspaltung führt dazu, daß die großen Pharmafirmen verglichen mit Unternehmen aus anderen Branchen klein sind. Das größte Industrie-Unternehmen der Welt, General Motors (102,8 Mrd. US-$), übertraf 1986 die Umsatzschallmauer von 100 Mrd. US-$. Merck & Co., der führende Pharmazeutikaproduzent, übersprang gerade die 3 Mrd. US-$-Schwelle. Selbst Bayer und Hoechst, deren Pharmaanteil unter 20% des Gesamtumsatzes bleibt, erreichen erst die Umsatzgrößenordnung (40 Mrd. DM) vom kleinsten amerikanischen Autohersteller Chrysler (22,6 Mrd. US-$).

Die Verschiebung der Rangfolge führender Konzerne läßt Rückschlüsse auf die Intensität des Wettbewerbs zu. So fiel der 1974 umsatzstärkste Konzern im Welt-Pharmamarkt auf Rang 15 im Jahre 1985 zurück, der 6. von 1974 rutschte bis 1985 auf den 14. Platz zurück (vgl. Abbildung 11).

Der 25. von 1974 stieß bis 1981 auf Platz 13 vor, erreichte 1983 noch Rang 12 und fiel bis 1985 wieder auf Position 13 zurück. Die Nummer 8 von 1974 arbeitete sich kontinuierlich vor, fiel dann zurück und erreichte 1985 Position 2 im Welt-Pharmamarkt. Diese Verschiebungen werden durch Einführung von Innovationen, Preisreduktionen und Umsatzausfall infolge von Generika-Angeboten und Umsatzsteigerung durch Verbesserung von Arzneimitteln verursacht. Sie belegen, daß einmal erreichte Positionen, die durch patentgeschützte Innovationen gewonnen wurden, rasch verlorengehen, wenn bei Patentablauf von Umsatzrennern keine gleichwertigen Produkte nachrücken.

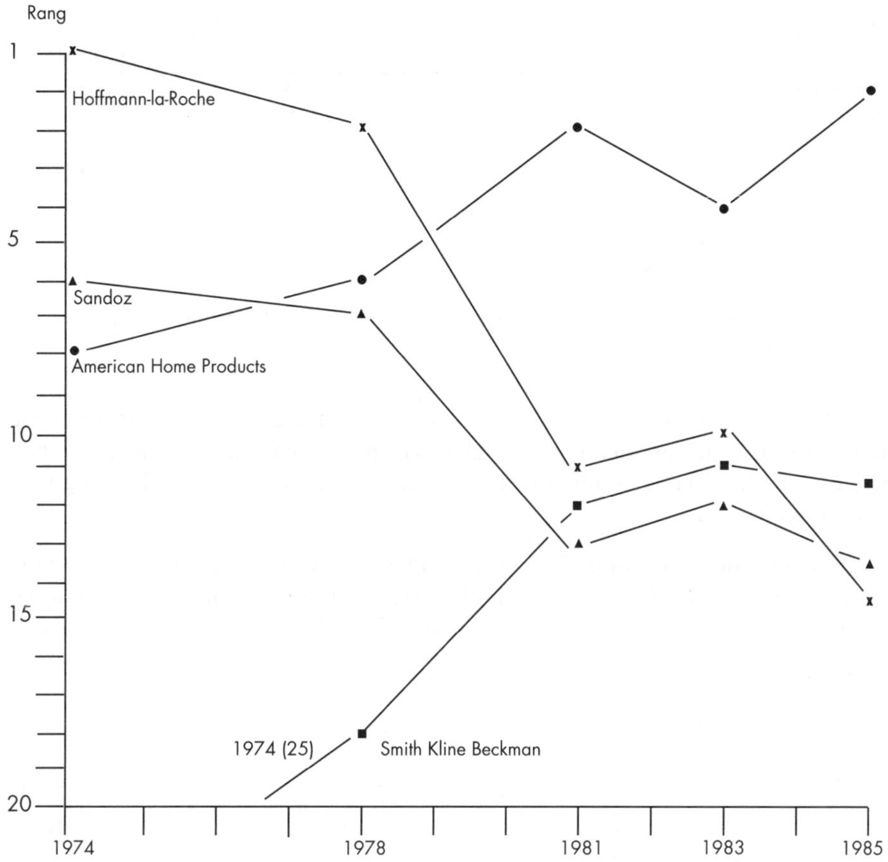

Abb. 11: Marktstellung führender Konzerne (auf US-$-Basis)

3.2 Der Erfolgszwang steigt: Kein Erfolg ohne Forschung

Charakteristisch für die Pharmaindustrie sind die hohen Aufwendungen für die Forschung. Ein Vergleich mit anderen Branchen zeigt, daß die Pharmaindustrie nach dem Luftfahrzeugbau die forschungsintensivste Branche in Deutschland ist (Pharma Daten 1986). Die Forschungsintensität wird dabei gemessen am Verhältnis der Kosten für Forschung und Entwicklung (F & E) zum Umsatz.

In einigen volkswirtschaftlich wichtigen Branchen fördert der Staat die Forschung. Diese Förderung kommt besonders der Flugzeugindustrie, dem Bergbau und der Energiewirtschaft zugute. Im Gegensatz zur Flugzeugindustrie, die 1983 nur 32% der F & E-Kosten selbst finanzierte, bringt die Pharmaindustrie die Mittel für F & E allein auf. Die Aufstellung in Tabelle 7 unterstreicht den hervorragenden Stellenwert, den die Innovation in der Pharmaindustrie einnimmt.

Der eigenfinanzierte F & E-Anteil ist in der Pharmaindustrie also zwei- bis viermal so hoch wie in anderen forschenden Industriezweigen.

Wirtschaftszweig	Eigenfinanzierter F + E-Aufwand	
	% vom Umsatz[1)]	Mrd. DM
Pharmaindustrie	13,5	2,4
Elektrotechnik	5,9	7,7
Chemische Industrie	4,3	6,5
Straßenfahrzeugbau	3,6	4,7
Maschinenbau	3,1	3,5
Luftfahrzeugbau	6,4	0,5

[1)] Berechnet nach Angaben in Pharma Daten 1986.

Tabelle 7: Eigenfinanzierter Aufwand für F & E in forschungsintensiven Wirtschaftszweigen (Deutschland 1983)

Eine weitere Tatsache untermauert die Bedeutung, die F & E in der Pharmaindustrie genießen. Seit Jahren werden die F & E-Budgets überdurchschnittlich gesteigert. Diese Feststellung gilt im Vergleich mit anderen Branchen; sie trifft auch unabhängig vom Standort der Firmen zu.

In Deutschland stieg der Produktionswert der Pharmaindustrie von 1976 auf 1985 um 78 %, der Aufwand für F & E dagegen um 175 % (vgl. Abbildung 12). In den USA liegen Daten über einen längeren Zeitraum vor (vgl. Abbildung 13). 1954 gaben die amerikanischen Pharmafirmen 78 Mill. $, 1983 3218 Mill. $ für F & E aus, was einem vierzigfachen Anstieg entspricht. Der Umsatz stieg von 1,46 Mrd. $ (1954) auf 26,25 Mrd. $ (1983), d. h. um den Faktor 17 an.

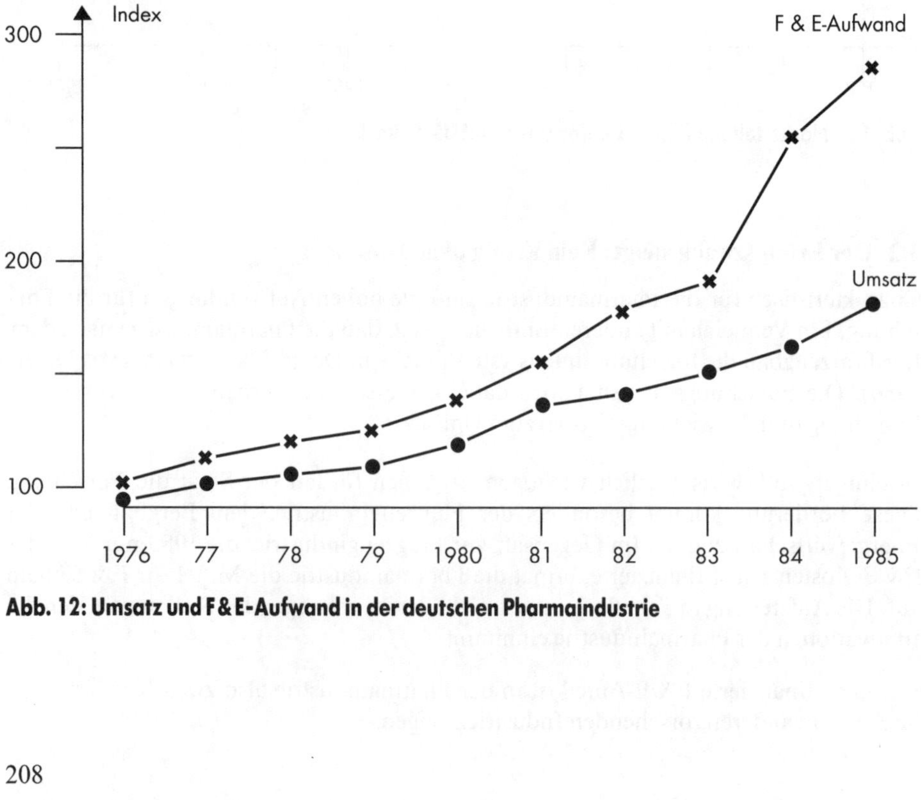

Abb. 12: Umsatz und F & E-Aufwand in der deutschen Pharmaindustrie

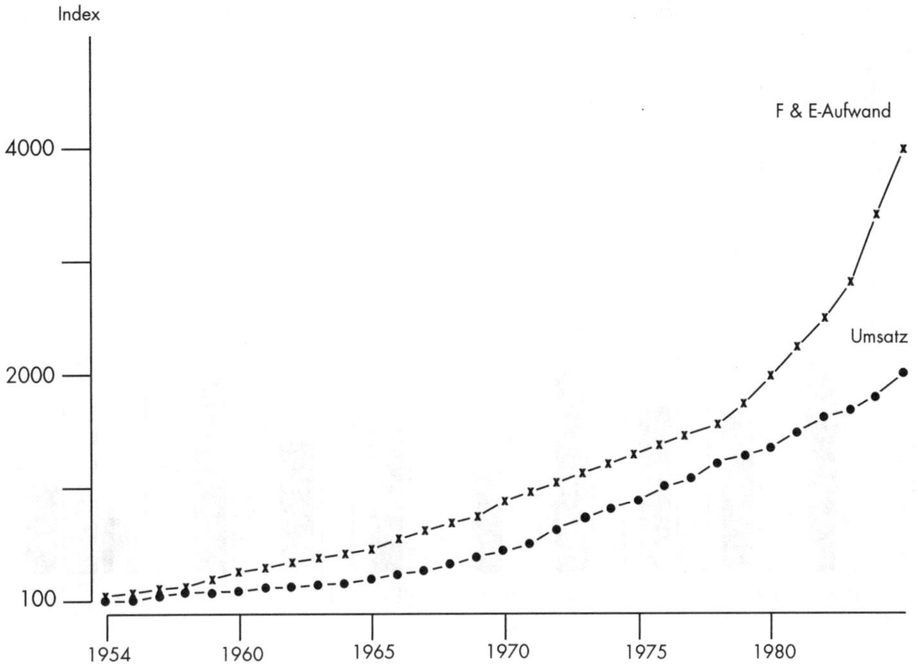

(Quelle: Berechnet aus Annual Survey Report 1980/85)

Abb. 13: Entwicklung von Umsatz und F & E-Aufwand der Pharmaindustrie der USA

Auch in Japan (vgl. Tabellen 11 und 12) wachsen die F & E-Budgets schneller als die Umsätze.

Die Aufwendungen für F & E stiegen in der Pharmaindustrie von 1979 bis 1983 in Deutschland um 54,8 %. Nur die Autoindustrie übertraf diese Rate geringfügig, wobei hier der weitaus größte Teil in die Entwicklung fließt.

Analysiert man die Entwicklung der Forschungskosten der führenden Pharmakonzerne, so erhält man drei wesentliche Ergebnisse:

1. Die F & E-Kosten stiegen schneller als der Umsatz. Dies gilt nicht nur auf Länderebene (Abbildung 13), sondern auch für einzelne Firmen, wie die Beispiele Eli Lilly, MSD, Pfizer und Smith Kline Beckman zeigen (vgl. Abbildung 14).
2. Einige Firmen, die im Konsumgüterbereich tätig sind und das Pharmageschäft hauptsächlich auf Lizenzbasis betrieben haben, verstärken ihre Forschung durch überdurchschnittliche Zuwendungen. So erhöhte Abbott die F & E-Budgets von 1981–1985 um durchschnittlich 20,6 %, American Home Products um 16,6 % und Bristol-Myers um 16,1 %. Diese Wachstumsraten übertreffen die der traditionellen Pharmafirmen MSD, Lilly, Pfizer, SKB, Squibb, Upjohn, Schering Plough und American Cyanamid (Durchschnitt 1981–1985: 13,0 %).
3. Der Anteil der Primärforschungskosten sinkt seit Jahren. Unter Primärforschungskosten werden solche verstanden, die für die Suche nach neuen Wirkstoffen ausgegeben werden. In den 60er Jahren lag der Primärforschungskostenanteil bei den

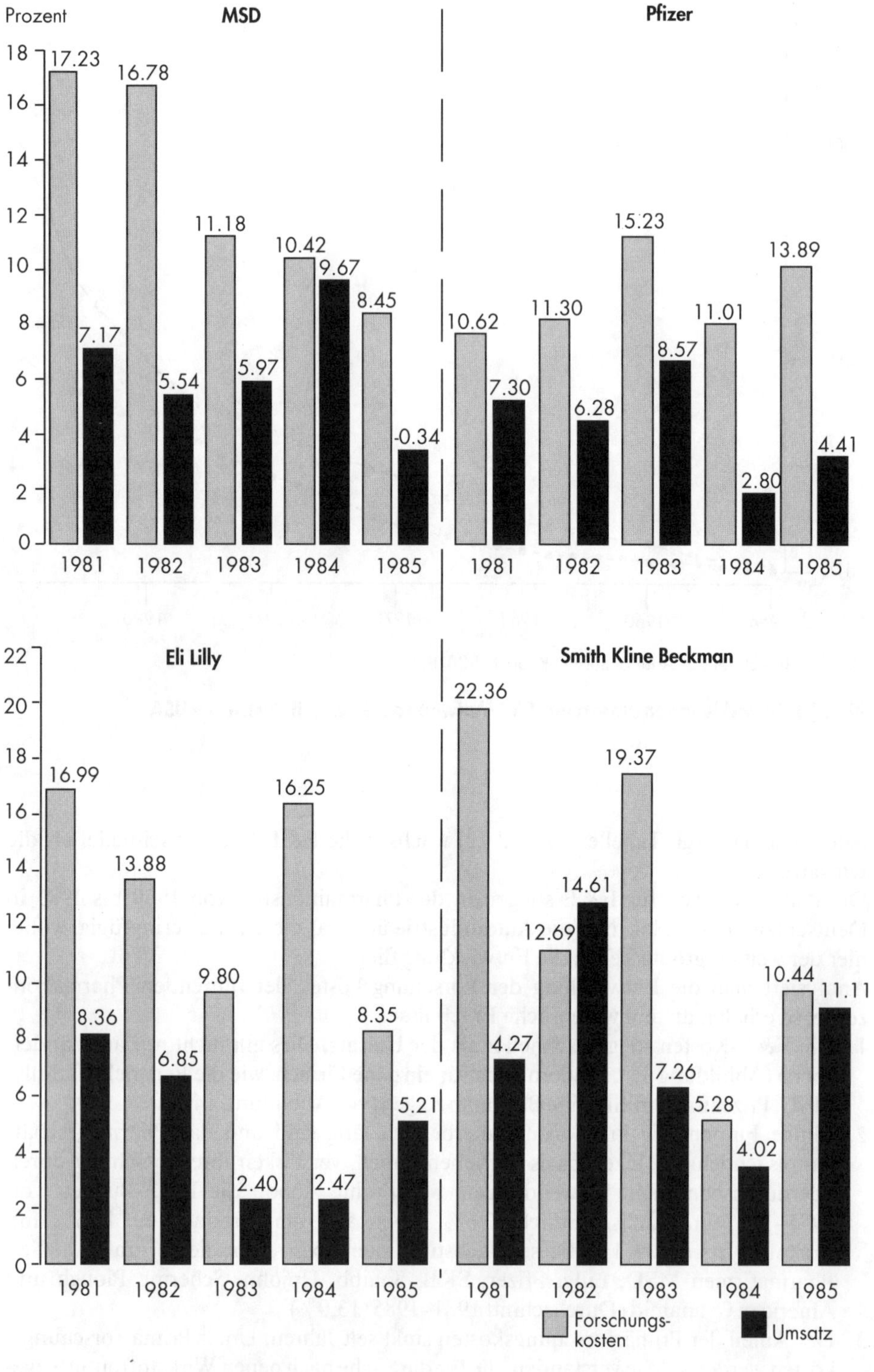

Abb. 14: Zunahme von Umsatz und Forschungskosten

großen deutschen Firmen noch über 50 %. Seither nahm er auf unter 30 % ab, obwohl die Budgets für F & E überproportional erhöht wurden (Thesing 1983). Dieses Phänomen ist nicht auf deutsche Unternehmen beschränkt. Von ICI wird eine Zunahme der Entwicklungskosten von 56 % 1975 über 63 % 1980 auf 69 % 1985 berichtet (s. Scrip Nr. 1170, S. 12).

Hinter den enormen Aufblähungen der Forschungsaufwendungen der Firmen verbergen sich die wachsenden Anforderungen, die an die Zulassung eines Arzneimittels gestellt werden. Dazu kommen weitere Belastungen, die auf ungünstige Änderungen im sozio-ökonomischen Umfeld zurückzuführen sind. Die Folgen sollen an Beispielen verdeutlicht werden.

So nahm die Entwicklungszeit für neue Arzneimittel in allen wichtigen Pharma-Ländern in den letzten Jahrzehnten zu. Abbildung 15 spiegelt die Tendenz in Deutschland wider (Zweifel und Zysset-Pedroni 1986). Danach nahm die Entwicklungsdauer eines neuen Medikaments von knapp zwei Jahren in den 50er Jahren auf elf Jahre Anfang der 80er Jahre zu. Die effektive Patentschutzdauer sank damit auf weniger als die Hälfte der nominellen Patentlaufzeit. Würde der Trend der letzten drei Jahrzehnte anhalten, dann würde die Entwicklung eines neuen Medikaments im Jahre 2000 15–18 Jahre dauern.

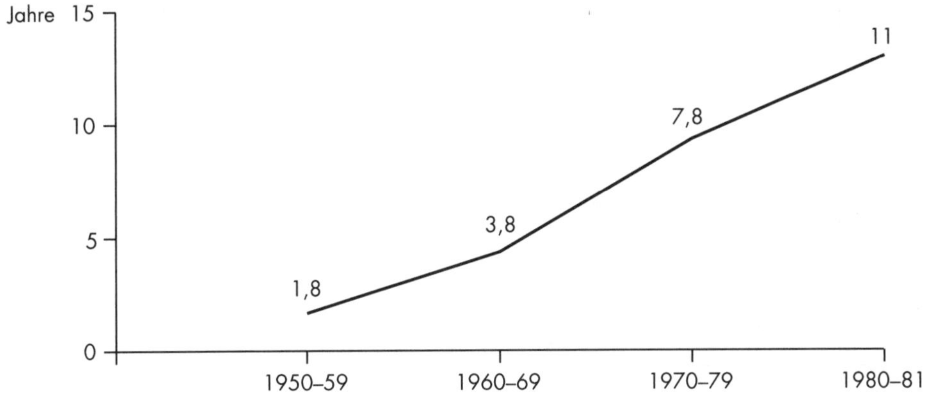

Abb. 15: Entwicklungsdauer eines pharmazeutischen Präparates in Deutschland (vom Projektstart bis Markteinführung in Jahren; nach Angaben in Zweifel et al. 1986)

Daten aus den USA und Großbritannien bestätigen die Befunde in Deutschland. Die effektive Patentlaufzeit ging in den USA von 13,5 Jahren (1968) auf 6,8 Jahre (1981) zurück (Wardell 1982). Die Entwicklungszeit stieg in Großbritannien von 3 Jahren (1960) auf 12 Jahre in 1983 (Ravenscraft und Walker 1983).

Eindrucksvoll belegt der dramatische Anstieg des Umfangs der Registrierungsunterlagen die stark zunehmenden Forderungen zum Nachweis von Wirksamkeit und Sicherheit von Medikamenten (vgl. Abbildung 16). Bis Ende der 50er Jahre begnügte sich die FDA über Jahrzehnte hinweg mit weniger als 100 Seiten Dokumentationsmaterial. Seither schwollen die Daten exponentiell an. Bereits Ende der 70er Jahre umfaßte die Dokumentation für Zulassung eines neuen Medikamentes bei der FDA in der Regel 100 000 Seiten. Einen Höhepunkt erreichte 1977 das Fibrinolytikum Abbokinase von Abbott mit 664 000 Seiten; das entspricht 1000 Ordnern, gefüllt mit jeweils knapp 700 Seiten Informationen.

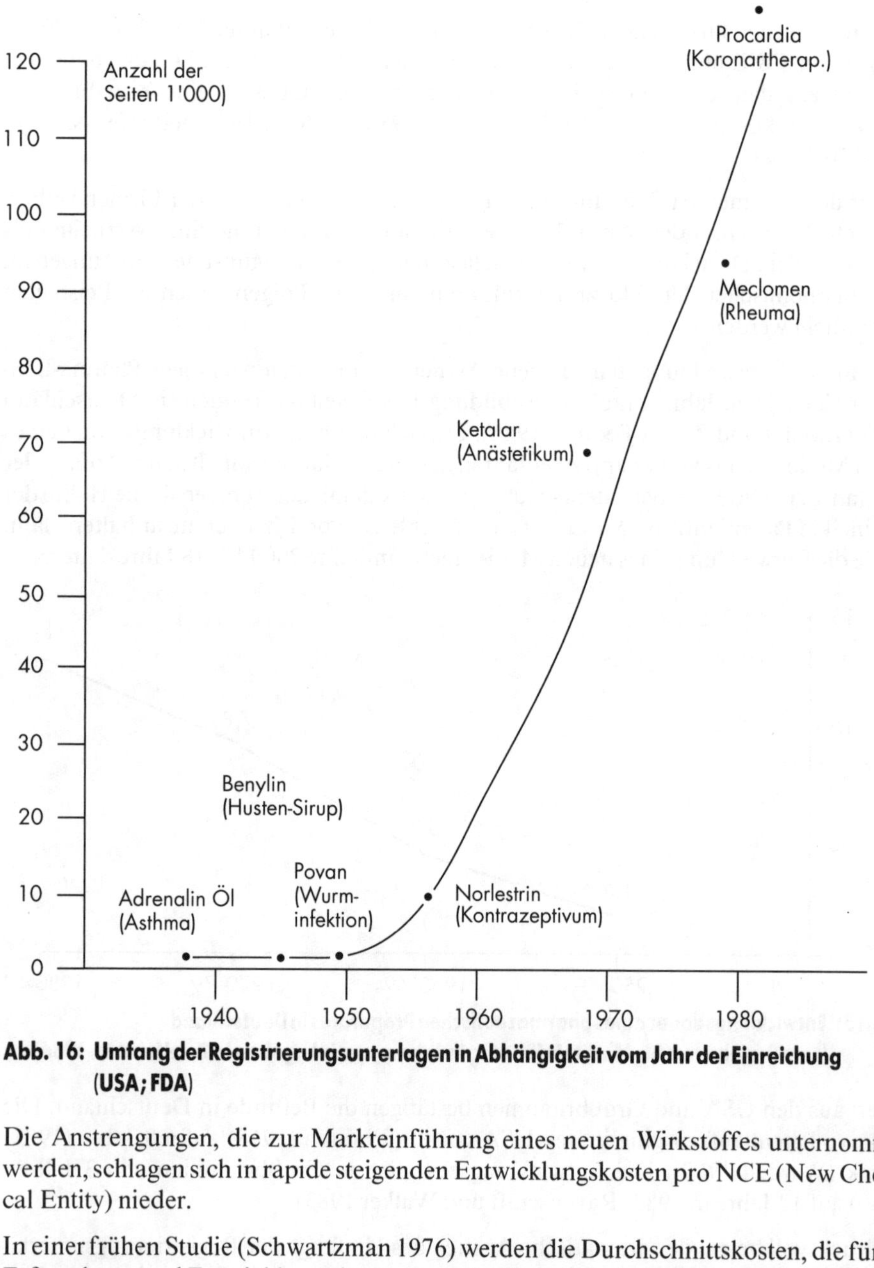

Abb. 16: Umfang der Registrierungsunterlagen in Abhängigkeit vom Jahr der Einreichung (USA; FDA)

Die Anstrengungen, die zur Markteinführung eines neuen Wirkstoffes unternommen werden, schlagen sich in rapide steigenden Entwicklungskosten pro NCE (New Chemical Entity) nieder.

In einer frühen Studie (Schwartzman 1976) werden die Durchschnittskosten, die für die Erforschung und Entwicklung eines neuen Medikamentes benötigt werden, mit 1,5–2,0 Mill. US-$ für 1956–1962 und 20–22 Mill. US-$ für 1966–1972 angegeben. Auch hier findet man – ähnlich wie beim Umfang der Zulassungsunterlagen – einen deutlichen Sprung als Folge des Thalidomid-Falles (1961). Neuere Werte basieren auf einer Untersuchung von Hansen (1979). Die Pharmaceutical Manufacturers Association (PMA) schätzt die Kosten an Hand dieser Studie auf rund 100 Mill. US-$ für Mittel der 80er Jahre, eine Zahl, die von anderer Seite (Rigoni, Griffiths und Laing 1985) bestätigt wird.

In Deutschland werden die Durchschnittskosten auf 245 Mill. DM beziffert (Pharma Daten 1986), wobei auch hier starke Zuwächse zu verzeichnen sind. Dieser Wert beruht auf Ausgaben von 1980 bis 1984. Inzwischen sind die tatsächlichen Kosten weiter gestiegen.

Legt man die jährlichen Ausgaben der führenden Pharmakonzerne zu Grunde, und berücksichtigt man die durchschnittliche Zahl von neuen Wirkstoffen, die in den letzten Jahren ausgeboten wurden, so erhält man wohl ein realistischeres Bild. Von 1981 bis 1985 gelang es weltweit nur noch zehn Konzernen, fünf oder mehr Substanzen, d. h. im Durchschnitt mindestens eine pro Jahr, auf den Markt zu bringen (Reis-Arndt 1987). Die Forschungsausgaben kletterten auf über 400 Mill. US-$ (MSD) bzw. 900 Mill. DM (Hoechst) oder 800 Mill. SFR (Ciba-Geigy). Ausgehend von diesen Überlegungen dürften die Kosten pro NCE für amerikanische Unternehmen 200 Mill. US-$, für deutsche 400 Mill. DM und für Schweizer Firmen 350 Mill. Sfr betragen.

Diese Werte werden von einer Reihe von Parametern beeinflußt. Die Forschungskosten/NCE hängen ab von der Dauer der Entwicklung, dem Indikationsgebiet, der Anzahl der Märkte, in die eine Substanz eingeführt wird und schwanken von Firma zu Firma, da ja auch schwierig quantifizierbare Größen wie verfügbares Know-how, Qualität der Mitarbeiter und synergistische Effekte sich auf Kosten und Ergebnis (Anzahl NCEs) auswirken.

Ein weiterer bedeutender Gesichtspunkt, der den Erfolg der Pharmaindustrie beeinflussen wird, ist die Auswirkung der Gentechnologie auf Medizin und Pharmazie.

Betrachtet man die Geschichte der Pharmaindustrie, so stellt man fest, daß sie bisher zwei Höhepunkte durchlief. Im Moment steht sie am Beginn einer weiteren vielversprechenden Ära, die man als das „Zeitalter der Gentechnologie" beschreiben kann. Die Phasen sind durch dramatische Innovationsschübe in der medikamentösen Therapie charakterisiert.

Die erste Phase begann im letzten Viertel des vorigen Jahrhunderts und erreichte ihren Höhepunkt mit der Entdeckung des Salvarsan. Sie fiel zusammen mit der Gründung der heute führenden Pharmakonzerne. Die Innovationen gingen von Europa, insbesondere von Deutschland aus.

Der zweite Erfolgszyklus spiegelt die Geschichte der modernen Chemotherapeutika wider. Höhepunkte waren die Entdeckung der Sulfonamide und Penicilline. Damit können Infektionskrankheiten kausal behandelt werden. Diese Ära brachte den amerikanischen und englischen Firmen führende Marktstellungen ein.

1973 begann das Zeitalter der Gentechnologie. Mit Hilfe der rDNA-Technik gelingt es, ohne chemische Synthese körpereigene Stoffe zu gewinnen, die wichtige Organfunktionen steuern. Human-Insulin und Interferon sind bekannte Beispiele dafür. Im Zuge dieser neuen Technologie wurden Dutzende von neuen Firmen gegründet, hauptsächlich in den USA. Die traditionellen Pharmafirmen beteiligen sich über Joint Ventures, Lizenzverträge und eigene biotechnologische Tochterfirmen an diesem Geschäft. Die neuen Methoden werden sich auf Arzneimittelforschung und -therapie tiefgreifend auswirken.

Neben der grundlegend neuen Technologie zeichnet sich die Gegenwart der Arzneimittelforschung durch eine verstärkte Ursachenforschung von Krankheiten aus. Während bis vor kurzem die Forschung auf die Entdeckung eines neuen Wirkstoffes ausgerichtet war, rückte in den letzten Jahren die Aufklärung von pathologischen Mechanismen in den Vordergrund.

Von den bisher bekannten Krankheiten können etwa 80% nicht kausal therapiert werden. Bei vielen Erkrankungen steht eine symptomatische Behandlung im Vordergrund, deren Ziel die kurzfristige Verbesserung der Lebensqualität ist.

Für einige Krankheiten konnten Behandlungsmethoden gefunden werden, die auf eine Beseitigung der Krankheit (kausale Therapie), Verminderung von Komplikationen und Spätfolgen, Verkürzung des Krankenhausaufenthaltes oder Abnahme von Operationen herauslaufen. 1976 wurde der erste H_2-Antagonist in den Handel gebracht, womit Operationshäufigkeit und stationäre Behandlungsdauer bei Magen- und Zwölffingerdarmgeschwüren abnahmen. Durch Calcium-Antagonisten kann die koronare Herzkrankheit mit gutem Erfolg behandelt werden. ACE-Inhibitoren ermöglichen die Regulation des Blutdrucks durch direkten Eingriff in das entsprechende Enzym-System. Neue Perspektiven eröffnet die Gentechnologie. Mit ihrer Hilfe gelingt es, biologisch aktive Proteine und Glykoproteine in hoher Reinheit und ausreichender Menge zu produzieren. Damit können genetisch bedingte Krankheiten diagnostiziert und therapiert werden. Weltweit werden über 50 Projekte auf diesem Gebiet bearbeitet (Yamada 1986). Dazu zählen Hormone, Interferone, Lymphokine, Enzyme, Plasmawirkstoffe und Vakzine. Die Verfahren zur Gewinnung von Hormonen und Interferonen sind am weitesten fortgeschritten. Menschliches Insulin kam 1982 als erstes rDNA-Präparat in den Handel. Inzwischen befinden sich Interferon und menschliches Wachstumshormon auf dem Markt.

Im Jahre 1988 wurde der Tissue-Plasminogen-Aktivator (TPA) eingeführt. Damit kann der akute Myokardinfarkt behandelt werden. Der Blutgerinnungsfaktor VIII, ein äußerst kompliziertes Projekt, befindet sich im Entwicklungsstadium. Weitere vielversprechende Therapieansätze zeichnen sich bei Virusinfektionen, Krebskrankheiten und der Modulation des Immunsystems ab.

Die Zahl von über 200 Gentechnologiefirmen zeigt, daß auch auf diesem Sektor ein intensiver Wettbewerb eingesetzt hat. Dabei wurde Genentech als heute ältestes, größtes und erfolgreichstes Unternehmen 1976 gegründet. Die Gründungswelle seither ist vergleichbar mit der Entstehung der chemisch-pharmazeutischen Industrie Ende des letzten Jahrhunderts. In Finanzkreisen rechnet man damit, daß eine Reihe der Biotechnologiefirmen vom Markt verschwinden. Andere werden von großen Pharmakonzernen aufgekauft. Der Preis von 369 Mill. US-$, den Eli Lilly für den Kauf von Hybritech bezahlte (Scrip Nr. 1170, S. 17), läßt erahnen, welche Summen hier noch investiert werden.

Genentech vermarktet seinen Wachstumsfaktor in den USA selber (Umsatz 1986: 46 Mill. US-$), das gleiche gilt für TPA. An diesem Beispiel zeichnet sich ab, daß die erfolgreichen Gentechnologie-Unternehmen nicht nur ihre F&E vergrößern, sondern auch eigene Produktions- und Vertriebsabteilungen aufbauen werden. Dadurch können diese Institutionen ihren cash-flow erhöhen und ihre finanzielle Abhängigkeit verringern. Sie finanzieren zur Zeit ihre Projekte aus Venture-Kapital und aus Kontrakten mit Industriepartnern. Diese Art der Finanzierung wird abgelöst durch Einkommen, das direkt im Arzneimittelmarkt verdient wird.

Allerdings wurden die Fortschritte der Gentechnologie anfangs überschätzt. M. Horwitch (MIT, Boston) sagte für Interferon einen Umsatz von 8 Mrd. US-$ 1985 voraus (Industriemagazin, März 1983, S. 36). Tatsächlich erreicht wurde weniger als 1 % dieses Wertes. Die Entwicklungsphasen dauern länger als prophezeit. Dadurch werden die Produkte später als geplant ausgeboten. Hinsichtlich der therapeutischen Anwendungsgebiete konnten die Erwartungen nicht immer erfüllt werden, wie im Fall der Interferone.

Einen weiteren Hinweis auf die scharfe Konkurrenz liefert die hohe Zahl von Institutionen, die eine Produktidee bearbeiten. In diesen Projekten ist häufig noch ein großer Pharmakonzern als Finanzgeber und Vermarktungspartner involviert, wodurch die Situation verschärft wird. So sind Eli Lilly, Hoechst und NOVO, die führenden Firmen auf dem Antidiabetika-Markt, bei Humaninsulin tätig.

Boehringer Ingelheim, Beecham, SmithKline, Hoechst, Ciba-Geigy, Sandoz, Baxter-Travenol, Green Cross und KabiVitrum sind neben anderen auf dem TPA-Gebiet engagiert. Insgesamt arbeiten gegenwärtig etwa 40 Firmen auf diesem Gebiet. Die Zahl ändert sich permanent, da laufend neue Projekte gestartet, neue Partnerschaften für Co-Development geschlossen und bestehende Kooperationen aufgelöst werden.

Infolge der Vielzahl an Konkurrenten und dem unvollständigen Patentschutz kann kaum eine Monopolstellung erlangt werden. Dadurch spielen der Zeitpunkt der Einführung und der Preis (und damit die Produktionskosten) eine wichtige Rolle. Nur durch einen möglichst großen Zeitvorsprung vor dem nächsten Ausbieter kann eine starke Marktposition aufgebaut werden. Die einmal erreichte Position ist – bei gleichwertigen Produkten! – allein durch einen günstigen Preis zu halten. Aus dem Preis- und Ausbietungswettbewerb ergibt sich eine tendenzielle Verkürzung der Produktlebenszyklen.

Durch die aufwendige und teuere Verfahrenstechnologie wird eine Markteintrittsbarriere errichtet. Unter dieser Voraussetzung werden sich die klassischen Generika-Hersteller mit diesen Produkten nicht beschäftigen. Die Abwesenheit von Nachahmern im Insulinmarkt bestätigt diese These.

3.3 Selektion in zwei Lager wird markanter

Die Struktur innerhalb der Pharmaindustrie ist äußerst heterogen. Auf der einen Seite befinden sich forschungsorientierte, international operierende Konzerne, die bis zu 40000 Mitarbeiter im Pharmabereich beschäftigen und Milliarden-Dollar-Umsätze erzielen.

Die strategischen Erfolgsfaktoren der forschenden Pharmakonzerne lassen sich folgendermaßen beschreiben:

1. Die Basis ist F & E, die innovative Produkte bereitstellt.
2. Ein medizinisch-wissenschaftlich geprägtes Marketing dient dazu, die neuen Erkenntnisse Arzt und Patient zu vermitteln.
3. Eine globale Präsenz ist notwendig, um die hohen Forschungsaufwendungen und andere Fixkosten auf möglichst viele Märkte verteilen zu können.

4. Neue Produkte müssen rasch in die großen Länder (Nordamerika, Japan, Westeuropa) eingeführt werden. Je früher eine technologische Erneuerung in den Markt gelangt, um so eher kann der Erfinder eine starke Position aufbauen. Dadurch bleibt ausreichend Zeit, die Investitionen unter dem Schutz von Patenten zu verdienen.

Demgegenüber stehen national tätige Unternehmen mit wenigen Millionen DM Umsatz und einigen hundert Mitarbeitern. Dazwischen tummeln sich Tausende von Herstellern, die zwar nicht zu den Großen zählen, aber oft auf einem Gebiet besonders stark sind. Diese Firmen verfolgen eine Nischen-Strategie. Sie versuchen im Markt eine Lücke zu entdecken, die sie besonders gut ausfüllen können. Die Kriterien für eine erfolgreiche Nischen-Strategie können

– niedrige Preise oder
– ein spezielles Sortiment bzw. ein ausgewähltes Indikationsgebiet

sein.

Generika-Hersteller gehören zur ersten dieser beiden Gruppen. Sie besitzen eine effiziente, chemische Produktion, sind mit einem kaufmännisch orientierten Außendienst ausgestattet, entwickeln jedoch keine neuen Wirkstoffe und überlassen den medizinisch-wissenschaftlichen Informationstransfer weitgehend den forschenden Firmen. Sie treten insbesondere in großen Ländern auf, in denen die Preise ohne staatliche Genehmigungsverfahren festgesetzt werden und beschäftigen sich bevorzugt mit dem Vertrieb umsatzstarker, innovativer Produkte nach Patentablauf.

Zur zweiten Gruppe zählen Spezialisten, die sich auf ein Gebiet konzentrieren. Diese Firmen streben hohe Marktanteile in einem Indikations-Segment an, suchen Anerkennung als Spezialist und fokussieren ihr Know-how und ihre Ressourcen auf ein bestimmtes Marktsegment. Als Beispiele hierfür können der Insulin-Spezialist NOVO-Industries, Pharma-Schwarz (Herz-Kreislauf) und Allergan (Ophthalmologika) angeführt werden.

Für diejenigen mittelständischen Firmen, denen es nicht gelingt, sich als Generika-Hersteller oder Spezialist für ein Indikationsgebiet bzw. ein bestimmtes Sortiment zu profilieren, wird die weitere Existenz gefährdet. Weitere Möglichkeiten, zu überleben, können die Fusion mit einem anderen Unternehmen (wie z. B. Key-Pharmaceutical mit Schering-Plough) oder der Kauf durch einen Konzern (z. B. der Erwerb Nattermanns durch Rhône-Poulenc) sein.

Es ist nicht auszuschließen, daß zukünftig auch forschende Konzerne Generika-Linien aufbauen. Die derzeitigen Beispiele sind wohl eher als Testversuche einzustufen. So hat Ciba-Geigy Geneva-Pharma gegründet, ein in den USA führender Generika-Hersteller, Lederle hat Dura-Chemie (Deutschland) gekauft und Fujisawa besitzt eine Beteiligung an Lypho Med, dem größten Generika-Anbieter von Injektionsprodukten in den USA.

3.4 Die Bedrohung von branchenfremden Firmen nimmt zu

Angelockt durch höhere Renditen, versuchen in den letzten Jahren branchenfremde Firmen ins Pharma-Geschäft einzusteigen. Dabei handelt es sich um große, kapitalkräftige Konzerne aus

- der Grundchemikalienindustrie,
- der Konsumgüterindustrie und
- der elektrotechnischen Industrie.

Ausgehend von gemeinsamen strategischen Erfolgsfaktoren, d. h. Kriterien, die sowohl für ihr traditionelles Geschäft als auch für das neue Gebiet erfolgsentscheidend sind, diversifizieren die Firmen in geeignete Pharma-Bereiche. Die Zusammenstellung in Tabelle 8 gibt einen Überblick über die derzeitige Bedrohung der Pharmaindustrie durch fremde Branchen. Es ist wichtig, klarzustellen, daß diese Gefahr nicht existentielle Ausmaße annimmt, also nicht die Bedrohung wird, die etwa die japanische Elektronikindustrie für die Schweizer Uhrenindustrie darstellte.

Branche	Pharmabereich	Ziel des Einstiegs	Art des Einstiegs	Gemeinsame strategische Erfolgsfaktoren	Beispiele
Elektro-Technik	Diagnostika/ Gerätemedizin	Ausbau der Labor- und Gerätemedizin	Kooperation; Aufbau eigener Organisationen	Entwicklungs- und Fertigungs-Know-how von Geräten; Basis in EDV vorhanden	Hitachi-Boehringer Mannheim Siemens Philips
Grundchemikalien	Therapeutika	Anteil an höherwertigen Produkten steigern	Kauf von Firmen	Forschungs-, Entwicklungs-, Produktions-Know-how über chemische Substanzen	BASF-Knoll Monsanto-G. D. Searle
Konsumgüter	Selbstmedikation	Abhängigkeit von gesättigten Konsumgütermärkten verringern	Kauf von Firmen	Marketing-Expertise	Procter & Gamble-Richardson Vicks

Tabelle 8: Bedrohung aus fremden Branchen

Ziel der elektrotechnischen Industrie ist, die für den Arzt lukrative Gerätemedizin auszubauen. Dabei werden das vorhandene Entwicklungs- und Fertigungs-Know-how sowie Kenntnisse in der EDV eingesetzt.

Am stärksten sind die Berührungspunkte in der Diagnostik, wo einerseits direkte Konkurrenz existiert (beispielsweise invasive – nichtinvasive Diagnostik), andererseits Kooperationsmöglichkeiten (z. B. Blutdiagnostik: Gerätehersteller – Reagenzhersteller) bestehen. Der Einstieg in dieses Geschäft erfolgt entweder durch Kooperation (z. B. Hitachi-Boehringer Mannheim) oder aber durch den Aufbau eigener Organisationen (Siemens, Philips).

Am Beispiel der Umsatzentwicklung der elektromedizinischen Technik in Deutschland soll die Bedrohung der Pharmaindustrie durch fremde Branchen quantitativ untermauert werden. Die elektromedizinische Technik hat besonders den Ausbau der Geräte- und damit der Labormedizin gefördert. Aber auch auf dem Gebiet der Therapeutika wächst eine Konkurrenz heran. Gäbe es wirkungsvolle Medikamente zur Beseitigung bzw. Vermeidung von Gallensteinen und Nierensteinen, so wären sicherlich weniger Lithotripter erforderlich. Andere Beispiele sind Insulinpumpen beim Diabetes und Herzschrittmacher. Wie Abbildung 17 zeigt, waren die Umsatzsteigerungsraten der elektromedizinisch-technischen Industrie in den 80er Jahren etwa doppelt so hoch wie in der Pharmaindustrie. Der Exportanteil stieg von 47% 1980 auf 58% 1985. Der Gesamtwert der Produktion betrug 1980 2,4 Mrd. DM, 1985 4,36 Mrd. DM.

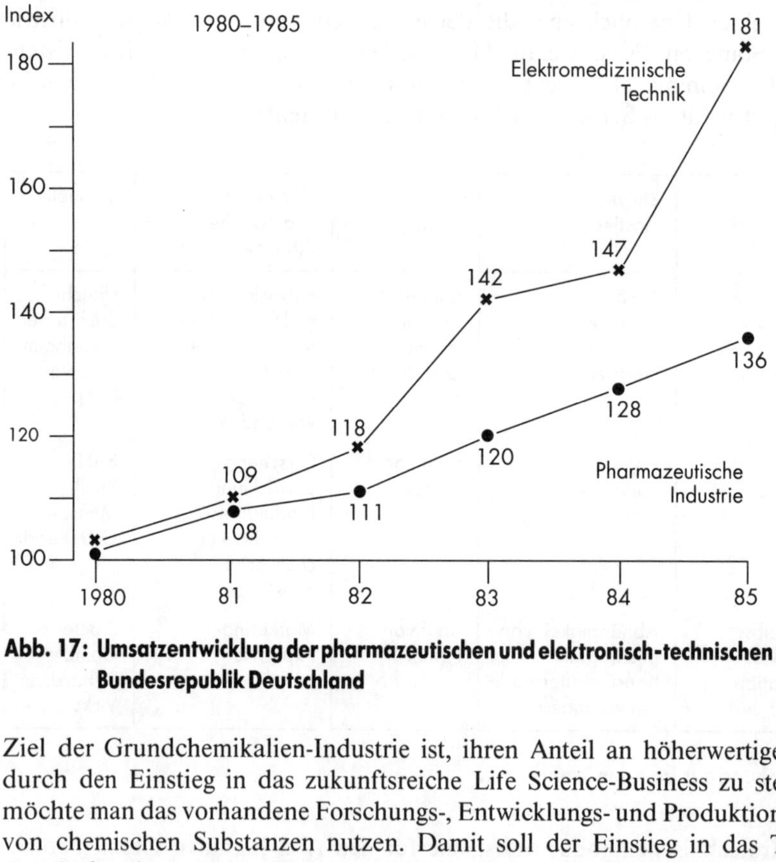

Abb. 17: Umsatzentwicklung der pharmazeutischen und elektronisch-technischen Industrie in der Bundesrepublik Deutschland

Ziel der Grundchemikalien-Industrie ist, ihren Anteil an höherwertigen Produkten durch den Einstieg in das zukunftsreiche Life Science-Business zu steigern. Dabei möchte man das vorhandene Forschungs-, Entwicklungs- und Produktions-Know-how von chemischen Substanzen nutzen. Damit soll der Einstieg in das Therapeutika-Geschäft gelingen. Diese Firmen engagieren sich stark in der Biotechnologie/Gentechnologie, die auch für andere Sparten (z. B. Landwirtschaft und Veterinärbereich) von Bedeutung sind. Der Einstieg erfolgt dabei durch den Erwerb von Firmen, z. B. der Knoll durch die BASF oder von G. D. Searle durch Monsanto.

Ziel der Konsumgüter-Industrie ist es, die Abhängigkeit von gesättigten Massengütermärkten mit geringer Rendite (Wasch- und Lebensmittel) zu reduzieren. Hier strebt man eine führende Position im Selbstmedikations-Geschäft an. Dazu soll die erlernte Marketingexpertise über Markenartikel als strategischer Erfolgsfaktor eingesetzt werden.

Beispiele hierfür sind der Kauf von Richardson-Vicks durch Procter & Gamble und von Visioncare durch Nestlé.

4. Perspektiven der japanischen Pharmaindustrie

Großes Interesse erweckt die zukünftige Rolle der japanischen Pharmaunternehmen. Gelingt es ihnen, ähnlich wie Firmen in anderen Branchen, die Dominanz der amerikanischen und westeuropäischen Konzerne zu brechen?

Bisher kann die Stellung der japanischen Firmen am Welt-Pharmamarkt als bescheiden bezeichnet werden. Unter den 15 umsatzstärksten Konzernen ist kein japanischer Vertreter. Das zur Zeit einzige Pharmaunternehmen aus Japan, das in bezug auf Größe und Internationalität mit den führenden westlichen Konzernen verglichen werden kann, ist Takeda. Infolge seiner dominierenden Stellung in Japan nimmt Shionogi mit 1,5 Mrd. DM Umsatz (1986) Rang 2 im Antibiotika-Weltmarkt ein. Die anderen Firmen liegen höchstens im Mittelfeld. Sie beschäftigen jeweils weniger als 10000 Mitarbeiter. Ihre Pharmaumsätze erreichen in keinem Fall 2 Mrd. DM.

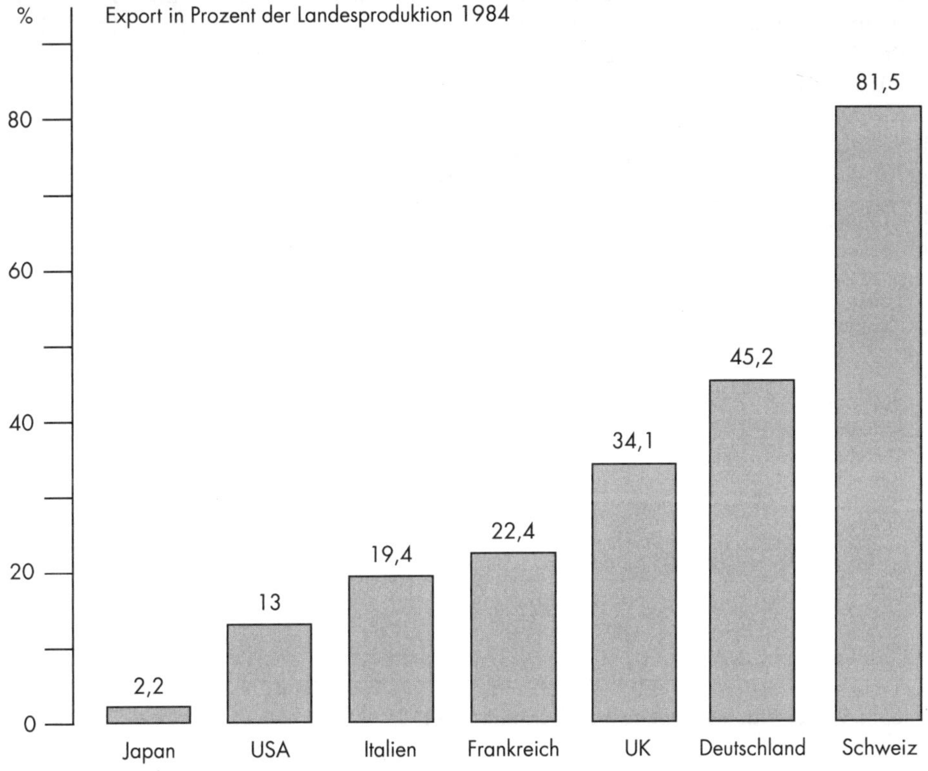

Abb. 18: Exportquoten der größten Pharmaländer

4.1 Auslandsaktivitäten

Im Vergleich mit anderen wichtigen Pharmaländern ist die japanische Exportquote außerordentlich niedrig (vg. Abbildung 18). Auslandstöchter fehlen weitgehend, umsatzstarke Lizenzprodukte sind selten. Je kleiner der Heimatmarkt und je stärker die internationale Marktstellung seiner führenden Konzerne, um so höher ist die Exportrate eines Landes. Dieser Sachverhalt wird besonders eindrucksvoll am Beispiel der Schweiz, dem drittgrößten Pharmaexporteur der Welt belegt.

Japanische Firmen operieren in einem großen Binnenmarkt. Ihre Organisationen sind nicht international ausgerichtet. Daher ist die japanische Exportquote ungewöhnlich niedrig. Sie liegt seit 1972 (soweit wurde sie zurückverfolgt) zwischen 2 % und 3 %. Aus dieser Entwicklung ist keine Steigerung des Exportanteils zu erkennen. Im Vergleich dazu exportierte 1985 die japanische Autoindustrie 58 % und die Elektronikindustrie bis zu 90 % (Video-Recorder) ihrer Produktion (Yamada 1986).

In Tabelle 9 sind die Exportraten der 15 umsatzstärksten Firmen für das Geschäftsjahr 1985 zusammengestellt. Größter Exporteur ist Takeda mit 33,4 Mrd. Yen (411 Mill. DM) bzw. 7 % vom Umsatz.

Tanabe nimmt Rang 2 ein (22 Mrd. Yen = 271 Mill. DM). Diese Firma erzielt einen steigenden Anteil ihres Umsatzes durch Exporterlöse (1984: 12%; 1985: 15%). Die hohe Exportquote ist auf den Erfolg des Lizenzproduktes Diltiazem in den USA zurückzuführen.

Firma	Export vom Umsatz (%)	Wichtige Lizenzprodukte
Tanabe	15	Diltiazem
Takeda	7	—
Fujisawa	7	Cefazolin
Eisai	7	—
Yamanouchi	7	Cefotetan, Famotidin, Nicardipin
Daiichi	7	Ofloxacin
Mochida	4	—
Chugai	3	Sucralfat, Nicorandil
Yoshitomi	3	—
Sankyo	2	—
Green Cross	2	—
Dainippon	2	—
Banyu	2	—
Shionogi	1	—
Taisho	1	—

Tabelle 9: Exportquoten japanischer Pharmafirmen 1985

Die Internationalisierung der japanischen Pharmaindustrie läuft in drei Phasen ab:

1. Verlizensierung
2. Joint-Ventures
3. Tochterfirmen

Eine Übersicht über die wichtigsten japanischen Lizenzprodukte ist Tabelle 10 zu entnehmen. Fünf der aufgeführten Produkte erreichten 1985 mehr als 50 Mill. US-$ Umsatz im Ausland. Bei sechs Produkten wurde das Umsatzpotential größer als 50 Mill. US-$ eingeschätzt. Die elf Produkte stellen Weiterentwicklungen bereits bekannter Wirkstoffklassen dar.

Substanz (Handelsname)	Firma	Linzenz-nehmer USA	Einführung USA	Umsatz im Ausland 1985 (Mill. US-$)	Umsatz potential (Mill. US-$)
Cefazolin (Ancef)	Fujisawa	SKB	1973	175	—
Sucralfat (Carafate)	Chugai	Marion Labs	1981	50	—
Diltiazem (Cardizem)	Tanabe	Marion Labs	1982	200	—
Piperacillin (Pipril)	Toyama	Lederle	1982	120	—
Cefoperazon (Cefobid)	Toyama	Pfizer	1983	135	—
Norfloxaxin	Kyorin	MSD	1986	—	150
Famotidin	Yamanouchi	MSD	1987	—	100
Cefotetan	Yamanouchi	ICI	1988	—	100
Ofloxacin	Daiichi	Johnson & Johnson	1988	—	100
Enoxacin	Dainippon	Warner-Lambert	1988	—	50
Nicardipin	Yamanouchi	Syntex	1988	—	100

Tabelle 10: Entwicklung des japanischen Lizenzgeschäftes

Die Entwicklung des Lizenzgeschäftes ist in Abbildung 19 dargestellt. Aufgetragen wurde das Jahr der Einführung in den USA. Cefazolin blieb jahrelang das einzige umsatzstarke Lizenzprodukt aus Japan. Anfang der 80er Jahre folgten vier weitere bedeutende Produkte; Ende der 80er Jahre wird ein zweiter Schub erwartet.

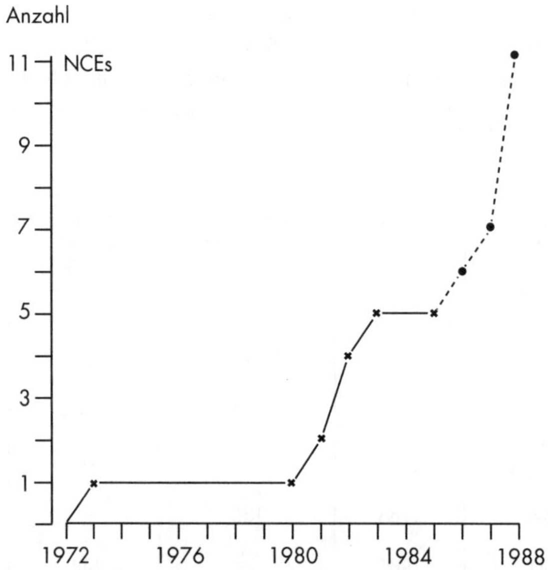

Abb. 19: Entwicklung des japanischen Lizenzgeschäftes. Anzahl der Outlicensing NCEs, deren Umsatz 1985 > 50 Mill. US-$ war (+–+), bzw. > 50 Mill. US-$ geschätzt wurde (●---●)

Sieben der aufgeführten Produkte sind Antibiotika, zwei Calziumantagonisten und zwei Ulkuspräparate. Die vielen Antibiotikas weisen auf die Bedeutung der Antibiotikaforschung in Japan hin.

Einige japanische Unternehmen haben mit westlichen Firmen Joint Ventures abgeschlossen. Diese Joint Ventures beruhen im allgemeinen auf Lizenzaustausch. Als Partner werden dabei Konzerne ausgewählt, die in dem betreffenden Land ihren Hauptsitz haben. So arbeiten in den USA Takeda mit Abbott, Fujisawa mit SKB, Yamanouchi mit Eli Lilly und Tanabe mit Marion Labs zusammen.

Im Hinblick auf Tochterfirmen sind Fujisawa und Takeda am weitesten fortgeschritten. Takeda begann 1957 in Mexiko mit einer eigenständigen Auslandsproduktion (Gregory und Etori 1987). Das erste Beteiligungsunternehmen in Europa entstand 1978 zusammen mit Roussel-Uclaf. Inzwischen wurden Tochterfirmen in Deutschland und in den USA gegründet. Fujisawa hält Minderheitsbeteiligungen an Lypho Med (USA), was als Einstieg in das Generika-Geschäft zu beurteilen ist. Einige japanische Firmen haben in wichtigen Ländern Büros eröffnet, deren Aufgabe die Erkundung der jeweiligen Märkte ist.

4.2 Forschung und Entwicklung in Japan

1985 gaben die japanischen Pharmafirmen 341,9 Mrd. Yen (4,21 Mrd. DM) für F&E aus. Damit überschritt der F&E-Kostenanteil am Umsatz zum ersten Mal die 7%-Schwelle (7,04%). Verglichen mit den Werten für Deutschland besagen diese Zahlen zweierlei (vgl. Tabelle 11):

Jahr	Deutschland Mrd. DM	Japan Mrd. DM	% vom Umsatz
1983	2,4	3,1	6,59
1984	3,0	3,5	6,49
1985	3,3	4,2	7,04

Tabelle 11: Forschungsaufwendungen der Pharmaindustrie in Japan und in Deutschland

- Die japanischen Pharma-Firmen bringen insgesamt etwa 30 % mehr für F & E auf als die deutschen.
- Gemessen am Umsatz verwenden die Deutschen allerdings doppelt soviel wie die Japaner. Allerdings scheinen die 7 % für japanische Verhältnisse ungewöhnlich hoch zu sein, denn es wird wiederholt betont, daß der Forschungsanteil am Umsatz der höchste aller japanischen Industriebranchen ist.

In den 70er Jahren stiegen die F & E-Budgets in der japanischen Pharmaindustrie mit zweistelligen Wachstumsraten. In den 80er Jahren hielt dieser Trend mit Ausnahme von 1984/83 an. Abgesehen von dieser Ausnahme übertrafen die Steigerungsraten in Japan diejenigen in Deutschland (vgl. Tabelle 12).

Jahr	Deutschland	Japan
1982/81	10	21
1983/82	9	10
1984/83	25	2
1985/84	10	16

Tabelle 12: Anstieg der F & E-Aufwendungen in Deutschland und Japan 1982–1985 (in %)

Daraus kann auf die wachsende Bedeutung geschlossen werden, die die japanische Pharmaindustrie ihrer Forschung beimißt.

Im Gegensatz zu Deutschland ist die Forschung in Japan weniger konzentriert. Für 1984 weist Pharma-Projects für Deutschland 321 Entwicklungsprojekte in 31 Firmen aus. Dies entspricht 10,4 Projekten pro Firma. In Japan entwickeln 94 Firmen 619 Projekte. Im Durchschnitt bearbeitet also eine japanische Firma 6,6 Projekte. Während die Zahl der deutschen forschenden Firmen in den letzten Jahren nahezu unverändert blieb, haben immer mehr japanische Hersteller die Entwicklung neuer Projekte aufgenommen. Von 201 NCEs, die in den Jahren 1961 bis 1980 von deutschen Firmen auf den Markt gebracht wurden, haben Hoechst, Boehringer Ingelheim und Bayer 121 (60 %) entwickelt. Von den 159 Verbindungen, die japanische Firmen in diesem Zeitraum entwickelt haben, konnte keine Firma allein mehr als 14 Verbindungen auf sich vereinigen.

In Japan geben die 16 größten Firmen etwa die Hälfte aller F & E-Kosten aus. In Deutschland vereinigen die sieben MPS-Firmen fast 60 % aller im Inland anfallenden Forschungsaufwendungen auf sich.

Obwohl die Pharmaforschung in Japan über viel mehr Firmen verstreut ist, holt die japanische Industrie gegenüber der amerikanischen und westeuropäischen auf. Dies soll an Hand einiger High-Lights untermauert werden.

Etwa 20 Firmen, also die Hälfte aller Beteiligten, die ein TPA-Projekt verfolgen, sind japanischen Ursprungs. Dazu zählen Kyowa Hakko und Mitsubishi Chemical, die gemeinsam das weltweit vor der Einführung stehende TPA-Projekt (Erfinder: Genentech) in Japan entwickeln. Die Besonderheit des Co-Development/Co-Marketing bei japanischen Ersteinführungen wird in den letzten Jahren immer häufiger beobachtet (Reis-Arndt 1987).

Die Substanz CV 3988, ein Platelet Activating Factor (PAF)-Antagonist, ist in seiner Klasse das am weitesten fortgeschrittene Projekt. Es wird in Japan in Phase II in oraler Applikation bei Schockzuständen geprüft.

Die Hälfte aller Gyrase-Hemmer, eine neue Klasse synthetisch hergestellter Antibiotika, stammen aus Japan.

Immer mehr Lebensmittel-Konzerne (z. B. Meiji Seika) und Brauereien (z. B. Toyo Jozo) nehmen die Entwicklung neuer Medikamente auf. Meiji Seika hat die Entwicklung eines TPA begonnen, und Toyo Jozo erforscht die Wirkung von Superoxiddismutase (SOD). SOD kann das Ausmaß des akuten Myokard-Infarktes reduzieren, indem es freie Sauerstoffradikalanionen abfängt. Die Radikale sollen als extrem reaktive Spezies das Absterben von Zellen verursachen.

Die Firmen verfügen über die notwendigen Biotechnologie-Kenntnisse zur Produktion von proteinartigen Wirkstoffen. Ihnen fehlen jedoch eigene Vertriebskanäle und Marketing-Erfahrung. Daher vergeben sie Lizenzen ins Ausland, um ihre Erfindungen finanzieren zu können.

1983 erwarb Schering-Plough eine Lizenz zur Herstellung von Gamma-Interferon von der größten japanischen Whisky-Brauerei Suntory. Ajinomoto, ein bedeutender Hersteller von Aminosäuren, verkaufte Hoffmann-La Roche die Rechte für die Gewinnung von Interleukin-2, einer Substanz, die bei Immunreaktionen als Signalstoff wirkt. Es könnte bei Krebs und AIDS angewendet werden.

Eine kürzlich publizierte Untersuchung dokumentiert die Fortschritte der japanischen Pharma-Forschung (Reis-Arndt 1987). Darin wird die Einführung neuer pharmazeutischer Wirkstoffe analysiert. In fast allen Ländern ist die Zahl der neuen Wirkstoffe seit den 60er Jahren rückläufig. Allein in Japan wurden in den 80er Jahren deutlich mehr Substanzen entwickelt als in den zwei davorliegenden Dekaden.

Der Trend bei der Zahl der forschenden Firmen verläuft analog. Während in den USA, Frankreich, Deutschland, UK im Zeitraum 1981–1985 weniger Konzerne als 1961–1965 Wirkstoffe einführten, brachten in Japan mehr Firmen (1961–1965: 27; 1981–85: 32) Neuheiten auf den Markt.

Eine weitere wichtige Kenngröße zur Beurteilung der Forschung ist die Anzahl der Mitarbeiter. 1982 beschäftigte die Pharmaindustrie in Deutschland ca. 11 600 Personen im Bereich F & E (Pharma Daten 1986). Gegenüber 1981 (11 500) entspricht dies einem Anstieg von etwa 1 %. Für Japan werden 1985 12713 Beschäftigte (+12,3 %) und für 1984 11325 (+3,9 %) in der F & E angegeben (Scrip 1174, S. 20; 1072, S. 18). Die starken Zunahmen untermauern die Anstrengungen, die die japanische Pharmaindustrie unternimmt, um ihre F & E zu stärken.

Verknüpft man nun diese Zahlen mit den früher angeführten, so kommt man zu einigen bemerkenswerten Schlußfolgerungen.

1. Die absolute Zahl der Beschäftigten ist vergleichbar; aus den Trends kann abgelesen werden, daß in Japan inzwischen vermutlich mehr Personen in F & E arbeiten als in Deutschland. Da die Ausgaben in Japan im Vergleichszeitraum etwa 25% höher liegen, sind also die Ausgaben pro Mitarbeiter auf keinen Fall tiefer als in Deutschland.

2. Die Anzahl der Mitarbeiter pro forschender Firma ist in Deutschland höher als in Japan. In Deutschland entwickeln laut Pharma-Projects 31 Firmen, in Japan 94 Firmen Projekte. In Deutschland arbeiten also durchschnittlich 370 bis 380 Mitarbeiter, in Japan lediglich knapp 130 Mitarbeiter im F & E-Bereich.

3. In Deutschland werden zur Bearbeitung der 321 Projekte fast die gleiche Mitarbeiterzahl wie in Japan zur Betreuung der 619 benötigt. Durchschnittlich arbeiten in Deutschland knapp 35 Personen an einem Projekt, in Japan etwa 20 Personen. Diese Unterschiede können mit der stärker international ausgerichteten Forschung in Deutschland erklärt werden. In Japan entwickeln die einheimischen Firmen fast nur für den Heimatmarkt; im Ausland wird die Entwicklung von Lizenzpartnern durchgeführt. In Deutschland werden Personen für die Betreuung ausländischer Studien für Koordinierung und für internationale Projektsteuerung benötigt. Die hohen Zuwachsraten bei der Zahl der Beschäftigten und den finanziellen Aufwendungen unterstreichen den Stellenwert von Forschung und Entwicklung in der japanischen Pharmaindustrie. Zahl und Innovationsgrad der Entwicklungsprojekte nahmen zu. Hält die Tendenz der letzten Jahre an, so könnte die japanische Pharma-Industrie bis zur Jahrhundertwende mit ihrer Forschungsoffensive die Amerikaner einholen.

Preisdruck durch die Regierung, Hineindrängen der ausländischen Konzerne und intensiver Wettbewerb unter den einheimischen Firmen kennzeichnen den japanischen Markt. Die japanischen Firmen werden versuchen, ihre Geschäfte im Ausland auszubauen um dem Druck im Binnenmarkt auszuweichen. Sie werden jedoch mittelfristig – noch – nicht zu den großen Konkurrenten zählen, da ihre Ressourcen weder für einen schnellen Aufbau noch für große Akquisitionen ausreichen. Die Firmen beginnen durch Joint Ventures mit einheimischen Partnern in die Märkte einzusteigen. Bisher gibt es nur wenige große japanische Lizenzprodukte. Die Firmen sind mit Ausnahme von Takeda und Fujisawa in Europa und Nordamerika zur Zeit praktisch nicht präsent. F & E wird stark ausgebaut. Erste Früchte dieser Bemühungen sind bereits sichtbar.

5. Schlußbemerkungen

Bisher können viele Krankheiten nicht geheilt werden. Wir benötigen bessere Methoden, um Erkrankungen zu erkennen, zu behandeln oder zu vermeiden. Arzneimittel bieten eine kostengünstige, in vielen Fällen die wirtschaftlichste Möglichkeit, Krankheiten zu therapieren. Dieser für die Pharmaindustrie günstigen Voraussetzung stehen eine

Reihe von Faktoren gegenüber, die das Wachstum der heute führenden Pharmakonzerne einschränken:

- Die Finanzierung der Gesundheitsausgaben stößt weltweit an die Grenze der Belastbarkeit öffentlicher Budgets.
- Der Verbrauch an Arzneimitteln steigt langsamer als bisher.
- Der Wettbewerb in der Pharmaindustrie verstärkt sich.
- Eine Reihe kapitalkräftiger Firmen aus Branchen mit niedriger Rendite werden ins Pharmageschäft eindringen.
- Die „japanische Herausforderung“ nimmt zu; die Marktstellung der europäischen und amerikanischen Konzerne ist – zumindest mittelfristig – nicht bedroht.

Die Dimensionen des internationalen Wettbewerbs in der Pharmaindustrie

Barry G. James

1. Einleitung

Der internationale Wettbewerb in der pharmazeutischen Industrie hat in den letzten 80 Jahren einen evolutionären Entwicklungsprozeß durchlaufen. Mit unterschiedlichem Erfolg lernten die Pharmaunternehmen, sich auf langsam steigende staatliche Preise, Neuregelungen bei Produktzulassungen und Werberichtlinien einzustellen und aus neuen Therapieprinzipien Vorteile zu ziehen bzw. sich dagegen zu wehren.

Doch diese Situation ist im Umbruch begriffen. Seit den späten siebziger Jahren haben die Pharmaunternehmen mit einer Serie von bedeutenden Herausforderungen bezüglich der Kernelemente Wettbewerbs-Mix, Technologie, Kundenorientierung und Internationalisierung, entlang derer alle forschenden Pharmaunternehmen ihre Wettbewerbsfähigkeit aufgebaut haben (Abbildung 1), zu kämpfen.

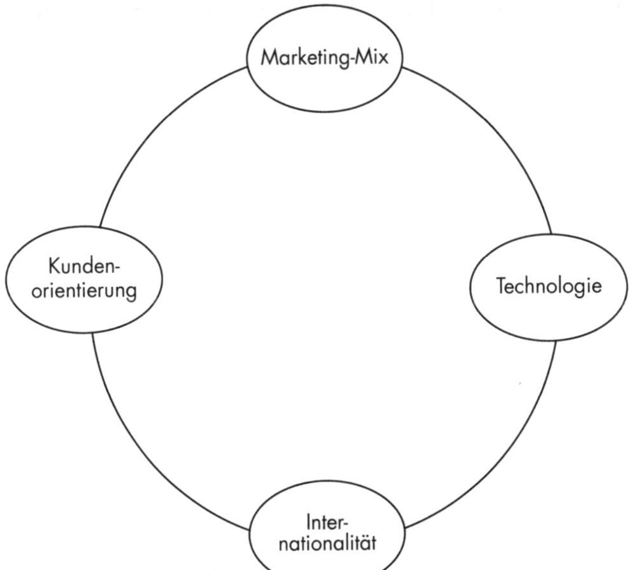

Abb. 1: Die Elemente der Wettbewerbsfähigkeit im internationalen Pharmamarkt

Die Herausforderungen sind revolutionär und werden sich zum einen auf die internationale Dynamik des Wettbewerbs in der Pharmaindustrie und zum anderen auf die Wettbewerbsposition einzelner Unternehmen auswirken. Diese Tatsachen erfordern eine radikale Neuorientierung, um sich in einer veränderten Umwelt der neunziger Jahre erfolgreich im Wettbewerb zu behaupten.

Um eine Perspektive für diese Herausforderung zu gewinnen und die zukünftigen Wettbewerbsbedingungen fundiert diskutieren zu können, ist es wichtig, folgende Punkte rückblickend zu betrachten: Die Entwicklung von Wettbewerbsvorteilen, deren unterschiedliche Anwendung und die treibenden Kräfte hinter den Herausforderungen, denen sich die Pharmaindustrie als Ganzes gegenübersieht und die die Wettbewerbspositionen einzelner Unternehmen beeinflussen.

2. Wettbewerbsvorteile

Der internationale Wettbewerb in der Pharmaindustrie wird häufig als eine Ausweitung des inländischen Wettbewerbs betrachtet. Konsequenterweise wird der Schwerpunkt auf die Technologie gelegt, was sich in der Entwicklung neuer Produkte und dem damit verbundenen Innovationswettbewerb ausdrückt. Diese einseitige Ausrichtung ignoriert die Tatsache, daß Wettbewerb ein multifunktionaler Prozeß ist und die internationalen Elemente dem Problem zusätzlich einen multidimensionalen Charakter verleihen.

Pharmazeutische Unternehmen versuchen, ihre Wettbewerbsvorteile auf einem der folgenden vier Schlüsselfelder aufzubauen: Marketing-Mix, Technologie, Kundenorientierung und Internationalität. Diese Elemente werden einzeln oder gemeinsam genutzt, um mit der nationalen, regionalen und globalen Entwicklung Schritt zu halten.

2.1 Der Marketing-Mix:

Wettbewerbsvorteile können in der Pharmaindustrie auf einem Mix von Wettbewerbsparametern aufgebaut werden, der sich nur in der Anwendungsintensität von dem Mix in anderen Branchen unterscheidet (Abbildung 2).

1. Preis:

Aufgrund der Dominanz des innovativen Wettbewerbs tendiert der Preis dazu, lediglich Unterschiede im Innovationsgrad und der chemischen Überlegenheit der neuen über existierende Produkte widerzuspiegeln. ACE-Hemmer im Vergleich zu Betablockern bei Hypertonie sind ein Beispiel für unterschiedliche Wirkstoffe. Der H_2-Rezeptorenblocker Tagamet gegenüber einem chirurgischen Eingriff ist ein Beispiel für eine Preissetzung, wenn keine alternative medikamentöse Behandlung möglich ist. Während der sechziger und frühen siebziger Jahre wurde besonders bei Antibiotika der Preis als Maßstab für Wirksamkeit und Qualität angesehen – je höher der Preis, desto wirkungsvoller das Produkt.

2. Kosten:

Bei variablen Herstellungskosten zwischen 2% und 10% des Herstellerabgabepreises sind Kosten nie ein bedeutendes Element im Wettbewerbs-Mix der international operierenden Pharmaunternehmen gewesen. Da der Preis die Nachfrage nur gering beeinflußt, sondern diese eine Funktion der Anzahl der Behandlungsfälle ist – erscheint die Kostenführer-Strategie in der Pharmaindustrie nicht sinnvoll.

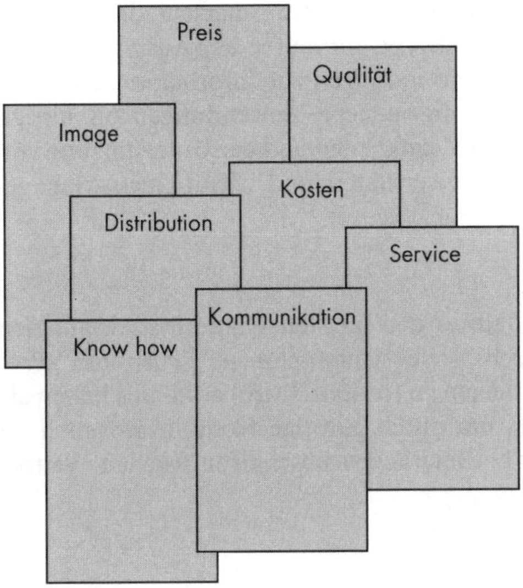

Abb. 2: Das Marketing-Mix

3. Qualität und Image:

Beide Faktoren sind wichtig, da die Pharmaindustrie stark abhängig ist vom Aufbau von Markenimages als Qualitätsindikator. Die Einführung von Markennamen erfolgt in erster Linie mit dem Ziel der Produktdifferenzierung, um sich von der Masse der generischen Produkte abzuheben und in der Folge höhere Spannen erzielen zu können. Daneben wurde auch das in vielen Ländern bis in die fünfziger Jahre existierende Monopol von Apotheken gebrochen, die bis dahin ihre Medikamente selbst zusammengemixt haben.

Die Einführung von Warenzeichen zerstörte nicht nur dieses Monopol, sondern bewirkte auch, daß Ärzte und Apotheker den Markennamen als ein Gütesiegel für gleichbleibend hohe Qualität betrachten.

Da der Patentschutz in vielen Ländern nur schwach ausgeprägt war und teilweise immer noch ist, half die Einführung von Warenzeichen, das neu aus der Forschung kommende Produkt vor Kopien zu schützen. Gleichzeitig wurden die Lieferanten und Abnehmer von Medikamenten vor nachgemachten und nicht der Norm entsprechenden Produkten durch das mit dem Warenzeichen verbundene hohe Maß an Vertrauen geschützt.

4. Service, Know-how und Kommunikation:

Arzneimittel bestehen – ähnlich wie Computer – aus Hard- und Software. Der Kernpunkt ist die Anwendung, also das Wissen, wie, wann, wo und warum ein spezifisches

Produkt angewandt werden sollte, um seinen klinischen Nutzen zu sichern bzw. zu erhöhen. In vielen Fällen haben Pharmaunternehmen umfangreiche Kommunikations-Netze entwickelt, um ihr Know-how den Abnehmern als Serviceleistung anzubieten. Ziel ist dabei, die Qualität der Anwendung zu verbessern und dadurch die Zahl der Verschreibungen als grundlegenden Erfolgsfaktor zu erhöhen. Unterschiedliche Mittel werden eingesetzt, um dieses Ziel zu erreichen: von fortlaufenden Ausbildungsprogrammen bis hin zu gebührenfreien Telefonverbindungen zur Informationsübermittlung; von der Umsetzung klinischer Forschung in neue Anwendungen bis hin zu Patienten-Broschüren mit Informationen über Krankheiten und der Unterstützung von fortgeschrittenen Forschungsarbeiten von Universitäten und „Krankheits-Management-Programme" für Ärzte.

5. Vertrieb:

Obwohl sich der Vertrieb von Arzneimitteln in den meisten Ländern stark auf den Apothekenbereich konzentriert, benutzen viele Unternehmen „Push-Pull"-Programme, um die Bevorratung in den Apotheken zu fördern. Darüber hinaus haben sie institutionalisierte Programme entwickelt, um durch günstige Konditionen auch im Wettbewerb im Krankenhaussektor oder bei staatlichen Beschaffungsstellen Wettbewerbsvorteile zu sichern.

2.2 Technologie:

Innovationen sind heute der wichtigste Faktor zum Aufbau eines strategischen Wettbewerbsvorteils. Die Wettbewerbsposition eines Unternehmens wird weitgehend durch den kontinuierlichen Fluß innovativer Produkte bestimmt. Bayer's Dauerrenner Aspirin aus den neunziger Jahren des 19. Jahrhunderts, Hoffmann La Roche's Tranquilizer Librium und Valium und Merck's Mevacor zur Senkung des Cholesterinspiegels in den späten achtziger Jahren sind Beispiele. Nur wenige neue Produkte sind jedoch wirklich neuartig in dem Sinne, daß sie durch Bereitstellung einzigartiger Therapiemöglichkeiten für ein medizinisches Problem neue Anwendungsgebiete erschließen. Die meisten „neuen" Produkte sind Variationen bereits etablierter Produktfamilien, wobei der technologische Vorteil auf der Fähigkeit von Medizinern und Pharmakologen basiert, neue oder verbesserte Anwendungsmöglichkeiten des existierenden Produktes zu erkennen und zu entwickeln und auf diesem Weg seinen medizinischen Nutzen zu erhöhen. Das Potential neuer Produkte bzw. die Fähigkeit zur Entwicklung marginaler Produktfortschritte wirkt sich in erheblichem Maße auf die Wettbewerbsposition des Unternehmens aus. Der Umfang dieses (Innovations-) Outputs über die Zeit hat einen signifikanten Einfluß auf die Fähigkeit eines Unternehmens, sich seine Wettbewerbsposition langfristig zu erhalten. Dramatische Veränderungen in den internationalen Wettbewerbspositionen basieren weitgehend auf der Fähigkeit der Unternehmen, permanent innovativ zu sein.

2.3 Kundenorientierung:

Die ursprünglichen Kunden der Pharmaindustrie waren die Apotheken. Haupterfolgsfaktor für die Unternehmen war die Präsenz im Sortiment des Apothekers, der dann seinerseits die Medikamente neu verpacken und zusammenstellen konnte. Mit der

Vergrößerung des Angebots durch ständige Forschungserfolge bei gleichzeitig steigender Zahl von Markenpräparaten änderte sich nach und nach die Orientierung dahingehend, den wachsenden Einfluß des Arztes auf die Therapieentscheidung stärker zu berücksichtigen. Gegen Ende der fünfziger Jahre bewirkten das exponentielle Wachstum neuer Produkte und die Akzeptanz der eingeführten Warenzeichen eine Konzentration der Bemühungen auf Ärzte in Privatpraxen und Krankenhäusern. Dadurch wurden die Apotheker in eine reine Lagerhaltungsfunktion gedrängt mit der Aufgabe, die fertig verpackten Arzneimittel entsprechend der ärztlichen Verschreibung abzugeben.

Obwohl die Konsumenten letztlich direkt und indirekt (über öffentliche und private Systeme der Gesundheitsfürsorge) die Medikamente bezahlen, ist in den meisten Ländern die Publikumswerbung für verschreibungspflichtige Präparate verboten. Daraus resultiert für die Pharmaindustrie, daß sie keinen Wettbewerbsvorteil in der Wahrnehmung ihrer Verbraucher, sondern vielmehr bei denjenigen Personen, die die Entscheidungen über die Anwendung der Produkte treffen, erlangen muß.

2.4 Internationalität:

Mit Ausnahme von Präparaten, deren Einsatz z. B. durch klimatische Faktoren bedingt sind, besitzen die meisten Medikamente eine eher universelle Anwendbarkeit. Krankheiten tendieren dazu, auf die medikamentöse Therapie unabhängig davon zu reagieren, ob sich der Patient in Hamburg, Harare, Chicago, Kalkutta, Buenos Aires oder Birmingham befindet. Diese universelle Einsetzbarkeit in Verbindung mit der starken Nachfrage nach besseren und wirksameren Therapien führte zu einer rapiden Internationalisierung, um die durch diese weltweite Nachfrage entstandenen Gelegenheiten bzw. Chancen auszunutzen.

Die typische Entwicklung der internationalen Expansion läßt sich folgendermaßen beschreiben. Ausgehend vom Export von Fein-Chemikalien folgte zunächst der lokale Vertrieb von Fertigpräparaten, dazu wurden zuerst Handelsvertreter eingesetzt, die später durch einen eigenen Vertrieb abgelöst wurden. Es folgte der Aufbau lokaler Verpackungsbetriebe und letztendlich auch die Fertigung in unternehmenseigenen Anlagen. In einigen Gebieten wurden darüber hinaus Entwicklungs- und Forschungslaboratorien eingerichtet. Das Timing dieses schrittweisen Vorgehens sowie die Art und der Umfang der Investitionen hing von zwei Faktoren ab: 1. von dem generellen Potential der Technologie, also von der Frage, ob sich aufbauend auf dieser Technologie genügend Gewinn erwirtschaften läßt, um die Investitionen zu finanzieren, und 2. von dem wertmäßigen Volumen des jeweiligen Marktes sowie von der politischen Stabilität.

Drei unterschiedliche Phasen der Internationalisierung lassen sich unterscheiden (Abbildung 3). Die erste Phase zwischen 1890 und 1940 war geprägt durch einen zweiseitigen Fluß von Produkten und später Investitionen zwischen den Vereinigten Staaten und Westeuropa. Zu dieser Zeit begannen deutsche, amerikanische, schweizerische und britische Unternehmen bedeutende Wettbewerbspositionen im Ausland aufzubauen. Weniger bedeutend war der gleichzeitige selektive Aufbau von weiteren Fertigungsstätten in einigen größeren Ländern sowie der weltweite Aufbau von Handelsvertretungen. Die zweite Phase zwischen 1950 und den späten sechziger Jahren war charakterisiert durch die Entwicklung einer Vielzahl innovativer Produkte und gleichzeitig durch rapide expandierende Systeme des Gesundheitswesens, die eine kontinuierliche Nachfrage nach innovativen Therapieprinzipien bewirkte. Dies versetzte viele mittelständische Unternehmen in die Lage, mit den großen Unternehmen gleichzuziehen. Die Investitionen beschränkten sich jedoch einseitig auf Engagements amerikanischer Unternehmen in Europa, und nur wenigen europäischen Firmen gelang der Sprung auf den amerikanischen Markt. Zur gleichen Zeit fingen die Großunternehmen an, viele ihrer ehemaligen Vertriebsgesellschaften außerhalb der Heimatmärkte in Produktionsstätten umzuwandeln. Die mittelständischen Unternehmen bauten in dieser Phase zunächst Vertriebsgesellschaften im Ausland auf und folgten erst später mit Investitionen in Produktionsstätten. Die dritte Phase ab 1970 war zum einen durch einen von den mittelständischen Unternehmen eingeleiteten Investitionsfluß in die USA charakterisiert. Gleichzeitig begann eine gesteigerte Lizensierungsaktivität sowie eine deutliche Zunahme von Firmenübernahmen und Fusionen. Die Maßnahmen dienten alle dem Ziel, die Präsenz auf den ausländischen Märkten auszuweiten und die Wettbewerber zu überflügeln. Ebenfalls in dieser Phase begann eine Reihe von Unternehmen, in Forschungs- und Entwicklungseinheiten außerhalb des Mutterlandes zu investieren. Diese Investitionen beschränkten sich jedoch weitgehend auf die Vereinigten Staaten, Westeuropa und Japan.

	Unternehmensgröße	Zeitlicher Rahmen			Geographischer Schwerpunkt			
		1890—1940	1950—1969	1970—	Nord-amerika	Europa	Sonstige Industrieländer	Nicht-Industrieländer
Verkauf von Feinchemikalien	groß	x			x	x	selektiv	
	klein		x	x	x	x	selektiv	
Verkauf von Fertigprodukten	groß	x			x	x	x	x
	mittel		x			x	x	selektiv
Lokale Verpackung	groß	selektiv	x		x	x	x	x
	mittel		selektiv	x		x	x	selektiv
Zusammenstellung	groß	selektiv	x			x	x	selektiv
	mittel		selektiv	x	x	x	x	
Chemische Produktion	groß							
			selektiv	x	x	x	selektiv	
Entwicklungslaboratorien	groß							
				selektiv	USA	selektiv	Japan	
Forschungslaboratorien	groß							
				selektiv	USA		Japan	

Abb. 3: Internationale Markteintrittsstrategien in der Pharmaindustrie

3. Herausforderungen an den Status Quo

Bezeichnenderweise fand in der Pharmaindustrie niemals ein echter Preiswettbewerb statt. Der Wettbewerbserfolg wurde vielmehr durch die weltweite Verfügbarkeit neuer Produkte sowie durch das Streben der Ärzte nach dem jeweils neuesten technologischen Stand bestimmt. Kurze Produktlebenszyklen gaben den Unternehmen die Möglichkeit, kontinuierlich die Nachfrage zu neuen Produkten zu verschieben. Weltweite Steigerungen des Bruttosozialproduktes, zusammen mit politischen Bestrebungen zu mehr sozialer Gerechtigkeit halfen, die politischen Rahmenbedingungen zu verändern und die Voraussetzungen dafür zu schaffen, einem zunehmend größer werdenden Personenkreis Gesundheitsleistungen zu niedrigen Kosten anzubieten. Dieses wiederum hat der Pharmaindustrie kontinuierlich eine Vielzahl von Chancen und Möglichkeiten eröffnet.

Seit dem Ende der siebziger Jahre änderte sich diese Situation jedoch. Das bisherige Gleichgewicht zwischen den einzelnen Elementen des Marketing-Mix beginnt abzubröckeln und neue Parameter, die die Schaffung neuer Wettbewerbsvorteile ermöglichen, kommen hinzu.

Zunächst einmal leidet das Gesundheitswesen unter dem steigenden ökonomischen Druck. Aufgrund des geringen Wirtschaftswachstums in den achtziger Jahren begannen die meisten Länder nach Wegen zu suchen, die für das Gesundheitswesen notwendigen Beiträge zu reduzieren oder zumindest im Wachstum zu begrenzen. Da die Pharmaindustrie nur geringe politische Unterstützung bekommt, haben sich Preiskontrollen, Reglementierungen in der Werbung, Gewinnvorgaben, Festbeträge, Substitution durch Generika und steigende Zuzahlungen der Patienten immer weiter verbreitet.

Zur Dämpfung der Kosten wurden die unterschiedlichsten Maßnahmen eingeleitet. Dazu gehören Einschränkung der Zahl erstattungsfähiger Produkte, Einflußnahme auf die ärztliche Verschreibung und Reglementierungen bezüglich der Zahl und des Verschreibungsvolumens der einzelnen Rezepte. Transparenzlisten, Kosten-Nutzen- und Kosten-Wirkungsstudien gehören zum Alltag in der Pharmaindustrie. Neben der Wirksamkeit der Medikamente gewinnt der Preis für die ärztliche Auswahlentscheidung zunehmend an Bedeutung. Diese Kostendämpfungsmaßnahmen werden die positiven Nachfrageeffekte aufgrund der zunehmenden Überalterung der Bevölkerung ausgleichen. Gleichzeitig werden die durch steigende Bevölkerungszahlen bedingten Wachstumsmöglichkeiten auf anderen Märkten durch schlechte Wirtschaftserwartungen und einen einseitig auf Preis ausgerichteten Wettbewerb durch national begünstigte Konkurrenten beschränkt. All diese Veränderungen haben einen substantiellen Einfluß auf den Marketing-Mix.

Zum zweiten ist eine bedeutende Umstrukturierung auf der Nachfragerseite zu erwarten, die die bisherige Nachfragesituation grundlegend ändert. Niedergelassene Ärzte werden in ihrer Bedeutung als Kundengruppe sinken, da sie durch regulierende Eingriffe seitens des Staates und der Krankenkassen nicht mehr frei in ihrer Entscheidung sind. Es ist ein eindeutiger Trend in Richtung Gemeinschaftspraxen zu sehen. Darüber hinaus gibt es in vielen industrialisierten Ländern ein deutliches Überangebot an Ärzten. Zur gleichen Zeit steigt der Stellenwert der Apotheker. Dies resultiert aus dem Wandel des Berufsbildes vom reinen Lagerhalter zum Berater der Patienten. Dieser Trend wird in einigen Ländern noch dadurch unterstützt, daß den Apothekern ein größeres Mitspracherecht bei der Arzneimittelauswahl eingeräumt wird und zusätzlich eine Reihe von Produkten aus der Verschreibungspflicht genommen wurde. Als Folge davon treten die Patienten als Abnehmergruppe immer stärker in den Vordergrund. Die allgegenwärtige Verbraucherschutz-Bewegung führt zu einer zunehmenden Emanzipation der Patienten, die ständig anspruchsvoller werden und dem bisherigen Gesundheitssystem teilweise kritisch gegenüberstehen. Zusammengenommen verursachen diese Veränderungen im Entscheidungsprozeß dramatische Verschiebungen beim Marktpotential, bei den Werbeausgaben sowie bei der generellen Orientierung hin zum Patienten.

Drittens zeichnet sich als Resultat mehrerer Faktoren eine Verlangsamung des Technologie-Wandels ab. Die Technologie hat ein neues und wissenschaftlich höheres Niveau erreicht, reale Fortschritte sind immer schwerer zu erlangen. Dadurch steigen die zur Erhaltung der Wettbewerbsfähigkeit notwendigen Investitionen in Forschung und Entwicklung immer mehr an. Die Zahl der Firmen, die den für die Erforschung und Entwicklung eines neuen Produktes notwendigen Zeitraum von bis zu zwanzig Jahren finanziell überbrücken können, wird immer geringer. Sogar die größten Unternehmen beginnen, ihre Forschungs- und Entwicklungsaktivitäten auf eine kleinere Zahl therapeutischer Bereiche zu konzentrieren und die Gesamtzahl der Forschungsprojekte zu reduzieren. Teilschritte innerhalb eines Forschungsprojektes werden nicht mehr sequentiell, sondern überwiegend parallel vollzogen. Mittelständische Unternehmen verfolgen zunehmend eine Nischenstrategie und konzentrieren sich auf Me-too-Präparate oder Molekülvariationen. Eine echte Produktdifferenzierung ist damit nicht mehr möglich. Die behördliche Zulassung wird schwieriger zu erreichen und gewinnbringende Preise können kaum noch am Markt durchgesetzt werden. Gleichzeitig ändert sich auch der grundlegende Forschungsprozeß. Der traditionelle Trial and Error-Ansatz mit dem mühseligen Screening von Tausenden von chemischen Substanzen wird zunehmend abgelöst durch einen Ansatz, der eine stärkere Konzentration auf biochemische Prozesse beinhaltet, um die kausalen Zusammenhänge der Krankheiten zu verstehen und Rezeptoren zu identifizieren. Parallel dazu treten neue Forschungsschwerpunkte in den Vordergrund. Chronische Erkrankungen, wie Senilität, Krebs und Herz-Kreislauf-Erkrankungen, die den veränderten Bedürfnissen und Anforderungen einer industrialisierten Welt mit einer zunehmend älter werdenden Bevölkerung besser angepaßt sind, lösen akute Krankheiten wie Infekte und Viruserkrankungen als Forschungsschwerpunkte ab. Der Forschungsprozeß selber gerät dadurch immer mehr in den Mittelpunkt des Interesses. Neue Systeme werden konzipiert und implementiert, um zum einen die Forschungszeit drastisch zu verkürzen und dadurch die Vermarktungsdauer der Präparate zu verlängern, und zweitens die vorhandenen Ressourcen wesentlich effektiver und effizienter einsetzen zu können.

Kommen wir zum letzten Punkt, der Internationalisierung, die zunehmend stärker als Problem denn als Chance gesehen wird. Die rapide Globalisierung zwischen 1950 und 1980 mit dem weltweiten Aufbau neuer Produktionskapazitäten führte zu erheblichen Überkapazitäten in vielen Ländern. Die ursprünglich prognostizierte stark positive Nachfrageentwicklung trat aufgrund der weltweiten Rezession Ende der siebziger Jahre nicht ein.

Außerhalb der industrialisierten Welt ist die Situation noch wesentlich kritischer. Schlechte wirtschaftliche Bedingungen, sinkende Wechselkurse, Inflation, staatlich festgeschriebene Preise, fehlender Patentschutz und Preiswettbewerb durch aggressive und national begünstigte Unternehmen zusammen mit Überkapazitäten führen dazu, daß in vielen Ländern keine ausreichende Rentabilität erreicht werden kann. Damit zusammenhängend ergibt sich für viele Unternehmen das Problem, daß ihre Produktlinien schlecht an die lokalen Bedürfnisse der Bevölkerung angepaßt sind. Konsequenterweise beginnen viele Pharmaunternehmen heute, ihre Präsenz in manchen Märkten in Frage zu stellen und sich aus Märkten zurückzuziehen, in denen keine Konsolidierung erreicht werden kann.

4. Der Weg zum neuen Wettbewerbsvorteil

Diese weitreichenden Änderungen bei den grundlegenden Elementen des Wettbewerbs beeinflussen das eigentliche Wesen des Pharmawettbewerbs und ändern damit das Konkurrenzverhalten der beteiligten Unternehmen.

Wettbewerbs-Mix:

Der Wettbewerbs-Mix verändert sich nicht nur bezüglich seiner Schwerpunkte, sondern erweitert sich auch um neue Elemente, die es den Unternehmen besser ermöglichen, sich an neue Nachfragestrukturen anzupassen.

1. Preis:

Der Preis gewinnt zunehmend an Bedeutung, da die Unternehmen in ihrer Preissetzung nicht mehr unabhängig sind. Selbst auf Märkten mit traditionell freier Preisbildung, wie

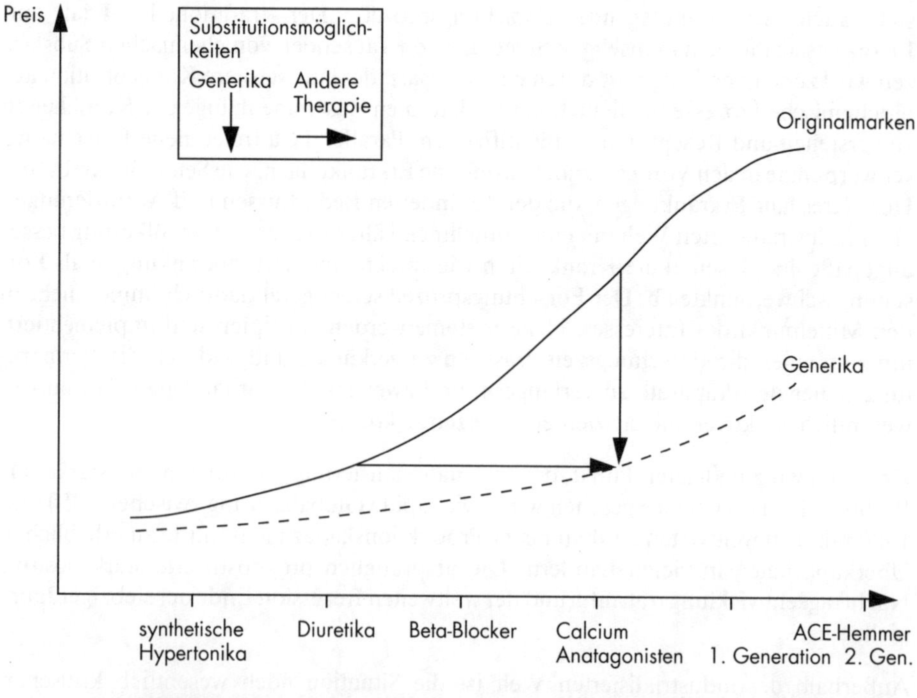

Abb. 4: Die Möglichkeit der Generika-Substitution wirkstoffgleicher Präparate (↓) und anderer Therapieprinzipien (→)

4. Service, Know-how und Kommunikation:

Die Nachfrage nach konventionellen medizinischen Informationen und Produktinformationen durch die Ärzte wird anhalten, gleichzeitig werden sich zum einen neue Informationsbedürfnisse entwickeln und zweitens neue Informationsnachfrager in Erscheinung treten.

Der Informationsbedarf verlagert sich von reinen Fakten und Datensammlungen auf spezielle Informationen, die auf die Lösung spezifischer Probleme zugeschnitten sind und den komplexen Entscheidungsprozeß in der Arzneimittel-Therapie unterstützen und erleichtern. Der Informationsbedarf der nunmehr stärker auf Patientenberatung und Service ausgerichteten Apotheker verlangt ebenfalls nach einer neuen Dimension der Informationsbereitstellung. Das gewachsene Selbstvertrauen der Patienten wird dazu führen, daß auch sie neue und bessere Informationen über Krankheiten, Therapien und die Produktanwendung nachfragen werden.

Ein stärker konzentrierter Ansatz wird notwendig sein, um die spezifischeren Informationsbedürfnisse der Ärzte zu befriedigen. Um die Anforderungen der Apotheker und Patienten erfüllen zu können, muß ein komplett neues Informationssystem aufgebaut werden.

5. Distribution:

Die Distribution hat in der Pharmaindustrie niemals eine bedeutende Rolle gespielt. Die etablierten Strukturen des Großhandels und Einzelhandels haben sich in den letzten 30 Jahren kaum geändert.

Die Distribution wird sich jedoch deutlich ändern. Sie wird serviceorientierter werden und dadurch den Unternehmen – insbesondere vor Ort in den Apotheken – die Möglichkeit zur stärkeren Differenzierung geben. Gleichzeitig werden auch bei institutionellen Käufern neue Anstrengungen unternommen werden müssen, um die bisher einseitig preisorientiert geführte Diskussion zu ändern. Qualitäts- und Informationsaspekte müssen stärker in den Vordergrund gestellt werden, um eine vorteilhaftere Kaufentscheidung zu erreichen.

6. Technologie:

Die Technologie wird weiterhin die treibende Kraft für den Aufbau von Wettbewerbsvorteilen im forschungsintensiven Bereich der Pharmaindustrie bleiben. Die Fähigkeit eines Unternehmens, sein Produkt-Portfolio rechtzeitig und in angemessener Weise durch neue Therapieprinzipien zu ergänzen, erfordert zum einen die Bereitstellung von ausreichendem Cash Flow zur Finanzierung langfristiger F&E-Vorhaben, und zum anderen die Fähigkeit des Unternehmens, die für den Kapitalmarkt notwendigen Gewinnbeiträge zu erwirtschaften.

Ein verbessertes F&E-Management ermöglicht zwar die Ausnutzung von Economies of Scale zur Produktivitätssteigerung, diese müssen jedoch noch systematischer ausgenutzt werden. Aufbauend auf einer sorgfältigen Analyse der Marktbedürfnisse müssen entsprechende Produkte mit überlegener Leistungsfähigkeit – höhere Wirksamkeit, schnellerer Wirkeintritt und geringere Nebenwirkungen – und vereinfachte Applikationsformen auf den Markt gebracht werden. Gleichzeitig wird der Aufbau enger Beziehungen zu Universitäten, Kliniken, staatlichen Institutionen und Patienten- und in den USA oder Großbritannien, sorgt die Konzentration auf der Nachfragerseite dafür, daß die Preissetzung nicht länger ein tatsächlich freier Prozeß ist.

In den meisten Gesundheitssystemen geht es jedoch nicht nur darum, die Preise für einzelne Medikamente festzuschreiben. Ein zweites Ziel der Reform ist die Steuerung des Verbrauchs durch eine stärkere Beachtung der Kosten-Nutzen-Relation und eine steigende direkte Beteiligung der Patienten an den Medikamentenkosten.

Während sich die meisten Pharmaunternehmen darauf konzentrieren, in den Preisverhandlungen mit den Entscheidungsträgern durch Einsatz hochentwickelter Preisfindungsmethoden hohe Preise für ihre innovativen Präparate zu erzielen, geraten sie zunehmend unter Druck durch Generika-Firmen. Die billigen Generika bedrohen dabei nicht nur die umsatzstarken patentfreien Originalpräparate, die in der Regel die Hauptumsatzträger der forschenden Unternehmen sind, sondern sie beeinflussen gleichzeitig aufgrund der Kreuzpreiselastizität auch die Nachfrage bei anderen patentgeschützten Wirkstoffen (siehe Abbildung 4).

Diese Bedrohungen durch zunehmend monopsonistische Nachfrager und generische Wettbewerber ändern die Bedeutung des Preises im Marketing-Mix grundlegend.

2. Kosten:

Die Kosten wurden bisher weitgehend ignoriert, da sie relativ zum Preis gering waren. Die zunehmende Bedeutung des Preises sowie der steigende Druck auf den Preis und damit auch auf die Gewinnspanne führen jedoch dazu, daß den Kosten eine größere Aufmerksamkeit gewidmet wird. Alle Kostenkomponenten, von der Fertigung bis zur Verpackung, werden auf mögliche Einsparpotentiale zur Reduzierung der Gesamtkosten untersucht. Hauptansatzpunkte für Produktivitätssteigerungen sind jedoch die Verkaufsförderungskosten, die mit einem Anteil von 15–20% am Preis am stärksten zu den Gesamtkosten beitragen. Eine konventionelle Kostenführer-Strategie wird sich bei den forschenden Pharmaunternehmen wohl nicht durchsetzen lassen. Das schließt jedoch nicht aus, daß Kostensenkungsprogramme ein wesentliches Strategieelement der Unternehmen sein werden, um die geringer werdenden Gewinnmargen zu kompensieren.

3. Qualität und Image:

Markennamen werden weiterhin eine wichtige Rolle bei der Differenzierung von Produktleistungen spielen. Diese Aussage gilt trotz vielfacher Bestrebungen auf der Nachfragerseite, die Bedeutung des Markennamens durch Übergehen auf generische Wirkstoffbezeichnungen herabzusetzen.

Unserer Meinung nach werden der steigende Druck auf den Preis, die Verschiebungen im Entscheidungsprozeß in Richtung Apotheker und die größere Selbstbeteiligung der Patienten im Gegenteil dazu führen, daß den Warenzeichen eine steigende Bedeutung zukommt. Das Marken-Image der Unternehmen wird zu einem entscheidenden Faktor für die Wiederbelebung der engen Kontakte zum Pharma-Fachhandel, der unter den geänderten Rahmenbedingungen ein größeres Mitspracherecht bei der Auswahl der Präparate erringen wird. Warenzeichen werden ebenfalls eine große Rolle dabei spielen, Patienten vom Wechsel zu Generika abzuhalten, wenn die Wahl eines Markenpräparates eine höhere Zuzahlung bedeutet.

Ärztegruppen immer wichtiger. Nur die genaue Kenntnis der Nachfragebedürfnisse und die ständige Verbesserung der eigenen Leistung führen zu einer gleichbleibend hohen Zufriedenheit bei den Nachfragern.

7. Internationalität:

Es ist nicht länger ein Wettbewerbsvorteil, überall präsent zu sein. Der Schwerpunkt verschiebt sich vom weltweiten Wettbewerb auf diejenigen Märkte, die den besten „Fit" mit dem Produkt-Portfolio des Unternehmens ergeben und darüber hinaus einen angemessenen Gewinnbeitrag versprechen. Die Aktivitäten vieler Pharmaunternehmen in Lateinamerika seit Beginn der achtziger Jahre sind erste Zeichen für eine Neuorganisation der internationalen Aktivitäten. Immer mehr Unternehmen gehen in diesen Ländern dazu über, gemeinsame Produktionsanlagen aufzubauen, bestehende Anlagen zusammenzulegen, oder sich ganz aus diesen Märkten zurückzuziehen. Der zunehmende Druck auf die Gewinnspanne sowie die eskalierenden Kosten für Forschung

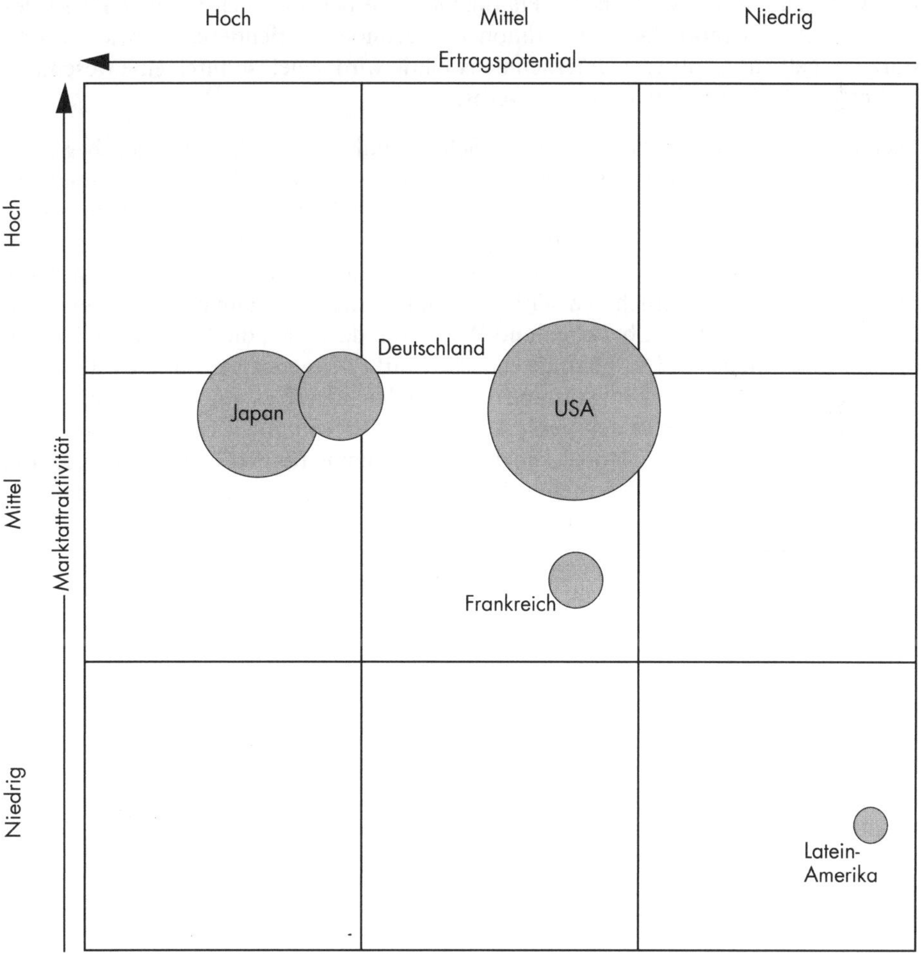

Abb. 5: Die Attraktivität internationaler Märkte 1987 (die Größe der Kreise ist proportional zur Marktgröße)

und Entwicklung haben dazu geführt, daß die Opportunitätskosten für den Wettbewerb in derartigen Grenzmärkten zu hoch geworden sind, um dort weiterhin vertreten zu sein. In einfachen Worten besagt das nichts anders, als daß Lateinamerika – als ein Beispiel – im Vergleich zu den wichtigsten industrialisierten Ländern ganz einfach zu unattraktiv ist (vgl. Abbildung 5).

Durch Rückbesinnung und Konzentration auf Märkte mit besserem therapeutischem „Fit“ und günstigeren wirtschaftlichen Rahmenbedingungen werden die forschenden Unternehmen in die Lage versetzt, Synergien zwischen ihrer Technologie, ihrem Image, ihrem Know-how, ihren Ressourcen und ihren Kosten zu erzielen, die es ihnen ermöglichen, ihre Wettbewerbsposition auszubauen oder zu halten.

5. Schlußfolgerungen

Der weltweite Wettbewerb in der Pharmaindustrie befindet sich in einer Phase des beschleunigten Umbruchs. Die traditionelle Technologieorientierung sowie die sehr stark heimatmarktzentrierte Unternehmenspolitik wird abgelöst durch eine wesentlich breiter gefaßte Definition des Wettbewerbs.

Technologie ist zwar nach wie vor der Schlüsselfaktor, die Unternehmen beginnen jedoch ihr Wettbewerbsprofil dahingehend auszudehnen, daß sie ihren gesamten Marketing-Mix, bestehend aus Preis, Kosten, Qualität, Image, Service, Know-how, Kommunikation, Distribution und internationalen Aktivitäten besser an Veränderungen der Umwelt anpassen. Als eine Konsequenz dieses Prozesses werden sich die pharmazeutischen Unternehmen stärker an andere Branchen annähern, in denen seit jeher der Schlüssel zum Überleben und Wachstum darin lag, die Kundenbedürfnisse optimal zu befriedigen. Der pharmazeutische Markt der neunziger Jahre wird sich für die beteiligten Unternehmen ganz anders darstellen, als sie es aus der Vergangenheit gewohnt sind. Die eingeleiteten Veränderungen sind revolutionär und bewirken große Verschiebungen bei den Faktoren, die die Voraussetzung für den Unternehmenserfolg bilden. Die Fähigkeit der Unternehmen, sich diesen neuen Anforderungen anzupassen und durch Nutzung synergistischer Effekte zwischen ihren eigenen Stärken und den neuen Bedürfnissen die gebotenen Chancen auszunutzen, wird nicht nur über die Wettbewerbsposition der Unternehmen entscheiden, sondern bestimmt auch das Überleben.

Die japanische Bedrohung – Japanische Pharmaunternehmen auf dem Vormarsch

Winfried Simon

1. Das Wachstum des japanischen Pharmamarktes

Der japanische Pharmamarkt ist nach 1945 durch ein stürmisches Wachstum gekennzeichnet gewesen. Nur selten lagen die jährlichen Wachstumsraten unter 10%, häufig über 20%. Die rasante Ausweitung des Marktvolumens wurde maßgeblich vom Ministry of Health and Welfare (MHW) – dem KOSEISHO – durch dessen Gesundheitsgesetzgebung gefördert. Greetham (1981) bezeichnete die japanische Gesundheitspolitik im Jahre 1981 treffend als „horticulture“ und fährt fort: „The pharmaceutical industry in Japan began as a ‚me-too‘ craft, with little basic research. But through careful fertilising by the Government (directly and indireclty), by 1990 a major international industry will be in situ“.

Der Schlüssel zum Verständnis der Situation des japanischen Gesundheitswesens ist im wesentlichen der Arzt und das für ihn geschaffene Vergütungssystem. Der weltweit seit Jahren höchste Pro-Kopf-Verbrauch an ethischen Medikamenten hat dazu geführt, daß Japan der zweitgrößte Pharmamarkt der Welt wurde. Die Preise dieser Medikamente werden vom Koseisho festgesetzt. Dabei wurden bis Anfang der 80er Jahre für Nachahmerprodukte die gleichen Preise fixiert wie für die originären, zunächst patentgeschützten Produkte. Dies führte zur Gründung unzähliger neuer Pharmaunternehmen, die durchweg eine im Westen früher unübliche, sehr große Produktpalette unterhalten. Da über 90% der Bevölkerung krankenversichert sind, somit bisher praktisch kein Preisbewußtsein existierte, ist die Verordnung von Medikamenten die logische Konsequenz jedes Arztbesuchs. Dies um so mehr, als der Arzt ca. 60% seines Einkommens aus der Dispensierung von Medikamenten bezieht. Die Rabatte, die der dispensierende Arzt von den Pharmafirmen erhält, stellen somit einen wesentlichen Teil seines Einkommens dar. Dieser Tatbestand erklärt eindrucksvoll die quantitative Dimension der japanischen Pharma- bzw. Gesundheitsszene.

2. Trendwende durch eine neue Gesundheitspolitik

Eine radikale Änderung dieses Wachstumsprozesses wurde vom Koseisho Anfang der

80er Jahre eingeleitet, als die Kosten für Medikamente ein Drittel der japanischen Gesundheitsausgaben überschritten. Ein Bündel von Maßnahmen führte dazu, daß das Umsatzwachstum stagnierte. So wurde die Selbstbeteiligung der Versicherten an den Arzneikosten eingeführt sowie die ambulante Krankenhausbehandlung eingeschränkt. Daneben wurde das Zulassungsverfahren für neue Arzneimittel und vor allem auch für Nachahmerprodukte erheblich verschärft. Dahinter steht die offenkundige Absicht, kleine me-too-Hersteller aus dem Markt zu drängen und den forschenden Großunternehmen Mittel für Forschung und Entwicklung zufließen zu lassen.

Als weitere effektive Maßnahmen erwiesen sich wiederholte drastische Senkungen der Medikamentenpreise (sog. NHI-Preise). Dadurch wurden weitere kleine Nachahmerfirmen aus dem Markt gedrängt, während die großen unter dem Druck stehen, nur für Erfolge in der Forschung mit großzügigen Preisen honoriert zu werden. Die folgende Tabelle zeigt deutlich die Wirkung der eingeleiteten Maßnahmen auf den Umsatz der pharmazeutischen Unternehmen. In unseren weiteren Ausführungen stellen wir die Grundzüge der Neuorientierung im japanischen Pharmamarkt dar, die vornehmlich auf Forschung und Entwicklung und internationale Wettbewerbsfähigkeit der japanischen Unternehmen ausgerichtet ist.

Jahr	Produktion
1950	31.916
1960	176.012
1970	1.025.319
1975	1.792.406
1980	3.482.177
1981	3.679.139
1982	3.980.232
1983	4.032.057
1984	4.026.985
1985	4.001.807

(Quellen: Zahlen bis 1980: Simon, W. (1983), Zahlen 1981 bis 1984: Pharma Japan Yearbook 1986—1987, Yakugyo Jiho (Hrsg.), Tokyo 1986. Zahl 1985: Pharma Japan Yearbook 1987—1988, Yakugyo Jiho (Hrsg.), Tokyo 1987.)

Tabelle 1: Entwicklung der japanischen Pharmaproduktion (in Mio. Yen)

3. Aktuelle Situation des ethischen Pharmamarktes in Japan

Trotz der beachtlichen japanischen Erfolge vor allem in den letzten Jahren darf nicht übersehen werden, daß die japanische Pharmaindustrie national wie international noch nicht das technologische Niveau und erst recht nicht international die Durchschlagskraft im Markt erreicht hat wie die elektronische Industrie, der Automobilbereich, die Werkzeugmaschinen- oder die Halbleiterindustrie.

3.1 Internationalisierung des japanischen Pharmamarktes

Die neue Politik des Koseisho hat der bisherigen Überprotektion der heimischen Industrie in mehrfacher Hinsicht ein Ende gesetzt. Dies bedeutet, daß die japanischen

Unternehmen sich auf ihrem lokalen Markt künftig einem rauheren internationalen Wettbewerb zu stellen haben. Sicherlich wird sich hier zuerst zeigen, wie sich die Chancen der japanischen Pharmaunternehmen im internationalen Vergleich entwikkeln.

Der japanische Pharmamarkt zeichnet sich durch interessante Besonderheiten aus:

Im Jahre 1985 entfielen auf die führenden 100 Produkte 45% des Gesamtumsatzes im ethischen Bereich. Unter diesen 100 Produkten befanden sich 43 Produkte von ausländischen Firmen. Auf diese entfielen 18% Marktanteil. Elf Produkte wie Penizillin 6 APA und Cephalosporin 7 ACA, die im Ausland entwickelt, aber in Japan durch die Erweiterung um Seitenketten verbessert wurden, machten 7% aus, während die übrigen 46 Produkte aus ausschließlich japanischer Entwicklung einen Anteil von 20% auf sich vereinigten. Die Hälfte (23) dieser lokal entwickelten Produkte ist ausschließlich auf dem japanischen Markt eingeführt, da die Auffassung vertreten wird, eine Zulassung auf überseeischen Märkten sei nicht zu erlangen. Diese 23 Produkte repräsentieren 11% Marktanteil. Die restlichen 23 Produkte mit den verbleibenden 9% Marktanteil werden als potentielle internationale Produkte angesehen (Pharma Japan Yearbook 1987–1988).

4. Japanischer Export und Import von Pharmazeutika

Obgleich sich Japan zum größten Pharmaproduzenten nach den USA entwickelt hat, blieb der Export eher bescheiden. Die Bilanz des japanischen pharmazeutischen Außenhandels ist immer negativ gewesen und hat sich auch in den letzten Jahren, in denen sich die Technologiebilanz mit dem Ausland umkehrte, nicht verbessern können. Tabelle 2 stellt die Entwicklung der Exporte und Importe im Detail dar.

Jahr	**EXPORT** Betrag in Mio. Yen	**IMPORT** Betrag in Mio. Yen
1965	13.815	22.818
1970	37.700	81.208
1975	51.056	139.479
1980	93.901	263.333
1981	101.696	276,759
1982	108.003	333.553
1983	126.201	312.808
1984	128.766	305.251
1985	131.839	315.298

(Quellen: Simon, 1983, Data Book 1987, Japan Pharmaceutical Manufacturers Association.)

Tabelle 2: Japanischer Export und Import von Pharmazeutika

5. Zunahme von Forschung und Entwicklung

5.1 F & E-Aktivitäten

Das wichtigste strategische Element der führenden japanischen Pharmaunternehmen zur Zukunftssicherung ist ohne Zweifel die Stärkung der Fähigkeit zur Neuentwicklung von Produkten. Vor allem für die großen Hersteller liegt hierin der Schlüssel gleichermaßen für eine erfolgreiche Geschäftstätigkeit in Japan im 21. Jahrhundert als auch für die notwendige Internationalisierung.

Während zwischen 1968 und 1972 die Aufwendungen für Forschung und Entwicklung der 10 größten japanischen Pharmaunternehmen noch zwischen 3,8 % vom Umsatz (1. Halbjahr 1968) und 5,6 % (2. Halbjahr 1972) lagen (Simon 1983), zeigen die Zahlen der folgenden Tabelle eindrucksvoll die positive Veränderung auch in diesem Bereich. Im Geschäftsjahr 1984 betrugen die entsprechenden Aufwendungen der 16 umsatzstärksten Unternehmen 9 % vom Umsatz.

	März 1983	in % v. Umsatz	März 1984	in % v. Umsatz	März 1985	in % v. Umsatz
Takeda	28.808	6,0	30.453	6,4	31.743	6,7
Fujisawa	17.820	8,7	18.722	9,5	20.514	12,1
Eisai	15.116	11,2	16.282	12,0	17.246	12,5
Shionogi	15.096	8,5	15.977	8,6	18.314	9,4
Sankyo	14.523	6,2	15.955	6,6	17.704	6,9
Tanabe	10.669	7,5	11.537	7,8	12.389	8,4
Yamanouchi	10.112	9,6	10,732	10,0	12.279	10,4
Daiichi	8.975	11,0	9.996	11,3	11.120	10,4
Chugai	9.121	9,5	9.774	9,8	11.050	10,7
Yoshitomi	6.654	10,9	7.789	12,5	7.712	12,8
Dainippon	6.102	8,9	6.225	9,1	6.334	8,6
Green Cross	5.272	6,2	5.850	7,3	6.008	7,7
Mochida	4.966	9,5	5.133	11,0	4.945	11,0
N. Shinyaku	4.266	10,8	4.337	10,8	4.424	11,0
Banyu	3.351	4,9	3.989	6,5	4.254	7,2
Toyama	3.354	7,9	3.514	8,9	4.266	11,0
Gesamt	164.235	7,9	176.265	8,5	190.302	9,0

(Quelle: Pharma Japan Yearbook 1987—1988.)

Tabelle 3: Veränderung der Forschungs- und Entwicklungsausgaben der 16 führenden Hersteller (in Mio. Yen)

5.2 Neue pharmazeutische Wirkstoffe – Japan im internationalen Vergleich

Bei der Entwicklung neuer pharmazeutischer Wirkstoffe im Zeitraum 1961–1985 sind die USA führend. Auf sie allein entfallen nach einer Untersuchung von Reis-Arndt (1987) 422 von insgesamt 1787 neu entwickelten Substanzen. Es folgen Frankreich (288), die Bundesrepublik Deutschland (247), Japan (216), Italien (142), die Schweiz (133), der Ostblock (113) und Großbritannien (86). Hervorzuheben ist die Entwicklung beim Vergleich der Fünf-Jahres-Abschnitte zwischen 1961 und 1985. „In allen Zeitabschnitten nehmen die USA den ersten Rang bei den neuen Wirkstoffen ein. Die oben für den gesamten Zeitraum der Studie genannte Reihenfolge trifft für die Zeiträume 1961–1965, 1966–1970 und 1971–1975 zu. Im Zeitraum 1976–1980 belegen bei den neuen Substanzen die Bundesrepublik Deutschland, Japan und danach Frankreich die Plätze zwei bis vier; im folgenden Abschnitt 1981–1985 nimmt Japan bereits den zweiten Rang ein. Bei diesem Vergleich sind die deutliche Abnahme der ersteingeführten neuen Wirkstoffe von französischen Firmen und der starke Anstieg für Japan auffällig. Japan, das vor Jahrzehnten noch als der klassische Kopist angesehen wurde, hat mit 61 neuen Wirkstoffen in den letzten fünf Jahren des Beobachtungszeitraumes fast die Größenordnung der US-amerikanischen Konzerne erreicht" (Reis-Arndt 1987, S. 9).

Auf die USA entfielen im letzten Zeitabschnitt 69 neue Wirkstoffe, auf Japan 61, die Bundesrepublik Deutschland 45, die Schweiz 23, Italien 20 und auf Frankreich 19.

5.3 Export und Import von pharmazeutischer Technologie

Seit dem Ende des Zweiten Weltkriegs hat die japanische Pharmaindustrie immer mehr Technologie importiert als exportiert. Diese Negativbilanz konnte erst im Jahre 1980 umgekehrt werden, als erstmals die Technologieexporte die Importe übertrafen. Zwar ist der Wert der Technologieimporte im untersuchten Zeitraum, wie Tabelle 4 belegt, noch höher als der der Exporte, aber auch hier zeigt sich eine Trendwende.

Im Jahre 1983 übertraf zwar die Gesamtzahl der Importe die der Exporte erstmals in vier Jahren geringfügig, aber unter Berücksichtigung nur der neuen Fälle wird deutlich, daß sich sowohl hinsichtlich der Anzahl als auch der Werte die Technologiebilanz stark positiv geändert hat.

	EXPORT		**IMPORT**	
Jahr	Zahl	Wert (Bil. Yen)	Zahl	Wert (Bil. Yen)
1979	116	57	132	94
1980	148	30	132	102
1981	151	83	107	111
1982	198 (38)	66 (7,9)	118 (16)	130 (8,3)
1983	218 (46)	99 (32)	222 (16)	124 (2,7)
1984	204 (34)	137 (52)	123 (17)	138 (10)
1985	239 (25)	131 (9)	166 (31)	131 (5)

Zahlen in Klammern betreffen neue Verträge
(Quellen: Pharma Japan Yearbook 1986—1987, Pharma Japan Yearbook 1987—1988.)

Tabelle 4: Export und Import von pharmazeutischer Technologie

5.4 Lizenzvergaben ins Ausland

Tabelle 5 macht deutlich, daß sich die japanische Lizenzvergabe überwiegend auf hochmoderne und partiell richtungweisende Therapiebereiche konzentriert.

Japanischer Lizenzgeber	Produkt	Lizenznehmer
Ajinomoto	Interleukin 2	American Roche
Ajinomoto	Lentinan (gener. lentinan)	Bristol-Myers
Eisai	Neuquinon	Sandoz
Ono	Preglandin	China, Rhone-Poulenc, Searle
Kyoto	Ampicillin Suppos.	Prodesfarma, Astra
Kyorin	AM 833	Roche
Sankyo	Cefmetazon	Upjohn
Sankyo	CS 514 (Cholesterol Synthese Inhibitor)	Squibb, ICI (USA, CND, GB)
Taisho	Pandel (externes steroidales Hormon)	Boehr. Ingelheim (BRD, I, F, CH, NL) Esteve (Spanien, Port.)
Taisho	TE 031 (Erythrom. Derivat)	Abbott Laboratories
Daiichi	Tarivid (Mykotikum)	Roussel Uclaf, Glaxo Italien, Sigma Tau, Hoechst, Johnson & Johnson
Daiichi/Santen	Tarivid (gener. ofloxacin, f. Ophtalmologie)	Allergan Pharm. (USA)
Toyama Chem.	T-2588 (orales Cephalosporin)	Roche
Toa Eiyo	Frandol tape (Nitroglycerin)	Byk Gulden (Europe) Marion Laborat. (USA)
Tokyo Tanabe	Surfactant	Abbott Laboratories
Sanraku	NVG (Antibiotikum)	Upjohn (USA)
Teijin	Keuchhusten Vakzin	Smith Kline (Belgien)
Takeda	Three-in-one vaccine	American Cyanamid (USA)
	Avan, etc. (idebenone)	Medimpex (Ungarn)
	Avan, etc. (idebenone)	Glaxo (UK)
Tanabe	TA 077 (Antitumormittel)	
Tanabe	Denopamin (kardiovask. Mittel)	
Tanabe	Aspoxicillin (Penizillin)	Marion Lab. (USA)
Tanabe	Afloqualone (muskelrelax. Mittel)	
Tanabe	TA 5901 (Cephalosporin)	
Nihon Noyaku	Kantec	Zyma, Searle
Fujisawa	FK 235 (Calziumantagonist)	American Cyanamid
Fujisawa	FK 027 (orales Cephalosporin)	American Cyanamid
Fujisawa	Cefspan (gener. cefixime)	Gist-Brocades (NL)
Fujisawa	Nivadil (gener. nilvadipine)	Recordati (Italien)/UPSA (Frankr.)
Sumitomo	Cefpiramide (Cephalosporin)	American Home Prod.
Yamasa Shouyu	Monoklonaler Antikörper	Celltech

(Quellen: Geschäftsberichte 1985—1987 der o. a. japanischen Unternehmen
Pharma Japan Yearbook 1986—1987, Pharma Japan Yearbook 1987—1988.)

Tabelle 5: Lizenzvergabe japanischer Pharmaunternehmen ins Ausland

5.5 Patent- und Imitationsschutz

Zum 1. 1. 1988 wurde in Japan ein weiterer wichtiger Schritt zur Innovationsförderung vollzogen: der Patentschutz kann um bis zu fünf Jahre auf maximal 25 Jahre verlängert werden, sofern zwischen der Patenterteilung und der Zulassung eines neuen Präparates mehr als zwei Jahre Differenz bestehen. Der Hintergrund für diese Neuregelung ist folgender:

Das Patentprozedere einer neuen Substanz von der Einreichung bis zur Veröffentlichung dauert erfahrungsgemäß bis zu ca. fünf Jahre. Diese Frist droht sich angesichts der spezifischen Patentproblematik im Bereich der Biotechnologie eher noch zu verlängern. Insofern ist die Verlängerung über die bisherige Patentlaufzeit von 20 Jahren hinaus eine folgerichtige Konsequenz des japanischen Gesetzgebers.

Ein weiterer Anreiz zur Produktinnovation für die Arzneimittelhersteller wurde in Japan dadurch geschaffen, daß der Gesetzgeber für Neuzulassungen innovativer Produkte einen sechsjährigen Imitationsschutz gewährt. Dieser Schutz gilt völlig unabhängig vom Patentschutz der jeweiligen Substanz und verhilft dieser somit laut Cassel (1987) zu einer befristeten Monopolstellung auf dem japanischen Markt. Diese Frist von sechs Jahren kann im Falle einer weiteren Indikation für dieses Produkt sogar um vier Jahre verlängert werden.

6. Auslandsaktivitäten japanischer Pharmaunternehmen

Eine Untersuchung des Yano Research Institute zeigt das ständig steigende japanische Engagement bei der Gründung von Auslandsniederlassungen bzw. der Beteiligung an bestehenden ausländischen Pharmaunternehmen. Während in den sechziger Jahren die Etablierung von kleinen Büros zur Sammlung von Marktinformationen, vor allem in den USA und Europa, überwog, werden seit etwa Mitte der siebziger Jahre zunehmend eigene Tochtergesellschaften oder Joint Ventures gegründet. In vielen Fällen erhalten die Japaner dabei Hilfestellung von den Stammhäusern ihrer langjährigen Lizenzpartner bzw. Vertriebspartner in Japan. Die Entwicklung ist in Tabelle 6 dargestellt.

Jahr	Anzahl pharmazeutischer Unternehmen	Produktion	Import
1960	1	1	1
1965	9	8	8
1970	16	9	15
1975	27	13	25
1980	36	17	33
1984	45	22	41
1985	48	23	44

(Quelle: Data Book 1987, Japan Pharmaceutical Manufacturers Association.)

Tabelle 6: Japanische Pharmaunternehmen im Ausland (mit mehr als 50 %iger Beteiligung)

Einige Beispiele japanischer Auslandsaktivitäten sollen im folgenden mit vorgestellt werden.

Otsuka Pharmaceutical erwarb in Spanien die Gesellschaft Laboratorios Miquel. Ebenfalls in Spanien, einem nach internationalem Standard technologisch nicht gerade fortschrittlichen Land, kaufte Green Cross die Gesellschaft Alpha Therapeutic, um sich damit eine günstige Quelle für die Lieferung von Blutpräparaten nach Japan zu erschließen.

Fujisawa erwarb 1983 eine Beteiligung von 28 % an der deutschen Klinge Pharma. Die wesentliche Intention bestand ursprünglich darin, eine Ausgangsbasis für die weitere Expansion in Europa zu gewinnen. Anfang 1988 wurde die Beteiligung auf 74 % des Stammkapitals von 15,4 Mio. DM aufgestockt. Der konsolidierte Umsatz der Klinge-

Gruppe lag 1987 bei 143 Mio. DM. Durch die Mehrheitsübernahme will Fujisawa das Engagement auf dem europäischen Markt ausweiten, das bisher weitgehend über Lizenzvergaben abgedeckt wurde. Klinge soll jetzt Fujisawa-Produkte herstellen sowie diese für die bundesdeutsche und europäische Zulassung aufbereiten.

Daneben hat Fujisawa seine europäischen Interessen auf die eigene Niederlassung in London mit dem dort angeschlossenen Zentrum für klinische Forschung konzentriert. In den USA hat sich Fujisawa an Lypho-Med, einem generischen Hersteller, beteiligt, und beliefert diesen mit in Japan entwickelten Produkten. Erst kürzlich wurde die Beteiligung an Lypho-Med weiter aufgestockt. Fujisawas Joint Venture mit Smith Kline Beckman (1981) für den Vertrieb von Cephalosporinen war ziemlich verlustreich. Mit American Cyanamid wurde in jüngster Zeit über Lizenzverträge (betreffend FK-027, ein orales Cephalosporin, und FK-235, einen Calziumantagonisten) eine enge Kooperation hergestellt. Angesichts dieser Beispiele erscheint das strategische Vorgehen von Fujisawa einigermaßen diffus. Aber im japanischen Stammhaus ist man davon überzeugt, daß der Kauf von Firmen bzw. Firmenbeteiligungen der vorteilhafteste Weg für eine Expansion des Auslandsengagements darstellt.

Takeda, Japans größtes Pharmaunternehmen, verfolgt als aussichtsreiche Strategie zur Erschließung von Auslandsmärkten die Gründung von Joint Ventures. Entsprechend verfährt man ganz deutlich in Europa, aber auch in den USA, wo man gemeinsam mit Abbott Laboratories die Gesellschaft TAP nach Erteilung der Zulassung für Leuprolide gründete. Die neue Gesellschaft ist außerordentlich aktiv und marktorientiert.

In Frankreich bildete Takeda 1978 ein Joint Venture (50 : 50) mit Roussel-Uclaf, Laboratories Takeda, in Deutschland 1981 ein Joint Venture mit Grünenthal (50 : 50), die Gesellschaft Takeda Pharma (siehe dazu den Beitrag von Dyckerhoff und Weber). Ferner hat Takeda eine enge Verbindung mit Glaxo in Großbritannien sowie Irland und scheint dort offensichtlich ein Joint Venture mit dem Ziel der Produktentwicklung anzusteuern.

Tanabe Seiyaku, ein weiteres führendes japanisches Unternehmen, das äußerst forschungsorientiert ist, hat zunächst mehrere seiner führenden Produkte (u. a. Herbesser) an Marion Laboratories (USA) in Lizenz gegeben und gründete mit dieser Gesellschaft ein Joint Venture. In Europa hat Tanabe neben der Lizenzvergabe u. a. von Herbesser (z. B. an Goedecke in Deutschland und die Gruppe Synthélabo in Frankreich) im Jahre 1985 mit Glaxo Schweiz das Joint Venture Tanabe Glaxo mit dem Ziel der Entwicklung von Cephalosporinen gegründet.

Kyowa Hakko hat Lizenzvereinbarungen mit Thomae, einer Tochtergesellschaft von Boehringer Ingelheim getroffen. Thomae vertreibt in Deutschland Produkte von Kyowa Hakko unter deren Warenzeichen. Der Lizenzvertrag beinhaltet das Ziel einer Joint-Venture-Gründung in der Zukunft. Angesichts des Engagements beider Gesellschaften im Bereich der Biotechnologie stellt dies eine äußerst zukunftsträchtige Kooperation dar.

Yamanouchi hat Lizenzvereinbarungen mit Merck (USA), Syntex, ICI und Sandoz getroffen. Erst kürzlich wurde vereinbart, ein Joint-Venture mit Eli Lilly in den USA zu gründen.

Eisai vereinbarte mit Sandoz die Gründung eines Forschungs-Joint-Venture namens Eisai-Sandoz.

Die japanische Kirin Brewery, ein Newcomer im Pharmabereich mit mehreren Lebensmittel- und Fermentationsspezialisten, erwarb Aktien der amerikanischen Firma Amgen im Gefolge der Lizenznahme von EPO (Erythropoetin), einem revolutionären Protein für die Therapie von Blutbildungsdefekten.

Andere Fälle von Kapitalbeteiligungen sind z. B. die von Olympus Optical an United Biomedical Inc. (USA) mit dem Ziel der Forschung in der AIDS-Diagnostik, die Beteiligungen von Nitto Boseki an International Immunology Corp. sowie von Toyo Soda an Eurogenetics NV, die beide im Diagnostikbereich zukunftsträchtige Forschung betreiben.

Neben diesen Beispielen darf aber nicht übersehen werden, daß das bisher vorherrschende Modell für japanisches Auslandsengagement die Lizenzvergabe darstellt. Sankyo z. B. schließt für seine Neuentwicklungen gern Lizenzverträge ab und behält sich gleichzeitig für das jeweilige Territorium in manchen Fällen auch das eigene Vertriebsrecht vor.

Firmen wie Shionogi, Chugai, Daiichi und Kyowa Hakko verfolgen eine ausgeprägte Lizenzpolitik und vergeben ihre Produkte gern bei Abschluß der präklinischen Tests der Phase I von klinischen Prüfungen, die sie entweder von ihren lokalen Büros für klinische Forschung oder auch durch beauftragte Kontraktlaboratorien ausführen lassen.

Beliebt ist bei japanischen Unternehmen auch die Strategie, solchen Lizenzpartnern die eigenen Entwicklungen zu geben, von denen man im Gegenzug für den heimischen japanischen Markt interessante Produkte erhält (Pharma Japan Yearbook 1987–1988).

7. Biotechnologie: Beginn und wachsende Bedeutung

Das Interesse sowohl staatlicher japanischer Stellen der Biotechnologie als auch japanischer Firmen und der breiten Öffentlichkeit erhielt den zündenden Impuls von außen, von den USA Ende 1980. „In October 1980 the initial public offering by Genentech, the first American firm founded to exploit recombinant DNA technology, set a Wall Street record for fastest price per share increase by going from $ 35 a share to $ 89 a share in twenty minutes“ (Saxonhouse 1986, S. 98).

Bereits im April 1971 hatte KAGAKU gijutsu kaigi (Science and Technology Council), eine Gruppierung von Regierungs- und Industrieführern sowie Wissenschaftlern, als Beratungsinstanz des KAGAKU gijutsu chō (Science and Technology Agency) die „life sciences“ als einen vom Staat und von der Öffentlichkeit zu fördernden Bereich erklärt und in der Folgezeit mit regelmäßigen Berichten und öffentlichen Erklärungen auf die zukünftige Wichtigkeit dieses Bereichs hingewiesen. Aber selbst historische Ereignisse wie das erstmalige Klonieren von Genen im Jahre 1973 „the first expression of a gene cloned from a different species in bacteria in 1974 . . .“ oder die „ . . . creation of the first hybridoma . . .“ (ibid.) im Jahre 1975 haben nicht das allgemeine industrielle und öffentliche Bewußtsein für diesen neuen Wissenschafts- und Industriebereich wecken können.

Unmittelbar nach der „Genentech-Überraschung" zog der Biotechnologiebereich international höchste Aufmerksamkeit auf sich, äußerst optimistische Zukunftserwartungen wurden laut. Es wurde aber auch deutlich, daß der Zugang zu diesem neuen Wissenschaftsbereich aufgrund von Patentproblemen nicht so einfach sein würde. An dieser Stelle sei nur stichwortartig auf die Patenterteilungen an die Stanford University und die University of California in Berkeley für die Arbeiten von Herbert Boyer und Stanley Cohen hingewiesen. „The Cohen-Boyer patent was issued six weeks after the Genentech offering. Two weeks after that, in early December 1980, a hurriedly called meeting of the Committee on Life Sciences of the Japan Federation of Economic Organizations (Keidanren) was held. The stated purpose of this meeting was to help frame a Japanese response to these new developments. Attending were the president of Mitsubishi Chemicals, the chairman of Kyowa Hakko (a chemical company with significant involvement in pharmaceuticals), the president of Toray (a leading synthetic fiber producer), and representatives of thirty other Japanese companies with an interest in biotechnology. The Cohen-Boyer patent was seen as a matter of enormous concern because those attending the meeting had been advised that the patent would affect almost any product application of genetic engineering. Ironically, it was claimed at this meeting that the United States was designating biotechnology, in the wake of the Genentech success, as a strategic national industry and was weaving about it a new and unprecedented network of protective patents" (Saxonhouse 1986, S. 99).

Das Keidanren-Meeting vom Dezember 1980 setzte wahrlich ein Zeichen zum Aufbruch. Eine Flut von Erklärungen zum Biotechnologiebereich setzte ein, und zwar sowohl von öffentlicher wie von privater Seite. Alle waren bestimmt von dem Grundtenor, daß Japan unter allen Umständen an dieser vielversprechenden neuen Industrie beteiligt sein müsse. Ein berühmter Molekularbiologe, der seine berufliche Karriere in den USA machte und der 1981 in Japan weilte, kommentierte: „When I went back to Japan five years ago, I explained to Japanese scholars, government officials and businessmen, the importance of genetic engineering. However, most of them were not interested in genetic engineering at all. Now everyone ist talking about it. This is a typical Japanese phenomenon, isn't it?" (Saxonhouse 1986, S. 100).

Daß 1981 zum richtungweisenden Jahr der Biotechnologie in Japan wurde, lag vor allem auch an der vom MITI initiierten Gründung der „Baiotekunoroji sangyō chōki bishon sakuei iinkai" (Biotechnology Industry Long-term Vision Discussion Group), dem MITI-Plan, im folgenden Jahr das Baiotekunoroji shinkō shitsu (Office of Biotechnology Promotion) zu gründen und die durch das MITI erfolgte Einbringung von drei größeren biotechnologischen Projekten in das Jisedai sangyō kiban gijutsu kenkyū kaihatsu seido (Program for Next Generation Basic Industrial Technology).

Das MITI verband die Gründung des Office of Biotechnology Promotion im Jahre 1982 mit der Hoffnung, die Biotechnologie würde vom Gesetzgeber eine Sonderstellung zugewiesen bekommen wie z. B. in der Vergangenheit die Computerbranche. Daß dies bisher noch nicht erreicht wurde, bedeutet aber keineswegs eine Vernachlässigung dieses zukunftsträchtigen Bereichs. Im Gegenteil wird die Biotechnologie durch vielfältige politische Instrumente gefördert, z. B. durch „... tariffs, quotas, and nontariff barriers; grants and subsidy programs; tax expenditures; loans from government financial institutions; special aid through government procurement; and regulation of market structure, financial markets and intellectual properties, and the government's role in education" (Saxonhouse 1986, S. 101).

8. Beispiele neuerer Entwicklungen

8.1 Forschung in den Bereichen Zentrales Nervensystem und Hormone

Zwei Schwerpunkte japanischer Pharmaforschung stellen seit einigen Jahren die Bereiche „Zentrales Nervensystem“ und „Hormone“ dar. Im ersten Bereich konzentriert sich die Forschung besonders auf das rapide gestiegene Krankheitsbild der senilen Demenz, während im zweiten Feld vor allem gentechnologische Entwicklungen auf den Gebieten Wachstumshormone (und anderen hypophysären Hormonen) und Nebennierenrindenhormone von Interesse sind.

Auffällig ist, daß sich in der Gentechnologie pharmazeutische Newcomer wie Asahi, Suntory, Sumitomo u. a. an die Spitze der Entwicklung gesetzt haben und ihr enormes Know-how aus Fermentationsprozessen für neue Problemlösungen höchst kreativ und unbelastet von konservativem Forschungsballast, vor allem veraltetem Forschungsdenken, in die Waagschale werfen.

Die Forschung für neue Produkte zur Behandlung der senilen Demenz erfuhr ihren Anstoß durch die etwa 600000 Krankheitsfälle in Japan (5% der Bevölkerung ab 65 Jahre). Man schätzt, daß diese Zahl innerhalb der nächsten zwanzig Jahre auf 1 Mio. ansteigen und somit nach dem Krebs zum größten sozialen Problem wird, aber auch ein gewaltiges Marktpotential darstellt.

Die senile Demenz wird in zwei Hauptkategorien unterteilt: die vaskulär bedingte Demenz und die Demenz vom Alzheimer-Typ. Erstere Erscheinungsform ist in Japan vorherrschend, und auf sie entfallen etwa 60% aller Fälle. Die Entwicklung von Medikamenten gegen die Demenz vom Alzheimer-Typ ist dadurch erschwert, daß ihre Ursachen bisher unklar sind. Deshalb konzentriert sich die Forschung im Moment auf die vaskulär bedingte Demenz.

Große Erfolge brachte hier vor allem Hopate von Tanabe Seiyaku. Takeda führte im Jahre 1986 als Konkurrenzprodukt Avan ein, und Zulassungsanträge für weitere fünf Produkte dieser Kategorie wurden gestellt: Celeport (Eisai-Mitsubishi Chemical), Eunal (Nihon Schering), Elen (Yamanouchi), Sarpul (Toyama-Nippon Roche) und Gramalil (Fujisawa). Verschiedene weitere Produkte aus diesem Bereich befinden sich im Stadium der klinischen Prüfung.

8.2 Biotechnologie in der Krebsforschung

Im Mittelpunkt des Interesses stehen in Japan wie in anderen Ländern leistungsfähige Krebsmittel. Feron (IFN-beta) von Toray und Sumiferon (IFN-alpha) von Sumitomo Pharmaceuticals sind bereits auf dem Markt. Verschiedene andere biotechnologisch hergestellte Präparate befinden sich im Stadium der praktischen Entwicklung. Im Falle von TNF und Interleukin 2 (IL-2), die nur eine schwache eigene Antikrebswirkung zeigen und die in klinischen Prüfungen vielfache Probleme aufwarfen, werden mit verschiedenen Formen begleitender Therapie (wie Chemotherapie, anderen Immuntherapeutika, Bestrahlung und Thermotherapie) Versuche angestellt, ihre Wirkung zu steigern.

TNF befindet sich z. Zt. in der Phase II der klinischen Prüfung, und zwar sowohl von Asahi Chemical als auch von Dainippon Pharmaceutical. Neben diesen beiden führenden Unternehmen im Bereich der rekombinanten DNA-Technologie entwickeln folgende japanische Firmen ebenfalls TNF: Hayashibara Biomedical Laboratories, Otsuka Pharmaceutical, Teijin, Wakunaga Pharmaceutical und Suntory. Shionogi und Takeda haben rekombinant produziertes IL-2 in Phase II der klinischen Prüfung. Die gleiche Entwicklung betreiben z. Zt. Ajinomoto, Hayashibara, Otsuka, Suntory, Toray und Yoshitomi.

Großes Interesse hat in jüngster Zeit die neue Substanz CSF (colony stimulation factor) hervorgerufen. Morinaga Milk und Green Cross befinden sich mit dieser Entwicklung (CSF-Hu) bereits in Phase III der klinischen Prüfung. Dicht auf deren Fersen sind Chugai und Kirin Brewery, die mit G-CSF klinische Prüfungen betreiben sowie Sumitomo Pharmaceuticals mit GM-CSF. Es ist zu erwarten, daß in der Zukunft weitere japanische Unternehmen diese Forschungsfelder betreten werden.

9. Fazit

Die Ergebnisse unserer Untersuchung verdeutlichen, daß schon heute von einer offenkundigen japanischen Bedrohung für die führenden internationalen pharmazeutischen Hersteller gesprochen werden kann. Eine noch stärkere Bedrohung für die Wettbewerbsfähigkeit der westlichen pharmazeutischen Industrie, vor allem der europäischen, ist dann zu befürchten, wenn es nicht zu einer neuen Dynamik der Pharmaforschung kommt und wenn nicht gleichzeitig die Rahmenbedingungen, die die Gesundheitsbehörden der westlichen Länder setzen, in Richtung auf eine forschungsfördernde, vorausschauende Politik ausgerichtet werden. Für die EG bietet sich z. Zt. die große Chance, mit einer neu anzulegenden, die internationale Entwicklung berücksichtigenden Politik der japanischen Bedrohung angemessen zu begegnen.

Der amerikanische Pharmamarkt – Situation und Wettbewerb

Peter W. Davis

1. Einführung
2. Das amerikanische Gesundheitswesen
3. Der amerikanische Pharmamarkt
4. Zukünftige Entwicklungen
5. Erfolgsfaktoren
6. Implikationen

1. Einführung

Das US-Gesundheitssystem befindet sich in einer Phase grundlegender Umstrukturierung. Dieser Prozeß ist für einen Beobachter, der zwar allgemein am Gesundheitssystem interessiert, aber nicht in den Vereinigten Staaten ansässig oder selbst auf dem US-Gesundheitsmarkt aktiv ist, schwer zu verfolgen. Viele gegenläufig wirkende Kräfte sind am Werk. Die verschiedenen Formen gesundheitlicher Dienstleistungen werden zunehmend differenzierter, während gleichzeitig eine Machtkonzentration auf immer weniger Entscheidungsträger stattfindet, die große Teilbereiche des Gesundheitssystems kontrollieren und deren Form und Inhalt bestimmen. Gleichzeitig wird die traditionelle Konzentration auf die Behandlung von Krankheiten von einer Neuorientierung in Richtung Präventivmedizin abgelöst. Ziel der Reorientierung ist die Senkung der Gesamtkosten des Gesundheitswesens.

Die Kostenkontrolle als Element der Leistungserbringung gewinnt zunehmend an Bedeutung und berührt alle Elemente des Systems: Arzneimittelpreise, ärztliche Honorare, Versicherungsbeiträge und nicht zuletzt die Eigenbeteiligung der Patienten. Die Bereitstellung von Leistungen des Gesundheitswesens bewegt sich weg von dem traditionellen System der direkten Bezahlung für die jeweiligen Leistungen. Statt dessen kann man sich heute gegen Zahlung einer festen Gebühr, auch „Kopfgeld" genannt, für eine Reihe möglicher Gesundheitsleistungen versichern lassen. Dieses Finanzierungsprinzip ist gemeinsames Merkmal einer neuen Gruppe von Leistungsanbietern im Gesundheitswesen, den „HMOs" (Health Maintenance Organizations), von denen viele auf privater, gewinnorientierter Basis organisiert sind. HMOs sind Teil einer neuen Welle von Gesundheitsangeboten, die die USA überschwemmen und allgemein als „managed health care" bezeichnet werden. Managed health care (MHC) ist der Oberbegriff für eine Anzahl verschiedener neuer Gesundheitsdienstleistungen, die sich durch unterschiedliche Arten und Staffelungen der Beiträge, Leistungsvereinbarungen, Beitragsermäßigungen, lohnabhängige Strukturierungen, Kontrollen der Inanspruchnahme etc. unterscheiden. Die grundlegende Idee dieser Einrichtungen ist es, eine bestimmte Auswahl von Gesundheitsdienstleistungen für einen im voraus bezahlten, fixen Beitrag anzubieten. Dieser kann entweder monatlich, vierteljährlich oder jährlich entrichtet werden. Diese Institutionen arbeiten mit vollem wirtschaftlichen Risiko, d. h. sie können sowohl Gewinn als auch Verlust erwirtschaften.

Nach erfolglosen Versuchen in den siebziger Jahren erleben HMO's seit Beginn der

80er Jahre einen fast explosionsartigen Boom. Verschiedene HMO-Konzepte lassen sich unterscheiden:

GROUP: Hier wird ein Exklusivvertrag zwischen der HMO und einer Gruppe von Ärzten geschlossen, die dann die medizinische Betreuung für Mitglieder der HMO übernehmen. Beispiele sind Cigna, Fallon, PruCare.

IPA (Independent Practice Association): Hier schließt die HMO mit einzelnen Ärzten oder Gruppen unabhängiger Ärzte Verträge über die Bereitstellung von Gesundheitsleistungen ab. Beispiele sind Blue Cross und Blue Shield, Health Care USA.

NETWORK: Diese Organisationsform entspricht in etwa dem IPA-Ansatz. Es existieren vertragliche Vereinbarungen mit zwei oder mehr Gruppenpraxen. Ein Beispiel ist MaxiCare.

STAFF: HMO's dieses Typs beschäftigen eigene Ärzte. Das beste Beispiel ist Kaiser.

Neben den HMOs gibt es eine weitere Form organisierter Gesundheitsfürsorge, die sogenannten PPOs (Preferred Provider Organizations). Bei dieser Form bieten Ärzte oder Krankenhäuser einzeln abgerechnete Leistungen für bestimmte Personengruppen preisgünstiger an, bleiben dabei jedoch unabhängig. Waren 1980 erst ca. 4,3% der amerikanischen Bevölkerung Mitglieder einer HMO oder PPO, so liegt dieser Anteil 1985 bereits bei 11%.

Ein weiteres starkes Wachstum wird für beide Organisationsformen erwartet. Frühere Schätzungen, nach denen im Jahre 1995 fünfzig Prozent der US-Bevölkerung Mitglieder einer HMO oder PPO sein sollten, erscheinen angesichts der aktuellen Probleme, mit denen sich HMOs und PPOs konfrontiert sehen, etwas zu optimistisch. Probleme bereiten z.B. unerwartet hohe Inanspruchnahmen, verschärfter Wettbewerb durch traditionelle Versicherungsgesellschaften, sowie eine zu langsame Akzeptanz und Implementation präventiver medizinischer Techniken.

Die zunehmende privatwirtschaftliche Orientierung des Gesundheitswesens ist auch an der steigenden Zahl von Krankenhäusern erkennbar, die gewinnorientiert geführt werden und vielfach zu Ketten zusammengeschlossen sind. Der zunehmende Konzentrationsdruck drängt die traditionellen Leistungsanbieter (Ärzte, Apotheker und Krankenhäuser) aufgrund fehlender Verhandlungsmacht in eine finanziell schlechtere Position. Diese Entwicklung hat Auswirkungen auf zwei aus Patientensicht entscheidende Aspekte: Den Zugang zu und die Qualität von Leistungen des Gesundheitswesens.

Das Ziel dieses Artikels ist es, die Struktur und die Dynamik des amerikanischen Gesundheitssystems im allgemeinen sowie die derzeitige Situation und mögliche Entwicklungen des pharmazeutischen Segmentes im besonderen zu beschreiben. Der Zeitrahmen, auf den Bezug genommen wird, erstreckt sich bis zur Mitte der 90er Jahre, wobei einige Entwicklungsprognosen bis in das Jahr 2000 reichen. Dieser Artikel beabsichtigt nicht, eine ausführliche Analyse der US-amerikanischen Pharmaindustrie zu erstellen, sondern stellt lediglich ein Basisgerüst dar.

2. Das amerikanische Gesundheitswesen

2.1 Gesamtüberblick

Es wird generell anerkannt, daß die Gesundheitsfürsorge in den USA teuer ist und daß die US-Regierung in nicht unerheblichem Maße zur Explosion der Gesundheitsausgaben durch Programme wie Medicare- (unterstützende Gesundheitsfürsorge für Rentner) und Medicaid- (Gesundheitssubventionen für Arme) beigetragen hat. Tabelle 1 verdeutlicht die Entwicklung der Gesundheitskosten.

	1965	1985	1987
Ausgaben			
Gesamtausgaben (in Mrd. Dollar)	42	420	496
Kosten pro Kopf	$ 205	$ 1.750	$ 1.973
Prozent vom BSP	5,9%	10,8%	11,2%
Finanzierung			
Privat (gesamt)	74%	59%	59%
— Versicherungen	5%	31%	31%
— Konsumenten	68%	25%	25%
— Sonstige	1%	3%	3%
Öffentliche Hand	26%	41%	41%
— Bund	13%	29%	30%
— Bundesstaaten	13%	12%	11%

(Quelle: SRI International)

Tabelle 1: Gesundheitsausgaben und ihre Finanzierung in den USA

Ein Vergleich zwischen 1985 und 1965 macht das explosionsartige Wachstum deutlich. Die gesamten Ausgaben sind seit 1965 um das Zehnfache gestiegen. Der prozentuale Anteil der Gesundheitsaufwendungen am Bruttosozialprodukt (BSP) ist heute beinahe doppelt so hoch wie 1965. Hervorzuheben sind insbesondere die Veränderungen bei der Finanzierung der Gesundheitsausgaben: Die Bundesregierung hat ihren Anteil an der Kostenlast mehr als verdoppelt (von 13% auf 30% im Jahre 1987), die Zahlungen der Versicherungsgesellschaften sind ebenfalls erheblich angestiegen (von 5% auf 31%); und es hat den Anschein, als ob die Zahlungen der Konsumenten deutlich zurückgegangen sind (von 68% auf 25%). Dies ist jedoch irreführend. Zum einen haben sich die Methoden der Datengewinnung und – analyse verändert und zum anderen finanzieren natürlich die privaten Haushalte sowohl die Versicherungen über ihre Beiträge als auch die Staatsausgaben über ihre Steuern.

Der Vergleich zwischen 1985 und 1987 verdeutlicht die fortschreitende Eskalation der Gesundheitsausgaben, gemessen als prozentualer Anteil am BSP, obwohl auf Initiative der Regierung im Jahre 1983 Steuerungsmechanismen zur Kontrolle der Medicare-Kosten eingeführt wurden. Mit 11,2% am BSP stehen die USA an der Spitze der Industrieländer, obgleich es schwierig ist, solche Prozentangaben aufgrund der unterschiedlichen Zurechnungsmethoden in den verschiedenen Ländern zu vergleichen.

In den USA beginnt man sich die Frage zu stellen, „Wieviel Gesundheitsfürsorge ist genug?". Viele Beobachter argumentieren, daß die Ausgaben für das Gesundheitswesen sich ohne weiteres in einem Bereich zwischen 15% und 20% des BSP bewegen könnten; andere führen ebenso nachdrücklich an, daß der Anteil der Gesundheitsausgaben keinesfalls mehr als 10% des BSP betragen sollte und daß eine kritische Kosten/Nutzenanalyse teurer technologischer Neuentwicklungen notwendig ist. Es kann keine definitive Antwort auf diese Frage geben, aber es ist gleichzeitig klar, daß die heute eingeführten Maßnahmen zur Kostenkontrolle nicht in der Lage sein werden, den Ausgabentrend noch vor dem Jahr 2000 zu stabilisieren oder gar umzukehren. Das System ist zu komplex, um innerhalb kurzer Zeit grundlegende Veränderungen zuzulassen. Es gibt unzweifelhaft eine wachsende Besorgnis über die Ausgabensteigerung und eine nachlassende Bereitschaft, alles technisch mögliche auch zu bezahlen. Gleichzeitig ist jedoch auch nur eine geringe Bereitschaft vorhanden, den Staat alle Einzelheiten der medizinischen Versorgung regeln zu lassen. Die Regierung setzt daher verstärkt auf die in den späten 70er Jahren eingeführte Förderung der individuellen Verantwortung für die Gesundheit, mehr Wettbewerb zwischen den Anbietern von Gesundheitsleistungen, präventive Gesundheitsfürsorge und eine Abkehr von der Kosten-Plus-Mentalität.

Wie oben erwähnt ist das amerikanische Gesundheitssystem so komplex, daß die Auswirkungen gesundheitspolitischer Entscheidungen nur schwer vorhersagbar sind. Verschiedene Ansätze zur Kostenkontrolle befinden sich zur Zeit in der Erprobungsphase. Gleichzeitig ist man nicht bereit, Kompromisse beim Zugang und bei der Qualität einzugehen (insbesondere beim Segment der über 65jährigen Medicare-Grundgesamtheit). Es ist unwahrscheinlich, daß wir signifikante Veränderungen beim privatwirtschaftlich orientierten Ansatz der Gesundheitsfürsorge in den nächsten 5 – 10 Jahren sehen werden.

Tabelle 2 faßt die wichtigsten aktuellen Fragen und Entwicklungen zum amerikanischen Gesundheitswesen zusammen. Wir werden später auf diese Punkte zurückkommen und versuchen, mögliche Entwicklungen aufzuzeigen.

Inanspruchnahme von Gesundheitsleistungen

— Zugang zum Gesundheitssystem
  insbesondere für die ca. 30 Mio. Nicht-Versicherten

— Sicherung der Qualität medizinischer Leistung
  insbesondere für die älteren Mitbürger

— Die Rolle der Ärzte
  Abkehr von der traditionell persönlichen und familiären ärztlichen Betreuung hin zu einer kostenorientierten und unpersönlichen Beziehung.

Soziale Gesichtspunkte

— Gesundheitsfürsorge — Recht oder Privileg?
  Sollten staatliche Reformen die Gesundheitsfürsorge für alle sichern, oder sollte die private Industrie ein System anbieten, welches auf die Zahlungsfähigkeit des einzelnen ausgerichtet ist.

— Die wachsende Bedeutung des Patienten.
  Wie reagieren die Anbieter von Gesundheitsleistungen auf eine ständig besser informierte Patientenschaft?

— Demographische Entwicklung.
  Die Zusammensetzung der US-amerikanischen Bevölkerung verändert sich: mehr ältere Mitbürger, mehr ethnische Gruppierungen (asiatisch, lateinamerikanisch) — welche Konsequenzen hat das?

Finanzielle/Regulatorische Gesichtspunkte

— Risiko-Konzept
  Inwieweit kann das finanzielle Risiko von Ärzten, Krankenhäusern und Apothekern auf die Patienten übertragen werden? Sollte das geschehen?

— Gewinnmotive
  Können profitorientierte Organisationen (z.B. HMOs) Gesundheitsleistungen anbieten, ohne Zugeständnisse bei der Qualität zu machen?

— Kosten/Nutzenanalyse
  Können oder sollen neue medizinische Technologien nur dann eingeführt werden, wenn sich ein wirtschaftlicher Vorteil über bereits existierende Technologien nachweisen läßt?

— Staatliche Eingriffe und Wettbewerb
  Ist das Gesundheitswesen bereits zu reglementiert?
  Sollte es z. B. eine Lockerung der FDA-Gesetze bzgl. der Verschreibungspflicht geben?
  Hat das neue Waxman-Hatch Gesetz die Konsumenten wirklich besser gestellt (oder hat es forschungsintensive pharmazeutische Unternehmen geschwächt) ?

Trends

— Die neue Angebotsvielfalt
  Das traditionelle Hausarzt/Apotheken/Universalkrankenhaus-System macht einer breiten Auswahl verschiedenster Einrichtungen Platz (z.B. Geburtskliniken, Operationszentren, HMOs, Heimkrankenversorgungssysteme etc.).

— Patientenorientierung
  Das Gesundheitswesen ist ein Hauptthema in den Medien geworden (verstärkt durch AIDS); Patienten haben dazugelernt und stellen den Leistungsanbietern mehr und mehr Fragen.

— Leistungsgarantie
  Es besteht kein Zweifel daran, daß mehr und mehr Anbieter von Gesundheitsleistungen in naher Zukunft verstärkt Risiken übernehmen müssen (Einige Pharmaunternehmen geben mittlerweile eine „Geld-zurück"-Garantie für die Wirksamkeit ihrer Präparate).

— Finanzierung
  „Kopfgeld", Katastrophenschutz, Krankenversicherung etc. sind aktuelle Diskussionspunkte. Eine Verschmelzung von Anbietern der Gesundheitsleistungen mit Versicherungen zeichnet sich ab (HMO).

— Wettbewerb
  Eine zunehmende Anzahl von Anbietern steigert die Wettbewerbsintensität des Systems. Branchenneulinge drängen aggressiv in die Pharmamärkte ein, z.B. Eastman Kodak, Ethyl Corporation, Procter & Gamble.

(Quelle: SRI International)

Tabelle 2: Kernaspekte des amerikanischen Gesundheitswesens

2.2 Die Marktteilnehmer

Nachdem wir uns im vorigen Abschnitt mehr mit makroökonomischen Aspekten des Gesundheitswesens beschäftigt haben, wenden wir uns nun den einzelnen Elementen zu, die diesen Markt definieren. Tabelle 3 gibt eine Übersicht über ausgewählte Kerndaten zum amerikanischen Gesundheitsmarkt, und Tabelle 4 verdeutlicht die Entwicklung des Pharmasektors.

Bevölkerung	240 Mio.
0-64	214 Mio.
älter als 65	26 Mio.
Jährliche Arztbesuche	600 Mio.
Krankenhauseinweisungen	38 Mio.
HMO Mitglieder	19 Mio.
Gesamtzahl der Ärzte	520.000 (100%)
— niedergelassen	300.000 (58%)
— in Krankenhäusern	200.000 (42%)
Gesamtzahl der Apotheken	62.500 (100%)
— unabhängig	38.500 (61%)
— in Ketten organisiert	18.000 (29%)
— in Krankenhäusern	6.000 (10%)
Gesamtzahl der Apotheker	115.000
Gesamtzahl der Krankenhäuser	6.870
— Einweisungen	37,9 Mio.
— Aufenthaltsdauer	6,8 Tage
— Belegrate	72,5%
Umsatz pharmazeutischer Präparate (zu Herstellerabgabepreisen)	$ 23.500 Mio.
— ethische Präparate	$ 16.800 Mio. (71%)
— OTC	$ 6.700 Mio. (29%)
Sonstige medizinische Produkte (zu Herstellerabgabepreisen)	$ 20.600 Mio.
— Heil- und Hilfsmittel	$ 11.900 Mio. (58%)
— Geräte	$ 4.100 Mio. (20%)
— Zubehör	$ 4.600 Mio. (22%)

(Quelle: SRI International)

Tabelle 3: Kerndaten zum amerikanischen Gesundheitsmarkt 1985

	1976	1980	1984
Umsatz pharmazeutischer Präparate (in Mio. Dollar)	7.800	12.000	21.200
— ethische Präparate	5.400	8.000	14.400
— OTC	2.400	4.000	6.300
Durchschnittl. jährliche Wachstumsraten	1976—1980		1980—1984
Gesamtmarkt	11%		15%
— ethische Präparate	10		17
— OTC	13		12

(Quelle: SRI International)

Tabelle 4: Wachstum der pharmazeutischen Industrie

Es ist deutlich zu erkennen, daß sowohl verschreibungspflichtige als auch OTC-Produkte in den vergangenen zehn Jahren ein außerordentlich hohes Wachstum aufweisen. Dies ist auf das Zusammenwirken mehrerer Faktoren zurückzuführen. Dazu gehören die Einführung neuer chemischer Substanzen (z. B. SmithKline Beckmans Cimetidin, Squibbs Captopril), ein starkes Wachstum bei etablierten Produkten, steigende Preise, die Herausnahme von Produkten aus der Verschreibungspflicht (z. B. Ibuprofen) etc. Nach Schätzungen von SRI wird bis Anfang der 90er Jahre die durchschnittliche jährliche Wachstumsrate für verschreibungspflichtige Produkte ca. 12 % und für OTC-Produkte 8–9 % betragen.

Tabelle 5 enthält weitere ausgewählte Kennzahlen zum Pharmabereich:

Umsatz pharmazeutischer Präparate (zu Herstellerabgabepreisen)	$ 23.500 Mio.
Umsatz pro Kopf der Bevölkerung (Endverbraucherpreise)	$ 200
OTC Marktanteil	29 %
Umsatzanteil des Klinikbereichs	25 %
Marktanteil der Generika	25 %
durchschnittl. jährl. Preiserhöhungen	10 %
Anzahl der Pharmaunternehmen, die ca. 95 % Marktanteil repräsentieren	50

(Quelle: SRI International)

Tabelle 5: Ausgewählte Kennzahlen zum Pharmamarkt 1985

Die Marktanteile von OTC-Präparaten und Krankenhäusern haben sich in den letzten Jahren nicht signifikant geändert. Andererseits ist der Marktanteil der Generika – breit definiert – von 20 % im Jahre 1978 auf 25 % im Jahre 1985 angestiegen. Über die weitere Entwicklung bestehen ebenfalls wenig Zweifel – der Mangel an bedeutenden neuen Wirkstoffen und die große Zahl der in den nächsten Jahren auslaufenden Patente wird den Marktanteil der Generika erheblich steigern.

Auf der Preisseite scheint es unwahrscheinlich, daß die Pharmaindustrie in der Lage sein wird, auch weiterhin aggressive Preiserhöhungen in der Größenordnung von 10 % pro Jahr durchzusetzen. Faktoren wie die Konzentration auf der Nachfragerseite, Kostendämpfung, staatliche Steuerungen (Preisobergrenzen), Wettbewerb unter den Generika und die gestiegene öffentliche Aufmerksamkeit drücken gemeinsam auf die Pharmapreise. Der Hinweis der forschenden Pharmaunternehmen auf die gestiegenen F & E-Aufwendungen hilft wenig.

3. Der amerikanische Pharmamarkt

Im folgenden beschreiben wir detalliert den amerikanischen Pharmamarkt, wobei wir insbesondere auf Produkte, Unternehmen, Marketingpraktiken und Wettbewerbsdynamik eingehen werden.

3.1 Pharmazeutische Produkte

Ein Großteil des Umsatzes pharmazeutischer Produkte in den USA konzentriert sich auf wenige Indikationsgebiete: Antibiotika, Herzkreislauf, Zentrales Nervensystem, Magen-und Darm, Hormon- und Stoffwechsel etc. Das jeweilige Marktvolumen ist in Tabelle 6 aufgeführt.

Therapeutische Kategorie	1985 Umsätze in Mio. Dollar	jährliche Wachstumsrate 1980-1985
Zentrales Nervensystem	4.400	14%
Herz/Kreislauf	4.000	18%
Antibiotika	3.000	13%
Krebs/Hormon/Stoffwechsel	2.700	16%
Magen und Darm	200	16%
Atmung	700	8%
Dermatologie	600	18%
Verschiedenes	1.200	7%
Gesamt	16.800	14%

(Quelle: SRI International)

Tabelle 6: Umsatz nach Indikationsgebieten

Tabelle 7 vergleicht das Marktvolumen für drei Präparategruppen zwischen USA und Westeuropa (definiert als Frankreich, Italien, Deutschland, Großbritannien). Abweichungen zur Tabelle 6 ergeben sich daraus, daß teilweise leicht geänderte Marktdefinitionen benutzt werden, um die Vergleichbarkeit der Märkte zu gewährleisten.

	USA	Westeuropa
Krebserkrankungen	665	540
Herz/Kreislauf	4.400	3.960
Atmung (einschl. OTCs)	1.825	1.265

(Quelle: SRI International)

Tabelle 7: Vergleich der Umsatzvolumina USA – Westeuropa, in Mio. Dollar

Innerhalb eines Indikationsgebietes werden die Präparate in der Regel zu einer Wirkstoffgruppe zusammengefaßt. Die fünf führenden Gruppen in den USA im Jahre 1985 stellt Tabelle 8 dar.

	Umsatz 1985 (in Mio. Dollar)	Marktanteil
Antibiotika	2.185	13%
Antiarthritis-Mittel	1.200	7%
Tranquilizer	1.180	7%
Beta-Blocker	960	6%
Antiulcus-Präparate	925	5%

(Quelle: SRI International)

Tabelle 8: Die fünf führenden Wirkstoffgruppen

Diese fünf Gruppen repräsentieren nahezu 40% des Pharmaumsatzes. Antibiotika und Antiulcus-Präparate (Cimetidin und Ranitidin) sind die am schnellsten wachsenden Gruppen, mit durchschnittlichen Jahreswachstumsraten zwischen 15 und 20%. In der Zukunft erwartet man überdurchschnittliche Wachstumsraten für ACE-Hemmer, Calcium-Antagonisten, Krebs-Chemotherapeutika und Muskelstimulantien. Ein Nullwachstum oder gar einen Rückgang weisen Amoebicide/Trichomonacide, Diuretika und Sulfonamide auf.

Im OTC-Marktsegment sind Vitamine und Mineralien ($ 2 Mrd.), Analgetika ($ 1,4 Mrd.) sowie Erkältungs- und Allergieprodukte ($ 1,1 Mrd.) die drei größten Gruppen. Die Wachstumsraten für OTC-Produkte lagen in den letzten 10 Jahren bei 12–13% jährlich, jedoch erwartet man in der Zukunft ein leicht geringeres Wachstum. Der OTC-Bereich könnte jedoch einen großen Durchbruch erleben, falls mehrere der folgenden Faktoren gleichzeitig auftreten sollten: Lockerung von staatlichen Vorschriften bezüglich der Verschreibungspflicht, neue OTC-Produkte, Präventivmedizin und neue Gesundheitstrends (z. B. Vitamine und Mineralien).

Die Wachstumsraten hängen vor allem von neuen Produkten, auslaufenden Patenten, Wettbewerb unter den Generika und den Preisstrategien (vor, während und nach dem Auslaufen eines Patentes) ab. Der Versuch einer Projektion der zukünftigen Marktgröße muß alle Faktoren einbeziehen und bedarf einer gründlichen Analyse.

3.2 Die Pharmaunternehmen

Die amerikanische Pharmaindustrie ist, ähnlich wie in Westeuropa und Japan, bis zum heutigen Zeitpunkt durch eine bemerkenswerte Konsistenz und Stabilität charakterisiert. Zwar kamen während der letzten 30 Jahre neue Marktteilnehmer (hauptsächlich aus Europa) hinzu, dies führte jedoch eher zu einer Stärkung der Industrie. Die heute führenden Unternehmen sind die gleichen wie vor 30 Jahren. Dazu gehören Abbott, Lilly, MSD, Pfizer, SmithKline, Squibb, Upjohn etc.. Einige Newcomer, wie z. B. Key, Marion und Syntex waren sehr erfolgreich, und mehrere westeuropäische Firmen haben sich ebenfalls etabliert, z. B. Bayer, Boehringer Ingelheim, Burroughs Wellcome, Ciba-Geigy, Glaxo, Hoechst, Roche, Sandoz. Ein paar Firmen wurden von größeren Unternehmen übernommen, wie z. B. American Critical Care, Key Merrell, Miles, Searle, U. S. Vitamin. Wir befinden uns jedoch in einer Zeit erheblicher industrieller Aktivität und Umstrukturierung; die führenden Anbieter des Jahres 2000 können ganz andere als die heutigen sein.

In Tabelle 5 haben wir gezeigt, daß 1985 fünfzig Unternehmen 95% Marktanteil besaßen. Dieser Wert offenbart viel über den Markt. Er besagt, daß es viele Marktteilnehmer mit jeweils kleinem Marktanteil gibt – kein Unternehmen dominiert den Markt. Der Markt ist fragmentiert, d. h. jedes Unternehmen hat eine große Zahl ernstzunehmender Konkurrenten. Tabelle 9 verdeutlicht das nochmals.

	Marktanteil in % 1975	1985
Top 5 Unternehmen	30	29
Top 10 Unternehmen	46	48
Top 20 Unternehmen	70	70
Top 50 Unternehmen	95	95

(Quelle: Geschäftsberichte, SRI International)

Tabelle 9: Konzentration in der Pharmaindustrie

Lediglich vier Unternehmen aus den Top 20 des Jahres 1975 waren 1985 nicht mehr dort vertreten; nur 14 Unternehmen aus den Top 50 des Jahres 1975 sind aufgekauft worden. Gleichzeitig haben bis vor kurzem nur sehr wenige Unternehmen aus den Top 20 versucht, ihre Marktposition im Pharmabereich durch Akquisitionen zu stärken.

Die Tabellen 10 und 11 geben ein Bild über die Umsatzzahlen der führenden Anbieter bei ethischen und bei OTC-Produkten. Einschränkend ist zu sagen, daß die Zahlen teilweise auf Schätzwerten beruhen, da bei einigen Unternehmen die Umsatzzahlen nicht nach Sparten getrennt ausgewiesen werden.

Unternehmen	Gesamtumsatz	Gewinn	F & E Ausgaben	Geschätzter Umsatz eth. Präparate
Merck & Co., Inc.	4.129	675	479	1.675
Eli Lilly and Company	3.720	558	427	1.600
American Home Products	4.926	778	227	1.400
Smith Kline Beckman	3.745	521	377	1.300
Pfizer, Inc.	4.476	660	335	1.250
Glaxo Holdings, p.l.c.	2.568	732	220	927
Upjohn	2.291	252	314	900
Ciba-Geigy	9.827	136	1.002	900
Johnson & Johnson	7.002	329	521	800
Bristol-Myers Co.	4.834	589	311	800

(Quelle: SRI International)

Tabelle 10: Die führenden Unternehmen im amerikanischen Pharmamarkt auf Basis verschreibungspflichtiger Präparate 1986 (in Mio. Dollar)

Unternehmen	Umsatz	Gewinn	F & E Ausgaben	Geschätzte OTC-Umsätze
Johnson & Johnson	7.002	329	521	700
American Home Products	4.926	778	227	675
Procter & Gamble Co.	17.000	327	576	650
Warner-Lambert Co.	3.103	139	209	600
Bristol-Myers Co.	4.834	589	311	550
Schering-Plough Corp.	2.399	265	212	325
Sterling Drug Inc.	1.990	171	103	325
Burroughs Wellcome, p.l.c.	1.670	139	209	250
Beecham Group, p.l.c.	4.027	294	146	250
A. H. Robins Company	790	81	51	160

(Quelle: SRI International)

Tabelle 11: Die führenden Unternehmen im amerikanischen Pharmamarkt auf Basis von OTC-Umsätzen 1986 (in Mio. Dollar)

Nur drei Unternehmen tauchen in beiden Tabellen auf. Dieses Bild könnte sich in den kommenden Jahren ändern, wenn mehrere der traditionell ethisch orientierten Pharmaunternehmen Möglichkeiten des OTC-Marktes erkunden. Diese Diversifikationsstrategie resultiert aus negativen Entwicklungen im Verschreibungsmarkt (Wettbewerb der Generika) und eher günstigen Wachstumsvorhersagen im OTC-Sektor. Unternehmen mit relativ neuen oder neustrukturierten OTC-Einheiten sind Burroughs Wellcome, Ciba-Geigy, Glaxo, Rorer, Sandoz, Upjohn, und Warner-Lambert. Einige Unternehmen, einschließlich Pfizer und Rorer, versuchen durch Akquisition in den OTC-Markt zu kommen; American Home Products hat vor kurzem A. H. Robins (das eine sehr starke OTC-Produktlinie besitzt) übernommen. Monsanto-Searle hat ebenfalls verkündet, daß es wieder in das OTC Geschäft einsteigen will. Searles äußerst populäres und sehr erfolgreiches OTC-Abführmittel, Metamucil, wurde an Procter & Gamble verkauft, als sich die Familie Searle im Jahre 1985 trennte und das Unternehmen verkaufte.

Faßt man den OTC-Markt und den ethischen Markt zusammen, ergibt sich das in Tabelle 12 dargestellte Bild.

	Umsatz 1986 (Mio. Dollar)
American Home Products	2.075
Merck & Co., Inc.	1.675
Eli Lilly and Company	1.600
Johnson & Johnson	1.500
SmithKline Beckman	1.425
Pfizer, Inc.	1.400
Bristol-Myers Co.	1.350
Warner-Lambert Co.	1.100
Upjohn	960
Ciba-Geigy	950

(Quelle: SRI International)

Tabelle 12: Die führenden Unternehmen im amerikanischen Pharmamarkt, Gesamtumsatz

Es mag den Leser überraschen, daß bei einer Gesamtbetrachtung des amerikanischen Pharmamarktes nicht Merck & Co die Rangliste anführt.

Faßt man den Begriff des relevanten Marktes noch weiter und schließt auch Heil- und Hilfsmittel sowie technische Geräte und Zubehör ein, dann liegt mit einem Umsatz von ca. $ 4,1 Mrd. die Firma Baxter International eindeutig in Führung. Hinter Baxter folgen Johnson & Johnson ($ 3 Mrd.), Abbot ($ 2,52 Mrd.) und American Home Products mit $2,455 Mrd. Bei dieser Marktdefinition liegt Merck erst an neunter Position, mit einem Gesamtumsatz von $ 1,7 Mrd.

3.3 Marketingpraktiken

Bevor wir uns den für die amerikanische Pharmaindustrie charakteristischen Marketingpraktiken zuwenden, erscheint es uns wichtig, zunächst den Prozeß der Kaufentscheidung bei Arzneimitteln in den USA zu erläutern. Wenn ein Patient einen Arzt aufsucht, liegt es beim Arzt, ob er den Patienten mit einem Medikament behandelt oder nicht. Er kann sich z. B. gegen eine medikamentöse Therapie entscheiden, weil kein Produkt mit angemessener Wirksamkeit oder Sicherheit existiert, weil die Kosten zu hoch sind, oder weil der Patient sich gegen eine medikamentöse Behandlung ausspricht.

Die Kosten und der Widerstand des Patienten sind dabei zwei Faktoren, die in den letzten Jahren wenig Beachtung fanden, denen heute jedoch eine größere Bedeutung zukommt. Entscheidet sich der Arzt für eine medikamentöse Behandlung, so muß er sich auf eine bestimmte Medikamentenklasse festlegen (z. B. Beta-Blocker oder ACE-Hemmer). Weiterhin muß er beachten, ob das spezifische Produkt augenblicklich in Apotheken verfügbar ist, wie die Kauf- und Finanzierungssituation aussieht und ob der Patient die Behandlung unterstützt, also eine hohe Compliance aufweist (generell ist die Compliance in den USA gering). Der Arzt von heute operiert in diesem komplexen Entscheidungsfeld keinesfalls autark, er wird vielmehr durch eine Reihe anderer Entscheidungsträger beeinflußt. Die folgende Tabelle illustriert diesen komplexen Prozeß und prognostiziert die mögliche Situation für das Jahr 2000.

	Veranlaßt Präparatewahl		Entscheidungsbefugnis bzgl.			
			Wirkstoff		Präparat	
Entscheidungsträger	1985	2000	1985	2000	1985	2000
Arzt	95%	80%	93%	80%	80%	60%
Apotheker	2	6	4	8	9	15
Sonst. Bedienstete	—	3	—	2	—	3
Versicherungsangestellte	1	4	1	3	2	5
Management	—	2	1	5	2	5
Großhändler	—	—	—	—	2	4
Patienten	2	5	1	2	5	8
Gesamt	100%	100%	100%	100%	100%	100%

(Quelle: SRI International)

Tabelle 13: Relative Bedeutung verschiedener Entscheidungsträger bei der Auswahl einer medikamentösen Behandlung

Der Arzt von heute befindet sich in einer Übergangsphase. Der Haupteinfluß auf die Präparateauswahl verlagert sich von ihm auf Apotheker und andere Institutionen wie z. B. HMOs, privatwirtschaftlich organisierte Krankenhausketten, PPOs. Daneben wird die pharmazeutische Entscheidung des Arztes auch durch Rechtsanwälte (Beachtung von Kunstfehlern), Medien, Kollegen (Peer Review Organizations), Politiker, Zulassungsbehörde (FDA) und spezielle Interessengruppen beeinflußt. Die Pharmaindustrie ist lediglich ein Teil dieses komplexen Prozesses, und es ist wichtig zu erkennen, daß die ehemals enge Beziehung zwischen Ärzten und Vertretern der Pharmaunternehmen, die direkt zu Verschreibungen und Verkäufen führte, zunehmend externen Kontrollen, Bedarfsentwicklungen und Erwartungen unterworfen wird.

Um mit dieser sehr viel komplexeren Umwelt zurechtzukommen, experimentieren pharmazeutische Unternehmen mit einer breiten Palette neuer Marketing- und Verkaufsförderungsmaßnahmen. In Tabelle 14 sind die verschiedenen Bestandteile des Marketingbudgets für einen führenden US-Anbieter verschreibungspflichtiger Pharmazeutika aufgeführt. In diesem Budget sind nur Ausgaben für Verkaufsförderung enthalten; Verwaltungsausgaben, Löhne etc. (oder indirekte Ausgaben) sind nicht erfaßt.

Das Marketingbudget für eine OTC-Firma sieht grundlegend anders aus – der Prozentsatz für Werbeaktivitäten wäre sehr viel höher, insbesondere wenn TV-Werbung mit einbezogen wird. Die Kosten für Außendienst würden sich dagegen verringern.

	Anteil am Gesamtbudget für Marketing und Verkaufsförderung (in %)
Verkaufsförderung	**60%**
— Außendienst	45%
— Muster	11%
— Werbegeschenke	4%
Werbung/Kommunikation	**33%**
— Werbung in Zeitschriften	15%
— Direct Mail	5%
— Medizinische Publikationen (von den Unternehmen gesponsort)	4%
— Symposien/Seminare	3%
— Tagungen	3%
— Ständige medizinische Ausbildung	2%
— Sonstiges	1%
Medizinische/Wissenschaftliche Verkaufsförderung	**3%**
— z. B. Studien über Kosten und Nutzen, Phase IV-Studien, Veröffentlichung medizinischer Artikel	
Sonstiges	4%
— z. B. direkte Unterstützung medizinischer Hochschulen, Beratungsgruppen, Entwicklungsprogramme für Apotheken etc.	

(Quelle: SRI International)

Tabelle 14: Das Marketingbudget bei verschreibungspflichtigen Präparaten

Pharmaunternehmen geben heute typischerweise 35 % des Umsatzes für Verkaufsförderung aus. Das Forschungs- und Entwicklungsbudget liegt bei ca. 12-13 %.

Deutliche Unterschiede werden sichtbar, wenn man die Marketingpraktiken von forschenden Pharmaunternehmen mit denen von Unternehmen vergleicht, die Mee-too-Produkte oder reine Generika vermarkten. Für innovative neue Präparate sind medientechnisch elegante Präsentationen, die sich audiovisueller Techniken bedienen und den wissenschaftlichen Charakter betonen, die Norm. Besondere Aufmerksamkeit wird dabei den Meinungsführern und „Early Adaptors" gewidmet. Für die Vermarktung von Mee-too-Produkten bleiben die traditionellen Ansätze wie Ärztebesuche, Werbung in Fachzeitschriften und Direct Mail weiterhin die Regel. Die Maßnahmen zielen auf die behandelnden Ärzte ab, jedoch erfahren andere Entscheidungsträger, wie z. B. Krankenpfleger und Apotheker eine wachsende Beachtung. Bei den reinen Generika tritt der ärztliche Außendienst zurück. Statt dessen gibt es besondere Angebote für Apotheker, starke Werbung in pharmazeutischen Journalen, finanzielle Unterstützung für Apothekengruppen etc.

Als neue Zielgruppe für Verkaufsförderungsmaßnahmen treten die Patienten immer mehr in den Vordergrund. Zur Zeit gibt es in den USA eine intensive Diskussion über das, was in dieser Hinsicht möglich, erlaubt und ethisch vertretbar ist. Sowohl die FDA als auch die FTC (Federal Trade Commission) sind involviert. Es gibt jedoch noch keine klaren Stellungnahmen zu diesem Punkt. Unumstritten ist, daß der Patient in Zukunft verstärkt das Ziel von Werbeanstrengungen für ethische Produkte ist.

Beispiele für neue Marketingtechniken und -trends, die sich zunehmender Beliebtheit erfreuen, sind:

- Der Verkauf ethischer Präparate wird mehr und mehr technisch orientiert, wobei eine besondere Betonung auf klinischen Studien und detaillierten Ausführungen über Nebeneffekte liegt.

- Verkaufspräsentationen wandeln sich von Einzelgesprächen zu formaleren, technischen Präsentationen für Ärztegruppen.

- Intensive Prämarketing und/oder Postmarketing Studien mit Meinungsführern sind die Regel geworden und bilden die Basis für sorgfältig ausgearbeitete Verkaufskampagnen.

- Die Werbung in medizinischen Journalen wird konzentrierter und spezialisierter. Massenjournale werden von Spezial-Journalen und Unternehmenszeitschriften zurückgedrängt.

- Werbung durch Direct Mail verliert mehr und mehr an Bedeutung. Wenn überhaupt, wird Direktwerbung nur noch sehr zielgruppenspezifisch eingesetzt.

- Eine große Anzahl von Pharmaunternehmen experimentiert mit modernen elektronischen Kommunikationssystemen (tragbare Computer: Direkte EDV- Verbindung der Arztpraxis mit der Datenbank des Pharmaunternehmens). Die Akzeptanz (sowohl beim Außendienst als auch bei den Ärzten) steigt langsam, aber stetig.

- Zwei neue Werbethemen erscheinen mit zunehmender Häufigkeit bei der Werbung für verschreibungspflichtige Pharmazeutika. Das „Lebensqualität"- Konzept ist Basis der Werbung für neue ACE-Hemmer. Kosten/Nutzen- Aussagen, wie „das Produkt ist seinen Preis wert" sind häufig zu beobachten, insbesondere wenn es sich um teure, auf den Krankenhausgebrauch beschränkte Antibiotika oder um Produkte für langfristige chronische Krankheiten handelt.

- Die Telekommunikation spielt eine immer größere Rolle im Pharmamarketing. Die Ansätze und Methoden sind breit gefächert. Das einfachste Beispiel sind Telefonanrufe bei Ärzten als Erinnerungsstütze für vorausgegangene Besuche. Das geht hin bis zu Simultanschaltungen mit Ärzten aus mehreren Ländern und einem Unternehmensvertreter als Moderator. Neue Ansätze werden ständig erprobt und eingesetzt.

Ein letzter wichtiger Bestandteil des Pharmamarketing sind Muster, die bis auf wenige Ausnahmen (kontrollierte Substanzen, wie z. B. Narkotika) den Ärzten frei angeboten werden. Aufgrund der steigenden Besorgnis von politischer Seite über den wahllosen Gebrauch dieser Muster gibt es starke Anzeichen dafür, daß die Ausgabe von Mustern in der Zukunft stark eingeschränkt oder gänzlich verboten wird.

3.4 Wettbewerbsdynamik

In diesem Abschnitt beschreiben wir die unterschiedlichen Aktivitäten der Unternehmen, um ihre Wettbewerbsposition auf dem Pharmamarkt zu etablieren, zu stärken oder zu verteidigen. Zweifellos ist der Wettbewerb auf dem amerikanischen Pharmamarkt heute sehr viel aggressiver als in den Jahren 1950 bis 1980. Der Grund dafür ist offensichtlich: Mehr Wettbewerber, weniger neue Produkte, mehr Beteiligte an der Auswahlentscheidung und größere Unternehmen mit sowohl größeren Ressourcen als auch höheren Erwartungen der Anteilseigner.

Die im folgenden beschriebenen Wettbewerbsaktivitäten repräsentieren unterschiedliche Strategien, Taktiken oder Techniken, die heute den Wettbewerb auf dem amerikanischen Pharmamarkt bestimmen. Der Mangel an bedeutenden neuen Produkten ist ein wichtiger Faktor, der verhindert, daß die Pharmaunternehmen auf aggressive Weise den Marktanteil erhöhen können. Die Aktivitäten sind daher mehrheitlich auf die Verteidigung der Position ausgerichtet. Die folgende Auflistung von Wettbewerbsaktivitäten kann lediglich repräsentativ und nicht vollständig sein. Neue Methoden und Techniken kommen laufend hinzu. Die vielleicht bemerkenswerteste Neuerung ist die weitaus größere Offenheit und Bereitschaft zur Kooperation. Solche Kooperationen signalisieren einen grundlegenden Wandel im Vergleich zur Vergangenheit (d. h. 1950–1980), in der die Pharmaunternehmen eher unabhängig voneinander agierten.

Aktivitäten	Beispiele	Nutzen
Akquisition Vollständiger Erwerb einer Firma durch eine andere	— American Critical Care durch DuPont — Genetic Systems durch Bristol-Myers — Hybritech durch Lilly — Robins durch American Home Products — Searle durch Monsanto — Sterling durch Eastman Kodak — U. S. Vitamins durch Rorer	Hängt von der jeweiligen individuellen Situation ab, z. B.: — Markteintrittsstrategie — Sicherung der eigenen Marktposition — Erweiterung der Produktlinie — Erwerb technologischen Know-hows
Co/Joint Marketing Ein identisches Produkt wird von zwei Firmen unter verschiedenen/gleichen Markennamen vermarktet. Alternativ ist auch Kauf oder Leasing von Außendienstzeit anderer Firmen bekannt (Co-Promotion).	— Albuterol von Glaxo und Schering — Glyburide von Hoechst und Upjohn — Verapamil von Knoll und Searle — Terazosin von Abbott und Burroughs Wellcome	Für kleinere Innovatoren die Möglichkeit, ein neues Produkt schnell in den Markt bringen zu können. Vermeidung von Problemen der internen Ressourcenallokation. Lücken in der Produktlinie können gefüllt werden.
Joint Venture Vereinbarung zwischen zwei Firmen oder einer Firma und einer Hochschule über eine Zusammenarbeit bei F & E, Herstellung oder Vertrieb.	— Astra und MSD (F & E) — Hoechst und Massachusetts General Hospital (F & E) — Squibb und Novo (Produkte) Oxford University (F & E) — Syntex und P & G (Produkte) — W. R. Grace durch Kauf von Lemmon (Markteintritt)	— Für den einen Partner neue Produkte oder neues Know-how. Der andere Partner erhält die Chance zur Marktausdehnung bzw. Gewinnsteigerung. — Zusammenarbeit anstelle von Wettbewerb. — Beschaffung finanzieller Mittel für F & E sowie Marketing neuer Produkte. — Markteintrittsstrategie.

Aktivitäten	Beispiele	Nutzen
Lizensierung Sowohl Vergabe als auch Einholung von Lizenzen. Entweder Kreuzlizensierung oder finanzielle Vereinbarung. Amerikanische Unternehmen nutzen dieses Instrument aggressiv bei der Suche nach neuen Produkten.	—Diltiazem durch Marion (in Lizenz) von Tanabe —Nifedipine durch Pfizer von Bayer —zahlreiche Antibiotika durch amerikanische Unternehmen in Lizenz von englischen bzw. japanischen Unternehmen —Sucralfate durch Marion von Chugai	Für den Lizenzgeber ergibt sich —die Möglichkeit, in den U. S. Markt einzusteigen, wenn auch ohne eigene Präsenz; —die Möglichkeit zur Erweiterung der Produktlinie. —Potentielle Wettbewerber werden am Markteintritt gehindert.
Minderheits-/Teilhaberposition Erwerb von Minderheitsbeteiligungen an einer Firma durch Kauf von Aktien oder durch finanzielle Unterstützung der F & E-Programme.	—Eastman Kodak und Cytogen, Enzon —Fujisawa und LyphoMed	—Kapital/Unterstützung für die (i. d. R. kleinere) Firma. —eine Quelle von neuen Produkten für den Investor; —evtl. Markteintrittsstrategie.
Spezialisierte Außendienste Speziell ausgebildetes und geschultes Verkaufspersonal, welches sich einem spezifischen therapeutischen Bereich oder einer Ärztegruppe widmet. Möglicherweise in einer separaten Organisation mit abweichendem Namen.	—Schering-Plough und zwei OTC Verkaufsgesellschaften —Squibb und Princeton Labs, Squibb-Marsam (Generika) —Syntex und eine auf Dermatologie spezialisierte Verkaufsgesellschaft	—Nachfrageorientierte Bearbeitung von Teilsegmenten; —kontinuierliche und kompetente Betreuung von Produkten.
Dezentralisierung / Gründung von SBUs Gründung kleinerer eigenverantwortlicher Geschäftsbereiche mit voller Verantwortung. Sie berichten entweder an das U. S. Pharmamarketing-Management oder an die Konzernspitze.	—Burroughs Wellcome hat eine Konsumgüter-Division —Ciba-Geigy und Ciba Konsum, Geneva Generics. —Abbott, Merck, Sandoz und SmithKline haben spezielle SBU's für HMO's / Krankenhäuser / Großkunden und staatliche Versorgungsprogramme. —Sandoz/Sandoz Consumer Health Groups	—Schwerpunktbildung auf bestimmte Konsumentengruppen; —Förderung der Eigenverantwortlichkeit —Schaffung von Karrieremöglichkeiten innerhalb des Unternehmens; —Absatz-/Gewinnsteigerung bei bestimmten Zielsegmenten

(Quelle: SRI International)

Tabelle 15: Wettbewerbsaktivitäten im amerikanischen Markt

Die Konzepte werden nicht isoliert und einzeln, sondern gleichzeitig eingesetzt. Im Augenblick scheint es so, daß Co-Marketing und die Gründung strategischer Geschäftseinheiten sehr beliebt sind, um die Bekanntheit der Produkte zu steigern und sensitiver auf die Bedürfnisse der Konsumenten reagieren zu können. Joint Ventures kommen weniger häufig vor; sie scheinen mit einer Reihe von Problemen verbunden zu sein, die nur schwer zu lösen sind. Dazu zählen mangelndes Commitment, Umbesetzungen im Management und kurzfristige Gewinnorientierung, ein Mangel an gegenseitigem Vertrauen, die Rechtslage in den USA und fehlende Kontrollmöglichkeiten (keiner scheint das letzte Wort zu haben). Es wird ebenfalls immer schwieriger, Lizenzverträge einzuhalten. Die Geschichte zeigt, daß im allgemeinen der Lizenznehmer von einer frühen Lizensierung profitiert. Der Lizenzgeber versucht natürlich zu verhindern, den Lizenznehmer als Wettbewerber zu etablieren. Große Lizenznehmer haben überdies oft Probleme mit ihrer größenbedingten Schwerfälligkeit und dem „not invented here" (NIH) Syndrom.

Es gibt ein Gebiet, auf dem die Pharmaunternehmen keinen nennenswerten Fortschritt zum Schutz oder zur Verbesserung ihrer Position verzeichnen konnten: das Distributionssystem. Jahrelang konnten sich die Pharmaunternehmen aufgrund des kontinuierlichen Stroms neuer Produkte darauf verlassen, daß die Ärzte ihre Produkte verschrieben und die Apotheker die Produkte führten. Das Distributionssystem ist jedoch gewachsen und hat an Stärke gewonnen. Aktuelle Trends beinhalten Fusionen von Großhändlern, Wachstum und Fusion von Einzelhandelsketten und einen Anstieg der Versandverkäufe. Große Krankenhausgruppen und Einzelhandelsketten verlangen Ausschreibungen und Verträge mit ein-, zwei- oder dreijähriger Laufzeit zu Sonderkonditionen; Einkaufsgenossenschaften unabhängiger Apotheker gehen in die gleiche Richtung. Verkäufe von Pharmazeutika über den Postweg nehmen zu, und einige Schätzungen besagen, daß bereits 3–5% der verschreibungspflichtigen Arzneimittel über den Postweg vertrieben werden. Abhängig von der Art der verkauften Pharmazeutika werden in Zukunft der Vertrieb und verwandte Verkaufselemente ein bedeutendes Element des Pharmamarketing werden.

Eine neue Methode, die in steigendem Maße zur Verteidigung bzw. zum Ausbau der Marktposition von Pharmaunternehmen herangezogen wird, ist die Bündelung von Produkten und Dienstleistungen in einem gemeinsamen Angebot. Bündelung bedeutet dabei, daß sowohl patentierte als auch unpatentierte Produkte zu einem insgesamt attraktiven Gesamtpreis angeboten werden, der jedoch die Preisstruktur schützt sowie den Einsatz des patentierten Produktes garantiert. SmithKline Beckman hat diese Technik weiterentwickelt und bietet Krankenhausketten Leistungspakete an, die aus pharmazeutischen Produkten und klinischen Labordienstleistungen bestehen (SmithKline besitzt eine Kette medizinischer Labors). Derartige kreative Techniken sind erforderlich, wenn Pharmaunternehmen in einer schwierigeren Umwelt, in der Distributeure die Präparatewahl zunehmend beeinflussen, erfolgreich sein wollen.

Neue Produkte sind natürlich der kritische Erfolgsfaktor für ein forschendes Unternehmen. Ein kontinuierlicher Strom erfolgreicher neuer Produkte ist notwendige Voraussetzung für den Einsatz der oben beschriebenen Wettbewerbsstrategien. Tatsächlich ist jedoch der Strom neuer Produkte trotz hoher F&E-Ausgaben nur gering. Die große Unsicherheit bezüglich der Marktreife und des Erfolges neuer Produkte trifft sowohl große Unternehmen wie Roche und SmithKline als auch kleinere Firmen wie Searle, Sterling und U.S.-Vitamin. Gleichzeitig sind jedoch die Kosten für Forschung und Entwicklung (bezogen auf ein bis zur Marktreife entwickeltes Präparat) dramatisch gestiegen. Aktuelle Schätzungen gehen von ca. 50 bis 70 Millionen Dollar pro Produkt aus, wobei mit einer Entwicklungszeit von ca. 5–7 Jahre bis zur FDA-Genehmigung zu rechnen ist.

Sicherlich sind einige Unternehmen bei der Entwicklung neuer Produkte erfolgreicher als andere. Trotzdem bedeutet ein neues Produkt nicht notwendigerweise ein erhebliches Umsatzwachstum, wie Tabelle 16 zeigt.

Unternehmen	Zahl neu eingeführter Medikamente 1980-1985	Anteil NCEs am Gesamtumsatz pharmazeutischer Produkte
American Home Products	3	5—10%
Bristol-Myers	2	35—40%
Ciba-Geigy	2	<10%
Johnson & Johnson	5	< 5%
Lilly	5	10—15%
Merck	5	10—15%
Parke-Davis	2	15—20%
Pfizer	7	65—70%
SmithKline	3	10—15%
Upjohn	7	50—55%

(Quelle: SRI International)

Tabelle 16: Umsatzanteil neuer Wirkstoffe

Warum sind einige Firmen erfolgreicher als andere? Auf diese Frage gibt es keine einfache Antwort. Man muß die jeweiligen therapeutischen Kategorien betrachten, die Marktbedingungen, andere Produkte, die das Unternehmen bereits vermarktet, Wettbewerbsaktivitäten etc. Die obige Aufstellung könnte in fünf Jahren völlig anders aussehen.

Eines ist jedenfalls sicher. Es wird zunehmend schwieriger, neue Substanzen hervorzubringen. Die Technologielebenszyklen werden kürzer und erschweren es den Unternehmen, mit sich schnell verändernden Technologien Schritt zu halten und sie effizient zu nutzen. Parallel zur Stagnation der Forschungsunterstützung durch die US-Regierung nahm die Wettbewerbsintensität zu. Die Anforderungen an neue Produkte beschränken sich nicht mehr nur auf Sicherheit und Wirksamkeit, sondern der wirtschaftliche Nutzen tritt immer mehr in den Vordergrund.

Resultat dieses Druckes ist eine verstärkte Betonung von Venture Capital-Beteiligungen, F&E-Kooperationen und Lizensierung (28% der NCEs, die zwischen 1981 und 1985 in den USA eingeführt wurden waren lizensiert, gegenüber 16% in der Periode zwischen 1976 und 1980). An vielen dieser Abkommen sind biotechnologische Unternehmen beteiligt, z. B. Lilly und Genentech bei Insulin, Merck und Chiron bei Hepatitisimpfstoffen und Firmenübernahmen (Genetic Systems durch Bristol-Myers, Hybritech durch Lilly). Schlüsselgebiete der Forschung in diesen gemeinsamen pharmazeutisch/biotechnologischen Unternehmen umfassen Antibiotika, Enzyme, Hormone, Interferone, Interleukine und Impfstoffe. Schätzungen zufolge liegt das Volumen von Pharmazeutika, die auf Biotechnologie zurückzuführen sind, im Jahre 1990 bei 1,7 Mrd. Dollar weltweit; dieser Zeitrahmen mag zu optimistisch sein. Sicherlich werden jedoch durch das wachsende Verständnis für immunologische Systeme mit Hilfe der Molekularbiologie sowie durch verbesserte analytische Techniken intelligentere und wirksamere neue Produkte entwickelt werden. Es ist unwahrscheinlich, daß sie einen signifikanten Einfluß auf das pharmazeutische Geschäft vor den späten 90er Jahren haben werden.

4. Zukünftige Entwicklungen

4.1 Absatzentwicklung

Was ist nun der Nettoeffekt des komplexen Zusammenwirkens der positiven und negativen Kräfte, die zur Zeit auf die amerikanische Pharmaindustrie einwirken? Einige Beobachter sehen eine düstere Zukunft und das Ende der forschenden Pharmaunternehmen voraus (insbesondere wenn die Auswirkungen der Patentabläufe bedeutender Produkte nach 1992 voll zum Tragen kommen). Andere hingegen nehmen einen eher neutralen Standpunkt ein und prognostizieren auch für die Zukunft „business as usual". Wiederum andere sind sehr optimistisch und setzen auf die Biotechnologie als Motor für neue, erfolgreiche Produkte, die zukünftiges Wachstum ermöglichen.

Aufgrund der vielen Einflußfaktoren, die zur Zeit auf die amerikanische Pharmaindustrie einwirken, ist es in der Tat schwierig, ein zuverlässiges Bild der Zukunft zu erstellen. In solchen Situationen ist es sinnvoll, eine Reihe alternativer Szenarien zu entwickeln, die mögliche Zukunftsbilder beschreiben.

Eine Bewertung der Kräfte im engeren und weiteren Umfeld des amerikanischen Pharmageschäftes führt zu dem Ergebnis, daß mögliche Szenarien von vier Schlüsselfaktoren abhängen:

1. Wertewandel

Es ist noch nicht klar, ob die Einstellung und das Verhalten gegenüber der Gesundheitsfürsorge durch traditionelle Werte (Verlassen auf Experten, Hochtechnologie, reaktive Behandlung) oder zunehmend durch „innovative" Ideen wie Lebensgefühl, Eigenverantwortlichkeit und Prävention dominiert wird.

2. Gesundheitspolitik

Es besteht Unsicherheit darüber, ob die staatliche Gesundheitspolitik durch steigende Eingriffe oder durch ein wachsendes Vertrauen in die Marktkräfte (d. h. Privatisierung, Deregulation) beeinflußt wird.

3. Wirtschaftswachstum

Das Wachstum des BSP sowie die Inflationsrate haben einen erheblichen Einfluß auf die weitere Entwicklung des Gesundheitswesens.

4. Technologie

Gibt es Durchbrüche bei Technologien, die sich z. Zt. noch in der Konzeptionsphase befinden, oder wird es bei einer schrittweisen Verbesserung existierender Technologien bleiben?

Unterschiedliche Kombinationen möglicher Ausprägungen dieser vier Schlüsselkräfte resultieren in zumindest drei Planungsszenarien, die in Tabelle 17 beschrieben werden:

Szenariotitel	Bestimmungsfaktoren				Szenariobeschreibung
	Soziale Werte	Gesundheitspolitik	Wirtschaftswachstum	Technologie	
1) „Business As Usual"	traditionell	Vertrauen in den Markt	stark (> 3,0 %)	Durchbruch	Markt- und technologieorientiertes Gesundheitswesen begünstigt durch Deregulierung und ein günstiges wirtschaftliches Umfeld. Schnelles Wachstum und in großem Maße wettbewerbsorientiert, aber unter Beibehaltung der traditionellen Leistungserbringung.
2) Kostendämpfung	traditionell	Staatliche Eingriffe	gering (< 2,5 %)	Schrittweise Verbesserung	Eingeschränktes Wachstum bei erheblichem Kostendämpfungsdruck von zwei Seiten: Regierung und Drittzahlern (third party payers); die Folge davon werden Konsolidierung und Rationalisierungen sowohl innerhalb des Krankenhaussystems als auch in der Pharmaindustrie sein, um den Problemen der Überkapazitäten und des Preiswettbewerbs begegnen zu können.
3) Verbraucherorientierung	innovativ	Vertrauen in den Markt	durchschnittlich (ca. 2,5 — 3 %)	Schrittweise Verbesserung	Stärkere Patientenorientierung des Gesundheitswesens, basierend auf einer Neudefinition der Notwendigkeiten und Prioritäten innerhalb des Gesundheitssystems. Zunehmendes Vertrauen in neuartige (nicht traditionelle) Anbieter von Gesundheitsleistungen. Die Entwicklung verläuft zunächst langsam, kommt dann aber zunehmend in Schwung.

(Quelle: SRI International)

Tabelle 17: Mögliche Szenarien des zukünftigen US-amerikanischen Gesundheitswesens

Der Versuch einer Quantifizierung der drei Szenarien führt zu den in Tabelle 18 dargestellten Ergebnissen:

	1985	1995 Szenarien „Business As Usual"	Kosten-dämpfung	Verbraucher-orientierung
BSP				
— reales Wachstum, 1985—1995 (durchschnittliche Jahreswachstumsrate in %)		3,2%	1,5%	2,5%
— Inflationsrate, 1985—1995 (durchschnittlich in %)		4,5%	5,5%	6,0%
— BSP 1995 (in Milliarden Dollar)		8.150	7.700	8.700
Gesundheitssystem				
— reales Wachstum, 1985-1995 (durchschnittliche Jahreswachstumsrate in %)		7,0%	3,0%	4,0%
— Ausgaben im Jahr 1995 (gemessen in Mrd. Dollar)		1.300	1.100	1.200
— Prozentsatz vom BSP (real)	10,8%	26,0%	14,3%	13,8%
— Pro-Kopf Ausgaben (real)	1.750	5.000	4.230	4.600
Pharma-Sektor				
— Gesamtvolumen (real in Milliarden Dollar)	23.5	71	45	61
— ethische Präparate	16.8	43	30	36
— OTC	6.7	28	15	25
— Wachstumsraten. 1985—1995 (in %)				
— Verschreibungen		10,0%	6,0%	8,0%
— reales Wachstum		5,0%	2,0%	3,0%
— Inflation		5,0%	4,0%	5,0%
— OTC		15,0%	8,0%	14,0%
— reales Wachstum		8,0%	3,0%	7,0%
— Inflation		7,0%	5,0%	7,0%

(Quelle: SRI International)

Tabelle 18: Entwicklung quantifizierbarer Größen bei alternativen Szenarien

Es liegt an den Unternehmen, Strategien und Taktiken zu entwickeln, die für jedes Szenario angemessen erscheinen. Die Implementation hängt dann von der weiteren Entwicklung ab.

4.2 Marketingaktivitäten

Im nächsten Jahrzehnt könnte es zu bedeutenden Veränderungen im Pharmamarketing kommen. Das Ausmaß dieser Veränderungen ist abhängig von der wirtschaftlichen Entwicklung, der Gesundheitspolitik, den sozialen Erwartungen und technologischen Entwicklungen – also von den Kräften, die im vorangegangenen Abschnitt diskutiert wurden. Es ist nicht möglich, definitiv vorherzusagen, wie das Marketing der Pharmaindustrie im Jahre 2000 aussehen wird, aber einige allgemeine Aussagen erscheinen zulässig:

– Es ist äußerst unwahrscheinlich, daß es eine breite Auswahl unterschiedlicher Marketingansätze geben wird, d. h. individuelle Ansätze für jedes Zielsegment. Wahrscheinlich werden nur fünf oder sechs Ansätze genutzt, die zum großen Teil von der Produktlinie eines Unternehmens abhängen.

- Marketing wird in zunehmendem Maße wissenschaftlich orientiert sein. Ein größeres Gewicht wird auf die medizinischen und technischen Aspekte der Arzneimittel gelegt werden – Wissensvermittlung statt Verkauf werden im Vordergrund stehen.
- Das Pharmamarketing wird auf eine größere Vielfalt, jedoch geringere Zahl pharmazeutischer Entscheidungsträger ausgerichtet sein.
- Der traditionelle „one-to-one" Ansatz (d. h. individuelle Verkaufsgespräche Außendienstmitarbeiter – Arzt) wird Gruppenverkaufssituationen Platz machen. Diese Entwicklung wird von einer zunehmenden Nutzung elektronischer Kommunikationstechniken begleitet, um sowohl medizinisches Personal als auch Konsumenten aufzuklären und auszubilden.
- Der Konsument bzw. Patient wird stärker im Vordergrund stehen. Direkte, auf den Konsumenten ausgerichtete Werbung wird vermutlich an Umfang und Intensität zunehmen, jedoch wird ein noch größeres Gewicht auf die Aufklärung des Patienten gelegt, um eine bessere Compliance zu erreichen.
- Der Handel wird größeren Einfluß bekommen und eine wichtigere Rolle bei der Entscheidung spielen, wie die Pharmaunternehmen ihre Produkte vermarkten. Die Machtstrukturen verschieben sich in Richtung pharmazeutischer Entscheidungsträger. Der Pharmamarkt entwickelt sich von einem angebotsorientierten zu einem nachfrageorientierten Markt.
- Kleinere, spezialisiertere Verkaufseinheiten werden die Regel sein. Unter dem Druck von Kostendämpfung, Generika, der Bundesregierung, F&E Anforderungen, Wall Street etc. werden die forschenden Pharmaunternehmen ihre Marketingkosten reduzieren müssen. Tabelle 19 spiegelt dies wider, wobei indirekte Kosten, z. B. Verwaltung, im Gegensatz zu Tabelle 14 mit einbezogen wurden.

	1985	2000
Marketingausgaben für verschreibungspflichtige Produkte		
Gesamtausgaben in Milliarden	$ 5,8	$ 15,9
Anteil am Gesamtumsatz	35%	30%
Zurechnung der Ausgaben (in %)		
Direkt	85%	90%
Verkaufsförderung	50%	45%
Werbung/Kommunikation	25%	35%
Medizin/Wissenschaft	4%	10%
Sonstiges	6%	+
Indirekt (Managementgehälter und Verwaltungskosten)	15%	10%
Außendienstmitarbeiter	29.000	23.000 — 25.000

(Quelle SRI International)

Tabelle 19: Marketingbudgets forschender Pharmaunternehmen 1985 und 2000

4.3 Der Wettbewerb

Die amerikanische Pharmaindustrie tritt in eine Periode der Umstrukturierung ein, die primär durch externe Kräfte aufgezwungen ist. Wie erfolgreich die Industrie bei der Anpassung und Ausnutzung sich schnell ändernder Umweltzustände sein wird, bleibt abzuwarten. Das Top-Management vieler amerikanischer Pharmaunternehmen ist geprägt durch die „goldene“ Periode der 50er, 60er und 70er Jahre, in denen fast ausnahmslos zweistellige Verkaufs- und Gewinnzuwächse pro Jahr üblich waren. In einigen Firmen hat sich eine “business as usual“- Einstellung behauptet, die durch ungerechtfertigt hohe Erwartungen bezüglich der rettenden Rolle neuer Produkte geprägt ist. Daraus resultiert eine risikoaverse Haltung, welche letztendlich in verpaßten Möglichkeiten endet. Zur gleichen Zeit haben Branchenneulinge angefangen, sich ernsthaft für die Pharmaindustrie zu interessieren; und sie haben dadurch das Wettbewerbsklima verschärft.

Wie im vorhergehenden Abschnitt angedeutet ist es nicht möglich, mit absoluter Bestimmtheit vorherzusagen, wie die Branche im Jahre 2000 aussehen wird. Es lassen sich jedoch einige mögliche Erscheinungsformen anführen.

- Es wird weiterhin Akquisitionen und Konsolidierungen geben, sowohl innerhalb als auch außerhalb der traditionellen Pharmafirmen. Es ist keinesfalls undenkbar, daß Firmen wie Marion, Squibbs und Upjohn von Firmen entweder innerhalb oder außerhalb der Branche übernommen werden. Generikaanbieter sowie biotechnologische Unternehmen werden von Pharmaunternehmen oder Branchenneulingen aufgekauft.
- Zweistellige Umsatz- und Gewinnsteigerungen, wie sie in den 60er und 70er Jahren üblich waren, werden selten. Der Mangel an neuen Produkten, der Wettbewerb durch Generika sowie die Unmöglichkeit, Preissteigerungen von 10% jährlich durchzusetzen, werden zusammen einen beträchtlichen Druck auf Umsätze und Gewinne ausüben.
- Um die Chancen zu verbessern, neue Produkte zu entdecken, zu entwickeln und erfolgreich zu vermarkten, werden die Unternehmen ihre Kontakte sowohl zu Universitäten als auch zu F&E – Partner, fremden Unternehmen und sogar Krankenhäusern und anderen Leistungserbringern des Gesundheitswesens intensivieren.
- Co-Marketing und sonstige Marketingabkommen werden solange beliebt bleiben, wie die Unternehmen nach Wegen suchen, ihre interne organisatorische und operationale Stabilität zu erhalten. Es kann jedoch nur eine begrenzte Anzahl solcher strategischer Allianzen geben. Wenn diese Möglichkeiten ausgeschöpft sind, wird eine Reduzierung der Marketingorganisation erfolgen.
- Im Zuge der Konzentration der Unternehmen auf bestimmte Zielsegmente werden kleinere strategische Geschäftseinheiten die Regel werden. Produktmanager werden kundenorientierten SGE-Managern weichen, die mit der Vollmacht ausgestattet sind, Produkt- und Dienstleistungs-Bündel anzubieten, um dadurch den bestmöglichen Abschluß mit dem Kunden zu erzielen.
- Der anhaltende Druck auf den Wechselkurs des Dollars könnte den Weg für eine wachsende Beteiligung westeuropäischer und – vielleicht sogar wichtiger – japanischer Unternehmen am amerikanischen Markt ebnen. Die Japaner haben bisher nur zurückhaltend versucht, sich auf dem amerikanischen Markt zu etablieren; der

augenblickliche Wechselkurs macht eine solche Investition jedoch sehr viel attraktiver.

- Amerikanische Unternehmen werden gezwungenermaßen erkennen müssen, daß sie in einem globalen Markt operieren und daß ein Denken in internationalen Dimensionen der Schlüssel zu einem dauerhaften Erfolg ist. Besonders wichtig wird dies, wenn sich die EG im Jahre 1992 zu einem offenen, freien Markt entwickelt.
- Eine zunehmende Zahl von Unternehmen wird sich sowohl am ethischen als auch am OTC-Markt beteiligen. Dies kann durch eigene Produktentwicklungen, Aufhebung der Verschreibungspflicht ethischer Präparate oder durch Akquisitionen zustande kommen. Um erfolgreich im Pharmamarkt des Jahres 2000 bestehen zu können, ist eine Betätigung in beiden Marktsegmenten wichtig.

Es scheint möglich, daß die Pharmaindustrie in den USA im Jahre 2000 nur noch aus fünfzig Unternehmen besteht. Zehn dieser Firmen wären forschungsintensive Unternehmen, die sich auf neue chemische Produkte konzentrieren. Sie werden dabei unterstützt durch die Biotechnologie und durch enge Verbindungen zu Wissenschaft, Ausbildungskrankenhäusern sowie Forschungszentren in der ganzen Welt. Dreißig Unternehmen würden sowohl verschreibungspflichtige Produkte als auch OTCs und Generika anbieten. Zusammenarbeit beim Marketing, gemeinsame F&E-Aktivitäten und Spezialisierung auf zwei oder drei therapeutische Kategorien könnten typisch sein. Einige dieser Firmen könnten sogar HMO's angeschlossen sein. Die übrigen zehn Unternehmen werden in erster Linie OTC-orientiert sein, und unter Umständen eine Vorwärtsintegration durch den Kauf von Apothekenketten und anderen Vertriebskanälen anstreben.

5. Erfolgsfaktoren

In diesem Abschnitt wollen wir versuchen, den Leser auf einige Punkte hinzuweisen, deren weitere Entwicklung Hinweise geben könnte für die Zukunft der amerikanischen Pharmaindustrie. Wir werden weiterhin eine kurze Liste mit "fatal flaws" zusammenstellen. Darunter verstehen wir unerwartete Ereignisse, die die zukünftige Entwicklung der amerikanischen Pharmabranche erheblich beeinflussen könnten (dazu gehört z. B. AIDS). Zwar muß sich das vollständige Ausmaß erst noch abzeichnen, doch bereits jetzt ist klar, daß AIDS bedeutende Auswirkungen auf Krankenhäuser, die Finanzierung des Gesundheitswesens, präventive Medikamente und soziale Normen hat oder noch haben wird. AIDS könnte der stimulierende Faktor sein, wenn es darum geht, die pharmazeutische F&E in Richtung Immunologie zu drängen. Am Ende des Kapitels werden einige Ratschläge für europäische Unternehmen gegeben, die beabsichtigen, in den amerikanischen Pharmamarkt einzutreten.

Die folgende Auflistung ist keinesfalls vollständig, aber sie beschreibt die Art von Ereignissen, die ein Branchenbeobachter als potentielle Einflußfaktoren auf das pharmazeutische Umfeld betrachten sollte.

(1) Vergangene Ereignisse, die den Pharmamarkt und das Umfeld des Gesundheitswesens erheblich beeinflußt haben:

- Die Einführung von Polioimpfstoffen und oralen Verhütungsmitteln.
- Die Substitutionsgesetzgebung, die dem Apotheker erlaubt, Generika anstelle von speziellen Markenpräparaten auszugeben.
- Marktrückzug von Produkten.
- „Maximum allowable cost" (MAC) – Bestimmungen, die eine obere Erstattungsgrenze für Medikamente festsetzen, die zu Lasten von staatlichen Gesundheitsprogrammen verschrieben werden.
- Der „Tax Equalization Reform Act" von 1983, der die Kostendämpfungsmechanismen im Rahmen des Medicare Programms enthält.
- Die Waxman-Hatch Gesetzgebung, die das Zulassungsverfahren für Generika vereinfacht.

(2) Kurzfristige Ereignisse, die das pharmazeutische Umfeld erheblich beeinflussen könnten:

- Das Inkrafttreten eines Bundesgesetzes, das die Abgabe von Mustern einschränkt oder verbietet.
- Bundesweite Bestimmungen, die die Publikumswerbung für verschreibungspflichtige Medikamente regeln.
- Neue Produkthaftungsgesetze, die das Risiko der Pharmaproduzenten erhöhen.
- Direktvertrieb von Generika-Präparaten an Leistungserbringer oder Patienten durch Generika-Hersteller oder Drugstore-Ketten.

(3) Zukünftige Ereignisse:

- Klare Richtlinien, die den Übergang eines Präparates aus der Verschreibungspflicht in den OTC-Bereich regeln.
- Die Verabschiedung eines nationalen Krankenversicherungsprogrammes.
- Die Entwicklung eines bedeutenden Durchbruchs bei der Diagnose und/oder Behandlung von Krankheiten (z. B. Krebs).
- Die Einführung neuer Impfstoffe, die den ärztlichen Behandlungsbedarf erheblich reduzieren.
- Der wissenschaftliche Nachweis und die Kodifizierung von Ansätzen der Präventivmedizin.
- Ein Gesetz zum Lizensierungszwang für Arzneimittel.
- Preis und/oder Gewinnkontrollen für Pharmazeutika oder für Marketingbudgets von Arzneimittelfirmen.
- Die Einführung eines Gesetzes für „Gute Marketingpraktiken" auf Staats-, Bundes- oder internationaler Ebene.

- Entwicklung der Ärztezahlen und Ärztestatus (Spezialisierung, Selbständigkeit etc.).
- Das Niveau und der Wachstumstrend von HMO's und PPO's.
- Häufigkeit und Art von Akquisitionen, Fusionen und Neugründungen im pharmazeutischen Umfeld.
- Aufhebung der Entscheidung des obersten Gerichtshofes über Abtreibung.

Neben diesen spezifischen Faktoren sollte der Beobachter die breite Entwicklung und Veränderung in der Computer- und Informationstechnologie beachten. Veränderungen in den Wertvorstellungen und Lebensstilen der Konsumenten sowie eine allgemeine Vorwärtsentwicklung der medizinischen Technologie (d. h., in Richtung auf Diagnose, Behandlung oder Vorbeugung?) müssen ebenfalls berücksichtigt werden.

Fatal Flaws

Es gibt ein altes Sprichwort, das besagt „Even the best laid plans of mice and men often go astray". Das in dem gesamten Artikel beschriebene Bild zeigt eine Branche, die trotz der Konfrontation mit neuen und schwierigen Problemen überleben wird – wenn auch in einer etwas veränderten Form. Aber was passiert, wenn das Bild falsch ist, weil einige fundamentale Punkte übersehen wurden? Es lohnt sich daher, auch extreme Möglichkeiten zu betrachten, die ernsthaft das zukünftige Überleben der amerikanischen Pharmaindustrie gefährden könnten. Die folgende Auflistung von "fatal flaws", d. h. unwahrscheinlichen aber nicht gänzlich unmöglichen Ereignissen soll sicherstellen, daß der Leser keine zu gleichgültige Haltung gegenüber der Branchenentwicklung einnimmt:

- Die Branche wird teilweise oder ganz verstaatlicht.
- Der Strom neuer Produkte wird drastisch eingeschränkt durch die Bildung mächtiger Konsortien von Wissenschaft, Erfindern und Investoren, die außerhalb der traditionellen Pharmabranche operieren.
- Durchbrüche in der angewandten Molekularbiologie und Immunologie verändern radikal die Angebotsseite.
- Eine katastrophale Erschütterung der Branche resultiert aus der Kombination eines verminderten BSP, Überkapazitäten, Mangel an neuen Produkten, Preiskontrollen etc.
- Die etablierten, traditionellen Firmen werden von Industriegiganten übernommen, z. B. AT&T, General Motors, General-Electric, Shell etc.
- Präventivmedizin, Eigenverantwortung und „Lebensgefühl"-Ansätze breiten sich stark aus und werden zur bevorzugten Art, mit einer Krankheit umzugehen – die Nutzung von Pharmazeutika fällt steil ab.
- Die Japaner dringen (z. B. per Akquisition) in das amerikanische Pharmaimperium ein.
- Sowohl der chinesische als auch der russische Markt öffnen sich erheblich – die Nachfrage übersteigt die kühnsten Erwartungen. Hinzu kommen Währungsstabilität und verbesserte wirtschaftliche Bedingungen in Lateinamerika und Afrika.

Selbstverständlich ist es unwahrscheinlich, daß eines der beschriebenen Ereignisse tatsächlich eintritt. Jedoch sollte der kluge Stratege ein mögliches Eintreten dieser Ereignisse nicht völlig ignorieren – wie unwahrscheinlich sie auch erscheinen mögen. Es sei nur an die kaum vorhersehbaren Folgen von AIDS erinnert.

6. Implikationen

Wir wollen den Aufsatz mit einigen Ratschlägen für westeuropäische Unternehmen beschließen, die Interesse am Zugang zum amerikanischen Pharmamarkt haben. Natürlich muß die folgende kurze Auflistung von Ratschlägen sehr allgemein gehalten sein; jedes Unternehmen hat über seine spezifische Eintrittsstrategie zu entscheiden, die auf seine eigene Kultur, seine Ziele, Vorhaben, Stärken und Schwächen abgestimmt sein muß. Wenn diese Elemente klar definiert und festgelegt sind, wird eine spezifische Eintrittsstrategie relativ leicht abzuleiten sein.

Folgende Optionen sind grundsätzlich erwägenswert:

- Schätzen Sie die eigene technologische F&E-Basis sorgfältig ab. Überprüfen Sie darauf aufbauend amerikanische Generika-Firmen auf optimale Synergieeffekte. Kaufen Sie gegebenenfalls eines dieser Unternehmen.

- Verfolgen Sie den gleichen Gedankengang und kaufen sie ein biotechnologisches Unternehmen.

- Überprüfen Sie Ihre Produktlinie auf aktuelle oder potentielle OTC-Produkte, die in den USA verkauft werden können, sowie die F&E-Unterstützung für solche Produkte. Kaufen Sie ein US-Unternehmen, das OTC-Produkte vertreibt.

- Bevor Sie versuchen, ein großes Unternehmen zu erwerben, das den gesamten US-Markt abdeckt, erwägen Sie die Möglichkeit der Akquisition eines kleineren Unternehmens mit einem z. B. lediglich auf die Ostküste beschränkten Vertriebsnetz.

- Betrachten Sie das amerikanische Gesundheitssystem aus folgender Perspektive: Ein „Set" von Problemen wird mit einem „Set" von Ansätzen gelöst. Entwickeln Sie ein integriertes System zur Diagnose und Behandlung einer bestimmten Krankheit. Schließen Sie feste Verträge mit den großen Anbietern von Gesundheitsleistungen (staatliche Programme, HMO's), und verkaufen Sie direkt aus Europa.

Für welchen Weg Sie sich auch immer entscheiden, als potentieller neuer Wettbewerber auf dem amerikanischen Pharmamarkt sollten Sie die Größe, Komplexität, Verschiedenartigkeit und die dynamischen Veränderungen des Marktes nicht unterschätzen. Ein Markteintritt ist eine große Herausforderung –aber auch eine große Chance.

Der Autor bedankt sich bei George von Hannalter, Direktor des Health and Food Industries Center von SRI für seine wertvolle Unterstützung.

Teil V

Handel und Wettbewerb

Perspektiven für den pharmazeutischen Großhandel

Franz H. Wolf

1. Strategische Reorientierung

Vor jeder unternehmerischen Entscheidung, vor jeder Strategie steht als erstes die Frage nach dem Warum. Diese Frage, also die Suche nach den letztlichen Beweggründen, hebt das strategische Denken und Handeln über die hemmende Schwelle scheinbar folgerichtigen Verharrens in alten Verhaltensmustern, über scheinbar Bewährtes hinweg und bewahrt vor schematischer Fortführung „alter Erfolge". Es ist oft schwer, die Grundlagen in Frage zu stellen, die der Erfahrene als gegeben annimmt. Gerade in fest gefügten Hierarchien wird dies als destruktiv, zumindest als unangenehm empfunden.

Aus diesem Grund werde ich eine kritische Skizze unseres Umfeldes versuchen – vielleicht gelingt es mir so, ein Bild jenes Ackers oder Feldes zu zeichnen, auf dem neue Strategien und Maßnahmen wachsen können. Mein Ziel ist also eine neue, oder **die** neue Perspektive zu finden. Deshalb erspare ich mir, einzelne Maßnahmen, die ganz oder teilweise auf der grundsätzlichen Perspektive beruhen, zu konkretisieren. Meist werden sie als Diversifikationsziele oder -aktivitäten formuliert.

Wir sprechen hier über Ansichten und Ausblicke des pharmazeutischen Großhandels als eines am Gesundheitswesen Beteiligten in der Kette vom Industrieunternehmen zum Patienten. Die Aussichten des Großhandels sind stark determiniert von der Entwicklung des Gesundheitswesens insgesamt. Die Positionierung der Institution pharmazeutischer Großhandel für die nächsten Jahre verlangt ein Szenario des Arzneimittelmarktes und seiner Mitspieler Industrie, Ärzte und Kassen, Politiker, Apotheker, Bevölkerung und pharmazeutischer Großhandel.

2. Die Mitspieler und ihre Bedeutung für die Pharmadistribution

2.1 Die Industrie

Die Rolle der Industrie ist durch folgende Gegebenheiten gekennzeichnet:

- Auf Forschungsergebnissen beruhende Präparate waren früher neben Preiserhöhung die wichtigsten Wachstumsfaktoren.
- Die Ergebnisse der Forschung werden in Zukunft später eintreffen und sich ökono-

misch geringer auswirken. Dies erfordert mehr Augenmerk und Anstrengung für den bestehenden ethischen Markt, besonders gilt dies für den OTC-Markt.

- Profil und Struktur der Vertriebs- und Marketingmethoden ändern sich:
  - Ärztemuster und Pharmareferenten verlieren als Marketinginstrument an Bedeutung. Dies führt zu einer neuen Gewichtung der verschiedenen Instrumentarien in Richtung einer integrierten, komplexen, zielorientiert gesteuerten Kombination aller potentiellen Instrumente.
  - Der Preis gewinnt an Bedeutung.
  - Der Markt wird kompetitiver, d. h. das strategische Denken bewegt sich weg vom klassischen Produktdenken hin zur wettbewerbsorientierten Marktanteilsstrategie.

2.2 Die Ärzte

Die Ärzte spielen traditionell, als Entscheider über die Produkte, eine herausragende Rolle. Doch auch in diesem Bereich zeichnen sich massive Änderungen ab:

- Die zu erwartende Ärzteschwemme wird zu gravierenden Einkommensproblemen führen – gemessen am bisherigen bzw. an den Erwartungen.

- Die spezifisch ärztlichen Leistungen werden an Bedeutung gewinnen, d. h. sie werden sich von der Apparatemedizin hin zu persönlichen Leistungen verlagern. Um die Honorare zu sichern, werden die Ärzte ihr Verordnungsverhalten ändern.

Diese Veränderung wird sich in folgende Richtungen bewegen:
- die Verordnung preiswerterer Medikamente, vor allem Generica, wird relativ zunehmen,
- die Bereitschaft, das Aut-Simile-Verbot aufzuheben, steigt,
- die Forderung nach mehr Selbstbeteiligung wird von den Ärzten mitgetragen.

Daraus resultiert eine sich ändernde Funktion des Arztes als Initiator oder Katalysator für den Erfolg eines Medikamentes und somit gewinnt er eine tendenziell geringere Bedeutung für die Industrie (alternative Medizin).

2.3 Die Apotheken

Der Apotheker spielte im Gesundheitssystem bisher eine Rolle, die seinem Ausbildungsstand und seinem Selbstverständnis nicht angemessen war. Folgende Entwicklungen zeichnen sich ab:

- Trotz rückläufiger Bevölkerungszahl nehmen die Apothekenneugründungen zu, was zu steigenden Ertragsproblemen auf dieser Absatzstufe führt.

- Diese Situation zwingt den Apotheker zu stärkerer verkäuferischer Aktivität. Diese Reorientierung vollzieht sich allerdings langsam, da sie eine andere Berufsphilosophie und -mentalität voraussetzt. Die Apotheker sind ausbildungsmäßig nicht ausreichend auf die zukünftigen Funktionen/Erfordernisse vorbereitet.

- Eine intensivere Nutzung der Marketingunterstützung der Industrie und vor allem des Großhandels seitens der Apotheker ist zu erwarten.

- Diese Entwicklung wird die Apotheke zur Nutzung ihrer fachlichen Kompetenz zwingen. Das bedeutet, daß der Apotheker generell größeren Einfluß auf die Produktentscheidung nehmen wird. Besonders stark gilt dies im OTC- und im Generika-Segment. Sollte ein großer Teil der Ärzte das Aut-simile-Verbot aufheben, so wird sich die Rolle des Apothekers radikal ändern. Er gewinnt dann eine Schlüsselstellung in der Produktwahl.

2.4 Die Bevölkerung

Auch Bevölkerungsdynamik und geänderte Einstellungen werden die Rollen der verschiedenen Mitspieler beeinflussen:

- Der Rückgang der Bevölkerung dürfte in der Auswirkung auf den Arzneimittelmarkt durch die Altersstruktur kompensiert werden.
- Ganz allgemein ist bei der Einstellung zu Arzneimitteln eine kritischere Auseinandersetzung, aber auch mehr Gesundheitsbewußtsein festzustellen.
- Die Entproblematisierung des Medikamentes geht einher mit der wachsenden Bereitschaft zur Selbstmedikation und damit auch zur Selbstbeteiligung. Die Bedeutung der Prophylaxe wird stärker verinnerlicht. Störend kommt die negative Publizität einzelner Unternehmen bzw. Präparate hinzu.
- Verstärkt wird diese Entwicklung durch
  - Maßnahmen wie die Negativliste,
  - den hohen Zeitaufwand für den Arztbesuch.
- Insgesamt steigt die Bereitschaft, die Fachkompetenz des Apothekers zu akzeptieren und in Anspruch zu nehmen.

2.5 Kassen und Politik

Kassen und Politik bilden bei unserer Betrachtung eine Einheit, gehen doch sämtliche politischen Initiativen von der ökonomischen Situation der gesetzlichen Kassen aus. Ihr defizitärer Zustand zwingt zu weiteren Maßnahmen in Richtung Kostendämpfung.

Politisch lassen sich Kostendämpfungen am besten bei den Arzneimitteln durchsetzen. Aber mit dem Hinweis auf marktwirtschaftliche Selbstverwaltungsregeln – auch wenn sie gerade hier greifen – ist es wahrscheinlich nicht getan.

Die ersten Aktivitäten zeigen Wirkung:

Preisstillhalteappell
Der Erfolg dürfte Anreiz für Wiederholungen sein.

Negativliste
Keine große ökonomische Auswirkung, aber sie bereitete psychologisch den Boden für die Selbstmedikation und eine höhere Selbstbeteiligung vor.

Preisvergleichsliste
Damit wurde im Zusammenspiel mit den Kassen die Basis für ein anderes preisorien-

tiertes Verordnungsverhalten der Ärzte gelegt. Ursache für eine – anders als in den USA – evtl. stärkere Entwicklung der Generikas.

Direktmaßnahmen der Kassen

a) Wir können eine direkte und konsequente Einwirkung auf Apotheken (Retaxation) und vor allem auf Ärzte (Regreß) registrieren (Bayerische Ortskrankenkassen).

b) verstärkte Kooperation zwischen Kassen und Ärzteorganisationen bezüglich Ärztehonorar und Aufhebung des Aut-Simile-Verbotes.

Gesundheitsreform

Hier ist insbesondere der Festbetrag zu nennen. Die Möglichkeit der Aufhebung des aut simile-Verbots weist dem Apotheker eine potentiell wichtigere Rolle zu. Die Rollenverteilung zwischen Arzt, Apotheker und Patient kann sich völlig verschieben. Die Auswirkungen hängen nicht zuletzt stark von den Reaktionen der Industrie ab.

2.6 Der Großhandel

In der Vergangenheit wurde er von der Industrie wie auch von den Apothekern als reiner „Logistik-Knecht" angesehen. Gelegentlich ist diese Einschätzung auch heute noch zu spüren. Er wird vor allem als „Edelspediteur" benutzt, um eigene Probleme abzuwälzen, wie z. B.

- Lagerhaltungsrisiko und -kosten,
- Parallelimporte,
- Retourenhandhabung.

Innerhalb des Großhandels herrscht harter, fast ruinöser Wettbewerb, wie die Ergebnisse vieler Gesellschaften belegen. Der extreme Wettbewerb resultiert aus Überkapazitäten, emotionalen Reaktionen der Apotheker und überaus gleichartigem Leistungsprofil:

- gleiches Sortiment
- gleiche Preisstellung
- fast gleiche grundlegende Leistungsangebote, z. B. hinsichtlich Defektfreiheit, Lieferschnelligkeit oder Sicherheit.

Ein hohes Maß an Austauschbarkeit zwingt zu enormen Anstrengungen im Bereich der Technik, der Logistik und in Zukunft immer mehr beim Marketing. Erschwert wird eine Differenzierung durch die immer noch geringe Aufnahmebereitschaft des Kunden Apotheker. Diese Situation zwingt zu vielfältigen Aktivitäten bei der Entwicklung unternehmerischer Wettbewerbsvorteile.

So verfügen die bedeutenden Großhandelsfirmen heute schon über eine Reihe von Konzepten, die man als Beispiele für ein sich entwickelndes – teilweise schon professionelles – Pharma-Handels-Marketing erkennen kann. Besonders ausgeprägt sind diese Ansätze im OTC-Ergänzungssortiment. Als Beispiele seien genannt:

a. Monatliche Angebotslisten mit Informationen und sonstigen werblichen Ansprachen.

b. Sortimentskonzepte bei
   - Naturheilmitteln,

- Heil- und Hilfsmitteln,
- Ernährung.

c. Komplett-Promotions:
z. B. Partner-Promotions-Modell unseres Unternehmens: eine themenorientierte Produktpalette (Präparate mehrerer Hersteller) mit separater werblicher Unterstützung der Industrie wird zu Sonderkonditionen angeboten. Der Abverkauf wird unterstützt durch Inserate. Mit gleichem Sujet werden eine Schaufensterdekoration sowie Displays, Thekenaufsteller und Plakate am Point of Sales zur Verfügung gestellt.

d. Es folgen Seminare - oft in Verbindung z. B. mit den Sortimentskonzepten - aber auch als eigenständige Serviceleistung. Generell ist festzustellen, daß die einzelnen Marketingaktionen aufeinander aufbauen, sich gegenseitig unterstützen. Die Großhandelsfirmen wollen auf diese Weise Synergien realisieren und eine möglichst enge Beziehung zum Apotheker herstellen.

e. Nicht zu übersehen ist der Einsatz von mehreren hundert Telefonistinnen, die in Zukunft stark verkäuferisch eingesetzt werden (Telefonmarketing).

f. Nicht zuletzt sei die EDV genannt, wobei die Unterstützung von der Schulung bis hin zum Verkauf oder der Vermietung von Hard- und Softwarepaketen reicht. Auf diesem Gebiet ist bereits ein breites Wettbewerbsinstrumentarium entstanden.

Alle Initiativen, die hier skizziert werden, verfolgen das Ziel, die Probleme des Kunden Apotheker marktgerecht zu lösen. Das verstehen wir unter Vollversorgung durch den Großhandel. Wir wollen eben nicht nur Produkte, sondern einen Kranz von Dienstleistungen und Software verkaufen, um (1) dem Apotheker umfassenden Nutzen zu bieten und uns (2) von unseren Konkurrenten zu differenzieren.

3. Zukunftsperspektiven des pharmazeutischen Großhandels

Wir können unterstellen, daß die derzeit praktizierten Methoden verfeinert und intensiviert werden. Immer größere Teile der OTC-Industrie und der Generikaproduzenten werden sich den Großhandelsaktivitäten zuwenden. Dies gilt um so mehr, als andere Instrumente weniger wirksam und damit relativ „zu teuer" werden (Kosten-Nutzen-Relation). Die geschilderten Großhandels-Aktionen gewinnen dadurch zunehmend an Bedeutung.

Lassen Sie mich nochmals einen Blick auf die Industrie werfen. Die allgemeine wirtschaftliche Entwicklung wie auch die restriktive Politik wird in den 90er Jahren zu einer starken Konzentration führen. Der OTC-Anteil am Umsatz der großen Unternehmen wird wachsen. Der auch politisch motivierte – Zwang zu „mehr Markt" bedeutet:

- Der Preis wird zu einem aktiven und sehr wichtigen Marketinginstrument.
  - Parallel- und Reimporte werden evtl. weiter wachsen.
- Generika werden – bei Konzentration auf weniger Hersteller – ihr Gewicht behalten (Einstieg in eine „Lower-Price-Level-Range").
- die Preise der Marken werden im Rahmen des Festbetrages stark absinken.

Alle diese Entwicklungen laufen auf mehr Markt und härteren Wettbewerb für Industrie, Apotheke und Großhandel hinaus. Das gilt horizontal und vertikal. Kooperationsmöglichkeiten werden, insbesondere in vertikaler Richtung, wichtiger. Marktanteile werden neu verteilt. Das bedeutet auch Chancen, denn wo es Verlierer gibt, wird es auch Gewinner geben.

Daraus resultiert für die Industrie eine starke Gewichtung jener Vertriebs- oder Marketinginstrumente und Marktpartner, die mehr Einfluß auf den Konsumenten/Patienten haben werden. Dieser Einfluß wird beim Apotheker am größten sein. Gleichzeitig steigt die Bedeutung des Großhandels, der aufgrund der hohen Interessensidentität den wohl besten Kontakt zum Apotheker hat. Der Großhandel wird von der Industrie künftig stärker als Marketingfaktor und -instrument verstanden und genutzt werden, somit hingegen weniger als "Spediteur". Die Rolle des Großhändlers in Sicht der Industrie verlagert sich von der passiven hin zur aktiven Betrachtung und Nutzung.

Der Einfluß des Apothekers wächst insbesondere dort, wo Medienwerbung und Verkaufsförderung der Industrie an Grenzen stoßen. Solche Grenzen können auf verschiedenen Ursachen beruhen:

- quantitative, weil die Kosten zu hoch und die Wirkung zu gering sind,
- qualitativ (Produktproblematik),
- gesetzliche Beschränkungen, Werbeverbote, (Nebenwirkungen).

Diese Aussagen betreffen vor allem das OTC-Ergänzungssortiment.

Bei der zu erwartenden Aufhebung oder Lockerung des Substitutionsverbotes gilt der Bedeutungszuwachs des Apothekers in noch größerem Maße für den Sektor der Generika. Auch hier wird sich die Bedeutung der Instrumentarien verändern. Mit dieser Entwicklung steigt zwangsläufig das Gewicht der den Apotheker beeinflussenden Kommunikationsorgane. Der OTC-Außendienst wird wichtiger, wobei er allerdings unter der geringen Besuchsfrequenz leidet. Sein Erfolg hängt stark vom Image des Präparates bzw. des Herstellers ab. Die Großhandels-Vertriebsinstrumente übernehmen eine neue Rolle. Außendienst, Telefonmarketing, Niederlassungsleiter haben den Vorteil des häufigen Kontaktes und der emotionalen, technischen oder finanziellen Bindung. Dies gilt für alle Großhandlungen, besonders aber für die großen, national operierenden Firmen.

Viele Großhandelsunternehmen sehen diese Entwicklung und beginnen, sich wenigstens teilweise, als „Instrumentarium" in diesem Sinne zu verstehen. Auf dieser Basis werden eigene Konzepte kreiiert, in die Partner aus der Industrie - je nach Möglichkeit - eingebunden werden. Die vertriebliche Distribution wird - wie in anderen Branchen seit Jahrzehnten der Fall - eine entscheidende Rolle auch im Pharmamarkt spielen. Spätestens werden diese Tendenzen in den frühen 90er Jahren durchschlagen. Bei Konsumgütern benötigen die großen Markenartikelhersteller - trotz potentester Werbeunterstützung - den Handel zur Distribution ihrer Produkte. Nicht zuletzt spielt hierbei die Vermeidung von unter Umständen großen werblichen Streuverlusten eine wichtige Rolle. Groß-und Einzelhandel ihrerseits sind interessiert, „vorverkaufte" Ware zu vertreiben. Es gibt also eine zumindest teilweise Übereinstimmung der Interessen. Eine intensive Kooperation mit pharmazeutischen Großhandelsunternehmen kann auch für den Hersteller eine Chance bedeuten, sich Wettbewerbsvorteile zu schaffen, die auf andere Weise nicht zu erlangen sind.

Für die Industrie wird gerade im OTC-Bereich die Absicherung und nationale Distribution ihrer Präparate von existentieller Bedeutung sein. In vielen Fällen wird eine wesentlich bessere kooperative Verbindung zwischen Industrie und Großhandel zur unabdingbaren Voraussetzung. Ob dies gleich zu gesellschaftsrechtlichen Beteiligungen führen muß, bleibt dahingestellt. Ich erspare mir hier auf die Gefahren aber auch Möglichkeiten solcher Verbindungen im Detail einzugehen, ich persönlich sehe hier viele Alternativen. Aus all diesen Überlegungen resultiert letztlich die entscheidende Perspektive des pharmazeutischen Großhandels: **Eigenständiger Mittler zwischen Industrie und Apotheke/Patient mit steigender Bedeutung.**

Die Rolle des Apothekers
– heute und in der Zukunft –

Helmut Hengstenberg

1. Das Berufsbild des Apothekers

1.1 Die Aufgaben des Apothekers

Die Apotheke ist auf dem Arzneimittelmarkt das vorletzte Glied in der Kette Pharmahersteller – Großhandel – Apotheke – Verbraucher, wobei der Arzt in vielen Fällen als Verordner zwischengeschaltet ist. Der Apotheker bildet das Verbindungsglied zum Patienten als Endverbraucher.

Für die Bevölkerung ist die Apotheke **das** Fachgeschäft mit einer einzigartigen Beratungsqualität und Akzeptanz. Rund 17.500 Apotheken mal 150 Informationen/Tag mal 25 Arbeitstage/Monat ergeben mehr als 62 Millionen Kontakte/Monat; dies entspricht in etwa der Einwohnerzahl der Bundesrepublik. Nach § 1 der Bundesapothekerverordnung vom 18. 2. 86 „ist der Apotheker berufen, die Bevölkerung ordnungsgemäß mit Arzneimitteln zu versorgen". Neben der "Entwicklung, Herstellung und Prüfung von Arzneimitteln" – heute nur noch ein kleiner Teil der Apothekeraufgaben – gewinnt die Beratung im Rahmen der Arzneimittelabgabe zunehmend an Bedeutung. Denn zur Arzneimittelsicherheit gehört neben der Produktsicherheit die Informationssicherheit. Hier hat die **Beratungspflicht** des Apothekers neben der Packungsinformation der Arzneimittelhersteller und der Information des Patienten durch den Arzt einen hohen Stellenwert. Sie wird in § 20 der neuen Apothekenbetriebsordnung vom 1. 7. 87 noch einmal ausdrücklich als wesentliche pharmazeutische Aufgabe herausgestellt.

In der Praxis bezieht sich die Arzneimittelinformation und -beratung auf folgende Bereiche:

– die Abgabe von ärztlich verordneten Arzneimitteln,
– die Selbstmedikation,
– den Arzt.

Durch die Beratung wird die Patientencompliance bei **verordneten Präparaten** günstig beeinflußt. Die Aufzählung zahlreicher Nebenwirkungen auf den Beipackzetteln führt zu einer Verunsicherung ängstlicher Patienten. Auch die medizinischen Fachausdrücke bedürfen oft einer Erklärung. Gerade bei älteren Patienten, die häufig bei verschiedenen Ärzten gleichzeitig in Behandlung sind und vielfach mehr als drei bis vier Medikamente parallel einnehmen, wird die Compliance durch eine intensive Beratung deutlich erhöht.

In der Selbstmedikation ist der Apotheker die einzige fachkundige Bezugsperson für den Verbraucher. Die Selbstmedikation setzt immer eine Selbstdiagnose des Patienten voraus. Im Rahmen der Selbstmedikation darf der Apotheker allerdings nicht in Konkurrenz zum Arzt treten. Er hat im Gegenteil die Pflicht, den Patienten bei Verdacht auf eine ernstere Erkrankung zum Arzt zu schicken.

Nach einer Emnid-Umfrage (1985/86) führen nur **20 %** aller Gesundheitsstörungen zu einem Arztbesuch, 35 % der Befragten gaben an, zunächst eine Selbstbehandlung mit Arzneimitteln aus der Apotheke zu versuchen. Nach der Studie lag der Arzneimittelumsatz im Rahmen der Selbstmedikation 1986 bei rd. 5 Mrd. DM. Dies entspricht 20 % des Arzneimittelumsatzes über Apotheken. Die volkswirtschaftlich Bedeutung der Selbstmedikation läßt sich wie folgt aufzeigen: Wenn nur 10 % der nicht den Arzt aufsuchenden Personen mit ihren Beschwerden doch zum Arzt gehen würden, würde dies für das ärztliche System eine Mehrbelastung von 40 % bedeuten. Dies würde unser Gesundheitssystem nicht verkraften.

Eine kompetente Information und Beratung ist nur dann möglich, wenn der, der informiert und berät, auf dem aktuellen Wissensstand seiner Berufsgruppe ist. Neben Fachliteratur steht dem Apotheker heute u. a. die ABDA-Datenbank zur Verfügung, die Informationen über z. Zt. mehr als 20.000 deutsche Arzneimittel (98 % des Apothekenumsatzes) und 60 000 ausländische Arzneimittel enhält. Sie gibt Auskunft über Arzneimittel-Wechselwirkungen und enthält als BTX-Version einen Aktualitätenspeicher, in dem aktuelle Mitteilungen, z. B. des BGA, kurzfristig abrufbar sind. Im Hinblick auf die Verantwortung des Apothekers erscheint allerdings zusätzlich eine ständige Fortbildung notwendig.

1.2 Das Ansehen des Apothekers in der Bevölkerung

Die Bevölkerung betrachtet den Apotheker als Fachmann für Gesundheitsfragen. Seine wissenschaftliche Ausbildung, gute Kenntnisse in der Medizin, Verantwortungsbe-

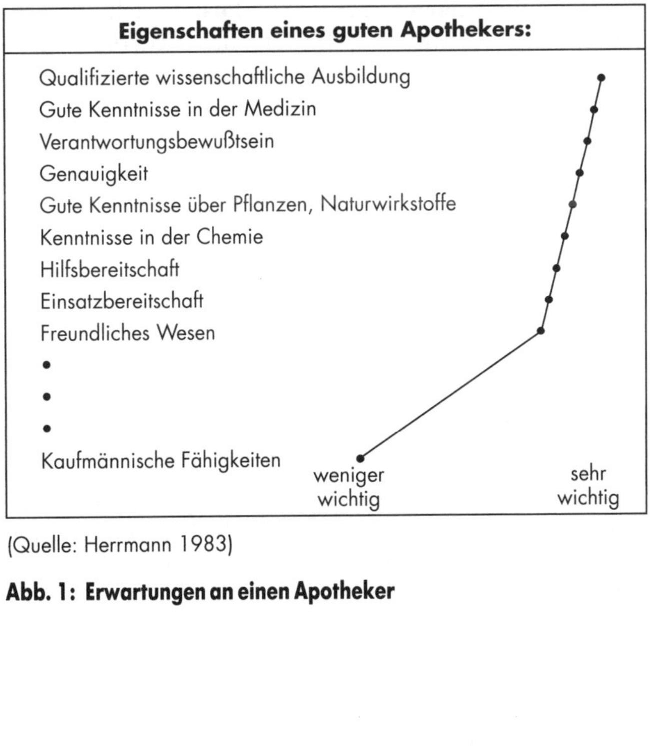

(Quelle: Herrmann 1983)

Abb. 1: Erwartungen an einen Apotheker

wußtsein und Genauigkeit sind nach Meinung der Bevölkerung die wichtigsten Eigenschaften eines Apothekers. Abbildung 1 zeigt das erwartete Anforderungsprofil.

Man sieht ihn vorwiegend als Naturwissenschaftler und weniger als Kaufmann. Er trifft die Erwartungshaltung der Bevölkerung, wenn er seine fachliche Kompetenz als Mittler zwischen Patienten, Arzt und Pharmaindustrie wahrnimmt.

1.3 Einschränkungen im Vergleich zu anderen Gewerbebetrieben

Wenn auch die Apotheke formalrechtlich ein Einzelhandelsunternehmen ist, so werden dem Apotheker in Deutschland seitens der Regierung mehr Auflagen gemacht und Beschränkungen auferlegt als in jedem anderen Land der Erde. Als Beispiele dafür seien genannt: Größe der Räumlichkeiten und Mindesteinrichtung von Labor und Offizin, Personalstruktur, Lieferpflicht, Lieferbereitschaft, Öffnungszeit, Notdienst, Beratungspflicht, Untersuchungs- und Dokumentationspflicht. Diese vom Staat geforderten Zusatzleistungen und das im Vergleich zum Ausland höhere Qualitätsniveau kosten naturgemäß Geld, das den größten Teil der oft kritisierten, im Vergleich zum Ausland höheren Apotheken-Rohgewinnspanne aufzehrt. Als weitere Beschränkungen seien die Sortimentsbegrenzung sowie die restriktiven Werberichtlinien der Berufsordnungen erwähnt.

2. Aktuelle wirtschaftliche Situation der Apotheken

2.1 Entwicklung der Apotheken seit der Einführung der Niederlassungsfreiheit im Jahre 1958

Die Zeiten, in denen die Apotheken mit Recht als „Goldgruben“ bezeichnet werden konnten, sind vorbei. Die **starke Verschlechterung der Ertragssituation** vieler Betriebe hat mannigfache Gründe. Zum einen ist nach der Aufhebung der Niederlassungsbegrenzung im Jahre 1958 die Apothekenzahl von 8.832 (1960) auf rund 17.500 gestiegen. Vielerorts besteht eine Überversorgung, und nebeneinander und gegenüberliegende Apotheken sind inzwischen keine Seltenheit mehr.

Neben den überproportional zum Umsatz steigenden Betriebskosten, insbesondere den Personalkosten, sind folgende Ursachen zu nennen:

- **Die Ausweitung anderer Vertriebskanäle.**
  Es entsteht ein zunehmender Wettbewerbsdruck durch Drogerien, Drogeriemärkte und Reformhäuser sowie Warenhäuser, Verbrauchermärkte und SB-Warenhäuser mit Gesundheitssortimenten, Bio-Läden usw. Ganze Sortimente wandern in diese Vertriebskanäle ab. So werden z.Zt. schon rd. 40% der freiverkäuflichen Vitamin Brausetabletten von einer einzigen Lebensmittelkette umgesetzt. Säuglingsnahrung wird von vielen Apotheken wegen des Wettbewerbsdrucks nicht mehr geführt.
- **Sparsame Verordnung durch den Arzt und mehr Preiswettbewerb der Pharmaindustrie.**
  Zu nennen sind hier die Negativ- und die Preisvergleichsliste, die Fallkostenprüfung der Krankenkassen, das wachsende Generika-Angebot und die in einigen Bundesländern bereits vorgeschriebene Abgabe von (Re-)Importen.

- **Verfall der Handelsspanne**
  Dies ist die Folge der degressiven Arzneimittelpreisverordnung und der sinkenden Großhandelsrabatte. Die Strukturreform, die u. a. Fixzuschläge pro Arzneimittel und eine Erhöhung der Krankenkassenrabatte zu Lasten der Apotheken vorsieht, wird eine weitere Spannenverringerung bewirken.

- **Verändertes Patientenverhalten**
  Eine gewisse Medikationsmüdigkeit, eine kritischere Einstellung gegenüber Arzneimitteln, die bewußte Bevorzugung preisgünstigerer Medikamente gleicher Wirkweise („damit die Kassen nicht so belastet werden") sowie der „Naturtrend" (bitte keine „Chemie"), bewirken Umsatzeinbußen bei den Apotheken.

2.2 Umsatz und Umsatzstruktur

Im Jahre 1986 erzielten die öffentlichen Apotheken einen **Umsatz** (ohne MWSt) von 24,5 Mrd. DM, was einer nominellen Umsatzsteigerung von 5,5% gegenüber dem Vorjahr entspricht. Ein Vergleich mit den Ausgaben für Gesundheit, die das Statistische Bundesamt mit rd. 240 Mrd. DM im Jahr angibt, zeigt, daß der Anteil des Apothekenumsatzes davon rd. 10% ausmacht. Zieht man den Anteil, der davon auf die Vorstufen (pharmazeutische Industrie und Großhandel) und auf die MWSt entfällt ab, so beträgt der **Wertschöpfungsanteil für den Apothekenbereich nur rd. 3% der Gesamtausgaben für Gesundheit.**

Die **Umsatzstruktur** der Apotheken ist seit Jahren nahezu konstant. Im Jahre 1986 entfielen, wie Abbildung 2 zeigt, von dem Gesamtumsatz aller Apotheken von 24,5 Mrd. DM ca. 91% (oder ca. 22.3 Mrd. DM) auf apothekenpflichtige Arzneimittel und 2,5% (0,6 Mrd. DM) auf **freiverkäufliche** Arzneimittel.

Umsatzstruktur der öffentlichen Apotheken

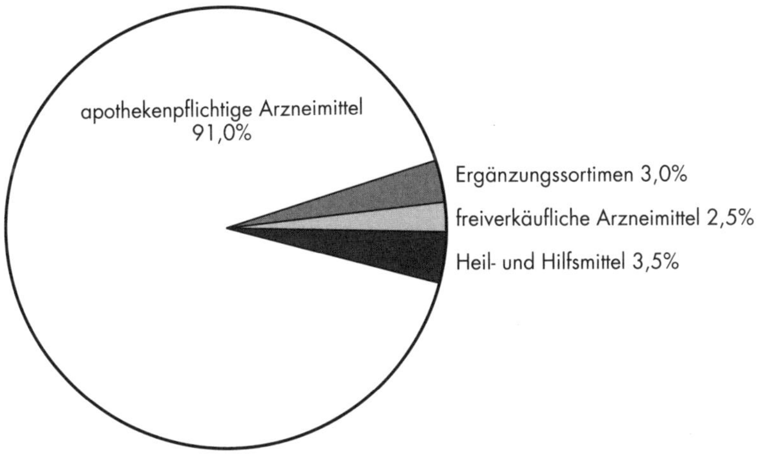

(Quelle: ABDA-Bericht für den Zeitraum 1.9.86 – 31.8.87, Gori-Verlag 1987)

Abb. 2: Umsatzstruktur der öffentlichen Apotheken

Heil- und Hilfsmittel beanspruchten einen Anteil von ca. 3,5 % (ca. 0,85 Mrd. DM) des Umsatzes; das **Ergänzungssortiment** im klassischen Sinne (Körperpflegemittel, Kosmetika, Diätetika, Babynahrung etc.) lag bei ca. 3 % (0,75 Mrd. DM) vom Gesamtumsatz. Von dem reinen Arzneimittelumsatz wiederum (also apothekenpflichtig wie freiverkäuflich) in Höhe von rd. 22,9 Mrd. DM entfielen rd. 65 % (14,9 Mrd. DM) auf **verschreibungspflichtige** Arzneimittel, die jedoch bei der Anzahl der **Packungen** nur einen Anteil von ca. 45 % erreichen. Dies bedeutet, verschreibungspflichtige Arzneimittel sind im Packungspreis mehr als doppelt so teuer wie freiverkäufliche. Fast die Hälfte der **nicht-verschreibungspflichtigen** Arzneimittel wurde ebenfalls von Ärzten verordnet (ca. 3,9 Mrd. DM).

Die Ausgaben der Gesetzlichen Krankenkassen (GKV) für Arznei-, Heil- und Hilfsmittel sind von rd. 16,6 Mrd. DM auf 17,6 Mrd. DM in 1986, und damit um 6,3 % gestiegen. Der Rohertrag der Apotheke hieraus liegt gemäß Arzneimittelpreisverordnung bei weniger als 4,4 Mrd. DM, das sind etwa 3,7 % der Gesamtausgaben der GKV.

Der GKV-Anteil am Apothekenumsatz liegt seit einigen Jahren konstant bei rd. 2/3 (1987: 66,7 %). 1986 wurden je Versicherten 11,09 Rezepte mit im Durchschnitt 1,72 Arzneimittelpackungen verschrieben. Dies entspricht 19,1 Arzneimittelpackungen je Versichertem im Jahre 1986. Rd. 30 % der Versicherten sind Rentner. Sie belasten die GKV jedoch mit 55,7 %, verursachen also dreimal soviel Kosten wie die berufstätigen Mitglieder. Im Jahre 2030 werden 40 % der Bevölkerung 60 Jahre und älter sein. Die Zahl der verordneten Arzneimittelpackungen müßte daher auch in Zukunft – demografisch bedingt – zunehmen; gegenläufig wirkt allerdings die Strukturreform im Gesundheitswesen, so daß eine Prognose kaum möglich ist.

Der Durchschnittsumsatz je Apotheke im Jahre 1986 lag bei ca. 1,4 Mio. DM (1976: 980 T DM). Abbildung 3 zeigt die Verteilung der Apotheken nach Umsatzgrößenklassen. Man erkennt eine schiefe Verteilung, in der der häufigste Wert bei ca. 1 Mio. DM

Verteilung der Apotheken nach Umsatzgrößenklassen 1985

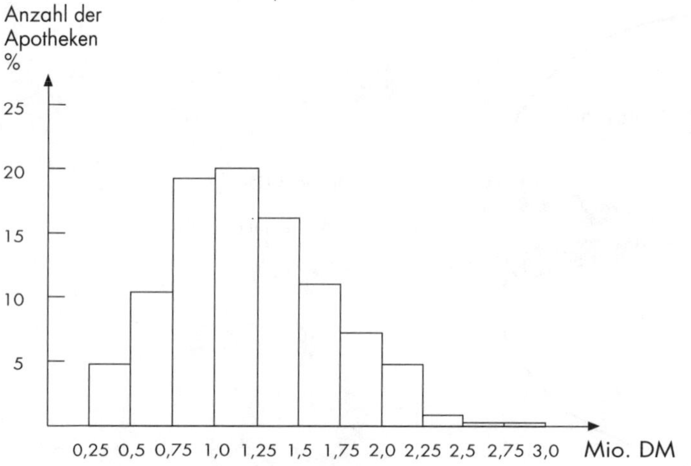

(Quelle: ABDA-Bericht für den Zeitraum 1.9.86 — 31.8.87, Gori-Verlag 1987)

Abb. 3: Verteilung der Apotheken nach Umsatzgrößenklassen 1985

Umsatz und damit deutlich unter dem Mittelwert liegt. Zwei Drittel der Apotheken erreichen den Durchschnittsumsatz nicht.

Die **Handelsspanne** (Rohertrag) ist von 32,7% des Bruttoumsatzes im Jahre 1980 auf 30,2% im Jahre 1985 gefallen. Die Preissteigerungsrate und die Verordnung größerer bzw. teurerer Packungen sind ursächlich verantwortlich für den Umsatzanstieg bei gleichzeitig sinkender Spanne. Die große Zahl neu auf dem Markt erschienener Generika sowie die vermehrte Verordnung von (re)importierten Arzneimitteln hat zu Bestell- und Lagerproblemen und damit zu Rabatteinbußen der Apotheken geführt, die sich auch in einer Verminderung der Handelsspanne niedergeschlagen haben.

Die relativen **Gesamtkosten** konnten von 28,5% des Umsatzes im Jahre 1985 durch weitere Rationalisierung noch geringfügig auf 28,3% des Umsatzes im Jahr 1986 gesenkt werden. Die Personalkosten lagen bei rd. 60% der Gesamtkosten.

Das **betriebswirtschaftliche Ergebnis** ist die Differenz zwischen der Handelsspanne und den Gesamtkosten. Es liegt nach Angaben des Instituts für Handelsforschung im Jahre 1985 mit einem Durchschnittswert von 1,7% vom Bruttoumsatz geringfügig über dem der 3 Vorjahre von 1,6%. Dabei ist allerdings zu berücksichtigen, daß Apotheken mit einem Jahresumsatz unter 1,1 Mio. DM betriebswirtschaftlich gesehen rote Zahlen schreiben. Dies bedeutet, daß 40% der Apotheken betriebswirtschaftlich unrentabel sind.

Apotheken bis zu 1,25 Mio. DM Umsatz erwirtschaften in der Regel zwar noch einen angemessenen Unternehmerlohn und eine Eigenkapitalverzinsung, aber keinen betriebswirtschaftlichen Gewinn mehr. Auf Dauer können jedoch nur leistungsfähige und gleichzeitig rentabel betriebene Apotheken ihren Versorgungsauftrag erfüllen. Es ist anzunehmen, daß als Folge der Strukturreform die betriebswirtschaftlich unrentablen Betriebe aus dem Wettbewerb ausscheiden werden. Sie sind großenteils heute schon nicht mehr verkäuflich oder gar verpachtbar.

3. Marketingstrategien im verschärften Wettbewerb

3.1 Einstellung der Apotheker zu Marketing und Wettbewerb

Die aufgezeigte ungünstige betriebswirtschaftliche Situation vieler Apotheken ist in manchen Fällen selbst verschuldet. Denn viele Apotheker scheuen den Wettbewerb, besonders mit Kollegen, aber auch mit anderen Vertriebsformen. Sie versuchen – unterstützt durch die Standesführung – ihren Besitzstand gegen den unliebsamen Wettbewerb anderer, sich marktwirtschaftlich verhaltender Apotheker oder Neugründer über berufsrechtliche Wettbewerbsbeschränkungen zu schützen. Bei vielen Werbeverboten in den Berufsordnungen für Apotheker handelt es sich um nach den Bundesgesetzen und dem Arzneimittelrecht zulässige Werbemaßnahmen. Dabei sei betont, daß auch bei diesen Gesetzen der Rahmen, in dem für einen Apotheker Wettbewerb möglich ist, im Vergleich zu anderen Vertriebsformen, verhältnismäßig eng ist.

Der Begriff **Marketing** ist heute noch vielen Apotheken in seiner Bedeutung unbekannt. Wenige Apotheken haben eine Marketingstrategie, obwohl kürzlich auch die Standesführung über den Deutschen Apothekerverein ein eigenes Marketing-Rahmenkonzept vorgestellt hat. Darin werden standortspezifische Apothekenprofile entwickelt (City-Apotheke, wohnlagenorientierte Apotheke und Ärztehaus-Apotheke). Es werden Rahmenbedingungen aufgezeigt, um im Wettbewerb mit anderen Vertriebsformen von Gesundheitsprodukten besser bestehen zu können. Der Wettbewerb zwischen Apothekern wird jedoch, wie von der Standesführung und offenbar von der Mehrheit der Apotheker gewünscht, weitgehend ausgeklammert. Auch von verschiedenen Unternehmensberatern gibt es inzwischen apothekenspezifische Veröffentlichungen über Marketing und Marketing-Seminare für Apotheker.

Apotheken-Marketing ist natürlich, wie in jeder anderen Branche, mehr als Wettbewerb, es ist vielmehr eine Unternehmensphilosophie, in deren Mittelpunkt der Apotheken-Kunde steht. Dabei gibt es bestimmte Erfolgsfaktoren, die für jede Apotheke gelten. Der Apotheker sollte in möglichst vielen der nachfolgend aufgeführten wichtigsten Erfolgsfaktoren seiner Konkurrenz überlegen sein.

3.2 Erfolgsfaktoren im Wettbewerb

3.2.1 Standort

Der wichtigste Faktor für den Erfolg einer Apotheke ist, wie auch im Einzelhandel, die Wahl des **Standortes**, wobei sicher der Spruch gilt: „Eine Apotheke ohne Ärzte ist wie ein Fisch ohne Wasser". Optimal ist z. B. ein Ärztehaus in einer stark frequentierten Fußgängerzone oder im Zentrum eines Vorortes oder kleineren Ortes, umgeben von vielen anderen Geschäften, Banken, Post etc. Eine Apotheke in einer reinen Wohngegend ohne Ärzte und Geschäfte liegt vergleichsweise ungünstig. Vorteilhaft sind außerdem nahegelegene Haltestellen, eine hohe Kaufkraft der Bevölkerung und natürlich wenige Konkurrenten. Die letztgenannten Faktoren können sich allerdings durch Verkehrsverlagerung, oder die Neueröffnung von Apotheken und Gesundheitsmärkten so verschlechtern, daß u. U. ein Standortwechsel erforderlich wird.

3.2.2 Mitarbeiter

Nach der Standortwahl ist die mit Abstand wichtigste Voraussetzung für eine erfolgreiche Apothekenführung und Marketingarbeit die **Mitarbeiterauswahl** und **Personalpolitik**. Es handelt sich hier um die bedeutendste strategische Aufgabe. Im Gegensatz zum Arzt, der jeden Patienten selbst behandelt, gibt es für den Leiter einer etwas größeren, erfolgreichen Apotheke die Schwierigkeit, sich zu multiplizieren. Der Patient muß von einer möglichst großen Zahl von pharmazeutischen Mitarbeitern (Approbierte oder PTAs) genau so gern beraten und bedient werden wie vom Apothekenleiter selbst. Dies zu erreichen, erfordert ein klares Führungskonzept. Die wichtigste Voraussetzung für eine **Motivation** der Mitarbeiter besteht darin, daß alle wissen, daß der Apothekenleiter (1) gerecht ist und (2) härter arbeitet als sie selbst und – so altmodisch das klingen mag – ein Vorbild darstellt. Weiterhin sind ein klarer Organisationsplan und vollständige Arbeitsplatzbeschreibungen für jeden einzelnen von großer Bedeutung. Ausgewogenheit ist wichtig; es darf keine Überschneidungen in den Aufgabenbereichen geben. Ab einer bestimmmten Apothekengröße sollten Abteilungen gebildet werden mit Abteilungsleitern(-innen) und Gruppenleitern(-innen): hier kann es Stabs- und Linienfunktionen geben. Die Führungskräfte arbeiten so eigenverantwortlich, daß der Apothekenleiter sich ihnen für ihren Aufgabenbereich im Tagesgeschäft unterordnet, wobei er natürlich jederzeit die Ziele vorgibt und die Kontrolle ausübt.

Dieses System ist gebunden an die **vollkommene Information aller Mitarbeiter**. Am besten eignet sich hier eine Mitarbeiterbesprechung bei Dienstbeginn, zu einer Zeit, in der die kundenfrequenz noch minimal ist. Sie sollte **jeden Tag** (außer Samstag) durchgeführt werden, geleitet vom Apothekenleiter und in dessen Urlaub von seinem Stellvertreter. Dabei sollten folgende Themen diskutiert werden:

1) Die gesamte für den Betrieb wichtige Korrespondenz wie z. B. Arzneimittel-Neuerscheinungen, Mitteilungen zu Nebenwirkungen etc.
2) Aktuelle Themen aus der Fachliteratur. Hier können vom Apothekenleiter Kurzreferate an einzelne Mitarbeiter vergeben werden.
3) Alle am Vortag aufgetretenen innerbetrieblichen oder kundenbezogenen Fragen und Probleme.
4) Diskussion und Verbesserungsvorschläge.

Diese vollständige Information und die Einbeziehung in Zukunftsüberlegungen erzeugt bei den Mitarbeitern das erforderliche „Wir-Gefühl", sie identifizieren sich mit „ihrer" Apotheke und verwirklichen die gesteckten Ziele im Team. Bedeutsam ist, daß die Mitarbeiter durch diese permanente Schulung, Tag für Tag, Jahr für Jahr auf einen hohen Wissensstand gelangen; dabei müssen zur Ergänzung auch externe Fortbildungsveranstaltungen besucht werden. Ein gutes Betriebsklima wird dadurch begünstigt, daß jeder Kritik üben und seine Sorgen vortragen kann.

Eine solche **Personalschulung** ist unabhängig von der Größe der Apotheke und kann von **jedem** Apotheker durchgeführt werden.

Ca. 60% der Kunden in der Apotheke des Verfassers sind über 60 Jahre alt. Diese Gruppe besteht zu zwei Dritteln aus Frauen. Dies bedeutet: Bei 40% der Kunden handelt es sich um Frauen über 60. Diese Zielgruppe erwartet eine besonders freundliche Bedienung. Zur kompetenten Beratung gehört, daß ein Kunde sofort an einen sachkundigen Kollegen weitergeleitet wird, wenn das eigene Wissen für die spezielle Beratung nicht ausreicht.

Zuverlässigkeit, Schnelligkeit, gute Laune, gleichbleibende Freundlichkeit und persönlicher Kontakt zum Kunden schaffen ein Umfeld, in dem sich der Kunde wohlfühlt und wiederkommt.

3.2.3 Kunden- und Konkurrenzanalyse

Über Rezeptstatistiken, Kundenbeobachtungen und -befragungen erfährt man mehr über die Kundenstruktur, also zu Fragen: „Wer ist mein Kunde?" und „Warum ist er mein Kunde?" Ein Beispiel für einfache Überlegungen in der Art wurde im vorhergehenden Abschnitt gebracht. Das Starren auf die möglicherweise höheren Umsätze der Konkurrenz bringt nichts. Zunächst einmal muß man den eigenen Betrieb auf Vordermann bringen und eigene Ideen entwickeln. Nachahmer sind immer zweite Sieger. Trotzdem ist es nützlich, das Verhalten der nächstgelegenen Wettbewerber, und zwar sowohl der Apotheken als auch der anderen Anbieter mit einem Gesundheitssortiment, zu beobachten.

Interessant sind:

a) die Freundlichkeit der Bedienung und die Kompetenz der Beratung,
b) das Sortiment,
c) die Warenpräsentation, die natürlich von den räumlichen Möglichkeiten abhängt,
d) die Preise des Nebensortiments, speziell der „Schnelldreher",
e) die Art der Werbung (z. B. Ausgestaltung des Schaufensters, Sonderangebote, Handzettel etc.)

Wichtig ist eine klare Analyse der Zielgruppen. Wenn diese ermittelt sind, müssen sie durch spezifische Marketingmaßnahmen bearbeitet werden. Die Hauptzielgruppen können je nach Lage der Apotheke sehr unterschiedlich sein, z. B. in der Nähe mehrerer Altersheime müssen andere Strategien entwickelt werden als in einer „Schlafstadt" mit vorwiegend jungen Familien.

3.2.4 Sortimentspolitik

Ein wesentlicher Erfolgsfaktor ist das Sortiment. Der Kunde steht wiederum im Mittelpunkt. Er muß wissen: „Wenn ich in **diese** Apotheke gehe, bekomme ich alles." Dieses „Alles" wird allerdings durch das Arzneimittelgesetz und die Apothekenbetriebsordnung eingeschränkt. Das **Hauptsortiment** der Apotheken besteht aus **apothekenpflichtigen Arzneimitteln** mit und ohne Verschreibungspflicht sowie aus **freiverkäuflichen** Arzneimitteln. Das sogenannte **Nebensortiment** setzt sich zusammen aus **apothekenüblichen Waren** einschließlich Heil- und Hilfsmitteln. Das Hauptsortiment wird im wesentlichen durch das Verschreibungsverhalten der Ärzte bestimmt. Hier gilt es, möglichst jedes Rezept beliefern zu können, wobei sich die Verschreibungsgewohnheiten der Ärzte z. B. unter dem Einfluß der Ärztebesucher bei bestimmten Medikamenten vom einen auf den anderen Tag ändern können. Hier muß blitzschnell reagiert werden, wenn dies bei Ärzten in der Nachbarschaft geschieht. Vielfach erhält man Hinweise durch die Ärzte selbst oder die Ärztebesucher. Durch Apothekencomputer oder ein Kärtchensystem mit Statistik lassen sich die Bestellmengen dem Abverkauf anpassen, wobei auf die günstigsten Rabatte zu achten ist.

Die **apothekenpflichtigen** Arzneimittel **ohne** Verschreibungspflicht werden z.T. von Ärzten verschrieben, z.T. in der Selbstmedikation mit besonderer Beratung abgegeben. Hier gilt es, im Sortiment größere Trends zu berücksichtigen wie z. B. die augenblickliche Bio-Welle, die Tee-Welle, aber auch saisonale Nachfrageunterschiede, wie z. B. im Winter die Erkältungspräparate, im Sommer Präparate gegen Sonnen-Allergien. **Freiverkäufliche Arzneimittel (zahlreiche Vitaminpräparate, Abführmittel etc.), das Ergänzungssortiment** (Körperpflege, Kosmetik, Diätetika, Kindernahrung usw.) und **Heil- und Hilfsmittel** machen, wie in Abbildung 3 dargestellt, insgesamt 9 % des Apothekenumsatzes aus. Sie dürfen sämtlich in Selbstbedienung angeboten werden. Die Apotheken stehen hier im direkten Wettbewerb zu anderen Vertriebsformen wie Drogeriemärkten, Reformhäusern, Warenhäusern, SB-Märkten etc. Die Märkte nehmen jedoch meist nur die Renner in ihr Sortiment auf und können als Großabnehmer über Maximalrabatte sehr günstige Preise bieten. Die meisten Apotheken führen aus räumlichen Gründen nur ein begrenztes Nebensortiment. Hier empfiehlt sich eine Kombination von apothekenexklusiven Artikeln (z. B. MGDA), mit den Marktführern im freiverkäuflichen Bereich. Dabei kann versucht werden, in den Preisen mit den nächsten Wettbewerbern mitzuhalten. Man sollte sich dabei auf die Warengruppen beschränken, die für die Hauptzielsegmente besonders interessant sind. Hat man z. B. viele Rentner als Kunden, so sind die Warengruppen Fußpflege, Zahnprothesenpflege, Körperpflege, Inkontinenz, Diabetikersortimente etc. zweckmäßig. In Vorortsiedlungen mit jungen Familien sind dagegen die Warengruppen pflegende Kosmetik, Sportlernahrung, Schlankheitsdiät etc. interessanter. Jedoch sollten die Teil-Sortimente stets so breit sein, daß alle wichtigen Firmen vertreten sind. Im Detail liegen bei der Sortimentspolitik die Bedingungen für jede Apotheke anders, und zwar aufgrund unterschiedlicher Wettbewerber im Einzugsbereich, unterschiedlicher Platzverhältnisse und Kundenstrukturen.

3.2.5 Preispolitik

Die Preispolitik ist mit der Sortimentspolitik eng verknüpft. Nur freiverkäufliche Arzneimittel, Heil- und Hilfsmittel sowie apothekenübliche Waren, also 9% des Apothekenumsatzes, sind im Preis überhaupt frei kalkulierbar; das restliche Sortiment unterliegt der Preisbindung. Viele Apotheker lehnen einen Preiswettbewerb gegenüber Kollegen oder den anderen Vertriebswegen ab und berechnen auch für das Randsortiment die Aufschläge nach der offiziellen Lauer-Taxe für Arzneimittel. Sind diese Artikel dann nicht mehr verkäuflich, so werden als Konsequenz ganze Produktgruppen aus dem Sortiment genommen.

Es ist nicht möglich, aufgrund der andersartigen Wettbewerbssituation unterschiedlicher Apotheken allgemeingültige Ratschläge für die Preispolitik zu geben. Jedoch ist es sicher zweckmäßig, daß man in dem mit 9% Umsatzanteil letztlich kleinen freiverkäuflichen Sortiment den Ruf hat, insgesamt nicht teuerer als die Wettbewerber zu sein; denn der Verbraucher ist vor allem bei bekannten Artikeln sehr preissensibel. So werden Kunden gebunden, die letztlich auch Rezepte einlösen und apothekenpflichtige Arzneimittel kaufen.

4. Die zukünftige Rolle des Apothekers

Es gibt Prognosen aus jüngerer Zeit, wonach die Zahl der Apotheken im Jahre 2000 bei ca. 20.000 liegen soll bei einem Gesamtumsatz von 35 Mrd. DM und mehr. Die Strukturreform im Gesundheitswesen deutet jedoch darauf hin, daß auf die Apotheken große Umsatz- und Ertragseinbußen zukommen. Die endgültigen Auswirkungen der Strukturreform sind zum Zeitpunkt der Abfassung dieser Zeilen noch nicht bekannt. Es ist deshalb außerordentlich schwer, Zukunftsprognosen zu wagen. In jedem Falle muß sich der einzelne Apotheker intensiv bemühen, durch eine Erhöhung der Kunden- und Rezeptzahlen den bevorstehenden Ertragsrückgang wenigstens z.T. aufzufangen. Für die Apothekerschaft insgesamt ist damit allerdings nichts zu holen, denn die Umsatzverluste im GKV-Bereich werden in Milliarden-Höhe liegen. Bei wesentlich kleiner werdendem Kuchen wird der Wettbewerb unter den Apothekern härter. Nur die Stärksten werden überleben. Auch bei vorsichtiger Prognose werden sicher 25% der Betriebe, die aufgrund zu niedriger Umsätze jetzt schon betriebswirtschaftlich in den roten Zahlen liegen, schließen müssen.

In diesem Zusammenhang sei das Ergebnis einer im Auftrag der Firma GEHE durchgeführten repräsentativen Befragung durch das Wiesbadener Marktforschungsinstitut

Dr. Lorz bei 220 Apotheken erwähnt, die unter anderem Aufschluß über die Erwartungen an die zukünftige Entwicklung der eigenen Apotheke geben sollte. Die Mehrheit der Apotheker (135) sieht der Zukunft eher pessimistisch entgegen, was im Hinblick auf die Strukturreform nicht überrascht. Nur 16% versprechen sich, wie in Abbildung 4 dargestellt, eine eher günstige Entwicklung und 20% rechnen damit, daß es so bleibt wie bisher.

Zukunftserwartungen von Apothekern

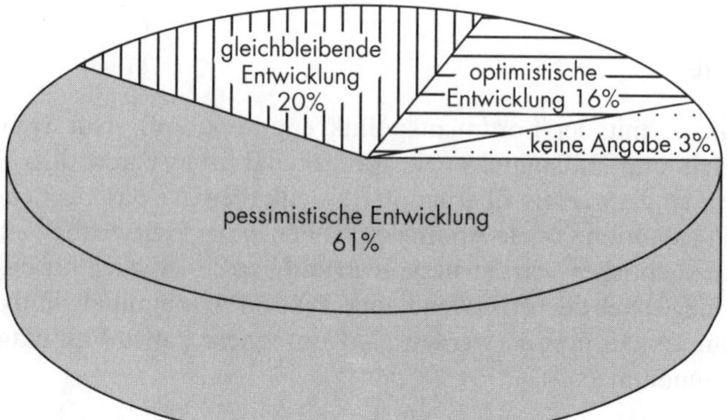

Ursachen pessimistischer Zukunftserwartungen*

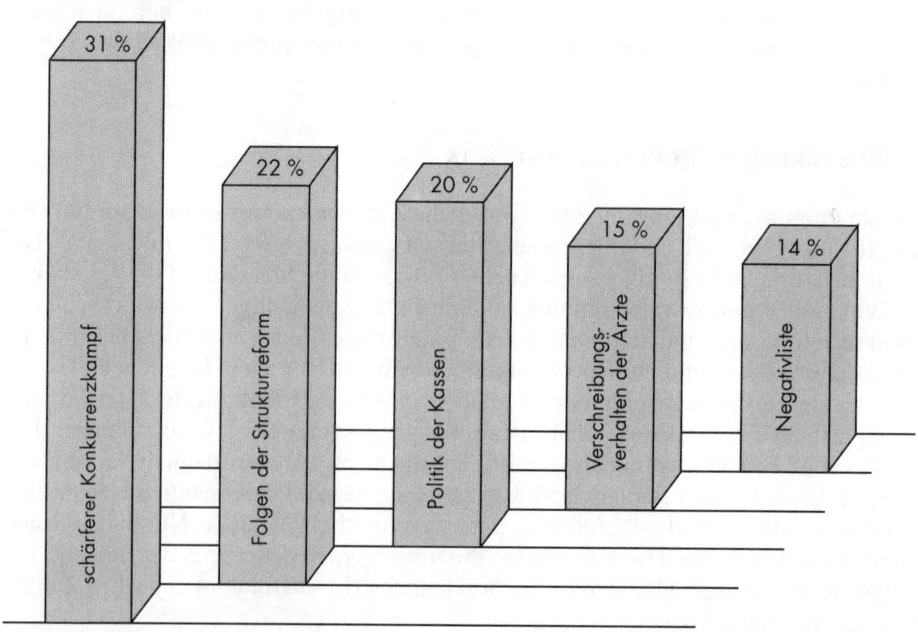

(Quelle: Hölzel 1987) *Mehrfachnennungen möglich

Abb. 4: Zukunftserwartungen von Apothekern

Interessant sind die Gründe dieser pessimistischen Einstellung: 31 % sehen den schärferen Konkurrenzkampf zwischen den Apotheken als Hauptgrund für ihre Haltung (untere Bildhälfte). 40 % sehen keine Chance, dieser Entwicklung erfolgreich zu begegnen, jedoch glaubt ein Viertel der Apotheker, durch intensive Kundenberatung und Konzentration auf das Ergänzungssortiment an seine Chance. Apotheker, die eher optimistisch in die Zukunft sehen, führen folgende Gründe dafür an:

1.) die gute Beratung wird honoriert (39 %),

2.) der Standort ist optimal (33 %),

3.) eigene Marketingaktivitäten zeigen Wirkung (19,4 %).

Die Einbußen treffen neben den Apotheken natürlich auch unsere Partner, die Pharmaindustrie und den Großhandel, mit denen wir in einem Boot sitzen und die gleichermaßen große Umsatz- und damit Ertragsverluste hinnehmen müssen. Dies wird zu Rabattkürzungen führen, wobei der Gewinn der meisten Apotheken heute schon zu mehr als 40 % aus dem Rabatt finanziert wird.

Die Apotheken mit guten bis mittleren Standorten und erstklassig geschulten und motivierten Mitarbeitern werden überleben. Dabei kann im Grunde jede Apotheke den zweiten Erfolgsfaktor „erstklassig geschultes Personal" bei sich verwirklichen. Die aktiven Apotheker werden sich um die Selbstmedikation und die frei kalkulierbaren Warensortimente kümmern; hierdurch allein können jedoch die Ertragsverluste nicht aufgefangen werden. Apotheken, bei denen die beiden erstgenannten Voraussetzungen nicht stimmen, werden zu den großen Verlierern gehören.

Die Strukturreform trifft, so wie es heute aussieht, nur einen Teil der Anbieter im Gesundheitswesen und verschont z. B. die Krankenhäuser weitgehend. Wegen der weiter steigenden Kosten besonders in diesem Bereich und auch wegen der ungünstigen demografischen Entwicklung wird die GKV in wenigen Jahren wieder vor den gleichen Problemen stehen wie heute. Wahrscheinlich wird die GKV sich dann nur noch auf eine Grundversorgung beschränken und der einzelne wird gezwungen, über neue Versicherungen den großen Rest der Kosten für die Gesundheit und für die Pflege, die nicht finanzierbar ist, selbst zu tragen. Dies bedeutet u. a. eine zunehmende Ausklammerung von Arzneimittelgruppen durch die Krankenkassen und damit eine wachsende Selbstmedikation. Der Apotheker als einziger fachkundiger Berater bei der Selbstmedikation wird dadurch zunehmend an Bedeutung gewinnen. Für die Pharmaindustrie bedeutet dieses wiederum, daß sie in Zukunft ihre bisher vorwiegend auf den Arzt als Verschreiber ausgerichteten Werbeanstrengungen auf die Apotheker als Berater und Empfehler der Präparate in der Selbstmedikation ausdehnen muß. Die Schaffung weiterer, attraktiver apothekenpflichtiger Produkte des Randsortiments wäre für die Apotheken wünschenswert.

Es ist nicht anzunehmen, daß die Apotheke der Zukunft sich zum Drugstore oder Supermarkt entwickelt. Auch die Abschaffung des Fremd- und Mehrbesitzverbotes von Apotheken ist unwahrscheinlich, weil die Qualität der Versorgung, insbesondere der Beratung, durch Ketten deutlich schlechter wird und Einsparungen nicht zu erreichen sind. Bei den Apotheken muß neben der Handels- die Dienstleistungsfunktion zunehmend in den Vordergrund treten. Die Apotheken könnten aufgrund des Fachwissens ihrer Mitarbeiter mehr als bisher zur Informationsstelle über Arzneimittel, Gesundheit, Ernährungs- und Umweltbelastungen werden und damit der Gesundheitsvorsorge und -erziehung dienen.

Beispiele für solche Dienstleistungen sind: Blutdruckmessungen, Impfberatung als Gesundheitsprävention, Ernährungs- und Diätberatung, Harnuntersuchungen, Wasseruntersuchungen, Schadstoffanalysen, Aussagen über Arzneimittelwechselwirkungen, auch mit Nahrungsmitteln, Blutzucker-, Cholesterin- oder Leberwertbestimmungen etc. Bei den letztgenannten Tests soll der Ärzteschaft keine Konkurrenz gemacht werden, sondern es sollten vielmehr durch ein solches Vorsorge-Screening Patienten mit erhöhten Werten erfaßt werden, denen dann zum Arztbesuch geraten wird. Dem Apotheker stehen bei diesen Dienstleistungen moderne Geräte und Kommunikationsmittel zur Verfügung wie z. B. EDV/BTX und die ABDA-Datenbank.

Zunehmend wichtig ist auch die verstärkte Mitwirkung von Apothekern in der Öffentlichkeitsarbeit, beispielsweise in der Gesundheitserziehung an Schulen, die noch im argen liegt, sowie in der Erwachsenenbildung. Hier könnten sicher manche Vorurteile gegen Arzneimittel, die besonders bei der jüngeren Generation anzutreffen sind, ausgeräumt werden und der Grundstein für ein gesundheitsbewußteres Verhalten bereits bei der Jugend gelegt werden. Für den Vorsorge- und Verbraucherschutz müßte ein spezielles Dienstleistungsmarketing entwickelt werden. Schließlich sollten die Werbeaufwendungen der Pharmaindustrie mehr als bisher mit der Apothekerschaft koordiniert werden, damit die Finanzmittel für die gemeinsamen wirtschaftlichen Interessen noch gezielter und damit effektiver genutzt werden.

Autorenhinweise

Gert von Breitenbach

Gert von Breitenbach, Jahrgang 1924, arbeitet seit 1959 bei der Boehringer Ingelheim Zentrale GmbH. Nach dem Eintritt als Leiter des Inland-Verkaufs war er in leitenden Funktionen im In- und Ausland tätig. Er ist heute in der Zentrale zuständig für Außenwirtschaftsprobleme im Pharmabereich. Vor seiner Tätigkeit bei Boehringer Ingelheim war von Breitenbach bereits mehrere Jahre im Vertrieb dreier anderer deutscher Pharmaunternehmen im In- und Ausland tätig. Von Breitenbach ist Vorsitzender des Außenwirtschafts-Ausschusses des Bundesverbandes der Pharmazeutischen Industrie e. V., sowie Vorsitzender des Wirtschafts- und Sozial-Ausschusses der European Federation of Pharmaceutical Industries Association, Brüssel.

Ellen Curtis

Ellen Curtis ist Mitarbeiterin der Syntex Laboratories, Incorporation. Curtis war maßgeblich an der Durchführung der Außendienststudie beteiligt.

Edgar Dammroff

Nach dem Studium der Nationalökonomie und Promotion in Basel erwarb Dr. Edgar Dammroff, Jahrgang 1942, den MBA am INSEAD in Fontainebleau. Nach 18 Jahren Tätigkeit im Pharmasektor in Stabs- und Linienfunktionen im In- und Ausland ist Dammroff heute Vorstandsmitglied der Siegfried AG, Zofingen, und Geschäftsführer der Siegfried GmbH, Bad Säckingen. Dammroff ist Vorsitzender des Generika-Ausschusses des BPI und Vorsitzender der Interessengemeinschaft Generika (IGG). Er ist weiterhin Lehrbeauftragter für Marketing an der Berufsakademie Baden-Württemberg.

Peter W. Davis

Peter W. Davis ist seit sieben Jahren Senior-Consultant bei Health and Food Industries Center (HFIC), einer Tochtergesellschaft des Stanford Research Institute, Menlo Park, California (SRI International). Er beschäftigt sich dort insbesondere mit Fragen des strategischen Pharmamanagements. Vor seiner Zeit bei HFIC war Davis 23 Jahre im Marketing bei zwei großen amerikanischen Pharmaunternehmen tätig.

Götz Dyckerhoff

Dr. Götz Dyckerhoff, Jahrgang 1942, ist Geschäftsführer der Grünenthal GmbH, Stolberg. Nach dem Abitur in Argentinien studierte Dyckerhoff Chemie in Karlsruhe und Heidelberg. Nach einer zweijährigen Tätigkeit als Mitarbeiter der Fraunhofer-Gesellschaft am Institut für Physik und Chemie der Grenzflächen, erwarb er seinen MBA am INSEAD, Fontainebleau. Über Stationen bei verschiedenen Pharmaunternehmen kam er 1982 als Geschäftsführer zur Grünenthal GmbH, Stolberg.

Karl-Heinz Eichin

Dr. Karl-Heinz Eichin, Jahrgang 1953, ist Referatsleiter Geschäftsbereich Pharma-Stab bei der Bayer AG. Nach dem Studium der Chemie einschließlich Promotion erwarb Eichin an der Wharton School, University of Pennsylvania seinen MBA. Anschließend arbeitete Eichin zunächst im Produktmanagement eines anderen pharmazeutischen Unternehmens, bevor er zur Bayer AG kam.

Klaus von Grebmer

Dr. Klaus von Grebmer, Jahrgang 1944, war nach dem Studium der Volkswirtschaft und anschließender Promotion in Kiel zunächst Projektleiter bei der Prognos AG, Basel. Nach mehreren Stationen bei Pharmaunternehmen und Beratungsgesellschaften ist von Grebmer seit 1984 Leiter der Abteilung Public Affairs and Corporate Issues bei der Ciba Geigy AG in Basel. In einer Reihe von Veröffentlichungen hat sich von Grebmer intensiv mit Fragen der Gesundheitsökonomie und der pharmazeutischen Preispolitik beschäftigt.

Helmut Hengstenberg

Dr. Ing. Helmut Hengstenberg, Jahrgang 1934, ist Inhaber der Punkt-Apotheke in Mülheim an der Ruhr. Nach einem Studium der Eisenhüttenkunde mit anschließender Promotion kam Hengstenberg erst im zweiten Anlauf zur Pharmazie.

Klaus Hilleke-Daniel

Dr. Klaus Hilleke-Daniel, Jahrgang 1959, ist Projektmanager bei der UNIC University Connection Institut für Management und Marketing GmbH in Bonn. Nach einer kaufmännischen Ausbildung bei der Siemens AG und dem Studium der Betriebswirtschaftslehre promovierte er bei Professor Simon an der Universität Bielefeld. Thema der Dissertation war „Wettbewerbsdynamik und Marketing in der Pharmaindustrie" (erschienen im Deutschen Universitäts-Verlag, Wiesbaden 1989). Auslandserfahrungen sammelte Hilleke-Daniel während eines sechsmonatigen Studiums an der University of California, Los Angeles.

Barrie G. James

Dr. Barrie G. James ist Leiter der Abteilung Marketing-Entwicklung bei der Ciba-Geigy AG in Basel. Nach dem Studium und der Promotion an der Brunel University war James mehrere Jahre in Marketingabteilungen verschiedener Unternehmen für eine Vielzahl von Produkten, überwiegend aus dem Pharmabereich, tätig. Seine Auslandsaufenthalte umfassen Amerika, Europa, Japan, den Mittleren Osten und Afrika. James ist Autor zahlreicher Aufsätze und Bücher, die sich mit dem Pharmamarkt und Wettbewerbsstrategie beschäftigen.

Eckhard Kucher

Dr. Eckhard Kucher, Jahrgang 1952, ist Geschäftsführer der UNIC – University Connection Institut für Management und Marketing GmbH in Bonn. Nach dem

Studium der Mathematik und Betriebswirtschaftslehre promovierte er an der Universität Bielefeld. Seine Auslandserfahrung umfaßt Studienaufenthalte an der University of Chicago und an der University of Athens in Georgia. Kucher beschäftigt sich im Rahmen von Beratungsprojekten seit Jahren intensiv mit strategischen Problemen der Pharmaindustrie. In einer Reihe von Veröffentlichungen hat sich Kucher intensiv mit strategischen Fragen des Pharmamarketing befaßt.

Leonhard M. Lodish

Leonhard Lodish ist Professor für Management und Marketing an der Wharton School, University of Pennsylvania. Lodish ist einer der bekanntesten Marketing-Professoren in den USA mit einer großen Zahl von Veröffentlichungen. Er ist Berater zahlreicher amerikanischer Großunternehmen. Im Pharmabereich ist er vor allem durch seine Untersuchungen zur optimalen Außendiensteinsatzplanung bekannt geworden.

Michael Ness

Michael Ness ist Mitarbeiter der Sola-Syntex Opthalmics. Ness war maßgeblich an der Durchführung der Außendienststudie bei Syntex beteiligt.

Peter Oberender

Professor Dr. Peter Oberender ist Inhaber des Lehrstuhls für Volkswirtschaftslehre an der Universität Bayreuth und Direktor der dortigen Forschungsstelle für Sozialrecht und Gesundheitsökonomie. Die Forschungsschwerpunkte von Professor Oberender sind Wettbewerbspolitik und Wettbewerbstheorie im allgemeinen und Gesundheitsökonomie im besonderen. In einer Reihe von Veröffentlichungen und Büchern hat er sich mit den Wettbewerbsproblemen im Gesundheitswesen beschäftigt. Er ist Mitglied der Enquete-Kommission „Strukturreform der Gesetzlichen Krankenversicherung“ des Deutschen Bundestages.

Sigismund Schütz

Professor Dr. Sigismund Schütz ist Leiter des Geschäftsbereiches Pharma – Ethische Produkte der Bayer AG. Nach dem Studium der Chemie und anschließender Promotion an der Technischen Universität Braunschweig arbeitet Schütz seit 1958 für die Bayer AG. Seit 1981 ist er Honorarprofessor an der Universität Gesamthochschule Wuppertal. Schütz hat eine Vielzahl von Veröffentlichungen zu pharmapolitischen Themen.

Hermann Simon

Professor Dr. Hermann Simon, Jahrgang 1947, ist Professor für Betriebswirtschaftslehre an der Universität Mainz. Im akademischen Jahr 1988/89 hatte er eine Gastprofessur an der Harvard Business School. Von 1985 bis 1988 war er Wissenschaftlicher Direktor des Universitätsseminars der Wirtschaft (USW) auf Schloß Gracht in Erftstadt bei Köln. Nach dem Studium in Köln und Bonn promovierte und habilitierte er an der Universität Bonn. Seine Auslandserfahrung umfaßt Aufenthalte am INSEAD, Fontainebleau, an der Keio Universität, Tokio, sowie an mehreren amerikanischen Universitäten (Harvard, Stanford, Massachusetts Institute of Technology). Simon hat sich in zahlreichen Forschungs- und Beratungsprojekten intensiv mit strategischen Problemen der Pharmaindustrie beschäftigt. Simon ist Vorsitzender des Wissenschaftlichen Beirates der UNIC GmbH in Bonn.

Winfried Simon

Dr. Winfried Simon ist Geschäftsführer der AKRON GmbH in Stockdorf b. München, Servicegesellschaft für Technologie- und Wissenschaftstransfer. Die AKRON GmbH betreibt vor allem pharmazeutische Zulassungen in Deutschland und im europäischen Ausland. Außerdem fungiert sie als Beratungsgesellschaft im Pharma- und Technologiegeschäft mit Japan.

M. Kerry Simpson

M. Kerry Simpson ist Mitarbeiter bei Information Resources, Incorporation. Simpson war als Mitarbeiter von Professor Lodish maßgeblich an der Durchführung der Außendienststudie bei Syntex beteiligt.

Theodor Sproll

Dr. Theodor Sproll arbeitet im Bereich International Pricing bei der Ciba Geigy AG, Basel. In zahlreichen Beiträgen hat er sich insbesondere mit internationalen Preisproblemen pharmazeutischer Unternehmen beschäftigt.

Fritz Straub

Fritz Straub ist seit Ende 1988 Geschäftsführer der Dr. Madaus GmbH & Co., Köln. Zuvor war er über 20 Jahre bei der Hoechst AG, Frankfurt tätig. Nach zahlreichen Stationen im Ausland, so unter anderem Pakistan und Spanien war er dort zuletzt in der Bereichsleitung Pharma zuständig für Verkauf und Marketing.

Kurt F. Troll

Dr. Kurt F. Troll ist Leiter der Abteilung Internationale Marketingforschung bei der Bayer AG, Leverkusen. Nach dem Studium der Betriebswirtschaftslehre und anschließender Promotion hat Troll am Institut für Industriebetriebslehre an der Universität Köln gearbeitet. Troll hat eine Reihe von Veröffentlichungen zu Fragen des Internationalen Pharmamarketing.

Burkhard Weber

Burkhard Weber, Jahrgang 1930, ist Leiter der Lizenzabteilung und Prokurist der Grünenthal GmbH, Stolberg. Nach Abitur und Ausbildung zum Pharma-Kaufmann bei der Bayer AG, verbrachte Weber mehrere Jahre im europäischen Ausland. Seit 1956 arbeitet Weber bei der Grünenthal GmbH, zunächst als Geschäftsführer der spanischen Tochtergesellschaft und dann als Leiter der Lizenzabteilung. Weber war maßgeblich am Zustandekommen des ersten japanisch-deutschen Joint-Ventures beteiligt und ist aufgrund seiner vielfältigen Kontakte nach Japan auch ein genauer Kenner des japanischen Pharmamarktes.

Peter Weinberg

Professor Dr. Peter Weinberg ist seit 1974 Inhaber des Lehrstuhls für Betriebswirtschaftslehre, insbesondere Absatz-, Konsum- und Verhaltensforschung an der Universität – GH – Paderborn. Nach dem Studium des Wirtschaftsingenieurwesens und anschließender Promotion an der Technischen Universität Berlin habilitierte er an der Universität des Saarlandes. Forschungsschwerpunkte von Weinberg sind das Konsumentenverhalten, die Marktforschung sowie die Werbung. Zu diesen Themen hat Weinberg eine Reihe von Veröffentlichungen.

Franz H. Wolf

Franz H. Wolf ist Vorsitzender des Vorstandes der Andreae-Noris Zahn AG, Frankfurt. Nach dem Studium der Betriebswirtschaftslehre an den Universitäten Tübingen und Nürnberg/Erlangen mit dem Abschluß Diplom-Kaufmann war Wolf zunächst bei verschiedenen Konsumgüter- und Handelsunternehmen beschäftigt, bevor er im Jahr 1981 den Vorstandsvorsitz bei der Andreae-Noris Zahn AG übernahm.

Literaturverzeichnis

ABDA (1987), Jahres-Bericht 1986/1987, Frankfurt

ABEL-SMITH, G. und P. GRANDJEAT (1978), Pharmaceutical Consumption: Trends in Expenditure: Main Measures Taken and Underlying Objectives of Public Intervention in this Field, Office for Official Publications of the European Community, Social Policy Series No. 38, Luxemburg/Brüssel

ABT, R. (1971), Der Lebenszyklus ethischer pharmazeutischer Präparate und die Möglichkeiten seiner Beeinflussung, Unveröffentlichte Dissertation, Université de Lausanne

ALBACH, H. (1986), Die wirtschaftliche Bedeutung des Innovationsschutzes, in deutsch, E., A. Kraft und H. Kleinsorge (Hrsg.), Arzneimittel und gewerblicher Rechtsschutz, Mainz

ALBACH, H. (1987), Gewinn und gerechter Preis – Überlegungen zur Preisbildung in der pharmazeutischen Industrie, Zeitschrift für Betriebswirtschaft 57 (August), 816–824

ALLEN, R. G. (1983), Creating Wealth, New York

ANGELMAR, R. und C. LIEBSCHER (1987), Patents and the European Biotechnology Industry: A Study of Large European Pharmaceutical Firms, INSEAD Report No. 87–18

ARNOLD, M. (1987), Der NHS, Köln

BOND, R. S. und D. F. LEAN (1977), Sales, Promotion and Product Differentiation in two Prescription Drug Markets, U. S. Federal Trade Commission

BONOMA, T. (1986), Global Mediocrity, Marketing News 9 (May), 15

BOSSERS, C. (1986), Technisch können wir Europäer fast alles. Unser Marketing muß besser werden, Philips Schriftenreihe Technik – Gesellschaft – Zukunft

BUNDESVERBAND der Pharmazeutischen Industrie (Hrsg.) (1983), Pharma Daten 83, 13. Aufl., Frankfurt

BUNDESVERBAND der Pharmazeutischen Industrie (Hrsg.) (1986), Pharma-Daten 86, 16. Aufl., Frankfurt

BRANDT, A. und K. VON GREBMER (1985), Die Preisbildung pharmazeutischer Produkte, in Adam, D. und P. Zweifel (Hrsg.), Beiträge zur Gesundheitsökonomie, Band 9, Preisbildung im Gesundheitswesen, Stuttgart

BRAUN, R. (1987), Die Bedeutung des Apothekers als Arzneimittel-Informant, Apotheken-Report Nr. 24

BREITENBACH, G. VON (1987), Pharmapolitische Rahmenbedingungen in Europa, Die Pharmazeutische Industrie 49 (April), 333–338

BURSTALL, M. L. und I. SENIOR (1985), The Community Pharmaceutical Industry, London

BURSTALL, M. L. (1986), Generic Pharmaceuticals in Europe – Blessing or Threat, London

BUNDESMINISTERIUM für Arbeit und Soziales (1984), Materialband zum Sozialbudget, Bonn

BUZZELL, R. D. und B. T. GALE (1987), The PIMS Principles, New York

CASSEL, D. (1987), Japan: Pharma-Weltmacht der Zukunft?, Schriftenreihe zur Ostasienforschung, Band 1, Baden-Baden

CHAMBERLAIN, E. H. (1933), The Theory of Monopolistic Competition, Cambridge

CHIEN, R. H. (Hrsg.) (1979), Issues in Pharmaceutical Economics, Lexington

CLARK, J. M. (1940), Towards a Concept of Workable Competition, American Economic Review, Vol. 30, 241

CLARK, J. M. (1961), Competition as a Dynamic Process, The Brookings Institution, Washington

COYNE, K. P. (1986), The Anatomy of Sustainable Competitive Advantage, The McKinsey Quarterly (Spring), 50–56

CRANZ, H. (1985), Billigarzneimittel, Kiel

DAV (1986), Marketing-Konzept, Frankfurt

DAVIDSON, J. H. (1976), Why Most New Consumer Brands Fail, Harvard Business Review 54 (March–April), 117–122

DEUTSCH, E., A. KRAFT und H. KLEINSORGE (1986), Arzneimittel und gewerblicher Rechtsschutz, Aulendorf

DRUG PRODUCT SELECTION (1979), Staff Report to the Federal Trade Commission, Bureau of Consumer Protection, Washington

DÜRO, R. und B. SANDSTRÖM (1986), Marketing Kampfstrategien, Landsberg/Lech

DÜRR, H. (1986), Unternehmensportrait der AEG Aktiengesellschaft, General Management Seminar, 6. Okt. 1986, Universitätsseminar der Wirtschaft, Schloß Gracht, Erftstadt

EBERSTADT FLEMING INC. (1986), Generic Drug Industry, New York

FELDSTEIN, P. J. (1979), Health Care Economics, New York

FOSTER, R. N. (1986), Innovation, Wiesbaden

FRIESEWINKEL, H. und E. SCHNEIDER (1982), Das pharmazeutische Marketing II, Kulmbach

FRIESEWINKEL, H. und V. LEISTEN (1986), Globales oder nationales Pharma-Marketing, Die Pharmazeutische Industrie 48 (August), 910–917

FULD, L. (1985), Competitor Intelligence, Chicester

GARDNER, J. (1984), Competitor Intelligence: The Sine Qua Non of Corporate Strategic

Planning, in Sammon, W. L., M. A. Kurland und R. Spitalnic (Hrsg.), Business Competitor Intelligence, New York

Gehrig, W. (1987), Pharma-Marketing, Landsberg

Ghemawat, P. (1986), Sustainable Advantage, Harvard Business Review 64 (September–October), 53–58

Girardi, M. R. (1987), Emotionale Pharma-Werbung: Chance oder Irrweg, Pharma Marketing Journal 2, 66–70

Grabowski, H. G. (1984), Future Prospects for Pharmaceutical R & D: An Analysis of the US-Situation and Recent Policy Developments, Unveröffentlichte Rede, IFPMA-Tagung Paris

Grabowski, H. G. und J. M. Vernon (1977), Innovation and Invention, American Economic Review, Papers and Proceeding 67, 359–364

Grabowski, H.. G. und J. M. Vernon (1982), The Pharmaceutical Industry, in R. N. Nelson (Hrsg.), Government and Technical Progress, New York

Grabowski, H. G. und J. M: Vernon (1986), Longer Patents for Lower Imitation Barriers: The 1984 Drug Act, American Economic Review, Papers and Proceeding 76, 195–198

Grabowski, H. G. und J. M. Vernon (1987), Pioneers, Imitators and Generics: A Model of Schumpeterian Competition in the Pharmaceutical Industry, Quarterly Journal of Economics 102 (August), 491–521

Grebmer, K. von (1986), International Pharmaceutical Supply Prices: Definitions – Problems – Policy Implications, Basel

Greetham, E. M. (1981), Horticulture, The Japanese Government and the Pharmaceutical Industry, in: International Pharmaceutical Information Service (Juni)

Green, P. E. und D. S. Tull (1982), Methoden und Techniken der Marketingforschung, Stuttgart

Hamm, W., H. Hannse, O. May, F. E. Münnich und D. Nord (Hrsg.) (1984), Aspekte zur Pharmaökonomie, Mainz

Hamm, W. und G. Neubauer (Hrsg.) (1982), Wettbewerb im deutschen und US-amerikanischen Gesundheitswesen, Stuttgart

Hansen, R. W. (1979), The Pharmaceutical Development Process: Estimates of Development Cost and Times and the Effects of Proposed Regulatory Changes, in R. I. Chien (Hrsg.): Issues in Pharmaceutical Economics, Boston

Harris, B. F. und R. A. Strang (1985), Marketing Strategies in the Age of Generics, Journal of Marketing 49 (Fall), 70–81

Hartmann-Besche, W. (1984), Arzneimittelmarkt – Wettbewerb durch Generika-Programme, Die Ortskrankenkasse 20, 765–770

Heiduk, G. und V. Emmerich (1985), Arzneimittelmarkt und europäisches Wettbewerbsrecht, Baden-Baden

HEILMANN, K. (1987), Gesellschaft und Risiko, in: Münnich, F. E. und P. Oberender (Hrsg.), Der Pharmamarkt vor dem Umbruch?, Stuttgart/New York, 31 ff.

HENDERSON, B. D. (1983), The Anatomy of Competition, Journal of Marketing 47 (Spring), 7–11

HENDERSON, B. D. (1984), Competitors, the Forgotten Factor in Marketing, The Canadian Business Review 12 (Summer), 32–35

HERRMANN, M. (1983), Der Apotheker – Partner im Gesundheitswesen – Apotheken-Report, Nr. 24

HERSHEY, R. (1980), Commercial Intelligence on a Shoestring, Harvard Business Review 58 (Sept–Oct), 22–30

HEUSS, ERNST (1986), Allgemeine Markttheorie, Tübingen/Zürich

HILLEKE-DANIEL, KLAUS (1989), Wettbewerbsdynamik und Marketing im Pharmamarkt, Wiesbaden

HOPPMANN, E. (1974), Die Abgrenzung des relevanten Marktes im Rahmen der Mißbrauchsaufsicht über marktbeherrschende Unternehmen dargestellt am Beispiel der Praxis des Bundeskartellamtes bei Arzneimitteln, Baden-Baden

HOUSTON, F. S. (1986), The Marketing Concept: What It Is and What It Is Not, Journal of Marketing 50 (April), 81–87

HÖLZEL, K. (1987), So sehen Apotheker ihre Zukunftschancen, Apotheken-Praxis Nr. 11, 4

HUBER, W. (1988), Nachahmerwettbewerb bei Arzneimitteln, Bayreuth

ISKENIUS, S. (1987), Beitrag zur aktiven Marktsicherung, Pharmazeutische Rundschau 9, 14/16

JAEGER, F. (1988), Deutsche Apothekerzeitung Nr. 5, 272

JAMES, B. G. (1984), Business Wargames, Turnbridge Wells

JAPAN Pharmaceutical Manufacturers Association (Hrsg.) (1987), Data Book 1987, Tokio

JOHI, Y. (Hrsg.) (1987a), Pharma Japan Yearbook 1986/1987, Tokio

JOHI, Y. (Hrsg.) (1987b), Pharmaceutical Manufacturer of Japan 1986/1987, Tokio

JOHI, Y. (Hrsg.) (1988), Pharma Japan Yearbook 1987/1988, Tokio

KASSEN, M. (1987), Marketing für Apotheker, Stuttgart

KATZ, E. (1957), The Two-Step Flow of Communication: An Up-to-Date Report on an Hypothesis, Public Opinion Quarterly 11 (Spring), 61–78

KLEINSORGE, H., H. E. BOCK, H. J. FRANK-SCHMIDT, H. FRIEBEL, P. SCHÖLMERICH und J. SCHUSTER (1985), Rationale Therapie – Grundfragen der Arzneiverordnung, Mainz

KOLLENBERG, G. (1982), Möglichkeiten der Rentabilitätssteigerung in Apotheken, VMFA-Wirtschaftstagung, Wiesbaden

KONERT, F.-J. (1986), Vermittlung emotionaler Erlebniswerte – Eine Marketingstrategie für gesättigte Märkte, Würzburg

KORTUS, D. (1984), Der deutsche Arzneimittelmarkt in einzel- und gesamtwirtschaftlicher Analyse unter besonderer Berücksichtigung forschungs- und absatzpolitischer Strategien der Arzneimittelanbieter, Bonner Betriebswirtschaftliche Schriften, Bonn

KROEBER-RIEL, W. (1986), Erlebnisbetontes Marketing, in: Belz, Chr. (Hrsg.), Realisierung des Marketing, Savosa/St. Gallen

KUCHER, E. (1985), Conjoint-Measurement bei Pharmazeutika, Pharma-Marketing Journal, 4/85, 112–117

KUCHER, E. (1987a), Die richtige Preisentscheidung, Der Verkaufs- und Marketing Profi, 2/87, 1–20

KUCHER, E. (1987b), Marktsegmentierung und Preisstrategie, Thexis, 3/87, 34–39

KUCHER, E. und H. SIMON (1987), Durchbruch bei der Preisentscheidung: Conjoint-Measurement, eine neue Technik zur Gewinnoptimierung, Harvard Manager, 3/87

LANGENECKERT, W. und J. SCHNEIDER (1986), Quo Vadis Apotheke im Jahr 200, Pharmazeutische Zeitung 12, 683–688

LANGLE, L. et al. (1983), Le cout d'un nouveau médicament, Journal d'Economie médical, No. 2, Vol. 1

LAUPER, P. und T. SPROLL (1984), Ursachen internationaler Preisunterschiede auf dem Arzneimittelsektor, Die Pharmazeutische Industrie 46 (Dezember), 1237–1241

LEVITT, T. (1983), The Globalization of Markets, Harvard Business Review 61 (Mai–Juni), 92–102

LIPSEY, R. G. und P. O. STEINER (1978), Economics, 5th ed., New York

LOVELOCK, C. (1975), Southwest Airlines, Fallstudie Harvard Business School, Cambridge

MAYNARD, A. (1975), Health Care in the European Community, London

MEFFERT, H. und M. BRUHN (1984), Markenstrategien im Wettbewerb, Wiesbaden

MEHNERT, H. und K. SCHÖFFLING (1984), Diabetologie in Klinik und Praxis, 2. Aufl., Stuttgart

MTI Pharma Japan News (1988), Medi Tech International, No. 2 (February)

MÜNNICH, F. E. und P. OBERENDER (1987), Der Pharmamarkt vor dem Umbruch?, Stuttgart und New York

NEFIODOW, L. A. (1984), Europas Chancen im Computer-Zeitalter, München

NAISBITT, J. (1984), Megatrends, London

NORD, D. (1979), Steuerung im Gesundheitssystem, Frankfurt

NORD, D. (1982), Die soziale Steuerung der Arzneimittelversorgung, Stuttgart

OBERENDER, P. (1984), Pharmazeutische Industrie, in: Oberender, P. (Hrsg.), Marktstruktur und Wettbewerb in der Bundesrepublik Deutschland. Branchenstudien zur deutschen Volkswirtschaft, München, 243 ff.

OBERENDER, P. (1986), Hamburger Jahrbuch für Wirtschafts- und Gesellschaftspolitik

OBERENDER, P. (1986), Reform des Gesundheitswesens durch Zulassung marktwirtschaftlicher Steuerungselemente: Diagnose und Therapie unter besonderer Berücksichtigung der Gesetzlichen Krankenversicherung, Hamburger Jahrbuch für Wirtschafts- und Gesellschaftspolitik, 31. Jahr, 180 ff.

OBERENDER, P. und G. RÜTER (1988), Gefahren für Innovationen im Arzneimittelbereich: Eine ordnungspolitische Analyse, Baden-Baden

OHMAE, K. (1982), The Mind of the Strategist, New York

OHMAE, K. (1984), The New Technologies: Japans Strategic Thrust, The McKinsey Quarterly (Winter), 20–35

OHMAE, K. (1985), Macht der Triade, Wiesbaden

PEACOCK, W. E. (1984), Corporate Combat, New York

PENROSE, E. T. (1964), The Theory of the Growth of a Firm, Oxford

PERLITZ, M. (1988), Wettbewerbsvorteile durch Innovation, in Simon, H. (Hrsg.), Wettbewerbsvorteile und Wettbewerbsfähigkeit, Stuttgart

PERLMUTTER, H. V. und M. B. FULLER (1986), Globale strategische Partnerschaften, Manager Magazin & Harvard Business Review 5, 244 ff.

PETERS, T. J. (1987), Thriving on Chaos, New York

PETERS, T. J. und N. AUSTIN (1985), A Passion for Excellence, New York

PETERS, T. J. und R. H. WATERMAN (1982), In Search of Excellence, New York

PHARMACEUTICAL Manufacturers Association (1983–1985), Annual Survey Report

PORTER, M. E. (1980), Competitive Strategy, New York

PORTER, M. E. (1985a), Competitive Advantage, New York

PORTER, M. E. (1985b), How to Attack the Industry Leader, Fortune (April 29), 97–104

PORTER, M. und M. B. FULLER (1986), Coalition and Global Strategy, in Porter, M. E. (Hrsg.), Competition in Global Industries, Cambridge

RAMSEY, D. K. (1987), The Corporate Warriors: Six Classic Cases in American Business, Boston

RAVENSCRAFT, M. K. und S. R. WALKER (1983), Innovation as Assessed by New Chemical Entities Marketed in the UK between 1960 and 1982, Paper presented to the July 1983 meeting of the British Pharmacological Society

REEKIE, D. W. (1977), Pricing New Pharmaceutical Products, London

REEKIE, D. W. (1978), Price and Quality Competition in the United States Drug Industry, Journal of Industrial Economics, Vol. 26, 223

REIS-ARNDT, E. (1987), Ein Vierteljahrhundert Arzneimittelforschung, Die Pharmazeutische Industrie 49, 136

REIS-ARNDT, E. (1987), 25 Jahre Arzneimittelforschung, Neue pharmazeutische Wirkstoffe 1960–1985, Pharma Dialog, No. 95 (April)

RIES, A. und J. TROUT (1986), Marketing Warfare, New York

RIGONI, R., A. GRIFFITHS und W. LAING (1985), IRM Multinational Reports, No. 3, 1 (Jan.–März)

ROBINSON, W. T. (1985), Defensive Marketing Strategies: A Comment, Krannert Graduate School of Management, Paper No. 873

ROBINSON, W. T. (1987), Marketing Mix Reactions by Incumbents to Entry, University of Rochester, Working Paper

ROBINSON, W. T. und C. FORNELL (1985), Sources of Market Pioneer Advantages in Consumer Goods Industries, Journal of Marketing Research 22 (August), 305–317

ROSENBERG, L. J. (1977), Marketing, Englewood Cliffs

SAATY, T. L. (1986), Axiomatic Foundation of the Analytic Hierarchy Process, Management Science 32 (July), 841–855

SAMMON, W. A., A. A. KURLAND und R. SPITALNIC (1984), Business Competitor Intelligence, New York

SAXONHOUSE, G. R. (1986), Industrial Policy and Factor Markets: Biotechnology in Japan and the United States, in: Pattrik, H., Japan's High Technology Industries, Seattle and London

SCHMALENSEE, R. (1978), Entry Deterrence in the Ready-to-Eat Breakfast Cereal Industry, The Bell Journal of Economics 9 (Autumn), 305–327

SCHMIDTHEINY, S. (1987), Unternehmer für die Zukunft, Vortrag anläßlich des 17. Internationalen Managementsymposiums an der Hochschule St. Gallen

SCHNEIDER, E.-D. (1987), Wettbewerb auf dem deutschen Arzneimittelmarkt, Die Pharmazeutische Industrie 49 (Juli), 671–677

SCHUCHARD-FICHER, C. u. a. (1980), Multivariate Analysemethoden, Berlin

SCHWABE, U. und D. PAFFRATH (1988), Arzneiverordnungsreport '88, Stuttgart

SCHWARTZMANN, D. (1976), Innovation in the Pharmaceutical Industry, Baltimore

SCHWEIKL, H. (1985), Computergestützte Präferenzanalyse mit individuell wichtigen Produktmerkmalen, Berlin

SCRIP (1985), Yearbook 1985, London

SIMON, H. (1982), Preispolitik im Pharmamarkt, Pharma Marketing Journal, Heft 4, 140 ff.

SIMON, H. (1982), Preismanagement, Wiesbaden

SIMON, H. (Hrsg.) (1986), Markterfolg in Japan, Wiesbaden

SIMON, H. (1988), Management strategischer Wettbewerbsvorteile, Zeitschrift für Betriebswirtschaft, 3/88, 461–480

SIMON, H. und E. KUCHER (1988), Die Bestimmung empirischer Preisabsatzfunktionen – Methoden, Befunde, Erfahrungen, Zeitschrift für Betriebswirtschaft, 1/88, 165–177

SIMON, H., K. H. SEBASTIAN und K. HILLEKE-DANIEL (1988), Besser sein im Wettstreit, Gablers Magazin 9.88, 10–16

SIMON, W. (1983), Der Wandel des japanischen Pharmamarktes – Eine sozialökonomische Studie, Frankfurt

SLATTER, ST. O. (1977), Competition and Marketing Strategies in the Pharmaceutical Industry, London

STAHL, I. (1979), Health Care and Drug Development. Production and Productivity Development in Health Sector, University of Lund, Schweden

STATMAN, M. (1983), Competition in the Pharmaceutical Industry, Washington

STATMAN, M. und T. T. TYEBJEE (1981), Trademarks, Patents and Innovation in the Ethical Drug Industry, Journal of Marketing 45 (Summer), 71–81

STEINHARDT, S. A. (1986), CIA of Tomorrow – Competing Intelligence Activities, Paper presented at Futures in Marketing Conference, Montreal

STUMPF, U. (1986), Marktschranken und Ertragskontrolle im Arzneimittelmarkt, Göttingen

SUCHY, H. (1987), Patentrestlaufzeit neuerer pharmazeutischer Wirkstoffe, Pharma Dialog 96, Frankfurt

THE FREEDONI GROUP (1986), World Health Care Outlook , Part I and II, Cleveland

THESING, J. (1983), Industrielle Arzneimittelforschung heute, Mainz

THIETART, R. A. und R. VIVAS (1981), Strategic Intelligence Activity: The Management of the Sales Force as a Source of Strategic Information, Strategic Management Journal 2 (Jan–Feb), 15–22

TROLL, K. (1986), Besonderheiten und Probleme der Produktinnovation im Pharmamarkt und ihre organisatorischen Auswirkungen, Die Pharmazeutische Industrie 48 (Juli), 780–784

TRUSCHEIT, E. (1986), Die Bedeutung der Biotechnologie für die pharmazeutische Forschung, Die Pharmazeutische Industrie 48, 741–749

TUCKER, D. (1984), The World Health Market, Euromonitor Publications Ltd., London

URBAN, G. L., T. CARTER und Z. MUCHA (1985), Market Share Rewards to Pioneering Brands: An Exploratory Empirical Analysis, in Thomas, H. und D. Gardner (Hrsg.), Strategic Marketing and Management, London

WALTHER, H.-P. (1988), Erfolgreiches strategisches Pharma-Marketing, Frankfurt

WARDELL, W. M. (1982), Statement at Hearings on Pharmaceutical Patent Life and Innovations, US House of Representatives, Februar

WEINBERG, P. (1986a), Nonverbale Marktkommunikation, Heidelberg

WEINBERG, P. (1986b) Erlebnisorientierte Einkaufsstättengestaltung im Einzelhandel, Marketing Zeitschrift für Forschung und Praxis, 97–102

WEINBERG, P. und F. J. KONERT (1984), Messung produktspezifischer Erlebniswerte von Konsumenten, Planung und Analyse, Heft 11, 313–316

WEINBERG, P. und F. J. KONERT (1985), Vom Produkt zur Produktpersönlichkeit, Absatzwirtschaft, 28. Jg., 85–97

WESTON, J. F. (1987), Pricing in the Pharmaceutical Industry, in: Chien, R. I. (Hrsg.), Issues in Pharmaceutical Economics, Lexington

WISSENSCHAFTLICHE Arbeitsgruppe Krankenversicherung (1987), Vorschläge zur Strukturreform der GKV, Bayreuth

WISSENSCHAFTLICHES Institut der Ortskrankenkassen (1984), Der europäische Arzneimittelmarkt, Bonn

WRISTON, W. (1981), Speech to the Securities Industry Association, New York, January 21, 1981, zitiert in J. Naisbitt, Megatrends, New York

YAMADA, T. (1986), Japan 1986, Keizai Koho Center, Tokio

YIP, G. S. (1982a), Barriers to Entry, Lexington

ZANDER, E. E. (1984), Neue Apothekenbetriebslehre, Freiburg

ZIEGLER, B. (1980), Arzneimittelversorgung und Wettbewerb, Göttingen

ZWEIFEL, P. und G. ZYSSET-PETRONI (1986), Die Rendite von Innovationen in der pharmazeutischen Industrie und die Rolle des Patentschutzes, Die Pharmazeutische Industrie 48, 227–230